Forum Sprache

Fremdsprachenwachstum

Sprachpsychologischer
Hintergrund und didaktische
Anleitungen

Forum Sprache

ein Fachbuch-Programm für alle, die Fremdsprachen unterrichten und studieren

Ausgewählte Titel:

Borgwardt, U. u.a.
Kompendium Fremdsprachenunterricht
Leitfaden zum didaktisch-methodischen Grundwissen

Erdmenger, M.
Landeskunde im Fremdsprachenunterricht
Grundlagen für eine Didaktik der Landeskunde in Schule, Erwachsenbildung und Sprachenstudium

Hellwig, K.
Fremdsprachen an Grundschulen als Spielen und Lernen
Dargestellt am Beispiel Englisch

Jones, K./Edelhoff, Ch. u.a.
Simulationen im Fremdsprachenunterricht
Handbuch

Maley A./Duff, A.
Szenisches Spiel und freies Sprechen im Fremdsprachenunterricht
Grundlagen und Modelle für die Unterrichtspraxis

Morgan, J./Rinvolucri, M.
Geschichten im Englischunterricht
Erfinden, Hören und Erzählen

Raasch, A.
Arbeitsbuch Linguistik
Texte, Materialien, Begriffserläuterungen

Rampillon, U.
Lerntechniken im Fremdsprachenunterricht
Handbuch

Rampillon, U.
Englisch lernen
Mit Tips und Tricks zu besseren Noten
Schülerarbeitsbuch + Cassette

Reisener, H.
Motivierungstechniken im Fremdsprachenunterricht
Übungsformen und Lehrbucharbeit mit englischen und französischen Beispielen

Rüschoff, B.
Fremdsprachenunterricht mit computergestützten Materialien
Didaktische Überlegungen und Beispiele

Stevick, E.W.
Englisch unterrichten, aber wie?
Anfangssituationen, Lehrerverhalten, Lerntechniken

Ur, P.
Hörverständnisübungen
Mit englischen und französischen Beispielen

Zimmermann, G.
Grammatik im Fremdsprachenunterricht der Erwachsenenbildung
Ergebnisse empirischer Untersuchungen

Zimmermann, G./Wißner-Kurzawa, E.
Grammatik: lehren – lernen – selbstlernen
Zur Optimierung grammatikalischer Texte im Fremdsprachenunterricht

Susanna Buttaroni

Fremdsprachenwachstum
Sprachpsychologischer Hintergrund und didaktische Anleitungen

Max Hueber Verlag

Lektorat: Heinrich Schrand
Umschlaggestaltung: Werbeagentur Braun & Voigt, Heidelberg

Der didaktische Ansatz *Fremdsprachenwachstum* wurde vom Verband Wiener Volksbildung in die Fachdiskussion eingebracht. Der Verband hat auch wesentlich zur Realisierung des vorliegenden Buchs beigetragen.

CIP-Kurztitelaufnahme der Deutschen Bibliothek

Die Deutsche Bibliothek – CIP-Einheitsaufnahme
Buttaroni, Susanna:
Fremdsprachenwachstum Sprachpsychologischer Hintergrund / Susanna Buttaroni
1. Aufl. – Ismaning:
Hueber, 1997
  (Forum Sprache)
  ISBN 3–19–006622–1

Dieses Werk folgt der Rechtschreibreform vom 1. Juli 1996.
Ausnahmen bilden Texte, bei denen künstlerische, philologische oder lizenzrechtliche Gründe einer Änderung entgegenstehen.

Das Werk und seine Teile sind urheberrechtlich geschützt.
Jede Verwertung in anderen als den gesetzlich zugelassenen Fällen bedarf deshalb der vorherigen schriftlichen
Einwilligung des Verlages.

1. Auflage
© 1997 Max Hueber Verlag, D-85737 Ismaning
Satz: Gabriele Stelbrink, Kinsau
Druck: Manz AG, Dillingen
Printed in Germany
ISBN 3–19–006622–1   1 2 3

Inhalt

Vorwort 11

Teil I   **Beiträge zur Definition von „Sprache"** 15

0   **Einleitung** 17

1   **Sprache als Komponente des menschlichen Denkens** 18
1.1   Sprache als Wiedererzeugung 18
1.2   Kreativität innerhalb der Norm: unendlicher Gebrauch von endlichen Mitteln 24
1.3   Sprache als modulares System 28

2   **Sprache als Gegenstand der Linguistik** 35
2.0   Einleitung 35
2.1   Nicht-grammatische Komponenten der Sprache 36
2.1.1   Soziolinguistische Verhaltensregeln 36
2.1.2   Pragmatik (Konversationsregeln) 38
2.1.2   Die Ebene des Textes (Diskurskohärenz) 39
2.2   Lexikon 41
2.3   Was „Grammatik" alles bedeuten kann: Strukturelle Komponenten der Sprache 49
2.3.0   Einleitung 49
2.3.1   Syntax: Abstrakte Strukturen hinter den Wörtern 51
2.3.1.1   Ein denkbares Organisationssystem für die Sprache 51
2.3.1.2   Kategorien, Köpfe und Bäume 51
2.3.1.3   Das Verarbeitungssystem der Sprache 54
2.3.1.3.1   Funktionale Kategorien 55
2.3.1.3.2   Kettenbildung 57
2.3.1.3.3   Morphosyntaktische Phänomene in Ketten 60
2.3.1.3.4   Leere Kategorien 63
2.3.2   Die innere Logik der syntaktischen Formen 67
2.3.2.1   Definition 67
2.3.2.2   LF-Phänomene 68
2.3.2.3   Interaktionen zwischen „logischen" Ausdrücken 74
2.3.3   Phonologie 77
2.3.3.1   Definition der phonologischen Prozesse 77

2.3.3.2	Ein Modell zur Darstellung und Erklärung phonologischer Prozesse	81
2.3.3.3	Über das Wort hinaus	87
2.3.4	LF und PF zeigen ihr wahres Interface: Die Ebenen der Grammatik in modularer Interaktion	89
2.4	Gebärdensprachen	93
2.5	Erster zusammenfassender Ausblick in den Spracherwerb	97

3 Sprache als Gegenstand der angewandten Linguistik (Sprachverarbeitung) ... 103

3.1	Problemstellung	103
3.1.1	Kompetenz- und Performanzfaktoren	103
3.1.2	Methodologische Bemerkungen	106
3.2	Verarbeitung von Lauten, Worten und Sätzen	107
3.2.1	Die Interpretation der Laute: die phonologische Ebene	107
3.2.2	Die Interpretation der Wörter: die Organisation des mentalen Lexikons	110
3.2.3	Die syntaktische Ebene	112
3.2.3.1	Verarbeitung "*on-line*"?	112
3.2.3.2	Syntaktische Kategorien und Prinzipien in der Satzverarbeitung	115
3.2.3.3	Wenn der Parser über die Wörter stolpert	117
3.2.3.4	Potentielle Zweideutigkeiten in der Sprachverarbeitung	124
3.2.4	Interaktion der Syntax mit der Semantik und der Pragmatik	129
3.2.4.1	Semantische und pragmatische Einflüsse in der Satzverarbeitung	132
3.2.4.2	Diskurseinschränkungen in der Satzverarbeitung	137
3.2.5	Zurück zur Modularität	139
3.3	Gedächtnis	140
3.4	Offene Fragen	141

4 Eine kulturbedingte sprachliche Fähigkeit: der Umgang mit schriftlichen Texten ... 146

4.1	Einführung	146
4.2.1	Leicht feststellbare Tatsachen: eine Zusammenfassung	146
4.2.2	Intensive Augenblicke	148
4.2.3	Verarbeitung schriftlicher Einheiten	151
4.2.3.1	Konkurrierende Ressourcen?	151
4.2.3.2	Ein visuell fundierter Ansatz	153
4.3	Individuelle Lesefähigkeiten	155
4.4	Lesen in einer fremden Sprache	156
4.4.1	Strategien gegen die Leseschwäche	156
4.4.2	Wir wollen sie beim Lesen nicht stören	157

5 Sprache als Gegenstand der Neurowissenschaften ... 160

- 5.0 Neurolinguistik: ein vielversprechendes Forschungsgebiet ... 160
- 5.1 Sprache als menschenspezifische Fähigkeit ... 161
- 5.1.1 Eine noch offene Debatte? ... 161
- 5.1.2 Kann man die Sprache im Gehirn lokalisieren? ... 163
- 5.1.3 Modular organisierte Funktionen ... 166
- 5.1.4 Störungen im Sprachsystem: Aphasien ... 168
- 5.1.4.1 Definition und methodologische Aspekte ... 168
- 5.1.4.2 Aphasiensyndrome ... 170
- 5.1.4.3 Gestörtes Lesen ... 174
- 5.2 Neurobiologische Veränderungen während des Erwerbsprozesses ... 175
- 5.2.1 Was für ein Wachstum? ... 176
- 5.2.2 Kritische Zeiten für den (Sprach)erwerb ... 177
- 5.2.3 „Erkenntnis durch Entlernen" ... 180
- 5.3 Zweiter zusammenfassender Ausblick in den Spracherwerb ... 183

6 Von der Muttersprache zur Fremdsprache ... 189

- 6.1 Unterschiede und Gemeinsamkeiten ... 189
- 6.2 Wie sind grammatikalische Normabweichungen von der L2 zu erklären? ... 191

Teil II Didaktische Anleitungen ... 197

7 Einführende Bemerkungen ... 198

- 7.1 Inhalt und Ziele dieses Buchteils ... 198
- 7.2 Allgemeine didaktische Prinzipien des Ansatzes ... 199

8 Wahrnehmen und Verstehen – die wesentliche Grundlage des Fremdsprachenerwerbs ... 204

- 8.1 Hören und Verstehen ... 204
- 8.2 Die Bedeutung des Hörverstehens für den Fremdsprachenerwerb ... 205
- 8.3 Die Hörmaterialien ... 207
- 8.4 Die Hörverständnisaktivitäten ... 208
- 8.5 Globales, komplexes Verstehen ... 209
- 8.5.1 Definition ... 209
- 8.5.2 Authentisches Hören ... 209
- 8.5.2.1 Beschreibung ... 209
- 8.5.2.2 Beachtenswertes für die am Unterricht Beteiligten ... 212
- 8.5.2.2.1 Unterrichtende ... 212
- 8.5.2.2.2 Lernende ... 214

8.6	Detailorientiertes Verstehen	215
8.6.1	Definition	215
8.6.2	Das Lingua-Puzzle	216
8.6.3	Analytisches Hören	219
8.6.3.1	Beschreibung	219
8.6.3.2	Welche analytischen Aufgaben?	219
8.6.3.3	Beachtenswertes für die am Unterricht Beteiligten	224
8.6.3.3.1	Unterrichtende	224
8.6.3.3.2	Lernende	224
9	**Einen Blick für die Sprache haben**	**226**
9.1	Lesen und Verstehen	226
9.2	Einige Komponenten und Funktionen des Lesens im Fremdsprachenunterricht	227
9.3	Inhalt und Qualität der Lesetexte	229
9.4	Die Leseaktivitäten	230
9.4.1	Authentisches Lesen	231
9.4.1.1	Beschreibung	231
9.4.1.2	Beachtenswertes für die Unterrichtenden	232
9.4.2	Vom Global- zum Detailverstehen	233
9.4.3	Das Analytische Lesen	233
10	**Die freie, kreative Sprachanwendung**	**236**
10.1	„Freiheit" mit bestimmten Zielsetzungen	236
10.2	Spontane Sprache und linguistische Wohlgeformtheit	237
10.3	Kreative Sprachanwendung und äußere Einflüsse	238
10.4	Das themenbezogene Gespräch	239
10.4.1	Themenwahl	239
10.4.2	Nicht alle reden mit	239
10.4.3	Infantilisierung	240
10.5	Das Rollenspiel	240
10.5.1	Gesprächsauslöser	241
10.5.2	Verstecktes Drehbuch	241
10.5.3	Aufschreiben?	242
10.5.4	Warum die plenare Vorführung freiwillig ist	243
10.6	„Ab wann darf gesprochen werden?"	243
10.7	Die freie schriftliche Produktion	244

11 Formorientierte Aktivitäten zur Sprachanwendung 246
11.1 Die Gesprächsrekonstruktion 246
11.1.1 Beschreibung 246
11.1.2 Der Ablauf der Aktivität 248
11.1.3 Der Zeitfaktor 251
11.1.4 Beachtenswertes für die am Unterricht Beteiligten 252
11.1.4.1 Unterrichtende 252
11.1.4.2 Lernende 253
11.2 *Variatio delectat* - Sprechübungsgymnastik 254
11.3 Formorientierte schriftliche Übungen 256

12 Die Unterrichtsaktivitäten im Lehrplan 260
12.1 Reihenfolge der Aktivitäten im Lehrplan 260
12.1.1 Authentische Verstehensaktivitäten vor Analytischen Aktivitäten 260
12.1.2 Von den Verstehensaktivitäten zu den Produktionsaktivitäten 264
12.2 Linguistische und inhaltliche Aspekte der Stundenplanung 265
12.3 Abwechslung 266
12.3.1 Abwechslung in der personellen Zusammensetzung 266
12.3.2 Abwechslung im Wahrnehmungsmodus 266
12.4 Evaluation 267
12.5 Erklärung der Aktivitätsziele und -modalitäten 268

Vorwort

Fremdsprachenwachstum – ein mentalistischer Ansatz des Lernens und Unterrichtens von Fremdsprachen

Seit Beginn der 80er Jahre wird in verschiedenen Ländern und Institutionen an der praktischen und theoretischen Neuorientierung des Fremdsprachenunterrichts für Erwachsene und Jugendliche gearbeitet. Dieser didaktische Ansatz ist unter dem Begriff „Fremdsprachenwachstum" bekannt geworden.

Der gemeinsame Nenner bei diesen Versuchen, Formen des spontanen Erwerbs im Sprachunterricht anzuwenden, ist die Annahme, dass Menschen eine spezielle Fähigkeit für das Verstehen und Produzieren von Sprache besitzen. Ein Charakteristikum des Spracherwerbs ist die Kreativität: ein Sprachsystem, das im Verstehen von Äußerungen anderer Menschen seinen Ausgang nimmt, findet nach einer gewissen Dauer des sprachlichen Kontakts als schöpferische Erzeugung einen eigenen Ausdruck.

Das Verstehen natürlich komplexer Sprache und die Kreativität sind die Hauptquellen des Erwerbs von Sprachen.
Verstehen ist ein innerer Vorgang, der die aktive Teilnahme der Lernenden erfordert. Dabei wendet der Mensch sprachspezifische Gesetze und Strategien an, die für alle Menschen gültige (universelle) Eigenschaften aufweisen.
Ohne diese besondere Fähigkeit wäre der Spracherwerb unmöglich.

Wiederkehr cartesianischer Konzepte

Der Ansatz des Fremdsprachenwachstums fügt sich von seinen sprachtheoretischen und pädagogisch-praktischen Wurzeln her in eine ältere Unterrichtstradition ein.
Von der platonischen *Wiederentdeckungs*lehre, der Annahme eines *kreativen Prinzips* (René Descartes), der Lehre der *kreativen Sprachkraft der Menschen* (Wilhelm von Humboldt) bis zur *Universalgrammatik* (Noam Chomsky) zieht sich das Verständnis des Spracherwerbs als artspezifische Ausstattung, die auf einer allen Menschen inhärenten Fähigkeit beruht. Dass ein wesentliches Merkmal menschlicher Sprach- und Denkfähigkeit der *kreative und unendliche Gebrauch von endlichen Mitteln* ist, geht in dieser expliziten Formulierung auf Wilhelm von Humboldt zurück; ebenso der Begriff des *Sprachwachstums*. Diese Denkmodelle wurden im zwanzigsten Jahrhundert von Noam Chomsky und der generativen Linguistik wieder aufgegriffen.

Dieser Hypothese steht die Auffassung gegenüber, dass Sprache und Denken Produkte von *Gewöhnung* und *Erziehung* sind.

Beide Auffassungen haben wichtige Konsequenzen für die didaktische Praxis. Der Anteil an innerer und äußerer Selbsttätigkeit, der den Lernenden zugestanden wird, hängt entscheidend davon ab, welche Fähigkeiten in ihnen vermutet werden. Werden diese für unspezifisch und schwach gehalten, steigt die Bedeutung der Anleitung von außen.

Werden umfassende und robuste Fähigkeiten angenommen, so besteht die Funktion von Erziehenden und Umwelt im Wesentlichen darin, einen fruchtbaren Boden für deren Entwicklung zu schaffen.

Zur Geschichte

Die in diesem Buch beschriebenen didaktischen Vorschläge haben ihre Wurzeln in Rom – genauer gesagt, in den Überlegungen und Erfahrungen der Forschungsabteilung einer römischen Sprachschule, der "DI.L.IT.-International House".

Deren innovativer Wert – der heute wie in den 80er Jahren aktuell bleibt – bestand in der Einführung authentischer Unterrichtsmaterialien, der Aktivierung des spontanen Spracherwerbs neben Formen des bewussten Lernens sowie in der Erkennung der Relevanz der Inputphasen.

Der sich daraus entwickelnde didaktische Ansatz stieß in den letzten zehn Jahren auch in verschiedenen europäischen Ländern (Österreich, BRD, Spanien, Frankreich, Dänemark, Belgien, Luxemburg) auf Akzeptanz.

In Österreich erschien 1988 eine Broschüre mit dem Titel „*Fremdsprachenwachstum*", die didaktische Anleitungen mit Daten und Überlegungen aus der Linguistik und der Spracherwerbstheorie belegte[1]. Das vorliegende Buch ist eine erweiterte und überarbeitete Version dieser Broschüre.

Es sei noch angemerkt, dass die Bezeichnung „Fremdsprachenwachstum" heute im deutschsprachigen Raum auch für die didaktische Methode verwendet wird.

Aufbau und Inhalt dieses Buches

Die Erörterung der Anwendung und Vermittlung von Sprache setzt die Klärung folgender grundsätzlichen Fragen voraus: a) Was ist „Sprache"? b) Welche sind die kognitiven Grundlagen und Modalitäten der Verarbeitung von Sprache?

Der erste Teil des Buches bietet deshalb eine Definition der Sprachfähigkeit (Kapitel 1), die Erörterung der zugrundeliegenden strukturellen Prozesse (Kapitel 2) und Verarbeitungsmechanismen (Kapitel 3-4). Ergebnisse und Konzepte der generativen Linguistik, der Kognitions-

---

[1] Buttaroni, S. & Knapp, A. 1988. *Fremdsprachenwachstum*. Wien: Verband Wiener Volksbildung. Das Projekt wurde vom Österreichischen Bundesministerium für Unterricht und Kunst und vom Verband Wiener Volksbildung unterstützt.

und Gehirnforschung (Kapitel 5) werden ebenso diskutiert wie deren praktische Bedeutung für den Fremdsprachenunterricht.

Das Kapitel 6 („Von der Muttersprache zur Fremdsprache") versteht sich als Überleitung von den im ersten Teil dargestellten Forschungsergebnissen zu den im zweiten Teil beschriebenen Unterrichtsaktivitäten.

Der zweite Teil ist der Beschreibung didaktischer Aktivitäten zur Erlangung fremdsprachlicher Kompetenz seitens Jugendlicher und Erwachsener gewidmet.
Wesentliche Merkmale der didaktischen Vorschläge sind der Gebrauch authentischer Unterrichtsmaterialien, die entscheidende Rolle des Inputs, die Relevanz der Erwerbsphasen gegenüber den Lernphasen sowie die relative Autonomie, mit der die Lernenden ihren Lernprozess gestalten.
Der didaktische Teil ist mit Verweisen auf entsprechende Stellen im theoretischen Teil ausgestattet, um Unterrichtenden die Verbindung von Theorie und Praxis zu erleichtern.

Danksagung

Mein herzlichster Dank geht an all diejenigen, die in unterschiedlicher Weise zur Realisierung dieses Buches beigetragen haben:
an Martin Prinzhorn, Gerhard Brugger, Friedrich Neubarth und Chris Schaner-Wolles für ihre Kommentare und Ratschläge zu den Kapiteln über theoretische und angewandte Linguistik;
an die Kolleginnen Renate Faistauer, Francesca Ferraris und Dagmar Kugler für wichtige Anregungen zu einzelnen Kapiteln des Manuskripts;
an Arno Einwitschläger und Dagmar Kugler für ihre wertvollen Ratschläge zur Form des deutschen Textes;
an Thomas Fritz, der diese Ausgabe förderte;
an Christopher Humphris, dem ich die Entdeckung der Fremdsprachendidaktik als intellektuelles und menschliches Abenteuer verdanke;
an Alfred Knapp, der 1988 das Projekt „*Fremdsprachenwachstum*" leitete und jahrelang unschätzbarer Gesprächspartner für viele der hier behandelten Themen war.

Für die Fehler und Ungenauigkeiten im Text trage ich allein die Verantwortung.

Die zeitgleiche italienische Ausgabe des Buches besorgt der „Alpha&Beta" Verlag, Meran.

Wien, im September 1996   Susanna Buttaroni

Beiträge zur Definition von „Sprache"

> *Ainsi mon dessein n'est pas d'enseigner ici la méthode que chacun doit suivre pour bien conduire sa raison, mais seulement de faire voir en quelle sorte j'ai tâché de conduire la mienne.*
> (Descartes, *Discourse de la méthode*, I)
>
> (Es ist also nicht meine Absicht, hier die Methode zu lehren, die jeder befolgen muss, um seinen Verstand richtig zu leiten, sondern nur aufzuzeigen, wie ich versucht habe, den meinen zu leiten.)
> (Übers. v. L. Gräbe))

0 Einleitung

Die Betrachtung der Themenbereiche Sprachbeherrschung, Spracherwerb und Fremdsprachenunterricht von ihren psychologisch-linguistischen Grundlagen her ist mit wichtigen Fragen verbunden:

(1) *Was bedeutet es, eine Sprache zu beherrschen, welche Art von Wissen bzw. Kenntnissen impliziert dies?*
(2) *Was sind die wesentlichen Charakteristika des konkreten Sprachgebrauchs?*
(3) *Was befähigt Menschen, Sprache zu erwerben?*
(4) *Wie werden diese Kenntnisse erworben?*

Die Beantwortung dieser Fragen beeinflusst nicht nur die Orientierung der sprachwissenschaftlichen Forschung, sondern auch jene der pädagogischen Praxis entscheidend.
Die Kapitel 1. und 2. sind der ersten Frage gewidmet. Das Kapitel 1. bietet philosophische und psychologische Definitionen von Sprache, die auf empirischen Daten und theoretischen Überlegungen basieren.
Das Kapitel 2. enthält Konzepte und Organisationsprinzipien des Sprachsystems, wie sie in der generativen Grammatiktheorie formuliert wurden.
Dem Sprachgebrauch, d.h. der Verarbeitung von Sprache, bzw. dem Lesen als deren besondere Form sind das Kapitel 3. und 4. gewidmet.
Das Kapitel 5. betrachtet Fragen über das Sprachvermögen als menschliches biologisches Phänomen, das mit Entwicklungsprozessen und Störungen verbunden ist.
Das Kapitel 6. behandelt im Lichte der erwähnten psycholinguistischen Daten und -theorien einige für den Sprachunterricht relevante Fragen zum Erwerb der Zweit- und Fremdsprache. Insbesondere werden mögliche Verbindungen zwischen dem Erwerb der Muttersprache und dem Erwerb weiterer Sprachen erläutert.

1 Sprache als Komponente des menschlichen Denkens

1.1 Sprache als Wiedererzeugung

Die menschliche Sprache als eine zentrale Komponente des Denkens, als Kommunikationsinstrument und kognitiver Mechanismus, steht seit den Anfängen der Philosophie im Mittelpunkt ihrer Überlegungen. Diese umfassen sowohl das Definieren und Benennen der geistigen Tätigkeit als auch das Problem des Spracherwerbs.

Die klassische Philosophie hatte auf das Problem, wie Menschen dazu kommen, dieses komplizierte System von Laut- und Wortverbindungen, das wir Sprache nennen, im Laufe ihres relativ kurzen und ausschnitthaften Kontakts mit der sprachlichen Gesamtrealität zu erlernen (Chomsky 1986, S.XXV), zwei grundsätzlich verschiedene Erklärungsansätze: das *aristotelische Konzept*, das den Prozess der Erkenntnis auf Sinneswahrnehmungen zurückführte, und die *platonische Lehre der Wiederentdeckung* a-priori präsenter, angeborener Ideen.

Im Zuge der Trennung der Naturwissenschaften von der Philosophie im 17. Jahrhundert gewinnt die Betrachtung des Phänomens Sprache an Brisanz. Descartes sieht den Gebrauch von Wörtern und Zeichen als komplexe Fähigkeit, die weit über artikulatorische Fertigkeiten und den bloßen Ausdruck von Gefühlen (Signalfunktion) hinaus geht (vgl. *Discourse de la méthode*, Teil V). Die Komplexität eines solchen Mechanismus, der sich bei Tieren nicht findet, gilt als stärkster Nachweis für die Überlegenheit der menschlichen Vernunft. Descartes zufolge stützt sich das Denken auf *angeborene Ideen*; sie alleine können die Komplexität und wesentliche Charakteristika menschlichen Handelns und Denkens erklären. Diesen angeborenen Ideen entsprechen geometrische Begriffe und relationale Kategorien wie Ursache, Gleichheit und Ungleichheit, Ganzheit und Teil usw.
Hinter der gedanklichen Aktivität der Menschen vermutet Descartes ein *kreatives Prinzip*, das – zum Unterschied vom *mechanischen Prinzip*, welches tierische Handlungen regiert – für die Verschiedenheit menschlichen Verhaltens, für die Fähigkeit, sich an neue Situationen anzupassen und die menschliche Kreativität verantwortlich ist. Letztere ist nun in den Augen Descartes' auch ein wesentliches Charakteristikum der Sprache. Mit ihrer Hilfe können wir neue Aussagen formulieren, in denen neue Gedanken in zu neuen Situationen passenden Formen zum Ausdruck kommen. Der Mensch ist zwar „geneigt", situationsadäquat zu denken und zu handeln, aber Inhalt und Form seiner Handlungen werden von äußeren Stimuli nicht gänzlich determiniert.

Sprachphilosophische Strömungen des neunzehnten Jahrhunderts greifen die cartesianischen Ansätze wieder auf. Insbesondere die Romantik betont den kreativen Aspekt der Sprache. Auf

Wilhelm von Humboldt, eine der herausragendsten Gestalten dieser Strömung, geht auch der von den heutigen generativen Sprachtheoretikern oft gebrauchte Ausdruck des „*Sprachwachstums*" zurück. Die Sprache als „*Erzeugung*", nicht als „*ein totes Erzeugtes*" (1836, § 11), ist nach Humboldt in einer systematischen Struktur organisiert, die ein unendliches Spektrum von Sprechakten ermöglicht. Diese formalen Grundlagen zeigen gewisse *universale Züge* (ebda., § 35), die die Grenzen der möglichen Sprachsysteme definieren. Es sind *Prinzipien* der Organisation menschlicher Sprache, die nicht erlernt zu werden brauchen.

Die Sprache, die von Kindern erworben wird, ist das Resultat einer „*Entwicklung der Sprachkraft*", eines „*Wachsens des Sprachvermögens*" (ebda., § 14). Sie besteht aus einer Reihe von „*Selbstschöpfungen der Individuen*", die sich „*unter den verschiedenartigsten Umständen* [...] *innerhalb eines kurzen Zeitraums*" verwirklichen. Damit dieser Spracherwerbsprozess stattfinden kann, ist im Wesentlichen nur eine Bedingung vonnöten: der Sprachfähigkeit muss „*der Faden hingegeben werden*", an dem sie sich selbst emporrankt. Wenn die passenden äußeren Umstände gegeben sind (das heißt, der natürliche sprachliche Kontakt mit der Umwelt), kann diese latente Struktur nämlich aktiviert werden.

Die „*Gesetze der Spracherzeugung*" gelten selbst bei der Sprachwahrnehmung. Nur dann, wenn der „Empfänger" imstande ist, das System des Sprechers zu teilen, kann verstanden werden. Insofern gleicht das sprachliche Verstehen der sprachlichen Erzeugung. „*Die gemeinsame Rede ist nie mit dem Übergeben eines Stoffes vergleichbar. In dem Verstehenden, wie im Sprechenden, muß derselbe aus der eignen, innren Kraft entwickelt werden; und was der erstere empfängt, ist nur die harmonisch stimmende Anregung*" (ebda., § 14).

Diese über weite Strecken spekulativen Auffassungen sollten eineinhalb Jahrhunderte später überraschende und faszinierende Bestätigungen erhalten. Der Fortschritt der wissenschaftlichen Erkenntnisse und Forschungsmethoden in der Psychologie und Linguistik erlaubte es, über das Stadium der intuitiven Ahnungen hinaus in jenes der expliziten Hypothesen und Theorien zu gelangen, die teilweise auch empirisch abgesichert wurden. Im Bereich der Linguistik entwickelte sich Mitte der 50er Jahre die Erforschung der „Generativen Grammatik", die aus dem Zusammentreffen traditioneller und strukturalistischer Strömungen der Linguistik mit der Erforschung formaler Systeme (künstliche Intelligenz) entstand (vgl. Noam Chomsky, *Syntactic Structures*, 1957). Diese Forschungsrichtung ist bestrebt, dem Rätsel der menschlichen Sprachfähigkeit insofern näherzukommen, als die Sprachfähigkeit ein *Bestandteil der menschlichen Wissens- und Denksysteme* ist, deren Natur und Herkunft das eigentliche Forschungsziel darstellt.[1]

In anderen Worten, geht es in der generativen Grammatiktheorie um mehr bzw. *anderes* als um die möglichst widerspruchsfreie Beschreibung von Sprachen und sprachlichen Phänomenen.

---

[1] Insofern hat die Generative Grammatiktheorie einen großen Einfluss auf die Entwicklung der Psycholinguistik, die das Sprachverhalten und die im Sprachgebrauch involvierten mentalen Prozesse erforscht, sowie der Neurolinguistik, die die Korrelationen zwischen normalem und pathologischem Sprachverhalten und neurophysiologischen Strukturen untersucht (vgl. Fromkin 1991).

Sprache ist aus der Sicht der „Generativisten" kein vom Menschen unabhängig existierendes System struktureller Gesetzmäßigkeiten, sondern ein Wissenssystem besonderer Natur, das im menschlichen Geist verankert ist. In der Nachfolge von Descartes und Humboldt definiert Chomsky die Sprache als „ein generatives Verfahren, das ermöglicht, [im Geist, SB] artikulierte und strukturierte Ausdrücke von Gedanken frei zu produzieren und zu verstehen" (Chomsky 1991, S.7 [Übers.v.SB]; s. auch Chomsky 1968/1973, § 1 und S.118).

Chomsky fügt hinzu: „mit etwas Interpretationsfreiheit", denn „zwischen einem abstrakten generativen Verfahren, das allen Äußerungen strukturelle Beschreibungen zuweist, und der ‚Arbeit des Geistes' [!], die Gedanken in der [konkreten] Sprachperformanz zum Ausdruck bringt", wird bei Humboldt nicht deutlich unterschieden (vgl. seine Definition von Sprache als „die Definition des jedesmaligen Sprechens", „die Totalität dieses Sprechens").

In der generativen Grammatiktheorie hingegen ist die Unterscheidung zwischen der konkreten Sprachanwendung („sprachliche Performanz") und den mentalen Zuständen, die Voraussetzung der Sprachanwendung sind, von zentraler Bedeutung:

> Das sprachliche Wissen oder Sprachvermögen als mentales, unbewusstes, abstraktes Verfahren ist die *„grammatische Kompetenz"* (vgl. Chomsky 1965/1970, S.14 und 1980/1981, S.65)[2].
> Die Kenntnis von Bedingungen und Art des angemessenen Gebrauchs der grammatischen Kompetenz, zur Verfolgung der jeweiligen Ziele und Zwecke, die zusammen mit dem konzeptuellen System wirkt, ist die *„pragmatische Kompetenz"* (Chomsky 1980/1981, S.65f., 225).

Jedem möglichen konkreten Ausdruck in einer bestimmten Sprache wird vom generativen Sprachmechanismus der Sprecher-/HörerInnen eine *mentale Repräsentation* seiner Form und Bedeutung zugeschrieben. Eine bestimmte Menge struktureller Repräsentationen bildet „die Strukturen der Sprache". In solchen mental verankerten Repräsentationen besteht das stillschweigende, unbewusste sprachliche Wissen, das die Sprachfähigkeit ("*language faculty*") ausmacht und Bestandteil des Geistes/Gehirns, d.h. Teil der biologischen Ausstattung des Menschen ist.[3]

Alle Menschen – abgesehen von denjenigen, die an bestimmten Störungen leiden – sind imstande, im frühen Alter (mindestens) eine Sprache zu erwerben. Dies erfolgt ohne bewusstes Lernen, „mühelos, schnell und auf einheitliche Weise, einfach durch das Leben in einer Ge-

---

[2] Vgl. § 3.2.3.3 über Sprachverarbeitung, wo Fälle angegeben werden, in denen die Performanz (das Verständnis) trotz der grammatikalischen Korrektheit des Sprachmaterials systematisch „schwer" fällt.
Eine ähnlich scharfe Trennung wird zwischen diachroner und synchroner Beschreibung und Erklärung sprachlicher Phänomene beachtet.

[3] Um die unbewusste Natur dieses stillschweigenden Wissens zu betonen, hat Chomsky den Ausdruck „kognisieren" eingeführt (Englisch: "*cognize*": vgl. Chomsky 1975/1977, S.194f.; 1980/1981, S.76 und 96). Der Neologismus sollte die Sprachkompetenz definieren, ohne einen bewussten Prozeß – wie beim Terminus „wissen" – oder potentielle konkreten Gegenstände – wie bei „kennen" – zu implizieren. Die Neueinführung konnte aber weitere Missverständnisse nicht vermeiden, wie eine solche Innovation hätte erwarten lassen.

meinschaft, in der die Minimalbedingungen der Interaktion, der Konfrontation mit sprachlichen Daten und der Fürsorge um den Nachwuchs erfüllt sind" (Chomsky 1975/1977, S.172f.). Um diese Fähigkeit zu erklären, muss ein biologisch determiniertes, angeborenes System von Sprachprinzipien angenommen werden, das für Menschen charakteristisch ist.

Dieses angeborene Prinzipiensystem, das Menschen spracherwerbsfähig macht[4], besteht aus abstrakten Prinzipien, die „die Klasse möglicher Grammatiken für mögliche menschliche Sprachen" beschreiben (Chomsky 1980/1981, S.191), und wird als „*Universalgrammatik*" („*UG*") bezeichnet. Dieser Begriff ist von der gängigen Auffassung von „Grammatik" als Beschreibung sprachlichen Outputs oder gar als normatives Verzeichnis zu unterscheiden.

Eine Grammatiktheorie muss auch die Tatsache erklären, dass sich Sprachen nicht nur lexikalisch und phonetisch, sondern auch strukturell voneinander unterscheiden. Ein Beispiel für strukturelle Unterschiede ist ein Aspekt des Fragesatzes im Chinesischen oder Japanischen: im Gegensatz zur entsprechenden Konstruktion im Deutschen oder Englischen steht das Fragepronomen nicht am Satzanfang, sondern bleibt in derselben Position wie im Deklarativsatz, auch wenn dieser eingebettet ist. Vgl. die folgenden Beispiele im Japanischen („TOP" steht für eine Partikel, die das topikalisierte, d.h. hervorgehobene, mehr oder weniger dem Subjekt entsprechende Satzelement bezeichnet. „DAT", „AKK" und „NOM" stehen für Dativ-, Akkusativ- bzw. Nominativpartikeln)[5]:

JAPANISCH
1) a Mary-wa John-ni nani-o ageta-no?
 (Mary-TOP John-DAT was-AKK gab-QUANTOR)
 „Was gab Mary John?"
 b Mary-wa [John-ga nani-o yonda-to] itta-no?
 (Mary-TOP John-NOM was-AKK las-dass sagte-QUANTOR)
 „Was sagte Mary, dass John gelesen hatte?"

Ein weiterer zwischensprachlicher Unterschied besteht in der Möglichkeit, mehrfache Fragen zu formulieren. Dies ist in germanischen Sprachen mit nur einem Fragewort am Satzanfang möglich (der Beispielsatz 2)b ist im Englischen nicht korrekt)[6], in slawischen Sprachen jedoch auch mit zwei aufeinander folgenden Fragewörtern (Beispiele im Tschechischen in 3)). Das Italienische bietet diese Möglichkeiten nicht (4)):

ENGLISCH
2) a Who bought what?
 (wer kaufte was)

---

[4] Deshalb wurde es auch bis in die 70er Jahre als *Language Acquisition Device* (*LAD*), d.h. „Spracherwerbsmechanismus", bezeichnet.
[5] Beispiele aus Pesetsky 1987. Dazu s. auch § 2.3.2.2.
[6] In dieser Konstruktion gelten weitere Einschränkungen bezüglich der syntaktischen Funktion des Fragepronomens. Ein Satz wie der folgende ist z.B. im Englischen nicht korrekt: *"What did who buy?" (was AUX wer kaufen).

    b *Who what bought?
       (wer was kaufte)

TSCHECHISCH

3) a Neznám, kdo komu pomohl.
       (nicht-ich-weiß wer wem half)
       „Ich weiß nicht, wer wem half."
    b Neznám, kdy kdo zatelefonoval.
       (nicht-ich-weiß wann wer anrief)
       „Ich weiß nicht, wer wann anrief."

ITALIENISCH

4) a *Chi ha comprato cosa?
       (wer hat gekauft was)
    b *Chi cosa ha comprato?
       (wer was hat gekauft)

Solche Unterschiede werden als Alternativen innerhalb eines Systems von abstrakten universellen Prinzipien (die „Universalgrammatik") betrachtet. Diese Optionen werden „*Parameter*" genannt.

Parametrische Eigenschaften unterscheiden auch Sprachen voneinander, die – historisch gesehen – eng verbunden sind: so z.B. die syntaktischen Unterschiede zwischen romanischen Sprachen (hier Französisch und Italienisch) in der Konstruktion „Verb im Infinitiv mit klitischem Pronomen":

FRANZÖSISCH

5) a Jean veut le voir.
       (Jean will ihn sehen)
    b *Jean le veut voir.
       (Jean ihn will sehen)
    c *Jean veut voir le.
       (Jean will sehen ihn)

ITALIENISCH

6) a *Gianni vuole lo vedere.
       (Gianni will ihn sehen)
    b Gianni lo vuole vedere.
       (Gianni ihn will sehen)
    c Gianni vuole vederlo.
       (Gianni will sehen ihn)

Hier verhält sich das Französische eher dem Englischen (und dem Deutschen) als dem Italienischen ähnlich.

Auch die angenommene Erklärung für den Spracherwerb basiert auf der Parametertheorie. Demnach wird die Entwicklung der muttersprachlichen Kompetenz beim Kind von universell vorhandenen, angeborenen Sprachprinzipien ausgelöst, wenn es (ausreichenden) sprachlichen Daten ausgesetzt ist. Der Spracherwerb erfolgt in Form der Fixierung der sprachspezifischen Werte der jeweiligen Parameter sowie des unbewussten Lernens des Lexikons und der unregelmäßigen Elemente der Sprache (s. dazu Kapitel 6.).

Die Aufgabe der *Grammatiktheorie* besteht darin, mittels Daten aus verschiedenen Sprachen sowohl die Universalgrammatik als auch die Kompetenz der idealen Sprecher-/HörerInnen einer Sprache zu beschreiben[7].

Die Beschreibung der Kompetenz der Sprecher-/HörerInnen ist mit der Notwendigkeit verbunden, eine gewisse *Idealisierung* vorauszusetzen, ohne die es unmöglich wäre, Regelmäßigkeiten in den Sprachphänomenen zu isolieren. Dies betrifft in erster Linie die Definition der zu betrachtenden Sprachphänomene selbst: nur diejenigen, die die Werte der UG-Parameter darstellen und somit dem „Kern" ("*core*") der Sprache zuzuschreiben sind, werden in die Theorie übernommen. In der „Peripherie" der Universalgrammatik als Prinzipien- und Parametersystem bleiben hingegen Phänomene wie morphologische Unregelmäßigkeiten, idiomatische Ausdrücke, historische Auswirkungen, Spuren des Einflusses anderer Sprachen usw. (s. Chomsky 1986, S.147). Sie werden als Teil des Lexikons der jeweiligen Sprache betrachtet, denn genauso wie lexikalische Einträge sind sie auf der Basis struktureller Informationen über die Sprache nicht voraussagbar[8].

Zur vorauszusetzenden Idealisierung gehören ebenso die *Homogenität der Sprachgemeinschaft* (auch in soziopolitischer Hinsicht) und die ausgezeichnete Sprachkompetenz der Sprecher-/HörerInnen, wie auch die Abwesenheit von Gedächtnisstörungen und Zerstreuungsfaktoren während der Sprachproduktion (Chomsky 1975/1977, S.175ff.; 1980/1981, S.120ff.)[9].

Das *Hauptziel der generativen Grammatiktheorie* ist zu definieren, worin die menschliche Sprachfähigkeit besteht. Dementsprechend müssen hinter der Verschiedenheit der Sprachphänomene *wenige, in allen Sprachen wirkende Prinzipien* angenommen werden. Diese Prinzipien sollen so formuliert werden, dass sie auch der Tatsache Rechnung tragen, dass *der Er-*

---

[7] Dies impliziert keinen kausalen Zusammenhang zwischen Theorie und Sprachverhalten, d.h. es gehört nicht zu den Zielen der Theorie, das Sprachverhalten vorauszusagen. Der Sprachtheorie sind insofern auch normative Absichten fremd: vgl. Chomsky 1986, S.241ff.

[8] Zu beachten ist, dass die Funktion von „Kern" und „Peripherie" innerhalb des Regelsystems der jeweiligen Sprachen variiert. So wird z.B. der Ablaut im Deutschen und Englischen zur morphologischen Unterscheidung mancher Verbformen und lexikalischer Kategorien mit semantischen Gemeinsamkeiten („trinken – trank – getrunken", der „Trank", die „Tränke", „tränken" usw. versus „sagen – sagte – gesagt" usw.; Englisch: "drink – drank – drunk", "the drink" usw.) als peripheres Mittel eingesetzt. In den semitischen Sprachen hingegen wie z.B. dem Arabischen stellt dieses Verfahren die Norm für alle Flexions- und Wortbildungsphänomene dar (vgl. Scalise 1994, S.287).

[9] Das Ausklammern dieser Faktoren dient dem Zweck der Erstellung der Theorie und steht nicht in Widerspruch zur Möglichkeit, Sprachphänomene in bestimmten Gemeinschaften oder Individuen zu erforschen.

werb der jeweiligen Muttersprache ab einem bestimmten Alter *für alle Menschen* - egal unter welchen sozioökonomischen und affektiven Bedingungen sie aufwachsen – *möglich* ist[10]. Zwei Dimensionen beschränken also die universellen Prinzipien der Organisation der Sprachfähigkeit: eine horizontale (die Unterschiede zwischen den mehreren tausend Sprachen der Welt) und eine vertikale (die homogene Entwicklung der Sprachfähigkeit beim Kind).

Ausgangspunkt der theoretischen Forschung sind Wohlgeformtheitsurteile muttersprachiger Sprecher-/HörerInnen[11]. Die abstrakte Formulierung der Prinzipien der Grammatik und die Definition der Regeln der eigenen Muttersprache entziehen sich den bewussten Kenntnissen der Sprecher-/HörerInnen. Manche ignorieren sogar die Existenz von Regeln für bestimmte Sprachphänomene (z.B. Syntax- und Semantikregeln bezüglich der Reihenfolge der Worte im Satz). MuttersprachlerInnen „kognisieren" jedenfalls das gegebene Sprachsystem und besitzen die notwendige Kompetenz, um es korrekt anzuwenden.

Die Hypothesen über bestimmte Grammatikprinzipien können innerhalb des Sprachsystems selbst überprüft werden (durch Urteile der Sprecher-/HörerInnen über weitere Daten sowie durch die Formulierung und Überprüfung weiterer Prinzipien). Findet die erstellte Grammatiktheorie durch empirische Daten eine Bestätigung, wird ihre psychologische Realität auch bestätigt. Wie in den Naturwissenschaften (z.B. in der Astronomie, die sich mit weit entfernten Objekten befasst), ist in der Sprachwissenschaft, die mentale Gegenstände erforscht, eine unmittelbare Überprüfung undurchführbar (Chomsky 1980/1981, S.198ff.): in solchen Fällen kommt nur die indirekte Evidenz zur Geltung.

Insofern die Grammatiktheorie die *Struktur des mentalen Systems, das die Sprache betrifft*, erforscht, ist sie integraler Bestandteil der kognitiven Psychologie.

1.2 Kreativität innerhalb der Norm: „Unendlicher Gebrauch von endlichen Mitteln"

Im vorigen Abschnitt wurde erwähnt, dass ein Charakteristikum der menschlichen Sprachfähigkeit darin besteht, kompetente Urteile darüber abgeben zu können, ob Sätze gramma-

---

[10] Von den Fällen in Isolation lebender Kinder wird hier abgesehen. Die Auswirkungen der Isolation auf den Spracherwerb werden im Abschnitt 5.2.2 angesprochen.

[11] Es ist wichtig, den Begriff der „Wohlgeformtheit" von jenem der „Akzeptabilität" zu unterscheiden, der mit außersprachlichen Faktoren verbunden ist. Z.B. wird die Wortlänge keineswegs von der Grammatik eingeschränkt: es ist wohl möglich, in einer Sprache wie dem Deutschen, die die Zusammensetzung mehrerer Wörter vorsieht, Sequenzen von 20 Silben oder mehr zu schaffen. Hier lägen die Einschränkungen eher im Gedächtnisvermögen, d.h. in Verarbeitungs- bzw. Performanzfaktoren, die ein solches Wort als kaum bis nicht akzeptabel einstufen würden. Es ist dennoch nicht auszuschließen, dass einzelne Sprecher-/HörerInnen mit überdurchschnittlich trainiertem Gedächtnis ein überdurchschnittlich langes Wort akzeptieren würden.
Die Grammatik besteht also *nicht* darin, die Menge akzeptabler Sätze zu bestimmen (vgl. Chomsky 1980/1981, S.128f.).

tikalisch richtig sind oder nicht. So kann z.B. ein deutschsprachiger Mensch, auch wenn er die folgenden Wortreihen noch nie gehört hat, intuitiv und unmittelbar beurteilen, welche davon von ihrer Struktur her möglich sind und welche nicht (bei den nächsten Beispielen und im Folgenden kennzeichnet das Symbol „*" grammatikalisch unkorrekte Äußerungen):

7) a Karl kauft jeden Morgen die Zeitung.
   b *Jeden Zeitung die Karl Morgen kauft.
8) a Franz liebt Opernarien und Wassersport.
   b *Franz singt Opernarien und Wassersport.
9) a Ich habe den Kassierer gebeten, sich den Geldschrankcode endlich zu merken.
   b *Ich habe dem Kassierer versprochen, sich den Geldschrankcode endlich zu merken.
10) a Es ist nicht günstig, das jetzt zu sagen.
    b Das jetzt zu sagen, ist nicht günstig.
    c *Das jetzt zu sagen, ist es nicht günstig.

MuttersprachlerInnen können auch Abstufungen der Grammatikalität erkennen, wie in den folgenden Beispielen (das Symbol „?" bezeichnet eine leichte Abweichung):

11) a Katharina dachte daran, dass/weil es schon so spät war.
    b ?Katharina dachte daran, weil es war schon so spät.
    c *Katharina dachte, dass es war schon so spät.

Für alle SprecherInnen klingt der Satz 11)b besser als der Satz 11)c.
Ebenso können wir beurteilen, ob bestimmte Äußerungen in bestimmten Situationen adäquat sind:

12)   Sprecher A – Möchtet ihr einen Kaffee?
   a   Sprecher B – Ja, danke.
   b   Sprecher C – Ja, bitte.

Der Satz 12)a ist grammatikalisch korrekt, d.h. er stellt einen möglichen deutschen Satz dar, zu diesem Kontext passt er aber nicht (mit einer nicht besonders langen Pause zwischen „ja" und „danke").
In beiden Fällen können Deutschsprachige auf Anhieb die Fehler korrigieren, auch wenn sie wahrscheinlich nicht erklären können, worin diese bestehen.

Nicht nur sind wir Menschen imstande, *beliebig viele, noch nie gehörte Sätze zu verstehen*: wir können auch *beliebig viele, noch nie gehörte Sätze produzieren*, und dies vor dem Hintergrund der Tatsache, dass:
   a) unsere Erfahrung mit der Muttersprache zeitlich begrenzt ist, da die Anzahl der Sätze, die wir bis zu einem bestimmten Alter wahrnehmen, eine endliche Menge darstellt und
   b) die sprachlichen Mittel, die zum Ausdruck unserer Gedanken zur Verfügung stehen, ebenso begrenzt sind.

Gerade die Kreativität, die Fähigkeit, von diesen „endlichen Mitteln einen unendlichen Gebrauch [zu] machen", gehört zu den wesentlichen, traditionell anerkannten Charakterzügen menschlicher Sprachbeherrschung (Humboldt 1836, § 24).

Bestünden keine Einschränkungen außersprachlicher Natur, könnten Menschen auch unendlich lange Sätze produzieren (sagen, rezitieren oder aufschreiben), dank dem Mechanismus der *Rekursion*. Von stilistischen Überlegungen abgesehen, ist die Fortsetzung von Sätzen folgender Art bis ins Unendliche wohl vorstellbar:

13) Mozart spielte Klavier und sang Lieder und schrieb ordinäre Briefe und komponierte Opern und ...

14) Ich kenne eine Frau, die ein Auto hat, das auf Zahnrädern fährt, die aus einem Material sind, das von einer Fabrik kommt, die auf einem Gelände steht, das ...

Doch ist das noch nicht alles. Wie beim Menschen, dessen faktischer Wortschatz zu einem bestimmten Zeitpunkt seines Lebens aus einer begrenzten Menge von Wörtern besteht, kann ein Computerprogramm auch, mit einem bestimmten Lexikon ausgestattet, rekursive Verfahren anwenden und dadurch sogar absurd-poetische Produkte liefern (vgl. Pinker 1994, S.192ff.). Eine zusätzliche Fähigkeit des Menschen besteht darin, *neue Wörter mithilfe bereits vorhandener zu kreieren* und somit durch relativ einfache Mechanismen ein unbegrenztes Vokabular zu schaffen. Beispiele dafür sind folgende Sätze:

15) Der Briefabwehrbrief erreichte den Schlaftisch des Angestellten.
16) Am Anfang ihrer Karriere pornographierte die Schauspielerin eine Weile, bis sie die erste wichtige Rolle erhielt.
17) Der Gulp bewampfte seinen Krünchel törchtig.

Im Satz 15) ist „Briefabwehrbrief" nach „Raketenabwehrrakete" geformt. „Schlaftisch" ist auf der Basis von „Schreibtisch" und „Schlafzimmer" entstanden. Im Satz 16) wurde das Wort „pornographieren" von „Pornographie" und „fotografieren" abgeleitet. Obwohl einige Wörter nicht zu den anerkannten Einträgen des deutschen Lexikons gehören, sind beide Sätze auch ohne Kenntnisse eines spezifischen Kontextes verständlich (auch dank den Informationen, die die „Enzyklopädie", d.h. das Wissen über die Welt, enthält: z.B. „Briefe werden normalerweise gewechselt", „Briefe können aggressive Botschaften enthalten", „Angestellte können am Schreibtisch einschlafen", „Schauspielerinnen lassen sich oft am Anfang ihrer Karriere nackt fotografieren" usw.).

Satz 17) hingegen ist nicht verständlich, obwohl er deutsch klingt. Von MuttersprachlerInnen wird er auch nach den deutschen Grammatikregeln interpretiert: betont wird nicht der Präfix "be-", sondern die darauffolgende Silbe, „seinen" kann auf den „Gulp" bezogen werden, „törchtig" wird als Adverb, das das Verb „bewampfen" modifiziert, oder auf „Krünchel" mit prädikativer Funktion (wie in: „Alois bügelte das Tischtuch glatt") interpretiert usw. Der Satz könnte im Rahmen eines Spieles in einer Phantasie- oder Geheimsprache entstanden sein und z.B. bedeuten: „Der Lehrer rümpfte seine Nase komisch" oder „Der General vollzog seinen Plan erfolgreich" oder „Der Peter spielte seine Rolle prächtig". Dies wird im Vergleich mit dem folgenden Satz noch deutlicher:

18) *Törchtig der Gulp bewampfte seinen Krünchel.

Im letzten Fall ist es eindeutig, dass die Sequenz keinen möglichen deutschen Satz darstellt. Das Beispiel 17) zeigt auch, wie das Urteil über die strukturelle Korrektheit unabhängig von der Bedeutung der Inhaltswörter wirkt.

Auf der Ebene der Diachronie wird die Kreativität der Sprachfähigkeit auch durch die Entstehung von Kreolsprachen belegt. Das Entstehen der Kreolsprachen ist wie auch im Falle der *Pidgins* auf intensive ökonomische, politische und kulturelle Einflüsse einer (meistens europäischen) Sprache auf die Ursprungssprache im Kolonialland zurückzuführen.

Während Pidginsprachen eine Simplifizierung des Sprachsystems darstellen (z.B. durch Aufhebung der Unregelmäßigkeiten und Flexionsparadigmen bei Formen mit der gleichen Funktion), weisen Kreolsprachen in ihren Strukturen einen Komplexitätsgrad auf, der jenem der Ursprungssprache entspricht (Fanselow & Felix 1993³, Bd. I, S.213ff.). Der Übergang von einem Pidgin-Stadium zum strukturellen Rang einer voll entwickelten Sprache, die als Muttersprache gilt, kann sich auch in sehr kurzen Zeiten (z.B. innerhalb eines Generationswechsels) ergeben[12].

Was das Phänomen der Kreolsprachen ausmacht, ist die Tatsache, dass sie einerseits eine von der „importierten" Sprache (Französisch, Englisch, Spanisch usw.) und von der Pidginsprache unabhängige Entwicklung aufweisen, andererseits untereinander Ähnlichkeiten haben, die sich bei z.T. sehr unterschiedlichen und geographisch weit entfernten Kreolsprachen nicht durch Kontakt deuten lassen.

Es handelt sich also um voll entwickelte Sprachsysteme, die *nur* auf der Basis eines sehr eingeschränkten Inputs (der Input der Pidginsprache) entstehen. Eine solche kreative Kraft ist nur unter der Voraussetzung der Existenz eines genetischen Sprachprogramms zu erklären.

Gewiss, nicht nur innersprachliche Mechanismen sind die Grundlage für die Unendlichkeit und Kreativität menschlicher Sprache. Die Inhalte unserer Wahrnehmung (visuelle, olfaktorische, akustische usw.) und die verschiedenen kausalen, analogen, chronologischen usw. Querverbindungen, die das konzeptuelle Denken zwischen diesen Wahrnehmungsinhalten erstellt, können in Worte gefasst werden und neue Äußerungen erzeugen.

---

[12] Auch im Bereich der Gebärdensprachen ist das Phänomen der Pidginisierung bekannt. Das in den USA gebrauchte "*Pidgin Sign English*" besteht aus lexikalischen Gebärden der Amerikanischen Gebärdensprache ("*American Sign Language*" oder "*ASL*": vgl. § 2.4), die nach dem englischen Satzbau geordnet werden. Die Vereinfachungen dieser Gebärdensprache im Vergleich zur ASL betreffen die Verbmorphologie, nichtmanuelle grammatikalische Zeichen (meistens mit Aspekt- bzw. Adverbfunktion) und die Referenzfunktion des Raums. Außerdem wird das Fingeralphabet häufiger als in der ASL verwendet (Kettrick & Hatfield 1986). Zur Gebärdensprache s. § 2.4.

Dies führt uns schließlich zur Kreativität als bewusst schöpferischen Umgang mit Sprache. Poesie, Wortspiele, Witze und Metaphern sind die wohl verbreitetsten Produkte dieses Zusammenspiels von Denken, außersprachlicher Wahrnehmung und formalsprachlicher Kompetenz. Dass „Denken" hier nicht unbedingt mit „bewusstem Denken" gleichzusetzen ist, hat Sigmund Freud z.B. in seinem Essay *„Der Witz und seine Beziehung zum Unbewußten"* (1905) deutlich gemacht.

Bei aller Anerkennung der Leistungen literarischer und theoretischer Kreativität sollte jedoch nicht vergessen werden, dass sprachliche und gedankliche Innovation eine alltägliche Erscheinung ist. Wenn einige Formen der Sprachverwendung stereotype Rituale sein mögen (Grußformen, Flüche, Floskeln), ist im Gebrauch der Sprache doch die Kreation die Regel und die Wiederholung die Ausnahme.

1.3 Sprache als modulares System

Wie im Abschnitt 1.1 erwähnt, genügt die Organisation der Sprache abstrakten Prinzipien und Regeln. Manche dieser Prinzipien und Regeln werden anhand von Beispielen im Kapitel 2 erläutert. Der nächste Abschnitt ist den Betrachtungen über das Sprachsystem als kognitives System gewidmet.

Wenn sich die Kohärenz und Situationsangemessenheit, die den Sprachgebrauch charakterisieren, jeglicher mechanistischen Erklärung entzieht, ist die sprachliche Kompetenz, die auf Regeln und Prinzipien abstrakter Natur basiert, dem Bewusstsein der Sprecher-/HörerInnen durch Introspektion oder Reflexion überhaupt unzugänglich. Dieses abstrakte, komplexe und schnell arbeitende System entwickelt sich rasch und uniform in allen Menschen bereits im Kindesalter, ohne sich von definierbaren Stimuli bestimmen zu lassen.

Daraus folgt die Annahme, dass das Sprachsystem als angeborene Struktur zu betrachten ist (Chomsky 1980/1981, S.47). Insofern als es sich nach einem genetischen Programm entwickelt, wie etwa physische Organe es tun, ist es einem „mentalen Organ" gleichzusetzen (ebda., S.245).

Betrachtungen über die Autonomie des Sprachsystems haben Anlass zur Formulierung der sogenannten *„Modularitätshypothese"* gegeben. Nach dieser Theorie stellt die sprachliche Fähigkeit ein autonomes Modul unter den verschiedenen Systemen dar, die den Kognitionsapparat des Menschen ausmachen: neben dem visuellen System, der Zahlenfähigkeit (arithmetische Fähigkeit), der Perzeption von Raum und Zeit usw. wird die Sprache als ein System an sich betrachtet, dessen Output mit anderen kognitiven Systemen interagiert, ohne aber davon wesentlich bestimmt zu werden.

Dieses Konzept wurde 1983 vom Psycholinguisten und Philosophen Jerry A. Fodor in seinem Essay *"The Modularity of Mind"* (*„Die Modularität des Geistes"*) erweitert. Die Eigenschaften modular organisierter kognitiver Systeme sind wie folgt zusammenzufassen (vgl. Fodor 1983, S.47)[13]:

> *Modular* sind jene Systeme, die spezifische perzeptuelle Fähigkeiten vermitteln, und die Sprache. Zu den perzeptuellen Systemen gehören diejenigen, die die Fähigkeit ausmachen, Melodien, Rhythmen, Stimmen oder Farben zu unterscheiden, Gesichter zu erkennen oder dreidimensionale Objekte wahrzunehmen usw.[14].

Obwohl diese Systeme in funktionaler Hinsicht nicht homogen sind, weisen sie eine Reihe von Gemeinsamkeiten auf. Sie werden auch als „Inputsysteme" definiert, da sie als Schnittstelle zwischen Wahrnehmungsdaten und Informationen für höhere kognitive Systeme fungieren[15]. Im Gegensatz dazu durchdringt die Wirkung „zentraler" Systeme wie z.B. desjenige des Gedächtnisses, des allgemeinen Wissens über die Welt („Enzyklopädie"), des Überzeugungssystems, des Problemlösungssystems, der Aufmerksamkeit usw. *die Gesamtheit* unserer kognitiven Fähigkeiten. Sie werden daher – gegenüber den „vertikalen" Inputsystemen – auch „horizontal" definiert[16].

Wie im Falle der Sprache sind die Informationen, über die die Inputsysteme verfügen, dem Bewusstsein unzugänglich (*„informationell abgekapselt"*: demzufolge unterscheiden sie sich von allgemeinen Kenntnissen), während das Datenmaterial, mit dem sie operieren, beschränkt und uniform ist. Modulare Systeme sind also in einem gewissen Sinne blind für die übrige Komplexität der Welt.

Ein Beispiel dafür sind die Täuschungseffekte, die sich in der visuellen und akustischen Wahrnehmung ergeben, selbst dann, wenn die Person, die sie erlebt, darauf „vorbereitet" ist: vom allgemein-kognitiven System ergibt sich also kein Informationsfluss zum Wahrnehmungssystem ("*Top-down*-Effekt", d.h. „von oben nach unten"), der die sensorische Information kor-

---

[13] Für unsere Zwecke werden hier sonst relevante Unterschiede zwischen Chomsky und Fodor in Bezug auf die Definition der Gegenstände der modularen Systeme vernachlässigt. Der wesentliche Unterschied ist, dass es sich bei Chomsky um modular aufgebaute, innere *Repräsentationen* bestimmter *grammatikalischer Inhalte* handelt, bei Fodor um *Fähigkeiten*, die *funktionell zu definieren* sind.
[14] Auf die modulare Struktur dieser Systeme weist auch das Vorhandensein bestimmter funktionalen Störungen hin: vgl. §§ 5.1.3-5.1.4.
[15] Bei Chomsky würde diese Definition der pragmatischen Kompetenz entsprechen, die zwischen der Sprachfähigkeit und anderen Systemen wirkt. Vgl. Chomsky 1980/1981, S.67. "Outputsysteme" sind diejenigen, die motorischer Kontrolle unterliegen, darunter die Sprachproduktion. Daher entspricht das „Sprachmodul" eher einem "Input-Output-System" (Chomsky 1986, S.14, Fußnote 10).
[16] Der Gegensatz entspricht einer Arbeitshypothese: Fodor schließt nicht aus, dass es verschiedene Abstufungen der Modularität geben könnte. Chomsky (1986, S.14, Fußnote 10) wendet ein, dass das System des grammatischen Wissens, zu dem das Input-Output-System Zugang haben soll, auch als zentral betrachtet werden muss, zumindest insofern, als es nicht nur sprachspezifisch ist.

rigiert ("*Feedback*")[17]. Dieselben Daten können gleichzeitig in einem peripheren und in einem zentralen System gespeichert werden. Zum Beispiel wird das Sprachwissen von Linguisten, die die eigene Muttersprache erforschen, sowohl modular (als unbewusstes Vermögen von MuttersprachlerInnen) als auch in allgemein-kognitiver Form (als bewusstes Vermögen von Gelehrten) gespeichert.

Das Endprodukt modularer Wahrnehmungssysteme ist *abstrakt* (vgl. die Dreidimensionalität eines Bildes, die Erinnerung an ein Gesicht, die Struktur eines Satzes). Ihre „Zwischenprodukte" – obwohl konkret – bleiben dem allgemein-kognitiven System unzugänglich: so z.B. können die Details eines Gesichts vergessen werden, während die Fähigkeit, das Gesicht insgesamt zu erkennen, unangetastet bleibt. Auch im Sprachbereich ist festzustellen, dass das Langzeitgedächtnis für *formale Aspekte* wahrgenommener Äußerungen sehr schwach ist.

Die modularen Systeme wirken auf einen beschränkten Bereich („*domänenspezifisch*") nach bestimmten Prinzipien. Diese Prinzipien aktivieren sich automatisch, so dass sie nicht beliebig ausschaltbar sind („*obligatorisch*"). Wir sind z.B. nicht imstande, einen deutlich ausgesprochenen und gehörten Satz in unserer Muttersprache *nicht* zu verstehen, auch wenn wir im Voraus bewusst entscheiden, ihn nicht verstehen zu wollen[18].

Die obligatorische Natur der Arbeitsmodalität dieser Systeme ähnelt derjenigen der Reflexe. Zwischen den modularen Systemen und den Reflexen besteht allerdings ein wesentlicher Unterschied: gegenüber der direkten Konditionierung seitens des Stimulus bei einfachen Reflexen steht der *komplexe Arbeitmodus* der peripherischen Systeme, der *Inferenzen* über die Repräsentation eines Stimulus vorsieht.

Da diese Systeme äußerst spezialisiert und abstrakt sind, ist ihr *Output oberflächlich*, d.h. semantisch arm: in den Repräsentationen des Outputs gehen viele Informationen über den repräsentierten Gegenstand verloren. Ein Beispiel im linguistischen System ist das Lexikon, in

---

[17] Die Abkapselung gegenüber Informationen aus anderen Systemen schließt nicht aus, dass sich ein Informationsfluss von oben nach unten (*top-down*) *innerhalb desselben Systems* ergeben kann. Im Sprachsystem erleichtert z.B. der syntaktische Kontext die Erkennung syntagmatischer oder lexikalischer Kategorien; die lexikalischen Begriffe scheinen, miteinander vernetzt zu sein (vgl. § 2.2 und 3.2.2). Verschiedene Verarbeitungsebenen innerhalb eines modularen Systems weisen differenzierte Zugänglichkeitsgrade gegenüber zentralen Systemen auf.
Wie Samuel (1981) im Rahmen psycholinguistischer Experimente festgestellt hat, bestehen aber Unterschiede zwischen *Top-down*-Einflüssen innerhalb desselben Systems (zumindest im sprachlichen Bereich) und *Top-down*-Einflüssen, die von einem höheren kognitiven System ausgeübt werden. In Samuels Experimenten mit akustischer Wahrnehmung von Wörtern, in denen ein Phonem fehlte (Phonemrekonstruktionstests), ergaben sich deutliche Unterschiede in der Beeinflussung durch das Lexikon und durch den Satzkontext: im ersten Fall wurden existierende Wörter besser als phonologisch plausible Nicht-Wörter (wie „Krünchel") rekonstruiert, im zweiten Fall neigten die Versuchspersonen eher dazu, das Wort als vollständig wahrzunehmen.
Damit wird die These unterstützt, dass Informationen aus höheren Systemen nicht in die Informationen perzeptueller Systeme integriert werden: die ersteren können aber die letzteren „überspringen".
[18] Anders in den Fällen, wo auch deutlich ausgedrückte Botschaften (nachträglich) ignoriert werden, indem sie aus dem Bewusstsein gelöscht werden. Entsprechende Beispiele in der Sprachproduktion sind Fehlleistungen, in denen Wörter derselben lexikalischen Kategorie (z.B. zwei Verben) vertauscht werden: vgl. § 3.2.2.

dem nur einige Wörter etwas von der physischen Realität ihres Referenten vermitteln (z.B. lautnachahmende („onomatopoetische") Wörter wie „kuckuck" oder „piep"): die Norm ist jedoch, dass die Beziehung zwischen Bedeutung und phonetischer Form nicht begründet werden kann. Auf der Ebene des Satzes liefert die Grammatik keine Mittel, um Ironie, Andeutungen, Metaphern und andere kommunikative Absichten zu definieren: die dafür notwendigen Informationen kommen von außerhalb des Satzes (vom „*extraphrasalen Kontext*") oder sind überhaupt nichtsprachlicher Natur und werden jedenfalls in einer späteren Phase verarbeitet (vgl. § 3.2.4.1). Andererseits wird angenommen, dass der Kontext auf die Analyse der Form selbst nicht wirken kann, da das Grammatiksystem informationell abgekapselt ist.

Ein weiteres Charakteristikum der modularen Systeme ist ihre *Schnelligkeit*. Das durchschnittliche Intervall von 250 msec ab dem Zeitpunkt der akustischen Wahrnehmung war z.B. für die Versuchspersonen in einem Experiment von Marslen-Wilson (1985) ausreichend, um natürlich-komplexe Sätze zu reproduzieren ("*shadowing*": s. § 3.1.1).

Vermutlich ist die Schnelligkeit des Verfahrens in diesen Systemen mit der informationellen Abkapselung und mit dem obligatorischen Charakter ihres Arbeitsmodus verbunden: da nur eine beschränkte Menge stereotyper Berechnungs- und eventuell Verhaltensoptionen beachtet werden muss, wird keine besonders lange Zeit benötigt, um Entscheidungen zu treffen[19].

Bestimmte Funktionen dieser Systeme können neuronal lokalisiert werden („*neuronale Vernetzung*", Englisch: "*hardwiring*"). Damit ist jedoch nicht gemeint, dass sie mit gewissen Gehirnarealen mit einer charakteristischen Morphologie assoziert sein müssen. Die Lokalisierung erfolgt eher in Form einer Spezialisierung bestimmter Neuronen auf eine gewisse Funktion: spezifische neuronale Netze schaffen günstigere Wege für die schnelle und effiziente Übertragung bestimmter Informationen. Bei den perzeptuellen Zentren wurde dies auch empirisch bestätigt (vgl. § 5.0).

Mit der neuronalen Verkabelung sind die charakteristischen Störungen der peripheren Systeme verbunden, die gegenüber den Störungen zentraler Prozesse genauer definierbare Eigenschaften aufweisen (z.B. systematische Abweichungen in der Produktion mündlicher Sprache, die auf bestimmte Aspekte des Grammatiksystems beschränkt sind: vgl. § 5.1.4).

Aus der Hypothese der genetischen Verankerung folgt der charakteristische Entwicklungsmodus nach voraussagbaren Etappen („*ontogenetische Gleichförmigkeit*"). Dies impli-

---

[19] Marslen-Wilson & Komisarjevsky Tyler bemerken dazu, dass die obligatorischen Arbeitsmodi von der Schnelligkeit der Prozesse abhängen können. Das Umgekehrte gilt aber nicht, wie der Fall des Alterns oder des Hungrig-Werdens zeigt (1987, S.40).
Chomsky (1986, S.14, Fußnote 10) bemerkt, dass die Interpretation bestimmter Ausdrücke, die z.B. Referenzbeziehungen enthalten (vgl. den Satz „Seine Frau liebt ihren Mann"), eher gegen die Hypothese eines schnellen Zugangs zum System spricht.
Zur Grammatikkomponente, die in der Generativen Grammatiktheorie die Referenzbeziehungen behandelt, s. § 2.3.2.2.

ziert eine relative Unabhängigkeit vom Input. Ergebnisse empirischer Untersuchungen über die Sehfähigkeit sowie den Spracherwerb scheinen diese Hypothese zu stützen (vgl. § 5.2).

Die Daten, die diese Systeme verarbeiten, werden zu den *zentralen Prozessoren* weitergeleitet. Die letzteren definiert Fodor (1983) im Gegensatz zu den peripheren Systemen als:
– nicht spezifisch
– nicht informationell abgekapselt
– relativ langsam
– vom funktionalen und neurologischen Gesichtspunkt nicht lokal, sondern in einem Netz organisiert
– imstande, semantisch reiche Repräsentationen zu liefern
sowie
– Meta-Kenntnissen schwer zugänglich (vgl. die kaum durchführbare Analyse von Gedächtnisprodukten im Gegensatz zur Analyse von Sprachprodukten).

Die zahllosen Querverbindungen zwischen den verschiedensten Wissens- und Wahrnehmungsinhalten, die diese zentralen Prozessoren schaffen können, ergeben das komplexe, intelligente Denken, die künstlerische und wissenschaftliche Kreativität.
Unser Wissen über die Gesetzmäßigkeiten, die diesen Makrobereich charakterisieren, ist äußerst fragmentarisch, vor allem im Vergleich zu jenem über einzelne kognitive Bereiche.
Diese Unterscheidung gilt insbesondere für den Sprachbereich: gegenüber den vorhandenen Daten zur grammatischen Kompetenz sind unsere Informationen über die pragmatische Kompetenz beschränkt und vage formuliert. Dies verwundert nicht, denn das Wissen über den angemessenen Gebrauch der grammatischen Kompetenz impliziert die Beachtung der jeweiligen Kommunikationszwecke und -ziele: damit sind außersprachliche Faktoren wie das Vorwissen über die Gesprächspartner, das Gesprächsthema, die Kommunikationssituation u.a. involviert, die schwer objektivierbar sind.

Viele Fragen, die die Modularitätstheorie selbst aufgeworfen hat, bedürfen noch einer Antwort, z.B.:

– Welcher Art sind die Repräsentationen modularer Systeme?
– In welchen Termini kann die Unzugänglichkeit dieser Systeme gegenüber Informationen höherer kognitiven Ordnung genau definiert werden?
– Welche Art von Interaktion findet zwischen den modularen Systemen statt?
– Wie sind kognitive Systeme strukturiert, die – wie die Sprache – typisch für den Menschen sind, wie das Zahlensystem, die Wahrnehmung des abstrakten geometrischen Raums usw. (Chomsky 1980/1981, S.248f.)?

Die Modularitätshypothese wurde nicht ohne Einwände in den verschiedenen Wissenschaftsgebieten angenommen. Während empirische Daten die Definition einzelner Charakteristika bzw. einzelner Bereiche der modularen Systeme erwartungsgemäß immer wieder revidieren (vgl. § 2.3.1.1 und 5.1.3), werden derzeit Hypothesen über den Aufbau des kognitiven Systems vertreten, die dem Konzept der Modularität entgegengesetzt sind[20].

BIBLIOGRAPHIE

Chomsky, N. 1957. *Syntactic Structures*. The Hague/Paris: Mouton & Co. [Dt.: 1973. *Strukturen der Syntax*. Den Haag: Mouton.]

Chomsky, N. 1965. *Aspects of the Theory of Syntax*. Cambridge, MA: MIT Press. [Dt.: 1970. *Aspekte der Syntax-Theorie*. Frankfurt a.M.: Suhrkamp.]

Chomsky, N. 1968. *Language and Mind*. New York: Harcourt, Brace & World. [Dt.: 1973. *Sprache und Geist*. Frankfurt a.M.: Suhrkamp.]

Chomsky, N. 1975. *Reflections on Language*. New York: Pantheon Books. [Dt.: 1977. *Reflexionen über die Sprache*. Frankfurt a.M.: Suhrkamp.]

Chomsky, N. 1980. *Rules and Representations*. New York: Columbia University Press. [Dt.: 1981. *Regeln und Repräsentationen*. Frankfurt a.M.: Suhrkamp.]

Chomsky, N. 1986. *Knowledge of Language: Its Nature, Origin, and Use*. New York usw.: Praeger.

Chomsky, N. 1991. "Linguistics and adjacent fields: A personal view". In: Kasher, A. (Hrsg.). [3-25]

Descartes, R. 1644. *Discourse de la méthode*. In: 1953. *Oeuvres et lettres*. Hrsg. von A. Bridoux. Paris: Gallimard. [Dt.: 1964. *Discourse de la méthode. Von der Methode des richtigen Vernunftgebrauchs und der wissenschaftlichen Forschung*. Übers. u. hrsg. v. L. Gäbe. Hamburg: Meiner. (Französischdeutsche Ausgabe)]

Fanselow, G. & Felix, S.W. 1993[3]. *Sprachtheorie. Bd. I. Grundlagen und Zielsetzungen*. Tübingen: Francke.

Fodor, J.A. 1983. *The Modularity of Mind*. Cambridge, MA/London: MIT Press.

Fodor, J.A. & Pylyshyn, Z.W. 1988. "Connectionism and cognitive architecture: A critical analysis". *Cognition 28*. [3-71]

Freud, S. 1905/1987[8]. *Der Witz und seine Beziehung zum Unbewußten. Gesammelte Werke in Einzelbänden. Bd.6*. Frankfurt a.M.: Fischer.

---

[20] Vgl. das als Netz konzipierte „konnektionistische Modell", u.a. in Rumelhart, McClelland et coll. 1986 und McClelland, Rumelhart et coll. 1986; eine klare, zusammenfassende Darstellung und Erörterung des Modells ist in Parisi 1989 zu finden. Eine kurze Abhandlung psycholinguistischer Aspekte befindet sich in McClelland 1988. Für eine Diskussion aus der Modularitätsperspektive vgl. Fodor & Pylyshyn 1988 und Pinker & Prince 1988.

Fromkin, V. A. 1991. "Language and brain: redefining the goals and methodology of linguistics". In: Kasher, A. (Hrsg.).

Humboldt, W. von. 1836. „Einleitung zum Kawi-Werk. Über die Verschiedenheit des menschlichen Sprachbaues und ihren Einfluß auf die geistige Entwicklung des Menschengeschlechtes". In: 1973. *Schriften zur Sprache*. Stuttgart: Reclam.

Kasher, A. (Hrsg.). 1991. *The Chomskyan Turn*. Cambridge, MA/Oxford: Blackwell.

Kettrick, C. & Hatfield, N. 1986. "Bilingualism in a visuo-gestural mode". In: Vaid, J. (Hrsg.). [253-273]

Marslen-Wilson, W. 1985. "Speech shadowing and speech comprehension". *Speech Communication 4*. [55-73]

Marslen-Wilson, W. & Komisarjevsky Tyler, L. 1987. "Against Modularity". In: Garfield, J.L. (Hrsg.). *Modularity in Knowledge Representation and Natural-Language Understanding*. Cambridge, MA/ London: MIT Press.

McClelland, J.L. 1988. "Connectionist models and psychological evidence". *Journal of Memory and Language 27*. [107-123]

McClelland, J.L., Rumelhart, D.E. & the PDP Research Group. 1986. *Parallel Distributed Processing: Explorations in the Microstructure of Cognition. Vol.II*. Cambridge, MA: Bradford Books.

Parisi, D. 1989. *Intervista sulle reti neurali*. Bologna: il Mulino.

Pesetsky, D. 1987. "*Wh*-in situ: Movement and unselective binding". In: Reuland, E. & ter Meulen, A. (Hrsgg.). *The Representation of (In)definiteness*. Cambridge, MA/London: MIT Press. [98-129]

Pinker, S. 1994. *The Language Instinct. The New Science of Language and Mind*. London usw.: Allen Lane, The Penguin Press.

Pinker, S. & Prince, A. 1988. "On language and connectionism: Analysis of a parallel distributed processing model of language acquisition". *Cognition 28*. [73-193]

Rumelhart, D.E. & McClelland, J.L. & the PDP Research Group. 1986. *Parallel Distributed Processing: Explorations in the Microstructure of Cognition. Vol.I*. Cambridge, MA: Bradford Books.

Samuel, A.G. 1981. "Phonemic Restoration: Insights from a new methodology". *Journal of Experimental Psychology: General, Vol.110, No.4*. [474-494]

Scalise, S. 1994. *Morfologia*. Bologna: il Mulino.

Vaid, J. (Hrsg.). 1986. *Language Processing in Bilinguals. Psycholinguistic and Neuropsychological Perspectives*. Hillsdale, NJ: Erlbaum.

2 Sprache als Gegenstand der Linguistik

2.0 Einleitung

Gegenstand dieses Kapitels sind Beiträge der generativen Grammatiktheorie zur Analyse sprachlicher Phänomene.
Die Kriterien der Grammatiktheorie lassen sich wie folgt zusammenfassen (vgl. Grewendorf, Hamm & Sternefeld 1990[4], S.39f.):

a) Regeln anzugeben, denen die Bildung grammatisch korrekter Sätze unterliegt (Kriterium der *Beobachtungsadäquatheit*);
b) solchen Sätzen intuitiv korrekte Strukturbeschreibungen zu geben (Kriterium der *Beschreibungsadäquatheit*);
c) die korrekte Hypothesen über universelle grammatische Eigenschaften, d.h. über die universelle menschliche Sprachfähigkeit zu formulieren (Kriterium der *Erklärungsadäquatheit*)[1].

Die Annahme der Grammatiktheorie über die Existenz einer Universalgrammatik (UG) ist mit dem Vorhandensein *sprachspezifischer Parameter* verbunden, die zwischensprachlichen Unterschieden Rechnung tragen[2]. Die Theorie strebt die Annahme einer möglichst geringen Anzahl sprachspezifischer Parameter an, und dies nicht zum Zweck deskriptiver „Eleganz", sondern in erster Linie, um die *Lernbarkeit* einzelner sprachlichen Aspekte zu erklären. Die Regelmäßigkeiten müssen daher so formuliert werden, dass sie nicht von bestimmten lexikalischen Kontexten abhängen („*kontextfreie Regeln*").

Die Grammatik, die die Sprachfähigkeit hervorbringt, ist in mehrere, modular organisierte *Komponenten* unterteilt (vgl. Grewendorf, Hamm & Sternefeld 1990[4], S.38ff.):

– Das *Lexikon* ist jene Komponente, die die Wörter einer Sprache enthält, mit all den Merkmalen, die sie charakterisieren, auf der Ebene der Bedeutung, Aussprache, internen Struktur und Rolle im Satzbau.

---

[1] In der sprachlichen Realität bestehen zahlreiche individuelle, dialektale und kulturelle Variationen zwischen den Sprecher-/HörerInnen, die sich in verschiedenen Aspekten der Sprachkompetenz (Lexikon, Pragmatik und Stilistik, Beherrschung bestimmter Aspekte der schriftlichen Sprache usw.) äußern.
Daher muss die Erstellung einer Grammatiktheorie unter den *idealisierten* Bedingungen einer homogenen Sprachgemeinschaft stattfinden (vgl. § 1.1). Insoferne, als diese Idealisierung ein bewusst anzuwendendes Forschungsmittel ist, das die konkreten Unterschiede „im Auge behält", unterscheidet sich die Theorie der Grammatik von der normativen Grammatik, die über die bestehenden Unterschiede in der Performanz der Sprecher-/HörerInnen hinwegsieht.
[2] Vgl. das Beispiel der Fragesätze mit dem Fragepronomen am Anfang (§ 1.1 und 2.3.2.2), was eine Option der Grammatik im Deutschen und Italienischen, aber nicht im Chinesischen und Japanischen darstellt.

- Die *phonetisch/phonologische Komponente* beschreibt die bedeutungsrelevanten Laute einer Sprache und die Prinzipien ihrer Kombinationsmöglichkeiten[3].
- Die *morphologische Komponente* beschreibt die Struktur und Komposition der möglichen Wörter[4].
- Die *syntaktische Komponente* beschreibt die Prinzipien zur Konstruktion von möglichen Sätzen.
- Die *semantische Komponente* beschreibt die Bedingungen für die Entstehung der Bedeutung eines Satzes anhand der Bedeutungen seiner einzelnen Wörter sowie deren Beziehungen.

Die einzelnen Sprachkomponenten werden in diesem Kapitel über die generative Grammatiktheorie definiert, mittels Beispiele erläutert und in ihren Wechselwirkungen dargestellt.

Die Formulierung universeller pragmatischen Prinzipien, die die adäquate Anwendung sprachlicher Äußerungen betreffen, ist hingegen noch nicht möglich. Die dazu notwendigen theoretischen Instrumente sind noch nicht entwickelt genug, um die Regelmäßigkeiten im sprachlichen Gebrauch in ihrer Wechselwirkung mit kognitiven Faktoren zu berücksichtigen (vgl. § 1.3). Spezifische pragmatische Regeln wurden außerhalb der generativen Grammatiktheorie formuliert. Diese umfassen den Aufbau und die Kohärenz von Texten (*Diskursregeln*) sowie die Modalitäten sprachlichen Handelns, worauf sich die Theorie der Sprechakte, der konversationellen Implikaturen, der Präsuppositionen und die Konversationsanalyse beziehen.

In Anbetracht der Rolle, die pragmatische und diskursbezogene Aspekte im Sprachunterricht haben können, werden auch diese „außergrammatischen" Bereiche kurz in den nächsten Abschnitten behandelt.

Ein letzter Abschnitt des Kapitels ist der Interaktion zwischen den Grammatikmodulen gewidmet.

2.1 Nicht-grammatische Komponenten der Sprache

2.1.1 Soziolinguistische Verhaltensregeln

Zur Bedeutung eines Satzes oder einer Äußerung tragen auch *außersprachliche Faktoren* bei, darunter soziale Aspekte des Gesprächskontextes. Diese Aspekte treten in der Alltagskommunikation deutlich hervor. Vgl. dazu folgende Kurzdialoge:

1) a *Monika*: Herr Kosch, würden Sie bitte diese Unterlagen in den Sitzungsraum bringen?
    Franz Kosch: Gerne.

---

[3] Diese Definition bezieht sich nur auf die mündliche Sprache. In anderen Sprachmodalitäten – wie in den Gebärdensprachen – wird der Status phonetischer und phonologischer Elemente von entsprechenden sprachlichen Zeichen übernommen (z.B. visuell wahrnehmbaren Zeichen). S. § 2.4 und insbesondere Perlmutter 1992.
[4] Zur Rolle der Morphologie in den neueren generativen Grammatiktheorien s. § 2.3.

b *Helene*: Du, Franz, da du schon gehst, kannst du mir bitte die Papiere da hinüberbringen?
Franz Kosch: Schon, gib her!

Ein Dialog wie in 1)a kann zwischen Personen erfolgen, die in einem hierarchischen Verhältnis stehen (z.B. zwischen einer Abteilungsleiterin und ihrem Sekretär), bzw. dann, wenn der Mann vor der Frau besonderen Respekt hat (z.B. wegen seines erheblich jüngeren Alters)[5].
Im Dialog 1)b hingegen wird eine Gesprächssituation reproduziert, die eher ein Verhältnis zwischen Kollegen im ungefähr gleichen Alter, die eine gleichgestellte, nicht konflikthafte Beziehung haben, voraussetzt.

Sei nun der folgende Beispieldialog betrachtet:

2) *Monika*: Herr Kosch, würden Sie bitte diese Unterlagen in den Sitzungsraum bringen?
Franz Kosch: Schon, gib her!

Hier wird dieselbe Äußerung, die als Antwort auf die Kollegin Helene in 1)b passend war, als Replik auf die Bitte der Vorgesetzten (oder Respektperson) namens Monika wie in 1)a gebraucht. In diesem Fall ist eine empörte oder enttäuschte, jedenfalls verwunderte Reaktion Monikas zu erwarten. Selbst wenn Franz seine volle Bereitschaft zeigt, dem Wunsch seiner Gesprächspartnerin zu entsprechen, verstößt er durch die Anwendung eines umgangssprachlichen Ausdrucks („schon" als Zusage) sowie eines knappen Imperativs in der „du"-Form („gib her!") gegen die Regeln des sprachlichen Umgangs in einer formalen Beziehung. Ein solches Sprachverhalten wäre nur bei getauschten sozialen Rollen akzeptabel, d.h. wenn Monika die Person wäre, die sich in einer deutlich niedrigeren hierarchischen Position befindet.

Die Akzeptanz der Äußerungen in der sprachlichen Interaktion hängt somit im wesentlichen Ausmaß von der Beachtung der sozialen Rollen der Gesprächspartner ab, die sich durch die Auswahl lexikalischer Ausdrücke und Satzkonstruktionen manifestiert.

Solche soziolinguistischen Kriterien werden in den verschiedenen Sprachen und Kulturen verschieden definiert. In bestimmten Situationen verwenden manche Sprachen prinzipiell ein unterschiedlich hohes oder differenzierteres Sprachregister als andere[6]. Diese extralinguistischen Informationen lassen sich wegen ihrer Vielfalt und der Feinheit der Differenzierungen oft nur schwer vermitteln. Fremdsprachenlernende gewinnen sie am schnellsten und effizientesten im Zielsprachenland oder auch auf der Basis authentischer Sprachmaterialien.

---

[5] Eine formale, aber gleichgestellte Beziehung würde eher lauten: „Bitte, gerne!" oder „Selbstverständlich!" (wodurch paradoxerweise zum Ausdruck kommt, dass die zu leistende Gefälligkeit eigentlich gar nicht so natürlich zu erwarten ist).
[6] Das ist der Fall bei südostasiatischen Sprachen. Selbst im europäischen Raum gibt es allerdings z.B. bei der Verwendung der Höflichkeitsform kein einheitliches Bild.
Zur Sozialdeixis und den betreffenden Beiträgen der Pragmatik s. Levinson 1983/1990, S.91ff.

2.1.2 Pragmatik (Konversationsregeln)

Im Beispieldialog 2) waren Beziehungen zwischen den Sprechenden die für den Kommunikationserfolg entscheidende Komponente.
In den folgenden Gesprächssituationen hingegen wird diese entscheidende Rolle von Konversationsregeln über Quantität, Qualität und Reihenfolge der Äußerungen gespielt.

3) *Sprecher A*: Herr Mayer, könnten Sie mir schon sagen, wie hoch die Verkaufsrate voriges Jahr war?
Sprecher B (Herr Mayer): Ja.

4) *Sprecher A*: Ich habe keine Zigaretten mehr!
Sprecher B: Aber ich habe ein Taschentuch.

In beiden Fällen gewinnen wir den Eindruck, dass der Sprecher B mit seinem jeweiligen Gesprächspartner A nicht kooperiert: im ersten Fall liefert er keine ausreichenden Informationen, im zweiten Fall nur eine thematisch irrelevante Äußerung. In den Termini von H.P. Grice (s. Levinson 1983/1990, S.103ff.) könnte man sagen, dass hier „Konversationsmaximen" verletzt wurden. Als solche hat Grice Kriterien zu einem effizienten Sprachgebrauch (mit optimalem Informationsfluss) in der Konversation definiert, die Folgendes voraussetzen:

i) Zwischen den Gesprächspartnern besteht ein stillschweigendes Einverständnis über Zweckbestimmtheit und Ausrichtung des Gesprächs (*Kooperationsprinzip*).
ii) Der Sprecher ist bemüht, in der Konversation relevante Beiträge zu liefern (*Maxime der Relevanz*).
iii) Der Sprecher ist bemüht, sich aufrichtig und fundiert zu äußern (*Maxime der Qualität*).
iv) Der Sprecher sagt nicht mehr und nicht weniger als das, was in der betreffenden Gesprächssituation notwendig ist (*Maxime der Quantität*).
v) Der Sprecher drückt sich klar, eindeutig, kurz und methodisch (indem er z.B. logische Abfolgen beachtet) aus (*Maxime der Art und Weise*).

Diese Prinzipien sind nicht als Regeln, sondern als *Orientierungskriterien* aufzufassen. Während sich in der Realität Situationen wie die obige in 2) kaum ergeben (sonst nehmen wir bei den Sprechern gespannte zwischenmenschliche Beziehungen oder psychische Störungen an), werden Konversationsmaximen oft verletzt. Vgl. das nächste Beispiel:

5) *Sprecher A*: Ich habe keine Zigaretten mehr!
Sprecher B: Um die Ecke ist ein Kaffeehaus.

Das Kriterium der Relevanz wird *nicht unmittelbar* auf der semantischen Ebene erfüllt. Trotzdem stufen wir den Satz als akzeptabel ein, denn wir z.B. wissen, dass Zigaretten auch in Kaffeehäusern zu kaufen sind. Die Akzeptanz hängt hier von einer *konversationellen Implikatur* ab.

Eine weitere Ebene der Aufhebung der Maximen ist dann gegeben, wenn Humor oder Ironie hinzukommen:

6) *Sprecher A*: Wann wirst du endlich damit fertig?
   Sprecher B: (*lacht*) Gehen wir ins Kino, morgen abend?[7]

Aus der Perspektive der Gespräche zwischen MuttersprachlerInnen und nicht kompetenten SprecherInnen ist das Bild andersartig. Hinsichtlich der Konversationsmaximen ergibt sich dabei ein charakteristisches Ungleichgewicht zwischen den SprecherInnen.

Zu der Quantitätsmaxime ist der Beitrag von MuttersprachlerInnen selten optimal: wenn knappe Äußerungen geringeres Verarbeitungsmaterial für die ZuhörerInnen bedeuten, bieten eher redundante – und daher quantitativ aufwendigere – Äußerungen eine breitere semantische Basis für das Verständnis. In keinem Fall lässt sich eine in Bezug auf eine bestimmte Situation optimale Quantität von Informationen im Voraus bestimmen.

Der Beitrag von Nicht-MuttersprachlerInnen hängt offensichtlich von ihrer sprachlichen Kompetenz ab. Normalerweise neigen sie dazu, beschränkte Äußerungen zu produzieren; ihre stilistischen Mängel können aber auch zu weitschweifigen Äußerungen führen, ohne die Prägnanz, die aus der Beherrschung des passenden Lexikons stammt.

Das Gleiche gilt für die Maxime der Art und Weise: Kriterien wie „Klarheit", „Eindeutigkeit" und „Kürze" können von einem effizienten „technischen" Gebrauch des Kommunikationsmittels nicht absehen.

Das Bemühen der MuttersprachlerInnen, in einem Gespräch mit Nicht-MuttersprachlerInnen relevante Beiträge zu liefern, ist manchmal derart ausgeprägt, dass die Kommunikation auf ein Minimum (das „Wesentliche") reduziert wird.

Anders bei Nicht-MuttersprachlerInnen: infolge von Verständnisschwierigkeiten reagieren sie auf ihre Gesprächspartner mit unpassenden Erwiderungen und verletzen damit unwillkürlich die Relevanzmaxime.

2.1.3 Die Ebene des Textes (Diskurskohärenz)

Auch auf der Ebene des Textes gelten bestimmte Regeln, wie die folgenden Beispiele zeigen (der Satzakzent liegt auf den großgeschriebenen Silben):

7) *Sprecher A*: Hast DU den „Standard" in den Papierkorb geworfen?
   Sprecher B: Nein, die „Kronen-Zeitung".

8) *Sprecher A*: Hast du den „STANdard" in den Papierkorb geworfen?
   Sprecher B: Nein, die Putzfrau.

---

[7] Zusätzliche Verletzungen der Gesprächskonventionen können stattfinden, ohne dass der Gesprächspartner darüber informiert wird: dies ist der Fall, wenn gelogen wird (die Lüge wäre in Griceschen Termini eine Verletzung der Maxime der Qualität) oder wenn überflüssige Informationen geboten werden, die z.B. vor Gericht nicht akzeptiert werden.

Beide Antworten klingen bizarr: wieder wird eine Regel missachtet, die gemeinsame Gesprächsvorannahmen betrifft, aber diesmal haben wir das Gefühl, dass die Regel in enger Verbindung zur Grammatikebene steht.

Eine Analyse auf der Ebene des Diskurses kann die Quelle der Kommunikationsstörung in 7) und 8) feststellen: Die Sprecher A richten die Aufmerksamkeit der Hörer B auf das fokussierte Wort und weisen damit deutlich darauf hin, was für sie relevant ist[8].

Die Sprecher B lassen dennoch diesen Hinweis unbeachtet und antworten mit einer zwar grammatikalisch korrekten, aber unpassenden Äußerung.

Auf der Diskursebene können Phänomene analysiert werden, die logische Zusammenhänge zwischen Textinhalten (Kohärenz) sowie eine Verbindung zwischen Textteilen (Kohäsion) ausmachen.

Auf dieser Ebene werden – oft mithilfe außersprachlicher Kenntnisse und Inferenzen – verschiedene sprachliche Elemente verarbeitet:

– deiktische Ausdrücke: z.B. „jetzt", „dort", „ich", „dies" usw.;
– Ellipsen: z.B. die folgenden Antworten von Sprecher B1 und Sprecher B2:

9) *Sprecher A*:   Habt ihr Hunger?
   Sprecher B1: Ja[, ich habe Hunger]!
   Sprecher B2: Und wie [es wahr ist, dass ich Hunger habe]!;

– Epitheta: z.B. „der Schlaue", „der Harley[-Davidson]" usw.;
– Referenz und Koreferenz von Pronomina: z.B.:

10) Hans nahm seinen Hut und warf ihn weg.

Ist „ihn" auf den Hut bezogen, kann es sich je nach Kontext um Hans' Hut oder um den Hut eines Zweiten handeln; das Pronomen „ihn" könnte sich aber auch auf einen anderen Gegenstand beziehen, z.B. auf einen Brief;
– logische Konnektiva: z.B. „und", „dann", „wenn", „sofort", „hingegen" usw.

---

[8] Eine solche Relevanz im aktuellen Diskurs wird in verschiedenen Sprachen durch verschiedene grammatische Mittel z.B. auf der Ebene der Phonologie und/oder der Syntax ausgedrückt.
Im Italienischen z.B. muss ein nichtnominales Subjekt in einem semantisch neutralen Kontext normalerweise nicht ausgedrückt werden (vgl. Beispiel i)). Ein relevantes Subjekt wird aber durch ein Subjektpronomen (wie im Beispiel ii) oder durch eine „gespaltene Konstruktion" (Englisch: *cleft construction*") mit Bildung eines neuen Satzes (Beispiel iii)) realisiert:
   i) Hai gettato via lo "Standard"?
      (hast-geworfen-weg-den-S.)
      „Hast du den ‚Standard' weggeworfen?"
   ii) Hai gettato via tu lo "Standard"?
      (hast-geworfen-weg-du-den-S.)
      „Hast DU den ‚Standard' weggeworfen?"
   iii) Sei TU che hai gettato via lo "STANdard"?
      (bist-du-der/die-hast-geworfen-weg-den-S.)
      „Bist du es, der den ‚Standard' weggeworfen hat?"

2.2 Lexikon

In der aktuellen Grammatiktheorie wird angenommen, dass das Lexikon in netzartigen Assoziationen organisiert ist. Eine solche Struktur ermöglicht auch „dummen" Verarbeitungssystemen wie dem Inputsystem, „sich zu verhalten, als ob sie intelligent wären"[9], indem sie das System eingekapselt und gleichzeitig für zusätzliche Informationen offen hält.
In der Tat sind die Informationen über einzelne Wörter (Lexeme) nicht als ein untrennbares Ganzes zu betrachten, sondern eher als Bündel von Merkmalen auf verschiedenen Ebenen. So impliziert die Kenntnis eines Wortes Informationen über dessen:

a) phonologische Struktur
b) orthographische Repräsentation
c) semantische Repräsentation
d) morphologische Charakteristika
e) lexikalische Kategorie
f) thematischen Rahmen
g) (morpho)syntaktischen Rahmen
h) semantische Repräsentation im Verhältnis zur semantischen Repräsentation bestimmter anderer lexikalischer Elemente
i) pragmatischen Rahmen.

Bei der Erläuterung dieser Aspekte werden wir sehen, wie sich das Bild des Lexikons, das oben als „Menge von Lexemen" definiert wurde (vgl. § 2.0), bereichert.

a) Die *phonologische Struktur* beschreibt die Aussprache eines Wortes. Durch die Qualität der Phoneme (z.B. /sank/ vs. /rank/)[10], die Länge (z.B. „sich" vs. „siech"), die Betonung (z.B. „übersètzen" vs. „'übersetzen"), den Ton (z.B. im Chinesischen "má" = „brummige Frau" vs. "mà"= „Hanf") werden Wörter unterschieden.
Die phonologische Ebene ist in manchen Fällen – oft bei Ausrufen – die einzige, die die Bedeutung unterscheiden kann: vgl. das Wort „ah" und seine zahlreichen Bedeutungen, je nach Intonation [11]. Dies stellt oft ein Problem für Lernende der Fremdsprache, die kein geschultes Ohr für intonatorische Unterschiede haben, dar: in einer Sprache wie dem Italienischen, das bei bestimmten Fragen und Ausrufen denselben Satzbau verwendet, kann ein Ausruf wie "Che mi dici!" (lit. „Was du mir sagst!", Dt. „Was du nicht sagst!") als Frage interpretiert werden ("Che mi dici?", lit. „Was sagst du mir?", Dt. „Was hast du mir zu sagen?") und Lernende zu einer Wiederholung führen.

---

[9] D.h. so intelligent wie z.B. das allgemein-kognitive System: vgl. Fodor 1983, S.81.
[10] Zur Definition phonologischer Elemente nach den aktuellen Theorien der generativen Phonologie s. § 2.3.3.1.
[11] Zu einer semantischen Analyse der Ausrufe im Italienischen s. Poggi 1981.

b) Die *orthographische Repräsentation* eines Wortes beruht auf den Konventionen der schriftlichen Sprache (vgl. „essen" vs. *„ässen", „Meer" vs. „mehr"). Dazu gehören auch die Konventionen über die Worttrennung (*„gä-hnen").

c) Die *Bedeutungen* des einzelnen lexikalischen Elementes. Am Beispiel von „anziehen":

11) – (transitiv): 1. anlegen; 2. bekleiden; 3. festziehen; 4. heranziehen; 5. ansaugen; 6. reizen;
    – (intransitiv): 7. zu ziehen beginnen; 8. sich in Bewegung setzen; 9. steigen; 10. anrücken.

Innerhalb dieser semantischen Palette bestehen Unterschiede in Bezug auf Häufigkeit, Register, syntaktische Konstruktionen usw.
Nur in manchen Fällen (hier z.B. 4. und 7.) ist die Bedeutung transparent (der Ursprung aus „ziehen" ist erkennbar), in anderen Fällen erfolgt die Bedeutungszuweisung in arbiträrer Weise.
Die charakteristische Arbitrarität des sprachlichen Zeichens gibt Anlass zu einer prinzipiell nicht einzuschränkenden Kreativität, die manchmal sogar gegen die semantische Plausibilität „verstößt" (vgl. „Die Nullte" Symphonie von Bruckner) oder semantisch-syntaktisch-morphologische Regeln „verletzt" (vgl. „auf jemande*n* stehen": das stative Verb „stehen" ließe eher die Verwendung des Dativkasus erwarten, analog zu „auf *dem* Tisch stehen" vs. „etwas auf *den* Tisch stellen").

d) Die Frage, welche *morphologischen Charakteristika* im Lexikon enthalten sind, ist in der Sprachwissenschaft noch kontroversiell.
Betrachten wir die Regelmäßigkeit und die Produktivität bestimmter Wortbildungsphänomene im Bereich der Flexion („geprüft", „geöffnet", „geherrscht"), der Derivation („Prüfung", „Öffner", „Herrschaft") und der Komposition („Prüfungskommission", „Flaschenöffner", „Herrschaftsanspruch"), liegt die Annahme nahe, dass das Lexikon nicht nur Informationen über Wörter (*freie Morpheme*)[12], sondern auch über Stämme wie „herrsch-" sowie Affixe wie „ge-" und „-en" (*gebundene Morpheme*) enthält. Da immer wieder neue Wörter auf der Basis eines Stamms geschaffen werden (vgl. „ge*faxt*", „Bankomat*en*", „Pizza*s*"; "Saunier*er*"; "Skand*älchen*"; „Eislaufkunst" vs. „Eiskunstlauf" usw.), müssen auch Wortteile im mentalen Lexikon gespeichert sein.
Ungebundene Morpheme zeigen in der Wortbildung eigene Charakteristika. In der Komposition z.B. können Affixe die Argumentstruktur des Wortes, an das sie sich anschließen, verändern (s. dazu Williams 1981 und Wunderlich 1985):

12) a Monika hat alle Päckchen auf das Fahrrad geladen.
    b Monika hat das Fahrrad mit Päckchen voll *be*laden.
    c Monika hat Mario zu sich *ein*geladen.

---

[12] Die Definition von „Wort" ist alles andere als eindeutig. Dazu s. unter anderen Scalise 1994, S.45ff.

13) a Hansi drohte *dem* Freund mit einem Schwert aus Plastik.
    b Hansi *be*drohte *den* Freund[13].

In der Wortbildung wirken semantische und hierarchisch-strukturelle Faktoren: eine „Eigentumsübertragung" ist nicht gleich einer „Besitzübertragung", selbst wenn „Eigentum" und „Besitz" in Bezug auf ein Objekt synonym verwendet werden können; eine „Besitzübertragungsurkunde" ist keine „Besitzurkunde der Übertragung" (vgl. Selkirk 1982, S.28ff.). So ist auch ein „Geldschein" meistens anders als „Scheingeld", eine „Banknote" anders als eine „Notenbank", „Gesetzesumgehung" anders als ein „Umgehungsgesetz" usw.

Der enge Zusammenhang der Flexionsmorphologie mit der Syntax wird im nächsten Abschnitt erläutert (§ 2.3.1).

Ein morphologischer Regelapparat – so mächtig er auch sei – kann allerdings kaum als das einzige Mittel zur Wortderivation und -komposition betrachtet werden, wenn einer Reihe in mehreren Sprachen beobachteter Phänomene Rechnung getragen werden soll:

i) Das Vorhandensein zahlreicher morphologischen *Unregelmäßigkeiten*, z.B. im Deutschen in der Bildung der Mitvergangenheitsform der Verben (Präteritum):

14) gehen   – ging
    sein   – war
    schließen – schloss.

ii) Das Vorhandensein verschiedener Formen, die eine einzige Funktion abdecken (*Allomorphe*), z.B. beim Plural von Nomina (Beispiele in 15)) und bei der Negation von Adjektiven (Beispiele in 16)):

15) Stift*e* - Kass*en* - Töcht*er* - Auto*s*
16) a *nicht*verantwortlich – *un*verantwortlich
    b *nichtsympatisch   – *un*sympatisch
       *unkompetent   – *in*kompetent
       *inseptisch   – *a*septisch.

iii) Das Vorhandensein von Affixen, die in unterschiedlichen Kontexten *unterschiedliche Bedeutung annehmen*: so dient das Präfix „ver-" in der Wortbildung nur in bestimmten Fällen dazu, dem Wort eine pejorative Bedeutung zu geben (analog zu „miss-"):

17) verachten   – missachten
    verfolgen   – *missfolgen
    *verlingen   – misslingen

---

[13] Auch hier gibt es „Ausnahmen", mit unterschiedlichen Abweichungen von der Semantik des Stammes: „befreien" ist z.B. keine transitive Form von „freien", „bedingen" keine Variante von „dingen", auch „bekehren" keine Variante von „kehren", „beginnen" von *„ginnen" usw.

vertrauen   –   misstrauen
Verstand   –   Missstand.

iv) Die Unmöglichkeit, bestimmte Analogieformen zu bilden (*unsystematische Lücken*), z.B.:

18) Feuertaufe   –   *feuertaufen
    hartherzig   –   weichherzig
    hartköpfig   –   *weichköpfig
    lieblich   –   hässlich
    Liebling   –   *Hässling.

Auf der Basis morphologischer Daten ist also eine Organisation des Lexikons anzunehmen, die erheblich differenzierter und komplexer als eine fixe Liste von Elementen ist. Das Lexikon zeigt sich vielmehr als ein System, das nicht nur endlich viele Funktionswörter (wie Präpositionen und Artikel) und potentiell unendlich viele lexikalische Wörter (wie Nomina, Adjektive, Verben und Adverbien) enthält, sondern auch als Anwendungsbereich generativer und analytischer Regeln zur Derivation und Komposition von Wörtern.

Auch die Speicherungsmechanismen dürften im Lexikon – je nach Eintrag – auf zweierlei Art und Weise erfolgen: nach Lexemen (wie bei „Fuß", „Ball" oder „Fußball") oder nach zusammengebildeten Wörtern (wie bei „Fußballspieler").

e) Die *lexikalische Kategorie* betrifft den Status eines Wortes als Nomen oder Verb, Präposition, Adjektiv usw.

Die syntaktische Funktion unterscheidet Lexikoneinträge, die zum selben semantischen Umfeld gehören. Beispiele sind im Deutschen „bitte" (Verb, Nomen und Adverb) und „bis" (Präposition und Interjektion). Wörter wie „früh" und „beschreibend" können als Adjektiv bzw. Adverb auftreten und jeweils unterschiedliche syntaktische Kontexte modifizieren (z.B. ein Nomen oder einen ganzen Satz)[14].

f) Der *thematische Rahmen* betrifft die Anzahl und Art der obligatorischen Ergänzungen eines Wortes im Satz (*Argumente*) und seiner sonstigen möglichen Ergänzungen. Die folgenden Beispiele betreffen Verbergänzungen:

19) a *Den Kindern geht es.
    b *Der Kritiker bespricht.
    c *Hans stellt die Bücher.

---

[14] In bestimmten idiomatischen oder markierten Kontexten können auch Funktionswörter die Rolle eines Nomens übernehmen und Pluralformen regelmäßig bilden: vgl. die englische Redensart *no ifs or buts* (ohne Mehrzahlendungen im entsprechenden deutschen Ausdruck „ohne Wenn und Aber").

In einigen deutschen Dialekten können auch Wörter wie „dass", „wenn" und „ob" („Komplementatoren", aus dem Englischen *complementizer*") flektiert werden: vgl. Bayrisch: „… wannst kummst", „… obst kummst", andere Varietäten: „warumste kommst").

Die Erklärung für die Unkorrektheit der Sätze ist ihre Unvollständigkeit: in 19)a fehlt ein Adverb, in 19)b – das Objekt (z.B. „das Theaterstück"), in 19)c – eine Präpositionalphrase wie „auf den Tisch".

Verben, die üblicherweise von einem Objekt begleitet werden, können in bestimmten Fällen auch ohne Objekt auftreten. Dabei ergeben sich jedoch aspektuelle, manchmal auch semantische Unterschiede (Beispiele 20)-21)):

20) a Hans erinnert mich an Charles Aznavour.
    b Hans erinnert gerne, aber dann wird er melancholisch.
21) a Hans kann deinen Koffer nehmen.
    b [*Beim Boxen*] Hans kann nehmen.

Zwischensprachliche Unterschiede sind auch hier sehr häufig:

DEUTSCH – ENGLISCH – ITALIENISCH
22) a Gestern habe ich die ganze Nacht gelernt.
    b Gestern habe ich ein Gedicht gelernt.
23) a I studied all night yesterday.
    b *I learnt all night yesterday.
24) a Ieri ho studiato tutta la notte.
    b *Ieri ho imparato tutta la notte.

Ein Ausdruck wie „lernen" bezeichnet im Deutschen sowohl die reine Tätigkeit des Lernens (einzige thematische Rolle: AGENS: Beispiel 22)a) als auch den Prozess, der ein Objekt einbezieht (mit zwei thematischen Rollen: AGENS, THEMA: Beispiel 22)b). Im letzten Fall impliziert „lernen", dass sich etwas im Wissensstand des Subjektes geändert hat und nicht, dass das Subjekt bloß mit Büchern beschäftigt war. Das Englische und das Italienische verwenden hingegen für die erste Bedeutung ein kontinuierliches oder resultatives Verb ("*study*" bzw. "*studiare*": Beispiele 23)a und 24)a), das ohne Objekt verwendet werden kann, und für die zweite, ausschließlich resultative Bedeutung, die Verben "*learn*" bzw. "*imparare*" mit obligatorischem Objekt: die Beispielsätze in 23)b und 24)b, in denen das Objekt fehlt, sind nicht korrekt[15].

Charakteristisch für bestimmte Prädikate ist die Möglichkeit oder Unmöglichkeit von Ergänzungen durch Zeitangaben:

25) a %Thekla hat ihren Freund fünf Jahre lang verlassen.
    b %Die Fensterscheibe war zwei Stunden fertig.
    c %Von 12.00 bis 14.00 hat Maria einen schlechten Charakter.

---

[15] Die elliptische Verwendung von "*imparare*" in Ausdrücken wie "*Cosí impara!*" (Dt. „So lernt er/sie!") ist – wie im Deutschen – auf ein intendiertes Objekt „sich richtig zu benehmen" eingeschränkt.

Diese Sätze sind nur in sehr markierten pragmatischen Kontexten interpretierbar (Thekla hat lang versucht, sich vom Freund zu trennen; die Fensterscheibe ist nach zwei Stunden wieder kaputtgegangen; zu einer gewissen Tageszeit bekommt Maria periodische Anfälle schlechter Laune).

Andere mögliche thematische Rollen („Theta-Rollen") sind – außer den bereits erwähnten AGENS und THEMA – auch INHABER, ZIEL, EMPFÄNGER, INSTRUMENT, PROPOSITION usw.

Abgesehen von PROPOSITION, die immer durch einen Satz realisiert wird, werden die Theta-Rollen in verschiedenen Sprachen auf unterschiedliche Weise realisiert. Z.B. kann AGENS durch den Nominativ, aber auch durch den Ergativkasus ausgedrückt werden (z.B. in Warlpiri – einer australischen Sprache, Baskisch, Georgisch, Eskimosprachen). Ein weniger exotisches Beispiel ist die Realisierung von INHABER im Deutschen, Englischen und Französischen:

DEUTSCH – ENGLISCH – FRANZÖSISCH
26) a Hans hat *sich* ein Bein gebrochen.
    b John broke *his* leg.
      (John brach sein Bein)
    c Jean a cassé la jambe.
      (John hat gebrochen das Bein)[16]

Solche Bedingungen und Realisierungsmöglichkeiten werden von der im Lexikon verankerten thematischen Struktur („Theta-Struktur", „Argumentstruktur", „Thematisches Raster") des jeweiligen Elements (in diesem Fall des Verbs) gesetzt. Zwischen Argumenten und thematischen Rollen soll eine Eins-zu-Eins-Entsprechung bestehen, sonst kann der Satz nicht interpretiert werden: vgl. das folgende Beispiel, das ein überflüssiges Argument hat:

27) *Hans hat sich sein Bein gebrochen.

Es ist noch zu bemerken, dass die thematische Rolle des Subjektes oft nicht nur vom einzelnen Verb allein, sondern von der Gruppe „Verb+Objekt" bestimmt wird: vgl. den Kontrast zwischen der thematischen Rolle der jeweiligen Subjekte in den folgenden a)- und b)-Sätzen:

DEUTSCH – ENGLISCH
28) a Hans brach das Eis mit einem Hammer. [„Hans" = AGENS]
    b Das Eis brach. [„Eis" = THEMA]
29) a John broke a window. ["John" = AGENS]
    (John brach ein Fenster)

---

[16] Die Interpretation des Objektes "*la chaise*" in "Jean a cassé la chaise." = „Jean hat den Stuhl gebrochen" ist nicht possessiv.

    b John broke his leg.   ["John" = PATIENS]
       (John brach sein Bein)
       „John brach sich ein Bein."

g) Der *(morpho)syntaktische Rahmen* betrifft die Kategorie und den Kasus, die die eventuellen Argumente des Wortes realisieren. Sprachen realisieren den Kasus thematischer Rollen in unterschiedlicher Weise. Während z.B. die Theta-Rolle „INSTRUMENT" im Deutschen, Englischen, Italienischen usw. durch eine Präpositionalphrase in Verbindung mit „durch", „mittels" oder „mit" ausgedrückt wird, wird sie in slawischen Sprachen durch eine Nominalphrase im Instrumentalkasus realisiert.

Die Theta-Rolle „THEMA" wird im Deutschen durch eine Nominalphrase im Akkusativ realisiert (so beim Verb „erwarten"), aber auch durch eine Präpositionalphrase (PP) mit Akkusativ (so beim Verb „warten"):

30) a Ich warte *eine Antwort / auf eine Antwort / *auf einer Antwort.
       b Ich erwarte eine Antwort / *auf eine(r) Antwort.

Manche Verben, wie *"believe"* im Englischen (Deutsch: „glauben"), nehmen keine Infinitivsätze als Komplement, sondern nur „dass"-Sätze:

ENGLISCH
31) a *I believe to be right.
         (ich glaube zu Recht haben)
     b   I believe that I'm right.
         (ich glaube dass ich habe Recht)

Hier auch bestehen zwischensprachliche Unterschiede: ein Beispiel aus Deutsch/Italienisch:

32) a Ich danke herzlichst.
       b Ich bedanke mich herzlichst.
33) a Ringrazio cordialmente.
         (danke-ich herzlich)
         „Ich danke herzlichst."
       b *Mi ringrazio cordialmente.
         (mir danke-ich herzlich)
         *„Ich danke mir selbst."

In 32) ist „mich" kein thematisch volles Reflexivpronomen, denn „sich" in „sich bedanken" ist kein internes Argument des Verbs (etwa „ZIEL"): das Pronomen muss aber aus rein lexikalisch-morphosyntaktischen Gründen zusammen mit dem Verb im Akkusativ auftreten. Das „sich bedanken" entsprechende Verb ist im Italienischen nicht pronominal (vgl. 33)a-b). Umgekehrt sind verschiedene Verben im Italienischen pronominal (wie *"pentirsi"*, *"accorgersi"*, *"spostarsi"*) und im Deutschen nicht pronominal (vgl. „bereuen", „bemerken", „rücken").

h) In jeder Kultur werden *Beziehungen zwischen Bedeutungen* in paradigmatischen Assoziationen zwischen Gegenständen bzw. Eigenschaften ausgedrückt.

Manche semantische Verbindungen bleiben beim Übergang in eine verwandte Kultur erhalten. In verschiedenen Lexemen und idiomatischen Ausdrücken verbindet z.B. das Deutsche die Farbe „schwarz" mit der Kohle (vgl. „kohlschwarz", „kohlrabenschwarz"), mit der Nacht, dem Pech, der Trauer und der Hölle. Ähnliche Ausdrücke gibt es im Italienischen (*"nero come il carbone"* = „schwarz wie Kohle", *"nero come la notte"* = „schwarz wie die Nacht", *"nero come la pece"* = „pechschwarz"). Einen dem Ausdruck „schwarz wie die Hölle" entsprechenden Vergleich gibt es aber im Italienischen nicht. Die Assoziation von „schwarz" mit „Trauerfarbe" entspricht dem westlichen, aber nicht dem fernöstlichen Gebrauch.

Weil kulturell bedingt, ist das Feld der semantischen Assoziationen wie das Feld der Semantik einzelner Lexeme (vgl. Punkt c)) potentiell unendlich.

i) Der pragmatische Rahmen bestimmt die Funktionen und die Umstände, die für den Gebrauch eines Wortes oder Ausdrucks geeignet sind.

In bestimmten Fällen beschränkt sich der pragmatische Rahmen auf sehr spezifische Situationen: dies erfolgt im Allgemeinen bei „fixen" Ausdrücken wie Ausrufen („Gott im Himmel!"), sozialen Formeln („hochachtungsvoll"), idiomatischen Ausdrücken („Guten Rutsch!") und spruchartigen Ausdrücken („Milchmädchenrechnung", „Fettnäpfchen"). Eine weitere Eigenschaft dieser Ausdrücke ist, dass sie sich für morphologische Abwandlungen nicht eignen: vgl.:

34) ?*Gott wird dich grüßen.

Ein einziges Lexem kann in verschiedenen Situationen verwendet werden. Z.B. wird „danke" gebraucht: a) um Dankbarkeit auszudrücken oder vorzuspielen, wenn jemand etwas Konkretes oder Abstraktes erhalten hat, das willkommen geheißen wird; b) als ironischer Kommentar, wenn man Gegenstand einer unhöflichen Handlung war, c) als ironischer Kommentar, wenn man etwas Selbstverständliches hört, usw. Manche dieser pragmatischen Funktionen werden von bestimmten Sprachen geteilt, von anderen hingegen nicht. So wird z.B. „Ja, danke" im Deutschen nicht verwendet, um ein Angebot anzunehmen, während das entsprechende italienische Wort *"Sí, grazie"* in diesem Kontext angebracht ist.

Verschiedene Lexeme (oder Ausdrücke) können dieselbe Funktion teilen, weisen aber je nach dem Kontext einen unterschiedlichen Adäquatheitsgrad auf. Z.B. kann man auf „Danke" mit „Bitte", „Bitte sehr", „Nichts zu danken", „Gerne geschehen" usw. reagieren, je nach dem Grad der Höflichkeit bzw. der psychologischen und sozialen Distanz zwischen den SprecherInnen.

Mit der Zeit wird die ursprüngliche semantische Information, die ein lexikalischer Ausdruck enthält, oft überlagert. Heute grüßen z.B. auch Konfessionslose im süddeutschen Sprachraum mit „Grüß Gott!".

Jede(r) Sprecher(in) besitzt solche Informationen über die vielen tausend Wörter, die seinen/ihren Wortschatz ausmachen[17]. Für die meisten SprecherInnen, die normalerweise keine lingui-

---

[17] In Bezug auf den Punkt b) ist dies natürlich auf alphabetisierte SprecherInnen einzuschränken.

stische Ausbildung haben, stellen diese Informationen ein *unbewusstes* Vermögen dar, dessen Elemente überhaupt sehr selten zum Bewusstsein gerufen werden. Nur bei Witzen oder in der Dichtung – d.h. durch den verfremdeten bzw. nicht handlungsbezogenen Gebrauch der Sprache – hält man sich bei bestimmten Ausdrücken auf, um den Nonsense oder die Poesie wirken zu lassen. Phonetische, phonologische, morphosyntaktische und orthographische Elemente der Wörter werden hingegen nur zu metalinguistischen Zwecken aus dem Kommunikationskontext herausgenommen.

2.3 Was „Grammatik" alles bedeuten kann: die strukturellen Komponenten der Sprache

2.3.0 Einleitung

Die strukturellen Komponenten der Sprache umfassen jene Aspekte sprachlicher Phänomene, die *systematisch* auftreten und sich auf *rein linguistische Organisationsprinzipien* zurückführen lassen.

Folgende Beispiele sollen dies verdeutlichen:

34) *Der das Kritiker bespricht Theaterstück erfahrene.
35) *Der erfahrene Kritiker bespricht.
36) *Der erfahrene Kritiker bespricht dem Theaterstück.
37) a [Der Arzt]$_i$ hat sich$_i$ verboten zu rauchen.
    b *[Der Arzt]$_i$ hat ihm$_i$ verboten zu rauchen[18].
    c *Peter erzählt Hans$_i$, der Arzt verbot sich$_i$ zu rauchen.
    d Peter erzählt Hans$_i$, der Arzt verbot ihm$_i$ zu rauchen.
    e *Peter$_i$ sagt, der Arzt verbot sich$_i$ zu rauchen.
    f Peter$_i$ sagt, der Arzt verbot ihm$_i$ zu rauchen.
    g *Franz$_i$ wusste nicht, dass Peter Hans erzählt hatte, der Arzt hätte sich$_i$ verboten zu rauchen.
    h Franz$_i$ wusste nicht, dass Peter Hans erzählt hatte, der Arzt hätte ihm$_i$ verboten zu rauchen.

Die angeführten Sätze enthalten verschiedene Formen von Nicht-Wohlgeformtheit: Satz 34) erscheint beispielsweise nicht logisch geordnet, Satz 35) ist unvollständig.
Für die Sätze 36)-37) hingegen reichen diese Erklärungen nicht aus. Kein logischer Grund, sondern der falsche Kasus verhindert die korrekte Interpretation von Satz 36): in einer Sprache wie dem Italienischen, die die Kasus nominaler Elemente nicht phonetisch unterscheidet, ergibt sich keine Gelegenheit für einen solchen Fehler.

---

[18] Der Index „i" bezeichnet die Konstituente, auf die die Anapher „sich" und das Pronomen „ihm" jeweils bezogen sind. So ist der Satz in 37)a korrekt, wenn das Pronomen „ihm" auf jemanden anderen als den Arzt bezogen wird.

Genauso wenig besteht ein logischer Grund, die Koreferenz zwischen „sich" und den indizierten Konstituenten in Satz 37)a-h zuzulassen. Auch die Erklärung, dass sich koreferierende Elemente im selben Satz befinden müssen, reicht nicht aus, um ungrammatikalische Sätze wie denjenigen in 38)a auszuschließen:

38) a *[Peters$_i$ Arzt] verbot sich$_i$ zu rauchen.
 b [Peters$_i$ Arzt] verbot ihm$_i$ zu rauchen.

Die Position des Referenten des Reflexivpronomens muss also genauer definiert werden: es handelt sich um die syntaktische Subjektposition.

Betrachten wir nun zwei weitere Beispiele:

39) a Laura hat eine Kette aus reinem Platin gekauft.
 b Laura hat eine Kette aus reiner Eitelkeit gekauft.

Obwohl die angeführten Sätze syntaktisch ähnlich sind, verhalten sie sich in einem anderen syntaktischen Kontext auf unterschiedliche Weise:

40) a Das ist die Kette, die Laura aus reiner Eitelkeit gekauft hat.
 b *Das ist die Kette, die Laura aus reinem Platin gekauft hat.

Sätze wie 40)a sind grammatikalisch korrekt. Sätze wie 40)b – nach dem Muster von 40)a gebildet – sind das fehlerhafte Ergebnis eines Analogie- bzw. Induktionsschlusses. Dazu zwei Bemerkungen:
a) Der Satz 40)b ist weder grammatikalisch richtig noch inhaltlich akzeptabel; dies bedeutet aber nicht, dass er nicht zu interpretieren wäre.
b) Weder Kinder noch Lernende einer Fremdsprache machen solche Fehler.
Diese Tatsachen stellen somit ein starkes Indiz für die *Einschränkung der strukturellen Möglichkeiten der Sprache* dar und sprechen für eine tiefer liegende, universelle Struktur der Sprache[19].

Die generative Grammatiktheorie erklärt viele sprachliche Phänomene über abstrakte Prinzipien und Regeln. Diese Prinzipien und Regeln sind insofern „strukturabhängig", als sie nicht die physischen Eigenschaften der Wörter (z.B ihre Länge) oder ihre zahlenmäßige Reihenfolge im Satz („das Wort Nr.1", „das Wort Nr.2" usw.) einbeziehen, sondern deren abstrakte

---

[19] Eine komplexere, aber durchaus gängige Konstruktion, die weder über allgemeine Induktionsprinzipien noch über Analogieschlüsse interpretiert werden kann, ist in Chomsky 1986 (S.78) zu finden:
 i) Who$_i$ thinks he$_i$ is intelligent?
   (wer denkt er ist intelligent)
   „Wer glaubt, intelligent zu sein?"
 ii) Who$_i$ does he$_{*i}$ think is intelligent?
   (wer AUXILIAR-PRÄSENS-3.PERS.SING. er denken ist intelligent)
   „Wer glaubt, dass er intelligent ist?"
Nur in i), und nicht in ii) kann sich das Pronomen "*he*" auf dieselbe Person wie das Fragepronomen "*who*" beziehen.

lexikalische Kategorien und Merkmale. Mehr noch: die Wörter müssen nicht einmal physisch realisiert sein (akustisch oder visuell vorhanden), um entscheidenden Einfluss darauf auszuüben, wie wir Sätze verstehen und deren Korrektheit beurteilen (vgl. §§ 2.3.1.3.2-2.3.1.3.4).

2.3.1 Syntax: Abstrakte Strukturen hinter den Wörtern

2.3.1.1 Ein denkbares Organisationssystem für die Sprache
Als Bestandteil der Sprachkompetenz wird zusammen mit dem Lexikon ein syntaktisches *Verarbeitungssystem* angenommen, das aus den lexikalischen Elementen *Ausdrücke* ableitet. Die von der Sprachkompetenz generierten sprachlichen Ausdrücke müssen einerseits artikuliert und wahrgenommen werden (Performanz), andererseits dem menschlichen konzeptuellen System zugänglich sein, um interpretiert werden zu können. Daher sind die in den sprachlichen Ausdrücken enthaltenen Informationen für das *Performanzsystem* auf zwei verschiedenen Ebenen zu kodieren, die jeweils dem perzeptuell-artikulatorischen System („*Phonetische Form*" oder „*PF*") und dem konzeptuell-intentionalen System („*Logische Form*" oder „*LF*") als Schnittstellen dienen. Für diese Systeme wird eine modulare Organisation angenommen: die genaue empirische Feststellung ihrer Natur bleibt jedoch offen.

2.3.1.2 Kategorien, Köpfe und Bäume
Sollen Satzstrukturregeln definiert werden, so ist vor allem zu bestimmen, was als Satzeinheit gilt. Die Segmentierung des Satzes ist das erste Problem, das LinguistInnen (und auch HörerInnen: siehe Kap. 3) zu lösen haben.
Wenn MuttersprachlerInnen oder kompetente Sprecher-/HörerInnen des Deutschen die Aufgabe erhalten, einen Satz wie den folgenden in 41)a gefühlsmäßig in zwei Teile zu teilen, wählen sie die Option in 41)b:

41) a Hans will nicht, dass die Kinder jetzt ein Bier trinken.
    b [Hans will nicht] [dass die Kinder jetzt ein Bier trinken].

Aus weiteren Segmentierungen ergeben sich die Wortgruppen „die Kinder" und „ein Bier". Über die Segmente „Hans" + „will nicht" bzw. „Hans will" + „nicht" mögen die Informanten verschiedener Meinung sein. Sicher ist, dass kompetente Sprecher-/HörerInnen des Deutschen keine Segmentierung wie in 42) produzieren, ob sie Linguistikkenntnisse haben oder nicht:

42) Hans will / nicht, dass die / Kinder jetzt ein / Bier trinken[20].

---

[20] In einem einzigen Fall wird die Sprengung der syntaktischen (und morphologischen!) Gliederung mit allgemeiner Zustimmung akzeptiert, nämlich dann, wenn ein Satz an die metrischen Zwänge der Poesie angepasst ist. Vgl. den ersten Vierzeiler von Goethes „An Lord Byron" (1824) in jambischen Elfsilbern (die einfachen Querstriche bezeichnen die Füße, der doppelte Strich die Zäsur):
Ein freun- / -dlich Wort / kommt ei- // -nes nach / dem an- / -dern
Von Sü- / -den her / und bring- // -t uns fro- / -he Stun- / -den;
Es ruf- / -t uns auf, / zum E- // -delsten / zu wan- / -dern,
Nicht ist / der Geist, / doch ist // der Fuß / gebun- / -den.

Ergebnisse von Sprachtests, die Wortgruppen zum Gegenstand von Fragen, Pronominalisierungen und der Koordination machen, bestätigen diese gefühlsmäßige Segmentierung von Äußerungen nach den Prinzipien der Syntax. So sind Sätze wie die folgenden möglich (die der Wortgruppe „ein Bier" syntaktisch entsprechenden Satzsegmente erscheinen im Kursiv):

43) a *Was* will Hans nicht, dass die Kinder ___ trinken?
    b Hans will nicht, dass die Kinder *so was* trinken.
    c Hans will nicht, dass die Kinder ein Bier und/oder *einen Schnaps* trinken.

Die Gliederungseinheiten des Satzes (*Konstituenten*) sind nicht beliebig austauschbar, da sie verschiedene Wortarten enthalten. Auf der Basis vergleichender Sprachanalyse werden vier *Wortkategorien* unterschieden, die in unterschiedlichen syntaktischen Kontexten auftreten: Nomen (N), Verb (V), Präposition (oder Postposition: P) und Adjektiv (A)[21]. Nur die ersten beiden Kategorien sind in allen bisher erforschten Sprachen vertreten. Sprachen, die die Kategorie „P" vorsehen, haben im Allgemeinen entweder Präpositionen oder Postpositionen (z.B. Französisch bzw. Ungarisch). Andere Sprachen (z.B. das Deutsche) weisen eine Hauptrichtung mit Abweichungen auf (vgl. „wegen", „gegenüber", „gemäß", „entlang", „um ... willen" usw.).

Im Abschnitt über das Lexikon wurde der Begriff „Hierarchie" am Beispiel der Komposita auf der Wortebene verwendet (s. § 2.2, Punkt d)): in „Scheingeld" bestimmt das Wort „Geld" die morphosyntaktischen Merkmale des gesamten Wortes (Nomen, sächlich, Singular), in „Liegematte" das Wort „Matte" (Nomen, weiblich, Singular) usw. Daher wird das Wort „Geld" in „Geldschein" und „Matte" in „Liegematte" als „Kopf" des Kompositums bezeichnet.

Auf der Satzebene ergeben sich ähnliche hierarchische Relationen zwischen syntaktischen Konstituenten: innerhalb der Sequenz „Bier trinken" ist „Bier" ein Komplement des Verbs „trinken". Um dieses Verhältnis auszudrücken, wird das Verb „trinken" als „*Kopf*" der Sequenz definiert und mit „V°" gekennzeichnet.

Verbindet sich der Kopf „trinken" mit einem Komplement (z.B. „Bier"), resultiert daraus eine erweiterte Konstituente, die als „*Projektion*" des Verbs (VP = „Verbalphrase") bezeichnet wird: der verbale Kopf projiziert seine Merkmale auf eine höhere strukturelle Ebene (vgl. das Schema in 44)a).

Das Gleiche gilt für Sequenzen wie „mit Schnaps" oder „rotes Tuch": hier projizieren die Präposition bzw. das Adjektiv ihre Merkmale. Bei Prä-/Postpositionen ergibt sich eine Prä-/Postpositionalphrase PP, bei Adjektiven eine Adjektivphrase AP (vgl. 44)b-c).

Dementsprechend, wenn ein Nomen N° wie „Bier" den Ausdruck „mit Schnaps" als Komplement nimmt, wird eine Nominalphrase NP gebildet (vgl. 44)d)):

---

[21] Die Stellung der Wortkategorie „Adverb" in der syntaktischen Struktur ist kontroversiell. S. unten im Text und § 2.3.1.3.1.

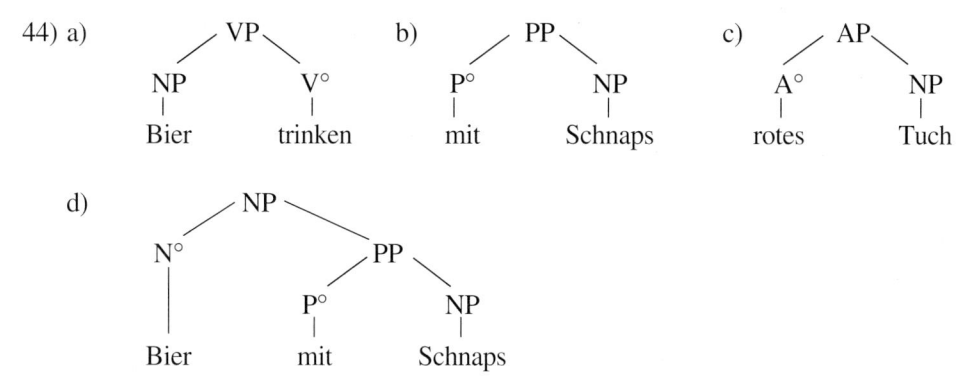

44) a)
```
        VP
       /  \
      NP   V°
      |    |
     Bier trinken
```
b)
```
        PP
       /  \
      P°   NP
      |    |
     mit Schnaps
```
c)
```
        AP
       /  \
      A°   NP
      |    |
    rotes Tuch
```

d)
```
          NP
         /  \
        N°   PP
        |   /  \
       Bier P°  NP
            |   |
           mit Schnaps
```

Die lokale strukturelle Beziehung zwischen einem Kopf und seinem Komplement spielt auch wegen der Assoziierung mit thematischen Relationen (vgl. § 2.2, Punkt f)) eine fundamentale Rolle in allen Modulen der Grammatik.

Eine weitere lokale strukturelle Beziehung besteht zwischen dem Kopf und seiner (möglichen) Spezifikatorstelle (im Englischen: "*specifier*"). Als Spezifikator des Verbs z.B. tritt das Subjekt auf: in diesem Fall entspricht die abstrakte syntaktische Struktur eines Satzteils wie „[Hans lässt] *Kinder Bier trinken*" dem folgenden Diagramm (wegen seiner verzweigten Struktur wird das Diagramm gewöhnlich als „Baum" bezeichnet):[22]

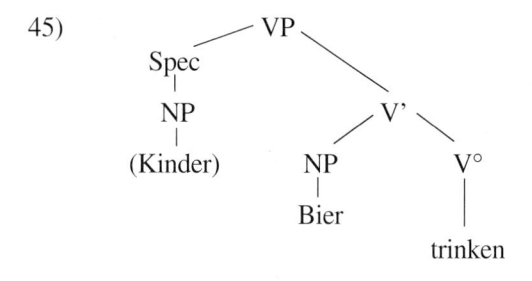

45)
```
              VP
           /      \
         Spec      V'
          |       /  \
          NP     NP   V°
          |      |    |
       (Kinder) Bier trinken
```

Die daraus resultierende Konstituente (hier: VP), die aus den Elementen „Spezifikator + Kopf + Komplement" besteht, wird als „*maximale Projektion*" definiert.

Im Diagramm werden die Konstituenten als Knoten des Baums dargestellt:
– der Kopf V° („trinken") erscheint im untersten Knoten;
– das Komplement des Kopfes („Bier") erscheint als ein vom Knoten V' abhängiger Zweig;[23]
– der Spezifikator hingegen hängt vom höchsten Knoten ab, der die Verbalphrase VP darstellt.

---

[22] Im Diagramm erscheint der Ausdruck „Kinder" in Klammern, da er als phonetisch realisiertes Element zum vorangehenden Satz „Hans lässt Kinder" gehört. Über nicht phonetisch realisierte Subjekte in Infinitivsätzen s. unten, § 2.3.1.3.4.
Zu einer Analyse der syntaktischen Subjektposition vgl. Stowell 1989.
[23] Zu bemerken ist die damit deutlich repräsentierte Asymmetrie in der Relation zwischen Subjekt und Verb einerseits, Verb und Objekt andererseits: die letztere erweist sich vom strukturellen Gesichtspunkt her als stärker. Empirische Argumente dafür sind in Chomsky 1986, S.59ff. zu finden.

Das Baumdiagramm verdeutlicht die hierarchischen Verhältnisse zwischen den Knoten: die strukturelle Hierarchie und insbesondere das „Dominanz"-Verhältnis eines Knotens gegenüber allen unter ihm liegenden Knoten ist für die Erklärung syntaktischer Prozesse relevant[24]. Eine weniger raumaufwendige graphische Repräsentation ist die folgende:

46) [$_{VP}$ Spec [$_{NP}$ Kinder] [$_{V'}$ [$_{NP}$ Bier] [$_{V°}$ trinken]]]

Eine Spezifikatorstelle wird auch innerhalb anderer Kategorien angenommen (in den folgenden Beispielsätzen erscheinen die Spezifikatoren in Kursiv):

47) a *Marias* Onkel aus New York
    b *direkt* aus New York
    c *sehr* stolz auf sich[25].

Diese Repräsentationen basieren auf Chomskys „X'-Theorie", erstmals 1970 formuliert[26]. Demnach wird den syntaktischen Kategorien („Syntagmen", „Phrasen") eine interne Struktur unterstellt: ist ein lexikalisches Element X° der Kopf, so sind X' und XP seine Projektionsebenen und Spec-XP ist seine Spezifikatorstelle.

Unter den wesentlichen Veränderungen, die die Entwicklungen der Theorie in den 90er Jahren mit sich brachten, ist die Ausdehnung der „Phrasenstruktur" auf weitere syntaktische Kategorien (vgl. § 2.3.1.3.1, „Funktionale Kategorien"). Wie im nächsten Abschnitt erläutert wird, soll die Annahme weiterer Kategorien zu einer vereinfachten Darstellung der Verrechnungsmechanismen der Sprache dienen. Dieser Versuch, unnötige Komplexität in der Darstellung des Sprachssystems zu vermeiden, entspricht der *„minimalistischen" Orientierung* der generativen Grammatiktheorie der 90er Jahre (vgl. Chomsky 1993 und 1995, Kayne 1994, Sportiche 1993, Cinque 1995, Brody 1995). Ihr Forschungsprogramm geht von einem *Sprachableitungssystem* aus, das nach einigen wenigen syntaktischen Prinzipien organisiert ist. Diese Prinzipien ihrerseits werden wiederum in der Ableitung sprachlicher Ausdrücke von „Ökonomiebedingungen" geleitet.

Im Folgenden werden einige der wesentlichen Hypothesen der aktuellen, minimalistisch orientierten Grammatiktheorie in allgemeinen Zügen präsentiert.

2.3.1.3 Das Verarbeitungssystem der Sprache

Nach dem minimalistischen Modell der Grammatiktheorie sieht die Grammatik unterschiedliche Repräsentationsniveaus vor. Außer dem *mentalen Lexikon*, in dem sich bedeutungs- und

---

[24] Der Begriff der „Dominanz" ist auch für morphologische und phonologische Prozesse von fundamentaler Bedeutung.
[25] Nicht in allen Sprachen sind die Spec-Positionen besetzt, während in manchen Sprachen – z.B. Isländisch – mehrere Spec-Positionen innerhalb derselben syntaktischen Phrase angenommen werden.
[26] „X'" wird im Englischen „X-bar" (= „X-Balken") gelesen, da der Apostroph neben dem X ursprünglich wie ein horizontaler Strich oberhalb des X dargestellt wurde.

strukturrelevante Informationen über die einzelnen sprachlichen Elemente befinden (vgl. § 2.2), werden Repräsentationsniveaus angenommen, die als *Schnittstellen* zwischen dem syntaktischen System und anderen kognitiven Systemen fungieren: die Phonetische Form (PF) und die Logische Form (LF) (vgl. § 2.3.1.1). Die Phonetische Form (PF) liefert den Perzeptions- und Artikulationssystemen passende Informationen, damit die Struktur auf der phonologischen Ebene interpretiert werden kann. Die Logische Form (LF) liefert Repräsentationen auf der semantischen Ebene, die das konzeptuelle und das pragmatische System interpretieren können.

Die lexikalischen Elemente der Kategorien N, V, A und P werden mit bestimmten Merkmalen (z.B. Determiniertheit oder Kasus bei Nomina, Tempus oder Aspekt bei Verben usw.) aus dem mentalen Lexikon selegiert und auf die syntaktische Struktur projiziert. Die Merkmale sind als *abstrakte Eigenschaften* und nicht als morphologische Einheiten (etwa Affixe) zu verstehen: so z.B. betrifft das Merkmal „Vergangenheit" Verben wie „sagen" oder „gehen", unabhängig davon, ob die konkret hörbaren Verbformen („phonetische Realisierungen") regelmäßig (wie „sagte") oder unregelmäßig (wie „ging") sind. Zu diesem Zeitpunkt der syntaktischen Derivation spielt die morpho-phonetische Form noch keine Rolle: zuerst einmal wird nur die *abstrakte Form* „Verb X in der Vergangenheit" vom Lexikon abgerufen[27].

Aus den lexikalischen Einheiten soll nun das Sprachsystem syntaktische Einheiten konstruieren, die auch phonologisch und semantisch interpretiert werden können. Die syntaktische Komponente muss also „überprüfen", ob die Satzelemente mit ihren Merkmalen der Repräsentation der Phrasenstruktur entsprechen, d.h. ob sie mögliche „syntaktische Objekte" in einer bestimmten Sprache darstellen (vgl. Sportiche 1993). Die lexikalischen Einheiten müssen somit zugelassen („lizensiert") werden.

2.3.1.3.1 Funktionale Kategorien
Als Überprüfungsstellen in der Phrasenstruktur – und daher als Lizensierer – gelten in der Theorie die sogenannten „*funktionalen Kategorien*" (vgl. Chomsky 1993, 1995). So z.B. überprüft die funktionale Kategorie T° die Tempusmerkmale eines Verbs, die funktionale Kategorie D°[28] überprüft die Definitheit oder die Spezifizität nominaler Elemente, die funktionale Kategorie C°[29] überprüft den Status eines Satzes als Haupt- bzw. Nebensatz.

---

[27] Vgl. englische Verben wie "*set*", die für Präsens und Vergangenheit dieselbe From haben.
[28] „D°" ist die Abkürzung des englischen Wortes "*determiner*", das ins Deutsche mit „Determinant" übersetzt, oft auch mit „Det" abgekürzt wird.
[29] „C°" ist die Abkürzung des englischen Wortes "*complementizer*", im Deutschen mit „Komplementierer" (oder überhaupt nicht) übersetzt und oft mit „Comp" abgekürzt.

Auch die funktionalen Kategorien haben in der Phrasenstruktur ihre Projektionen „P" („P" steht für „Phrase", d.h. „Syntagma"): diese werden als „TP", „DP" und „CP" bezeichnet. An der Spezifikatorstelle der CP wird der Status von Frage oder Aussage eines Satzes, an der Spezifikatorstelle der TP der Kasus des syntaktischen Subjektes überprüft (zum Kasus s. § 2.3.1.3.2).

Somit weisen die funktionalen Kategorien sowohl *grammatikalische Eigenschaften* (Kasus und subordinierende Funktion) als auch *interpretative Eigenschaften* (Tempus und Definitheit) auf.

Als *geschlossene Klasse* unterscheiden sich die funktionalen Kategorien von den lexikalischen Kategorien der Nomina, Verben und Adjektive („*offene Klasse*") und von den Prä- bzw. Postpositionen („*halboffene Klasse*"). Weitere Charakteristika funktionaler Elemente sind deren mögliche Realisierung als Affix oder Klitika (vgl. die klitischen Personalpronomina in den romanischen Sprachen) sowie Gemeinsamkeiten im Erstspracherwerb und bei Sprachstörungen[30].

Funktionale Kategorien können wie lexikalische Kategorien in verschiedenen Sprachen unterschiedlich realisiert werden. Nach einer neueren Hypothese der Grammatiktheorie wird angenommen, dass die Unterschiede zwischen den Sprachen gerade durch die unterschiedlichen morpho-phonologischen Eigenschaften der funktionalen Kategorien zu erklären sind, während die syntaktische Struktur sonst universell ist (vgl. Sportiche 1993, Chomsky 1995).

Drückt z.B. das Englische eine progressive Handlung durch die „*-ing*"-Form aus ("*Where are you going?*" vs. "*Where do you go?*"), hat das Deutsche keine entsprechenden Morpheme („*Wohin gehst du?*"): die intendierte Aktionsart wird beim deutschen Verb durch ein phonetisches Nullmorphem ("*silent category*", „stille Kategorie" in Sportiche 1993) geäußert[31].

Das Merkmal für „Kongruenz" in der ersten und zweiten Person des Verbs im Englischen ist in der Norm phonetisch null ("*I go, you go, we go*"). Dies gilt auch für das Merkmal der „Definitheit" in den DPn der meisten slawischen Sprachen (Russisch "*kniga*" = „ein Buch",

---

[30] Nespor & Vogel 1986 (S.168f.) heben einige Unterschiede zwischen P und den Kategorien N, A und V auf verschiedenen Ebenen der Grammatik hervor: P gilt demnach nicht als lexikalische Kategorie in Bezug auf:
  i) phonologische Phänomene: z.B. Betonungszuweisung im Englischen, Bildung der Phonologischen Phrase;
  ii) morphologische Phänomene: z.B. keine Kopffunktion in Kompositionsprozessen, keine Beteiligung an Flexions- und Derivationsprozessen;
  iii) patholinguistische Phänomene: z.B. Ausfall in Aphasietypen, die sonstige lexikalische Kategorien nicht betreffen.

[31] Um die progressive Aktionsart zu betonen, wird in der Regel ein Adverb wie „gerade" hinzugefügt: „Wohin *gehst* du *gerade*?".

„das Buch"). Es ist der sprachliche und außersprachliche Kontext, der diese nicht hörbaren funktionalen Kategorien unbewusst rekonstruiert[32].

2.3.1.3.2 Kettenbildung

Die funktionalen Kategorien „überprüfen" die Merkmale der entsprechenden lexikalischen Elemente durch deren „Abschreibung" in die eigene strukturelle Position (Brody 1995)[33]. In dieser Form werden die lexikalischen Einheiten der syntaktischen Komponente „präsentiert". Die Merkmale der abgeschriebenen Konstituenten werden mit den Merkmalen der funktionalen Kategorie verbunden (*"merged"*) und damit überprüft.

Wie sehen nun die konkreten sprachlichen Daten aus?
Als Beispiel für die Überprüfung formaler Merkmale soll ein Bereich erörtert werden, der zwischensprachliche Variationen, die Morphologie und Syntax zugleich betreffen, deutlich repräsentiert: der Kasus.

In der Kasusmorphologie sind die Unterschiede zwischen sonst einander ähnlichen Sprachen auffällig: Man denke z.B. – unter den indoeuropäischen Sprachen – an die spärlichen morphophonologischen Wechsel im Englischen und Italienischen (keinen hörbaren Unterschied zwischen Kasus, außer in manchen Personalpronomina) gegenüber der reichlichen morphologischen Differenzierung in den meisten slawischen Sprachen (z.B. hat das Russische für Nomina sechs Kasus und sieben Deklinationstypen mit phonologischen Alternationen, die sowohl die Qualität des Konsonanten vor dem Suffix als auch den Wortakzent betreffen).

---

[32] Sprachen, die wie das Englische und Deutsche die phonetische Realisierung der Kategorien D° und T° vorsehen, sehen auch die Möglichkeit vor, diese Strukturen als phonetisch null zu realisieren. Das ist der Fall beim abgekürzten Stil in *News-flash*-Schlagzeilen, Tagebüchern, Kochrezepten und Gebrauchsanweisungen. Hier sind einige Beispiele dafür nach Stowell 1991 (die Beispiele i)-iii) gelten auch für das Deutsche):
ENGLISCH
   i) [___ L.A. MAN] FINDS [___ RARE GOLD COIN]
      „L.A. Mann findet seltene Goldmünze."   (es fehlen: unbestimmte Artikel + *Past Tense*-Morphem)
   ii) [___ POPE] WILL VISIT [___ KREMLIN] IN 1991
      (Papst will besuchen Kreml 1991)
      „Papst will 1991 Kreml besuchen."   (es fehlen: bestimmte Artikel)
   iii) KENNEDY APPOINTS [___ BROTHER] AS ATTORNEY GENERAL
      „Kennedy ernennt Bruder Justizminister."   (es fehlen: Possessivpronomen + *Past Tense*-Morphem)
   iv) MAN SHOOTS [___ SELF] AFTER GUN BATTLE WITH POLICE
      „Mann erschießt sich nach Feuergefecht mit Polizei." (es fehlen: reflexive Anapher + *Past Tense*-Morphem)
Interessant ist dabei, dass die Tilgungen hier systematisch erfolgen. Folgende Sätze sind z.B. nicht korrekt:
   v) *A BRONX WOMAN CLAIMS ___ POLICEMAN THREATENED HER
      (eine Bronx Frau behauptet Polizist bedrohte sie) (es fehlt: unbestimmter Artikel)
   vi) *BRONX MAN CLAIMS A POLICEMAN SHOT___ BYSTANDER
      (Bronx Mann behauptet ein Polizist erschoss Zuschauer) (es fehlt: unbestimmter Artikel).
Zur Interpretation elliptischer Sätze s. § 2.3.2.2.

[33] Für diesen syntaktischen Prozess, auch als „Verschiebung" oder „Anhebung" bezeichnet, gibt es in der Theorie unterschiedliche Interpretationen, deren technische Details hier nicht erörtert werden können. Beide Bezeichnungen sind jedenfalls *Metapher* für *abstrakte* „Operationen", die sich von sprachlichen Aktivitäten manipulativer Art wie etwa Grammatikaufgaben unterscheiden.

Nach der Theorie *tragen* jedoch *alle DPn einen Kasus*, unabhängig davon, ob er abstrakt oder phonetisch realisiert ist. Was in den verschiedenen Sprachen variiert, sind *die Eigenschaften der funktionalen Kategorien*, die Kasusmerkmale überprüfen. Dazu folgende Beispiele (Wörter in Klammern mit einem Stern dazu sind für die korrekte Satzkonstruktion notwendig):

DEUTSCH – ENGLISCH – ITALIENISCH
48) a die Geburtsstadt Mozarts – alle Romane Thomas Manns
    b the birth town *(of) Mozart – all novels *(by) Thomas Mann
    c la città *(di) Mozart – tutti i romanzi *(di) Thomas Mann

Im Deutschen kann eine DP den Kasus einer anderen DP überprüfen (48)a), nicht aber im Englischen oder Italienischen (48)b-c). In diesen Sprachen ist eine PP durch eine Präposition (hier als "of", "by" bzw. "di" phonetisch realisiert) mit dieser Überprüfungsfunktion betraut.

Auch im Deutschen sind aber Kasusmerkmale nicht immer hörbar oder eindeutig: vgl. das Nomen „Maria" in 49)a-b:

49) a Ich habe heute Maria$_{DATIV}$ geholfen.
    b Ich habe heute Maria$_{AKKUSATIV}$ gesehen.

Manchmal ist der Kasus – wenn nicht hörbar – „sichtbar": so stehen z.B. die apostrophierten Eigennamen in „Felix' Buch", „Franz' Auto" und „Thomas' Plan" genauso im Genitiv wie „Marias" und „des Bürgermeisters" in „Marias Idee" bzw. „die Idee des Bürgermeisters".

In einem syntaktischen Kontext wird ein einziger Kasus zugelassen: vgl. den Satz, der bereits in 36) angegeben wurde (hier als 50) wiederholt):

50) *Der erfahrene Kritiker bespricht *dem* Theaterstück.

Verschiedene Kasus können die gleiche thematische Rolle realisieren[34]. Dies ist in der englischen Konstruktion mit dem Verb *"give"* (= „geben") deutlich zu erkennen:

ENGLISCH
51) a John gave *Bill*$_{DATIV}$ a book.
    (John gab Bill-DATIV ein Buch)
    [Theta-Rolle: ZIEL; Kasus: Dativ]

   b John gave a book *to Bill*.
    (John gab ein Buch an Bill)
    [Theta-Rolle: ZIEL; Kasus: von P abhängig, „lexikalisch"]

Eine einzige Theta-Rolle („ZIEL") wird hier mit zwei verschiedenen Kasus realisiert[35].

---

[34] Zur thematischen Rolle vgl. § 2.2, Punkt f). Der Mangel einer thematischen Rolle ist z.B. die Ursache der Unkorrektheit des Satzes in 35) (hier wiederholt): 35) *Der erfahrene Kritiker bespricht.
[35] Zusätzliche Argumente gegen die Überschneidung von thematischer Rolle und Kasus gibt Chomsky 1981 (S.114). Ein Überblick über die aktuellen Entwicklungen der Kasustheorie ist in Cardinaletti 1994, S.34ff. zu finden.

Es wurde bereits erwähnt, dass sich der Kasus – wie auch Flexionsmerkmale – durch die lokale Beziehung zwischen einem Kopf und seinem Spezifikator realisiert (vgl. § 2.3.1.3.1). Der Nominativkasus wird in der TP überprüft: also trägt die T°-Stelle (oberhalb der VP) das Merkmal „Nominativkasus", genauso wie die zu überprüfende Subjekt-DP. Um den Satz interpretieren zu können, müssen diese Mehrfacherscheinungen des Merkmals „Nominativkasus" vereinigt werden. Dies ist dann möglich, wenn sich eine „Kopie" der Subjekt-DP in der Spec-TP befindet. Vgl. die Struktur in 52):

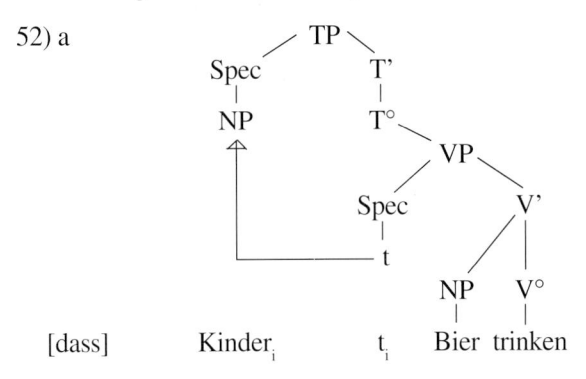

52) a

```
                    TP
                 /      \
             Spec        T'
              |         /  \
             NP       T°
              ↑         \
              |          VP
              |         /   \
              |      Spec    V'
              |       |     /  \
              |       t    NP   V°
              |            |    |
   [dass]   Kinder_i      t_i  Bier  trinken
```

52) b ... [$_{TP}$ Spec [$_{NP}$ Kinder]$_i$ [$_{T°}$ [$_{VP}$ Spec [$_{NP}$ t]$_i$ [$_{V'}$ [$_{NP}$ Bier] [$_{V°}$ trinken]]][36].

Dieser Prozess wird durch strikte strukturelle Bedingungen geregelt. Die obere NP bleibt hier mit ihrer ursprünglichen Position („Basisposition") in einer (abstrakten) „*Kette*" verbunden. In der Basisposition bleibt eine „*Spur*" (durch „t" bezeichnet, aus dem Englischen "trace", dt. „Spur"), die die NP abschreibt. Die Koreferenz zwischen der NP und ihrer Spur wird durch einen Index („i", „j", „k") gekennzeichnet.

Eine wohlgeformte Kette enthält eine einzige thematische Rolle (im Beispiel 52): AGENS), die von einem lexikalischen Element (in 52): das Verb) zugewiesen wird, nach den im Lexikon

---

[36] Wenn die T°-Stelle leer ist, wie im Fall eines Infinitivsatzes, wird eigentlich kein Nominativkasus in T° überprüft. Das Subjekt kann aber Merkmale des Akkusativkasus tragen, die vom Verb im Hauptsatz überprüft werden. Diese „Außerordentliche Kasuszuweisung" ("*Exceptional Case Marking*" oder "*ECM*") findet sich z.B. im Englischen mit einer bestimmten Gruppe von Verben (wie "believe", dt. „glauben"):
   i)   I believe him to have left.
       (ich glaube ihn zu AUXILIAR weggefahren)
       „Ich glaube, dass er weggefahren ist."
Eine ähnliche Analyse gilt für kausative Konstruktionen (ii)) und für Konstruktionen mit Wahrnehmungsverben (iii)):
   ii)   Michael lässt [*seinen Freund*] viel trinken].
   iii) a Maria sieht [*ihren Kollegen* schreiben].
      b Maria hört [*das Telephon* klingeln].
Die im Kursiv hervorgehobenen Konstituenten fungieren als Subjekt der jeweiligen eingebetteten Sätze (in eckigen Klammern). Als Prädikat fungieren jeweils „trinken", „schreiben" und „klingeln".
Andere Beispiele von Infinitivsätzen werden unten erörtert (§ 2.3.1.3.4).

spezifizierten Selektionsbedingungen (vgl. § 2.2, Punkt f)). Die NP, die als Kopf der Kette erscheint, muss einen (auch abstrakten, d.h. phonetisch null) Kasus tragen[37].

Für viele Aspekte der Theorie ist es wichtig, dass die Spur in der Basisposition dem Element in der „Zielposition" strukturell untergeordnet ist. Durch die Kettenbildung ergibt sich also neben den oben beschriebenen strukturellen Beziehungen zwischen Konstituenten (Kopf/Komplement und Kopf/Spezifikator, vgl. § 2.3.1.2) eine weitere asymmetrische, hierarchische Struktur im Satzbaum. Das Prinzip, das diese Strukturen regelt („k-Kommando", Englisch: "*c-command*") ist mächtig und wirkt auf verschiedene syntaktische Phänomene[38].

2.3.1.3.3 Morphosyntaktische Phänomene in Ketten
Die unterschiedlichen Eigenschaften funktionaler Kategorien beeinflussen morphosyntaktische Phänomene, darunter die Reihenfolge der Konstituenten im Satz, die Kongruenz, die Passivkonstruktion, die Fragebildung. Diese Phänomene werden im Folgenden im Lichte der Theorie der Überprüfung morphosyntaktischer Merkmale erörtert.

a) *Reihenfolge der Konstituenten im Satz* – Bereits in typologischen Studien (vgl. Greenberg 1966) wurde beobachtet, dass in den verschiedenen Sprachen charakteristische Muster vorhanden sind, die die Reihenfolge von Subjekt, Verb und Objekt im Deklarativsatz betreffen. Im Englischen, Französischen und Italienischen tritt vorwiegend die Struktur „Subjekt-Verb-Objekt" (SVO) auf, im Türkischen und Japanischen hingegen ist die Reihenfolge OV (eine Konstruktion, die im Deutschen und Niederländischen nur in bestimmten Nebensätzen auftritt)[39].

---

[37] Aufgrund seiner Korrelationen mit der thematischen Funktion übernimmt der Kasus eine fundamentale Rolle in der Theorie. Daher wird die wegen der Überprüfung von Kasusmerkmalen stattfindende „Anhebung" als universelles Phänomen betrachtet, im Unterschied zur parametrisch bedingten Verbanhebung, die z.B. aus Kongruenzgründen erfolgt (Hornstein 1995, S.219, Fußnote 46).
[38] Zur Definition des k-Kommandos s. Fanselow & Felix 1993³, II, S.96ff. und Haegeman 1991, S.120ff.
Ein aktueller Vorschlag zur Rolle des k-Kommandos in der Grammatiktheorie ist in Sportiche 1993, S.9. Nach Hornstein 1995 hingegen kann eine minimalistische Theorie auch ohne das Prinzip des k-Kommandos auskommen.
[39] In Bezug auf das dominante Linearisierungsmuster bestehen Ähnlichkeiten zwischen Syntax und Morphologie. Vgl. die Bildung der Komposita (Scalise 1994, S.123ff.): den deutschen Komposita „Flaschenöffner", „obdachlos", „Musterstudent", die den Kopf des Wortes konsequent rechts aufweisen, entsprechen im Italienischen ihre Spiegelbilder: *apri/bottiglie* („öffne/Flaschen"), *senza/tetto* („ohne/Dach"), *studente-modello* („Student-Muster"). Ähnlichkeiten bestehen in Komposita mit Präpositionen („zusammenleben" wie *con/vivere* = „mit/leben"): in beiden Sprachen hat die Präposition ihr Komplement rechts, sowohl in Komposita als auch im Satz.
Die Ausnahmen betreffen Lehnwörter, die nicht mehr als Komposita wahrgenommen werden: vgl. folgende aus dem Latein stammende italienische Wörter mit den Phrasen, die die ursprüngliche Bedeutung dieser Wörter ausdrücken:

i)	"gentiluomo" vs. "uomo gentile" ("Gentleman") („Mann freundlich")		iii)	"terremoto" vs. "moto della terra" („Erdbeben") („Bewegung der Erde")
ii)	"manoscritto" vs. "scritto a mano" („Handschrift") („geschrieben mit Hand")		iv)	"parricida" vs. "assassino del padre" („Vatermörder") („Mörder des Vaters").

Deutsche Komposita, die dieser Regel widersprechen („Rothaut", „Lebewohl") werden als „*exozentrisch*", d.h. ohne Kopf, definiert. Im Unterschied zu „Flaschenöffner", der ein besonderer Öffner ist, ist in der Tat eine „Rothaut" keine besondere Haut, ein „Lebewohl" kein besonderes Wohl.

Diese Unterschiede im Satzmuster werden in der generativen Grammatiktheorie in Termini *parametrischer Optionen* dargestellt. Nach Kayne 1994 sind sie Auswirkungen syntaktischer Prozesse auf ein universelles Muster der SVO-Struktur. Demnach wird die lexikalische Kategorie für das Verb, Objekt oder/und Subjekt in der „Basisposition" oder in einer höheren Spec-Position realisiert, je nach den Eigenschaften der Kategorie $T°$ in der betreffenden Sprache. Die jeweilige Wortreihenfolge im Satz ist das Ergebnis der „Anhebung" mehrerer Konstituenten nach links. Die VSO-Struktur in Sprachen wie dem Irischen und dem Walisischen wird z.B. dadurch erklärt, dass das Verb eine Kette nach links bildet und in einer höheren Position phonetisch realisiert wird, das Subjekt aber „*in situ*" bleibt.

In deutschen Nebensätzen „bewegen" sich sowohl das Objekt als auch das Subjekt nach links, so dass das Verb am Ende bleibt.

Die Konstruktion mit dem Verb in zweiter Position, die in allen germanischen Sprachen mit Ausnahme des Englischen zu finden ist („V2-Sprachen"), wird durch verbale Merkmale der $C°$-Stelle erklärt (vgl. Haegeman 1991, S.520ff.; Chomsky 1993, S.45)[40]. Nach dieser Analyse wird das Verb in $C°$ phonetisch realisiert:

53) a [Hans] *geht*$_i$ heute abend ins Kino mit seiner neuen Freundin t_i.
    b [Heute abend] *geht*$_i$ Hans ins Kino mit seiner neuen Freundin t_i.
    c [Ins Kino] *geht*$_i$ Hans heute abend mit seiner neuen Freundin t_i.
    d [Mit seiner neuen Freundin] *geht*$_i$ Hans heute abend ins Kino t_i.

Eine Konstruktion mit zwei Konstituenten in Spec-CP am Satzanfang wird aber blockiert:

54) *Gestern Peter tanzte.

b) *Kongruenz* – Betrachte man folgende Beispiele in 55):

55) a They seem clever.   ENGLISCH
    b Loro sembrano intelligenti. ITALIENISCH
      (sie scheinen klug)

In 55)a lässt kein sichtbares Merkmal erkennen, dass "*seem*" und "*clever*" auf "*they*" bezogen sind. Das Merkmal der Pluralität ist in "*they*" als lexikalischer Einheit und in "*seem*" als syntaktischer Einheit enthalten. Im entsprechenden italienischen Satz 55)b hingegen wird die Pluralität durch Suffixe („-no" beim Verb und „-i" beim Adjektiv) phonetisch realisiert.

c) *Passivkonstruktion* – In der Passivkonstruktion (Beispiel 56)) bleibt die thematische Rolle, die das Verb mit dem semantischen Objekt („die berühmte Schauspielerin") verbindet, erhalten, selbst wenn das semantische Objekt als syntaktisches Subjekt gilt:

56) Die berühmte Schauspielerin wurde gestern abend interviewt.

---

[40] Zum *complementizer* $C°$ s. § 2.3.1.3.1.

In strukturellen Termini ausgedrückt, wird die thematische Rolle (hier: THEMA) von der Spur der DP „die berühmte Schauspielerin" „vererbt".

Da die passive Verbform jedoch keine Personenmerkmale besitzt, kann sie keine Kasusmerkmale überprüfen. Daher muss die DP in einer Position realisiert werden, in der die Kasusmerkmale überprüft werden können (Spec-TP). Die zwei Positionen in der Kette sind im folgenden Satz dargestellt:

57) [$_{TP}$ Spec [$_{DP}$ Die berühmte Sängerin]$_i$ wurde gestern abend [$_{DP}$ t]$_i$ interviewt].

Die Spur „t" bezeichnet die argumentale Grundposition der DP. Die DP befindet sich in Spec-TP, wo ihre Nominativmerkmale überprüft werden. Im Deutschen erscheinen also semantische Objekte von transitiven Verben als syntaktische Subjekte mit Nominativkasus.

Diese Korrespondenz gilt aber nicht als einzige und universale Regel der Passivierung: im Deutschen kann auch ein intransitives Verb passiviert werden (vgl. „Es wurde getanzt"), während das syntaktische Passivsubjekt in vielen Sprachen (z.B. in den slawischen) in anderen Kasus als Nominativ erscheinen kann (vgl. Spencer 1991, S.239ff.).

d) *Fragebildung* – Die Fragebildung wird in der Literatur traditionell als „w-Verschiebung" (Englisch: "*wh-movement*") bezeichnet, da Fragesätze durch Bewegung der Fragekonstituente – im Deutschen durch „w-Worte" wie „wer", „was", „wo" usw. ausgedrückt – in Spec-CP entstehen.

Vgl. den Satz in 58), der eine Echo-Frage äußert, mit dem Satz in 59)a, in dem eine echte Frage gestellt wird und sich das Verb in C° befindet (die zwei Ketten sind in 59)b dargestellt: i) [wen]$_i$ ... t$_i$; ii) [besuchst]$_j$ ... t$_j$):

58) Du besuchst [wen]?

59) a [Wen] besuchst du?
    b [$_{CP}$ Spec [$_{DP}$ Wen]$_i$ [$_{C°}$ besuchst]$_j$] du [$_{DP}$ t]$_i$ [$_{VP}$ t]$_j$?

Nicht alle Sprachen realisieren ihre „w-Phrasen" am Satzanfang in der Spec-CP-Stelle: Japanisch und Chinesisch wie auch Französisch konstruieren z.B. ihre Fragen nach dem Modell der Echo-Frage in 58)[41]. In solchen Fällen wird angenommen, dass die Kettenbildung jedenfalls auch bei scheinbar „unbewegten" Elementen stattfindet, während die Merkmale von C° keine phonetische Realisierung der *wh*-Phrase im Spec-CP zulassen[42].

Ähnliches gilt für Relativkonstruktionen:

60) [Der Freund]$_i$, den ich morgen t$_i$ besuche, hat zwei Katzen.

---

[41] Ein weiteres Beispiel sind mehrfache Fragen im Deutschen und Englischen:
  i) Wer besuchte wen?
  ii) Who visited who?
[42] Auswirkungen der *wh*-Spuren auf der phonologischen Ebene sind in § 2.3.4 beschrieben.

61) [Welchen Freund]$_i$ besuchst du morgen t$_i$?[43].

Auch in der Konstruktion der Ja/Nein-Fragen, die kein „w-Element" enthalten, ergeben sich zwischensprachliche Unterschiede: vgl. noch einmal das Deutsche mit dem Italienischen:

DEUTSCH – ITALIENISCH
62) a Wusste Inge alles?
    b Inge sapeva tutto?
       (Inge wusste alles)

Die Eigenschaften des C° bezüglich des Fragemerkmals [+Q] lassen im Deutschen, aber nicht im Italienischen eine phonetische Realisierung des Verbs in C° zu (vgl. Sportiche 1993, S.20ff.; s. § 2.3.2.2, Punkt IV)).

2.3.1.3.4 Leere Kategorien

Bis jetzt haben wir syntaktische Elemente betrachtet, die im oberen Teil des Baums (links) Ketten bilden und Spuren hinterlassen.

Die syntaktische Analyse bestimmter Konstruktionen zeigt, dass manche Stellen im Laufe der Derivation mit keinem lexikalischen Element besetzt werden, sich aber trotzdem auf die syntaktische Struktur des Satzes auswirken. Es handelt sich dabei um die „leeren Kategorien", die sich in einigen wesentlichen Charakteristika von den „Spuren" unterscheiden.

Die erste leere Kategorie ist das intendierte Subjekt in Infinitivsätzen (63) und Gerundsätzen (64), das pronominale Element „*PRO*":

DEUTSCH
63) a Hans hat Maria versprochen, [PRO morgen zu kommen].
    b Hans hat Maria gebeten, [PRO morgen zu kommen].
    c Es wird gebeten, [PRO nicht zu rauchen].
    d Alle Fenster wurden geöffnet, [um PRO den Saal zu lüften].
    e Die einzige Lösung ist, [PRO der Reihe nach hinauszugehen].

ENGLISCH
64) a John finished [PRO writing the article] and went out.
      (John beendete schreiben den Artikel und ging hinaus)
      „John schrieb den Artikel fertig und ging hinaus."

---

[43] Der Parallelismus zwischen Relativsätzen und pronominalen Fragesätzen, der in manchen Sprachen gilt, ist nicht absolut. Vgl. die folgenden englischen Beispiele:
ENGLISCH
  i) the man (who)$_i$ John saw t$_i$
    (der Mann den John sah t)
    „Der Mann, den John sah."
  ii) I wonder *(who)$_i$ John saw t$_i$.
    (ich frage-mich wen John sah t)
    „Ich frage mich, wen John sah."
Nur im Relativsatz, nicht im Fragesatz darf das *wh*-Element ausgelassen werden.

b Children do not make errors [when PRO learning infinitive complements].
(Kinder AUXILIAR-PRÄSENS nicht machen Fehler wenn lernend infinitive Komplemente)
„Kinder machen keine Fehler, wenn sie Infinitivkomplemente lernen."

Im Vergleich zur spezifischen Referenz voller Pronomina (wie „er", „wir" usw.) ist die Referenz von PRO variabler: sie wird vom Verb im Hauptsatz, aber auch vom sprachlichen und außersprachlichen Kontext bestimmt. In 65)a-b wird die Interpretation von PRO in 63)a-b durch Indices dargestellt:

65) a [Hans]$_i$ hat Maria versprochen, PRO$_i$ morgen zu kommen.
   b Hans hat [Maria]$_i$ gebeten, PRO$_i$ morgen zu kommen.

In 63)c wird PRO im außersprachlichen Kontext durch alle Personen identifiziert, die den Satz lesen[44], in 63)d durch das semantische Subjekt (AGENS) des vorangehenden Satzes, das phonetisch nicht ausgedrückt wird. In 63)e kann PRO je nach dem außersprachlichen Kontext als „wir" oder „ihr/Sie" interpretiert werden (d.h. je nachdem, ob der Sprecher auch noch hinausgehen soll oder nicht).

Jedenfalls ist die Verbindung mit einem Referenten im sprachlichen Kontext „lokal". In 66) z.B. wird PRO mit „Maria" im nächsthöheren Satz identifiziert[45], nicht mit dem weiter oben stehenden Subjekt „Hans":

66) Hans$_i$ hat gesagt, dass Maria$_j$ hofft, PRO$_{*i/j}$ nach Paris zu gehen.

Im Infinitivsatz kann die T°-Stelle die Kasusmerkmale einer DP nicht überprüfen. Aber PRO – obwohl es Subjektfunktion übernimmt und eine thematische Rolle hat – ist kein lexikalisches Element und braucht daher keine Kasusüberprüfung.

Die zweite leere Kategorie ist „*pro*", das intendierte Subjektpronomen, das in manchen Sprachen auch in finiten Sätzen nicht phonetisch realisiert werden muss („Null-Subjekt-Konstruktionen"). So ist es z.B. im Italienischen:

ITALIENISCH
67) a Abbiamo trovato una sorpresa.
        (haben-1.PERS.PLUR. gefunden eine Überraschung)
        „Wir haben eine Überraschung gefunden."
    b *pro* abbiamo trovato una sorpresa.
        (*pro* haben-1.PERS.PLUR. gefunden eine Überraschung)
    c A me *pro* non è affatto simpatica.
        (mir *pro* nicht ist gar sympathisch-FEM.SING.)

---

[44] In diesem Fall ist die Notation „pro$_{arb}$", wodurch die arbiträre Referenz bezeichnet wird.
[45] Der Terminus „nächsthöher" drückt die hierarchische Relation zwischen diesen Sätzen aus. Es wäre keine notwendige oder ausreichende Bedingung, wenn der Satz einfach *vor* dem PRO-Ausdruck vorkäme. Um dies festzustellen, genügt es, einen parenthetischen Ausdruck (wie „mindestens scheint es so") dazwischen einzuschieben.

d [*Eine Person wird erwartet*]
      Adesso *pro* arriva.
      (jetzt *pro* kommt-3.PERS.SING.)

Die *pro*-Konstruktion ist in unterschiedlichen Sprachen zu finden: in romanischen Sprachen (wie Italienisch, Spanisch, Katalanisch, Portugiesisch, Okzitanisch, Sardisch), in germanischen Sprachen (Westflämisch), in slawischen Sprachen (Russisch, Tschechisch, Serbo-Kroatisch), in keltischen (Bretonisch, Irisch) und semitischen Sprachen (Hebräisch, Arabisch), im Griechischen, Chinesischen, Japanischen und Koreanischen, Finnischen, Georgischen und Cochabamba-Quechua (Haider 1994).

Das Subjekt wird anhand von Informationen aus dem linguistischen bzw. extralinguistischen Kontext identifiziert: als Informationsquellen dienen z.B. die Endung der 1. Person Plural in 67)a[46], das Subjekt des vorangehenden Diskurses in 67)c, die erscheinende Person im außersprachlichen Kontext des Satzes 67)d[47]. Die Einfügung des pronominalen Subjektes in diese Sätze im Italienischen würde bedeuten, dass der Sprecher einen Kontrast schaffen will. In 67)a z.B. würde "Noi (dt. ‚wir') abbiamo trovato una sorpresa" heißen: „Es sind wohl wir, die wir etwas Außerordentliches erlebt haben; sie (oder ‚ihr') hingegen nicht". In 67)c würde die Hinzufügung vom Subjektpronomen "lei" (dt. „sie") z.B. als Kontrast zur Information dienen, dass es einen Mann gibt, den der Sprecher eher sympathisch findet.

In Sprachen wie dem Deutschen ist ein Null-Subjekt nur in pragmatisch sehr markierten Kontexten akzeptierbar (Umgangssprache, Tagebuchstil in der schriftlichen Sprache):

68) a Hab' schon gehört.
    b Bin einkaufen gegangen.

Die Möglichkeit, das Subjekt semantisch zu rekonstruieren, ist jedoch für die Zulassung von *pro*-Konstruktionen nicht entscheidend. Das Englische z.B. schränkt diesen Gebrauch auf Sätze mit Vollverben weiter ein: bei einem Modalverb oder dem Auxiliar "*be*" sind Null-Subjekt-Sätze jedenfalls grammatikalisch nicht korrekt.

Unterschiede zwischen dem Italienischen und dem Deutschen bestehen auch in Sätzen, in denen kein semantisch identifizierbares Subjekt vorhanden ist[48]:

---

[46] Die Möglichkeit eines argumentalen (semantisch identifizierbaren) Nullsubjektpronomens wurde ursprünglich durch das Vorhandensein einer reichen Flexionsmorphologie erklärt. Diese Erklärung erweist sich jedoch am (Gegen)beispiel des Deutschen und des Isländischen unzutreffend (vgl. Haider 1994 und Cardinaletti 1994, S.68): in beiden Sprachen gibt es eine reiche Flexion, aber kein argumentales Null-Subjekt.

[47] Indem die Referenz von *pro* von Diskursregeln definiert wird, ergibt sich ein zusätzlicher Unterschied zu PRO, dessen Referenz strukturell definiert ist.

[48] Insoferne wird es als „nicht argumental" definiert.

ITALIENISCH – DEUTSCH
69) a *pro* piove.
   b *(Es) regnet.
70) a E' chiaro che Gianni accetterà.
   b *(Es) ist klar, dass Gianni akzeptieren wird.

In 69) gibt es keinen AGENS („Wasser" kann nicht regnen!) und in 70) wird die Subjektfunktion vom Nebensatz übernommen. Diese zwischensprachlichen Unterschiede sind somit nicht auf der Basis semantischer Kriterien zu erklären[49].

Dass diese Einschränkungen ausschließlich struktureller Natur sind, zeigt auch die Tatsache, dass die den italienischen Sätzen in 67)c-d entsprechenden Äußerungen, in denen sich *pro* nicht in Anfangsposition befindet, im Deutschen ungrammatikalisch sind, unabhängig von den verfügbaren semantisch-pragmatischen Informationen. Vgl. die folgenden Beispielsätze in 71)-72):

71) Mir ist *(sie) gar nicht sympathisch.
72) [*Eine Person wird erwartet*]
    Jetzt kommt *(er).

Die *pro*-Konstruktion korreliert in den verschiedenen Sprachen mit unterschiedlichen Phänomenen. Haider 1994 zitiert z.B. die Klitisierung des Subjektpronomens und im Allgemeinen die Pronominalklitisierung (romanische Sprachen), in Topik-Sprachen (wie Japanisch und Chinesisch) die Möglichkeit, Null-Topiksubjekte zu haben, oder die Inkorporation des Subjektes

---

[49] An dieser Stelle werden die verschiedenen Funktionen des Elements „es" im Deutschen zusammengefasst:
– Argumentfunktion: „es" bezieht sich auf eine DP (in i) auf „dieses Kind");
– „Quasi-Argument"-Funktion: „es" als syntaktisches Subjekt von Wetterverben hat einen mittleren Status: auch ohne einen konkreten Referenten zu haben, fungiert es als obligatorisches syntaktisches Subjekt (Beispiel in ii));
– „Platzhalter"-Funktion („Expletivfunktion"): als Expletivum hat „es" keinen referenziellen Wert, d.h. es bezeichnet kein definierbares Subjekt (Beispiele in iii) und iv)):
   i) Dieses Kind weiß, was *es* will.
   ii) *Es* regnet / schneit / hagelt seit zwei Stunden.
   iii) Es waren die Lehrer diejenigen, die die Initiative ergriffen.
   iv) Es scheint, dass der Briefträger schon da ist.
Der Unterschied zwischen ii) und iii) liegt darin, dass das „es" in ii) durch keine andere Konstituente ersetzt werden darf:
   v) *[Gestern] regnete stark.
   vi) [Gestern] waren die Lehrer diejenigen, die die Initiative ergriffen.
   vii) [Die Lehrer] waren diejenigen, die die Initiative ergriffen.
Mit Verben wie „scheinen" (vgl. iv)) darf „es" mit dem Subjekt des Infinitivsatzes ersetzt werden:
   viii) [Der Briefträger]$_i$ scheint, schon da t_i zu sein.
In vii) und viii) haben wir weitere Beispiele für Kettenbildung (zwischen dem Expletivum „es" und „die Lehrer" bzw. „der Briefträger").

in der Verbflexion (keltische Sprachen). Diese Vielfalt an Korrelationen lässt ausschließen, dass die Nullsubjektkonstruktion einen Parameter der Universalgrammatik darstellt[50].

2.3.2 Die innere Logik der syntaktischen Formen

2.3.2.1 Definition

Die Kodierung der vom Sprachsystem generierten sprachlichen Ausdrücke in einer Form, die dem menschlichen konzeptuellen System zugänglich ist, erfolgt auf jener Ebene der Grammatik, die als „*Logische Form*" („LF") bezeichnet wird (vgl. § 2.3.1.1)[51]. Das konzeptuelle System kann die Bedeutung sprachlicher Ausdrücke nur dann interpretieren, wenn sie nach den in der LF gültigen strukturellen Bedingungen konstruiert sind.

Diese strukturellen Bedingungen betreffen die Interpretation der im Lexikon vorgegebenen thematischen Rollen sowie der in der Syntax generierten Ausdrücke, mit den dazugehörigen morphologischen Merkmalen, grammatikalischen Referenzbeziehungen, hierarchischen Relationen zwischen Konstituenten usw.

Demnach verarbeitet die LF als Schnittstelle zwischen Grammatiksystem und konzeptuellem System weder semantische noch pragmatische Aspekte des sprachlichen Ausdrucks. *Außerhalb* des „Kompetenzbereichs" der LF bleiben somit z.B.:

– die „Suche nach Verständlichkeit" (*"search for intelligibility"*, Chomsky 1993): z.B. die Transparenz der Bedeutung zur bzw. bei der Interpretation einer Metapher;
– die konzeptuelle Spezifizierung eines sprachlichen Zeichens, z.B. des Nomens „Universität" als Gebäude oder als Institution. Diese Spezifizierung basiert auf außersprachlichen

---

[50] Es wird z.B. angenommen, dass die Möglichkeit eines Null-Subjektes im Deutschen mit den Eigenschaften des Kopfes C° zusammenhängt, d.h. dem Vorhandensein der Person- und Numerusmerkmale (vgl. Cardinaletti 1994, S.65ff., nach Bayer 1983).
Damit wird auch erklärt, dass die *pro*-Konstruktion im Deutschen in bestimmten syntaktischen Kontexten sogar obligatorisch ist. Dies ist in den folgenden Beispielen in i)-iii) ersichtlich, in denen die Hinzufügung eines Subjektes „es" ungrammatikalische Äußerungen schafft (die Beispiele i)-ii) stammen aus Haider 1994. Zu einer Diskussion der Daten s. Cardinaletti 1994, S.163ff.):
    i) Wenn (*es) heute gelingt, die Lösung zu finden, …
    ii) Dass (*es) gestern unnötig war, dass sie die Feuerwehr rief, …
    iii) Dass/Wo (*es) auch getanzt wurde, habe ich nicht gewusst.
Solche Ergebnisse sind mit den semantischen Eigenschaften der jeweiligen Prädikaten („gelingen", „nötig sein") und mit den Eigenschaften der Passivkonstruktion in iii) verbunden: da in diesen Fällen nur eine thematische Rolle selegiert wird, die vom Nebensatz getragen wird, bleibt für ein argumentales Subjekt „es" keine thematische Rolle mehr verfügbar. Die Struktur der Sätze in i)-iii) entspricht einem Satz, in dem ein intransitives Verb wie „telefonieren" mit einem Objekt erscheint, z.B. *„Hans telefoniert Maria".
[51] Der Begriff „Logische Form" in der Generativen Grammatik unterscheidet sich von derjenigen der Tradition der philosophischen Logik.
Ebenso zu unterscheiden sind die Forschungsziele der Grammatiktheorie, die die Satzinterpretation betrifft, von denjenigen einer Theorie der Bedeutung, die Verbindungen zwischen Worten und außersprachlichen Gegenständen oder Sachverhalten erörtert: vgl. Chomsky 1986, S.45, und Hornstein 1991.

Daten und wird von den Inhalten und Strukturen der mentalen Welt der einzelnen Sprecher-/HörerInnen bestimmt (vgl. Bierwisch 1983);
– die Ebene der Diskursregeln: z.B. die Identifikation des Referenten eines Personalpronomens mit einer konkreten Person, wie „du" mit „mein gegenwärtiger Gesprächspartner Hans Mayer, geboren in München am 4.10.1953 usw.";
– die Verarbeitung pragmatischer Aspekte von in den Äußerungen enthaltenen Präsuppositionen und Behauptungen: z.B. Bestimmung der jeweiligen Haltung oder Sprechabsicht der SprecherInnen (vgl. § 2.1.2). Die Verarbeitung von Präsuppositionen und Behauptungen erfolgt in LF ausschließlich auf der Ebene des propositionalen Gehalts.

In der generativen Grammatiktheorie gilt im Allgemeinen die Annahme, dass die LF eine universell gleich strukturierte Komponente der Grammatik ist, d.h., dass auf der LF-Ebene alle Grammatiksysteme gleich sind.

Diese Annahme basiert im Wesentlichen auf dem Lernbarkeitsargument (vgl. §§ 1.1-1.2): Wären in LF parametrische Variationen vorhanden, in Kraft welcher Evidenz könnten die jeweiligen Parameter im Erstspracherwerb fixiert werden? Wie könnten die abstrakten, von der wahrnehmbaren Form der sprachlichen Daten so weit entfernten LF-Prinzipien einem Kind zugänglich sein (Chomsky 1986, S.156)?

Wie am Anfang dieses Kapitels erwähnt wurde (§ 2.3.1.1), können der Status und die Eigenschaften der LF jedoch nur in empirischen Termini definiert werden (Hornstein 1995, S.7ff.).

2.3.2.2 LF-Phänomene

Im Folgenden werden Beispiele für Konstituenten und Konstruktionen angegeben, die Gegenstand der LF-Interpretation sind (vgl. Chomsky 1991).

I) *Lexikalische Elemente* (in den jeweiligen Ketten) – Diese Elemente befinden sich in den Köpfen der syntaktischen Konstituenten ($X°$-Positionen: vgl. § 2.2, Punkt g)).

II) *Argumente* (in den jeweiligen Ketten) *und Adjunkte* – In den folgenden Beispielsätzen in 73) selegiert das Verb „hängen" „den Hut" als erstes Argument (THEMA) und einen ORT als zweites Argument (vgl. § 2.2, Punkt f)):

73) a Er wollte den Hut *auf den Kleiderständer* hängen.
    b Er wollte den Hut *hinter/vor/unter den Kleiderständer* hängen.
    c Er wollte den Hut *auf/vor den Tisch // dorthin* hängen.

Alle Satzvarianten sättigen das Argument ORT (auch wenn sie unterschiedliche Natürlichkeit aufweisen, da wir uns jeweils Kleiderständer und Tische verschiedener Formen vorstellen müssen). Auch die strukturellen Bedingungen werden erfüllt, z.B. die Kasusmorphologie: das direkte Objekt erscheint im Akkusativ, ebenso im Akkusativ stehen die DPn in den lokativen Phrasen.

Lokative und zeitliche Ausdrücke können als Argumente fungieren, während Kausaladverbien und Adverbien der Art und Weise nur Adjunktfunktion übernehmen. Dieser strukturelle Unterschied wird bei der Extraktion der betreffenden Konstituenten zur Bildung von Fragesätzen deutlich erkennbar (Beispiele aus De Vincenzi 1991, S.76, und Pritchett 1992, seine 346)-347)):

ENGLISCH
74) a [Which problem]$_i$ did you wonder how to solve t_i?
    (welches Problem AUXILIAR-VERGANGENHEIT du fragen wie zu lösen)
    „Welches Problem, fragtest du, wie [es] zu lösen [ist]?"
   b *How$_i$ did you wonder which problem to solve t_i?
    (wie AUXILIAR-VERGANGENHEIT du fragen welches Problem zu lösen)
    *„Wie fragtest du, welches Problem zu lösen?"

75) a ?[In what shop]$_i$ did you wonder what we bought t_i?
    (in welchem Geschäft AUXILIAR-VERGANGENHEIT du fragen was wir einkauften)
    *„In welchem Geschäft fragtest du, was wir einkauften [t]?"
   b *[In what way]$_i$ did you wonder what we fixed t_i?
    (in welcher Weise AUXILIAR-VERGANGENHEIT du fragen was wir reparierten)
    *„In welcher Weise fragtest du, was wir reparierten [t]?"[52]

III) *Anaphorische und pronominale Elemente* – Die Interpretation sprachlicher Elemente wie z.B. bestimmter Pronomina wird von der Struktur des Satzkontextes beeinflusst. Die strukturellen Bedingungen, die die Referenz eines Personal- oder Reflexivpronomens zu einem nominalen Element („*Bindung*") bestimmen, basieren auf der Notion von „k-Kommando" (vgl. § 2.3.1.3.2). Sie werden in einem Modul der Grammatik definiert, das als „Bindungstheorie" bezeichnet wird[53].

Den Prinzipien der Bindungstheorie entsprechend wird ein Reflexiv- bzw. Personalpronomen so interpretiert, dass es auf bestimmte, durch den Satzkontext identifizierbare DPn bezogen wird. Der folgende Satz in 76) bietet dafür ein Beispiel:

76) Hans versicherte, dass er sich auf ihn verlassen kann.

Für die Pronomina „er", „sich" und „ihn" im Nebensatz ergeben sich folgende mögliche Referenzbeziehungen:

– „er"   <==>   „Hans"; jemand anderer
– „sich" <==>   dieselbe Person wie „er"
– „ihn"   <==>   „Hans" oder jemand anderer, jedoch nicht dieselbe Person wie „er".

---

[52] Die deutschen Übersetzungen der Sätze in 75)a-b sind ungrammatikalisch nur nach der Lesart mit der Adverbialphrase im Nebensatz. Nach der Lesart „In welchem Geschäft warst du, als du fragtest, ...?" bzw. „In welcher Weise hast du die Frage formuliert, ...?" hingegen sind sie – wie auch im Englischen – grammatikalisch korrekt.
[53] In der Bindungstheorie wurden drei Prinzipien formuliert, die sich auf verschiedene syntaktische Elemente beziehen. Das „Prinzip A" betrifft Reflexivpronomina (in der Literatur als „Anapher" bezeichnet), das „Prinzip B" Personalpronomina, das „Prinzip C" lexikalische Elemente (in der Literatur als „referentielle Ausdrücke" oder „R-Ausdrücke bezeichnet) (vgl. Chomsky 1981).

Informationen über die Referenzbeziehungen werden nur in Bezug auf die im Satzkontext erscheinenden Konstituenten gegeben, z.B. „das Pronomen ‚er' entspricht der DP ‚Hans' ", „das Pronomen ‚er' entspricht nicht der DP ‚Hans' ". Andererseits reicht unser Wissen der deutschen Grammatik nicht aus, um die Referenten der Pronomina „er" und „ihn" mit konkreten Personen zu identifizieren: solche Interpretationen werden vom außersprachlichen Kontext (vom Gesprächskontext oder von der „Enzyklopädie" der Sprecher-/HörerInnen) geliefert (vgl. § 2.1).

Die gleichen strukturellen Beziehungen gelten zwischen Pronomina und den *Spuren* lexikalischer Elemente. Vgl. die folgende Konstruktion, in der sich das Reflexivpronomen „einander" auf die Kette bezieht, die von der Spur im Nebensatz und dem Subjekt im Hauptsatz gebildet wird:

77) Sie$_i$ scheinen t$_i$ einander$_i$ zu mögen.

Ähnlich in der folgenden Kontrollkonstruktion: „sich" bezieht sich auf die Kette „sie==PRO":

78) Sie$_i$ glauben PRO$_i$ sich$_i$ zu kennen.

Diesbezüglich sind auch die Unterschiede bemerkenswert, die sich in bestimmten romanischen Sprachen zwischen *pro* und dessen lexikalischen Pendant ergeben (vgl. Chomsky 1986, S.121, aus Montalbetti 1984). Im Gegensatz zu den *pro*-Formen in 79)a-b kann das Subjektpronomen "*ellos*" (spanisch) bzw. "*lui*" (Italienisch) in 80)a-b nicht auf "*muchos estudiantes*" bzw. "*l'esaminatore*" bezogen werden:

SPANISCH – ITALIENISCH

79) a [Muchos estudiantes]$_i$ piensan que *pro*$_{i/j}$ son inteligentes.
   (viele Studenten denken dass sind intelligent)
   „[Viele Studenten]$_i$ denken, dass sie$_{i/j}$ intelligent sind."
   b [L'esaminatore]$_i$ pensa che *pro*$_{i/j}$ è molto furbo.
   (der Prüfer denkt dass ist sehr schlau)
   „[Der Prüfer]$_i$ denkt, dass er$_{i/j}$ sehr schlau ist."
80) a [Muchos estudiantes]$_i$ piensan que ellos$_{*i/j}$ son inteligentes.
   (viele Studenten denken dass sie sind intelligent)
   „[Viele Studenten]$_i$ denken, dass sie$_{*i/j}$ intelligent sind."
   b [L'esaminatore]$_i$ pensa che lui$_{*i/j}$ è molto furbo.
   (der Prüfer denkt dass er ist sehr schlau)
   „[Der Prüfer]$_i$ denkt, dass er$_{*i/j}$ sehr schlau ist."

Im Englischen, einer Sprache, die prinzipiell keine leeren Subjektpronomina zulässt[54], ist die Referenz des Subjektpronomens in solchen Fällen zweideutig: "*they*" bzw. "*he*" in 81) können sich sowohl auf "*many students*" bzw. "*the examiner*" als auch auf andere Personen beziehen (Index „j"):

---

[54] Aber vgl. § 2.3.1.3.4.

ENGLISCH
81) a [Many students]$_i$ think that [they]$_i$ are intelligent.
       (viele Studenten denken dass sie sind intelligent)
       „[Viele Studenten]$_i$ denken, dass [sie]$_{i/j}$ intelligent sind."
    b [The examiner]$_i$ thinks that [he]$_i$ is intelligent.
       (der Prüfer denkt dass er ist intelligent)
       „[Der Prüfer]$_i$ denkt, dass [er]$_{i/j}$ intelligent ist."[55].

IV) *Prädikate* (in den jeweiligen Ketten) – In LF wird sowohl die Anhebung von V° als auch die „Rekonstruktion" von VPn in elliptischen (unvollständigen) Sätzen geregelt.
Die morphologisch bedingte V°-Anhebung mit der Überprüfung von Tempus- und Kongruenzmerkmalen wurde bereits erörtert (§ 2.3.1.3.3). Im Folgenden werden Beispiele für VP-Ellipse (Auslassung) im Deutschen und Englischen angegeben. Das erste (82)) betrifft koordinierte Sätze, die nächsten beiden (83)-84)) betreffen Vergleichssätze:

DEUTSCH – ENGLISCH
82) a Hans küsste den Präsidenten und Maria   [$_{VP}$ t] auch.
    b John kissed the president and Mary   (did)   [$_{VP}$ t] too.
                                 (AUXILIAR-VERGANGENHEIT)
83) a Hans arbeitet mehr als Willi.
    b John works more than Bill.
84) a Kein Kollege schätzt ihn mehr als Hans.
    b No colleague appreciates him more than John.

Im Englischen besteht die Möglichkeit, in einem elliptischen Satz Tempus bzw. Personmerkmale des Verbs durch das Auxiliar "do" auszudrücken (vgl. den Beispielsatz 82)b).

V) *Konstruktionen mit einem Operator und einer Variablen* – Beispiele für solche Konstruktionen sind Fragesätze wie 58), hier als 85) wiederholt:

85) a [Wen] besuchst du?
    b [$_{CP}$ Spec [Wen]$_i$ [$_{C°}$ besuchst]$_j$ du [$_{DP}$ t]$_i$ [$_{VP}$ t]$_j$] ?

In der Objektstelle erscheint die leere Kategorie t$_i$ in einer Kette, deren Kopf das Fragepronomen „wen" ist: in diesem Fall wird sie als „Variable" bezeichnet.
Das Pronomen „wen", das den Satz einleitet und die Variable mit der Frageinterpretation „bindet", wird „Operator" definiert. Durch den Frageoperator, der die morphologischen Merkmale der ursprünglichen syntaktischen Position trägt, wird auch die Kasusmorphologie erfüllt. Die

---
[55] Das Gleiche gilt für sehr unterschiedliche Sprachen: Französisch, Niederländisch, Berber (Marokko), Hausa (Nigeria), Wolof (Senegal): vgl. Kaye 1989, S.7.

ursprüngliche syntaktische Position wird in der unteren Stelle der Kette „rekonstruiert" (Hornstein 1995, S.195)[56].

Weitere Operator/Variable-Konstruktionen sind mit anderen „logischen" Ausdrücken verbunden wie *alle* und *jeder*, *nur* und *je*. Die sogenannten „Universalquantoren" wie *alle* und *jeder* (vgl. 86)c und 87)b) verhalten sich z.B. anders als Nomina, generische NPn (86)a-b) und definite NPn/DPn (87)a) (Beispiele aus Hornstein 1995, S.242, Fußnote 40):

ENGLISCH
86) I don't think that ...
  (ich AUXILIAR-PRÄSENS-NEGATION denken dass)
  „Ich glaube nicht, dass ..."
 a ... whales ever eat caribou.
  (Wale je fressen Karibus)
  „... Wale (je) Karibus fressen."
 b ... the whale ever eats caribou.
  (der Wal je frisst Karibus)
  „... der Wal (je) Karibus frisst."
 c *... each whale ever eats caribou.
  (jeder Wal je frisst Karibus)
  *„... jeder Wal (je) Karibus frisst."

87) I don't think that ...
  (ich AUXILIAR-PRÄSENS-NEGATION denken dass)
  „Ich glaube nicht, dass ..."
 a ... John/the judge paid a red cent for it.
  (John/der Richter zahlte einen roten Heller für das)
  „... John/der Richter dafür einen roten Heller zahlte."
 b *... each man paid a red cent for it.
  (jeder Mann zahlte einen roten Heller für das)
  „... jeder Mann dafür einen roten Heller zahlte."[57].

Die Kombination einer Operator/Variable-Konstruktion mit einem w-Element *in situ* ergibt die kovariierende Interpretation („gepaarte Lesart") von Sätzen wie 88):

88) Wer kauft was?

---

[56] Für die Echo-Version der oben angegebenen Frage: „Du besuchst [wen]?" gibt es außerdem in der Umgangssprache eine indefinite Interpretation: das Pronomen „wen" bedeutet „irgendjemanden", befindet sich an derselben Stelle wie im Aussagesatz („*in situ*") und hat keine Operatorfunktion.
[57] Eine Beschreibung der Operator/Variable-Konstruktionen in vorminimalistischen Termini ist in Chomsky 1986, S.183f. sowie in Fanselow & Felix 1993³, II, S.144ff. zu finden.

In der Antwort nach dieser Lesart wird jeder Person ein zu kaufender Gegenstand zugeschrieben, z.B. „Hans kauft den Wein, Maria das Brot, Ludwig den Käse usw."[58].

Die Möglichkeit, in Sprachen wie Japanisch und Französisch Fragen mit dem w-Element *in situ* zu konstruieren (vgl. § 1.1 und 2.3.1.3.3), wird mit der Überprüfung der morphologischen Eigenschaften des Frageoperators durch die Operatormerkmale von C° verbunden. Von der sprachspezifischen Natur der Operatormerkmale in C° könnte es abhängen, ob der Operator zum Zweck einer morphologischen Überprüfung in die Spec-CP-Position angehoben werden kann. Diese Phänomene – wie viele andere Aspekte dieses komplexen Bereichs – wurden noch nicht ausführlich erklärt (Hornstein 1995, S.198).

VI) *Skopus von Negationen, Quantoren und modalen Operatoren* – Als „Skopus" wird die syntaktisch-semantische Domäne von Operatoren wie Negationen, Quantoren (Zahlwörter wie *viele*, *ein paar*, Indefinitpronomina wie *einige*, *wenige*) und modalen Operatoren (Adverbien wie *nur*, *fast*, *sogar*) bezeichnet.
Der Satz in 89) hat z.B. zwei verschiedene Interpretationen, in 89)a-b dargestellt:

89)   Hans hat nur die Kritik dieses Films gelesen.
    a Hans hat [nur [$_{DP}$ die Kritik dieses Films]] gelesen.
    b Über diesen Film hat Hans [nur [$_{DP}$ die Kritik]] gelesen.

Nach der Lesart in 89)a z.B. hat das Adverb „nur" Skopus über die DP „die Kritik dieses Films": der Satz wird mit einer kurzen Pause nach dem Wort „Films" gelesen und bedeutet, dass Hans nichts anderes als diese Filmkritik gelesen hat (also keinen sonstigen Artikel, kein Buch, kein Essay usw.).
Nach der Lesart in 89)b hingegen hat das Adverb „nur" Skopus über die DP „die Kritik": der Satz bedeutet, dass Hans den Film nicht gesehen, mit niemandem darüber gesprochen und keine Meinung darüber gehört hat.
Betrachte man nun den nächsten Beispielsatz:

90) Nur [$_{PP}$ über diesen Film] hat Hans die Kritik gelesen.

Hier befindet sich das Adverb „nur" am Satzanfang: sein Skopus betrifft ausschließlich die PP „über diesen Film". Der Satz impliziert, dass Hans auch andere Filmkritiken hätte lesen können, hat es aber nicht gemacht. Andere Interpretationen sind ausgeschlossen.

---

[58] Eine wichtige strukturelle Unterscheidung zwischen den w-Ketten (Frage- und Relativsätzen) und den NP-Ketten (Passivsätzen) einerseits und den X°-Ketten (Verbanhebung) andererseits besteht darin, dass in den ersten beiden Fällen alle Positionen in den Ketten denselben Status bewahren: da es sich um die (wiederholte) Substitution derselben Konstituente handelt, sind die morphologischen Bedingungen in jeder Zwischenkette erfüllt. Im Falle der X°-Kette hingegen werden die morphologischen Merkmale im Laufe der Derivation des syntaktischen Ausdrucks überprüft: durch Adjunktionen in immer höhere Stellen im Baumdiagramm entstehen immer wieder verschiedene Zwischenketten. Dies bedeutet, dass nur die Konstituente in der höchsten Position die morphologischen Bedingungen erfüllt, was die grammatikalische Korrektheit in bestimmten Konstruktionen beeinflusst (Hornstein 1995, S.187ff.).

Je nach der Position eines quantifizierten oder negativen Ausdrucks im Satz verändert sich sein Skopus. Der Skopus von lexikalischen Ausdrücken oder Adverbien ist somit meistens an der Satzoberfläche erkennbar (Hornstein 1995, S.182).

Nicht immer eindeutig ist jedoch der Skopus von Quantoren: vgl. den Satz in 91):

91) Sie tragen je fünf Bücher.

Die Interpretation des Quantors „fünf" ist hier zweideutig: möglich sind sowohl eine kollektive Interpretation („Insgesamt werden fünf Bücher getragen") als auch eine kollektiv-distributive Interpretation („Jede Person trägt fünf Bücher") (s. auch im Folgenden, § 2.3.2.3, Punkt IV)).

2.3.2.3 Interaktionen zwischen „logischen" Ausdrücken

Aus der Interaktion zwischen sprachlichen Elementen, die – im Unterschied zu den R-Ausdrücken – keinen einheitlichen referentiellen Wert aufweisen (z.B. „eine", „ihn"), sowie aus der Interaktion zwischen solchen Elementen und bestimmten syntaktischen Konstruktionen ergeben sich unterschiedliche Interpretationsmöglichkeiten. Im Folgenden werden Beispiele dafür gegeben.

I) *Interaktion von Negation und quantifizierten Objekten* – Vgl. das folgende Beispiel (aus Hornstein 1995, S.170):

ENGLISCH

92) a John didn't read all the books.
    (John AUXILIAR-VERGANGENHEIT-NEGATION lesen alle die Bücher)
    „John hat nicht alle Bücher gelesen."

Der Universalquantor „all" in 92) wird entweder innerhalb des Skopus der Negation interpretiert (nach 93)a) oder außerhalb des Negationskopus (nach 93)b):

93) a Es ist nicht so, dass John alle Bücher gelesen hat.
    b Für alle Bücher gilt, dass John sie nicht gelesen hat.

II) *Interaktion zwischen "Negative Polarity Items" und der Negation*, die sie bindet (Hornstein 1995, S.167f., Fußnote 40) – Als *"Negative Polarity Items"* werden Ausdrücke bezeichnet, die – wie *"any"* im Englischen – in Aussagesätzen eine indefinite Bedeutung, mit Negation jedoch eine negative Bedeutung haben.

ENGLISCH

94) a I don't believe that John bought anything.
    (ich AUXILIAR-PRÄSENS-NEGATION glauben dass John kaufte etwas)
    „Ich glaube nicht, dass John etwas kaufte."
    b *I don't believe that everyone bought anything.
    (ich AUXILIAR-PRÄSENS-NEGATION glauben dass jeder kaufte nichts)
    *„Ich glaube nicht, dass jeder nichts kaufte."

c I don't believe that many people bought anything.
    (ich AUXILIAR-PRÄSENS-NEGATION glauben dass viele Leute kauften etwas)
    „Ich glaube nicht, dass viele Leute etwas kauften."

„Logische" Ausdrücke (wie z.B. *"everyone"*, dt. „jeder", in 94)b) dürfen nicht zwischen einem *Negative Polarity Item* und der entsprechenden Negation auftreten.

III) *Interaktion zwischen Quantoren und Spezifizität* – Vgl. den semantischen Unterschied zwischen den Sätzen in 95)a-b:

95) a ... weil eine Frau jeden liebt.
    b ... weil jeden eine Frau liebt.

Während „eine Frau" in 95)a nur als spezifisch interpretiert werden kann, ist die Interpretation in 95)b zweideutig: in diesem Fall kann es sich sowohl um eine einzige Frau als auch um irgendwelche Frau handeln („jeden" hat Skopus über „eine").

IV) *Interaktion von Quantoren und Pronomina* – Die Koreferenz zwischen Quantor und Pronomen wird nur unter bestimmten strukturellen Bedingungen zugelassen. So kann die Mutter im Beispielsatz 96)b nur die Mutter einer spezifischen Person sein, nicht – wie im Satz 96)a – als „die Mutter von jedem" interpretiert werden. Dass dies nicht am Kasus liegt, zeigt der Satz 96)c, der sich von 96)b nur in der Satzstruktur unterscheidet:

96) a ... weil jeder$_i$ seine$_i$ Mutter liebt.
    b *... weil seine$_i$ Mutter   jeden$_i$ liebt.
    c ... weil jeden$_i$ seine$_i$ Mutter liebt.

So müssen sich „er" und „Hans" im Satz 97) auf zwei verschiedene Personen beziehen:

97) a Welches Buch, das Hans$_i$ gelesen hat, liebt er$_j$?
    b *Er$_i$ hat das Buch gelesen, das Hans$_i$ liebt.

V) *Passivierung und Quantorenskopus* – Vgl. den semantischen Unterschied zwischen dem aktiven Satz in 98) nach der bevorzugten Lesart (98)a) und seinem Passivpendant in 99), dessen Interpretation der nicht bevorzugten Lesart des Aktivsatzes in 98)b) entspricht (Beispiel aus Chomsky 1981, S.149, Fußnote 120):

ENGLISCH
98)   Many arrows didn't hit the target.
       (viele Pfeile AUXILIAR-VERGANGENHEIT-NEGATION treffen das Ziel)
       „Viele Pfeile trafen nicht das Ziel."
    a „Bei vielen Pfeilen war es so, dass das Ziel nicht getroffen wird".
    b „Es war nicht so, dass viele Pfeile das Ziel treffen."
99)   The target wasn't hit by many arrows.
       (das Ziel wurde-NEGATION getroffen von vielen Pfeilen)
       „Das Ziel wurde von nicht vielen Pfeilen getroffen."

VI) *Anaphern und k-Kommando* – Der Antezedens der Anapher „sich selbst" in 100) kann nur „die Tochter" sein (k-Kommando-Beziehung: vgl. Fußnote 38 in diesem Kapitel):

100) Die Tochter der Frau liebt sich selbst.
101) Die Tochter der Frau, die sich selbst liebt, ...

In 101) hingegen ist das Subjekt des Relativsatzes und demzufolge die Referentin des Reflexivpronomens nicht eindeutig. In strukturellen Termini ausgedrückt, besetzt der Relativsatz keine eindeutige Adjunktionsstelle (und hat daher keine eindeutige k-Kommando-Beziehung zu einer DP im Hauptsatz). Somit wird die Koreferenz des Reflexivpronomens im Relativsatz auch zweideutig (englisches Beispiel aus De Vincenzi 1991, S.161, Fußnote 2).

VII) *Interaktion von ausgelassenen VPn mit Quantoren* ("*Antecedent-Contained Deletion*" oder "*ACD*") – Es sind Konstruktionen, die in Sprachen wie Englisch, Spanisch, Brasilianisch-Portugiesisch und Japanisch festgestellt wurden (Hornstein 1995, S.72ff.):

ENGLISCH
102) John kissed everyone that Sally did [$_{VP}$ t].
    (John küsste jeden den Sally AUXILIAR-VERGANGENHEIT-3.PERS.SING. [$_{VP}$ t]).
    „John küsste alle, die Sally [auch küsste]."

Der unvollständige Satz wird nicht etwa durch das „Abschreiben" des betreffenden Teils des ersten Satzes rekonstruiert, denn ein solches Verfahren könnte ein „Regressionsproblem" nicht meiden. Die Rekonstruktion des fehlenden VP würde nämlich lauten (der rekonstruierte Teil erscheint im Kursiv):

103) "John kissed everyone that Sally did *[kiss everyone that Sally did [$_{VP}$ t]]*."

Für dieses Problem schlägt Hornstein (ebda.) eine strukturelle Lösung vor[59].

VIII) *Fokus und Determiniertheit* – Durch die Verschiebung einer Konstituente kann deren Bedeutung im Diskurs hervorgehoben werden. So bei der PP „dem Peter" in 104)b:

104) a Hans gibt dem Peter ein Buch.
    b Dem Peter gibt Hans ein Buch.

Keine strukturellen Gründen machen die Anhebung in solchen Fällen obligatorisch (der Satz 104)a ist ebenso korrekt).
Ähnliches gilt für die sogenannten "*cleft*"-Konstruktionen wie im Satz 105)a, in dem „Hans" mit emphatischer Intonation vorgelesen werden soll (vgl. mit dem „normalen" Aussagesatz in 105)b):

105) a Es ist HANS derjenige, der sich alles anhören musste.
    b Hans ist derjenige, der sich alles anhören musste.

---

[59] Anhebung zu einer funktionalen Stelle ("Spec-AgrO") oder Adjunktion zur Verbalphrase in LF.

Will man in einer Sprache wie Deutsch das Subjekt betonen, kann ein Expletivum wie „*es*" an der ersten Stelle erscheinen (vgl. § 2.3.1.3.4). In solchen Fällen ergeben sich jedoch Einschränkungen in Bezug auf die Möglichkeit, ein definites Subjekt im Satz zu haben (das Symbol „*?" bezeichnet eine sehr marginale, für die meisten SprecherInnen sogar grammatikalisch unkorrekte Äußerung)[60]:

106) a Es liegt ein Brief auf dem Tisch.
     b *?Es liegt der Brief auf dem Tisch.
107) a Es hat ein Mann eine Frau geküsst.
     b *?Es hat der Mann eine Frau geküsst.

Im Italienischen gibt es analoge Einschränkungen mit der Passivkonstruktion sowie bei einer bestimmten Kategorie von Verben („ergative Verben"):

ITALIENISCH
108) a E' stato messo un/qualche libro sul tavolo.
       (ist worden gelegt ein/mancher Buch auf den Tisch)
       „Es wurde ein/mancher Buch auf den Tisch gelegt."
    b *E' stato messo il/ogni libro sul tavolo.
       (ist worden gelegt das/jedes Buch auf den Tisch)
       *„Es wurde das/jedes Buch auf den Tisch gelegt."
    c Il/Ogni libro è stato messo sul tavolo.
       (das/jedes Buch ist worden gelegt auf den Tisch)
       „Das/Jedes Buch wurde auf den Tisch gelegt."
109) a Verrà uno/qualche studente a riparare il lavandino.
       (wird-kommen ein/mancher Student zu reparieren das Waschbecken)
       „Es wird ein/mancher Student kommen, um das Waschbecken zu reparieren."
    b *?Verrà lo/ogni studente a riparare il lavandino.
       (wird-kommen der/jeder Student zu reparieren das Waschbecken)
       *?„Es wird der/jeder Student kommen, um das Waschbecken zu reparieren."

Die obligatorische Präsenz von indefiniten Artikeln in solchen Konstruktionen kann weder durch Gebrauchsregeln (pragmatische Regeln) bestimmt noch durch einzelne semantische oder syntaktische sprachspezifische Regeln erklärt werden.

2.3.3 Phonologie

2.3.3.1 Definition der phonologischen Prozesse

Die phonologische Komponente wird in der neuen Grammatiktheorie als die Komponente definiert, „die das Lautinventar einer Sprache beschreibt sowie die Art, wie diese Laute zu Wörtern kombiniert werden" (Grewendorf, Hamm & Sternefeld 1990[4], S.41).

---

[60] Die Beispiele stammen aus Belletti 1988.

Somit stellt die PF („Phonetische Form") die Schnittstelle (*"Interface"*) dar, die die in den sprachlichen Ausdrücken enthaltenen Informationen für das perzeptuell-artikulatorische System kodiert (vgl. § 2.3.1.1 und 2.3.1.3).

Dieser Kode ist in der Regel akustisch, kann aber auch visuell sein (vgl. § 2.4). Im Folgenden wird die phonologische Komponente nur in Bezug auf den akustischen Kode erörtert.

Während sich die traditionelle phonologische Forschung auf die Definition hörbarer Sprachprodukte konzentriert[61], umfasst das „mentalistisch" orientierte Forschungsprogramm der generativen Phonologie darüber hinaus folgende Grundfragen (vgl. Chomsky 1986, S.41):

a) Welche *mentalen Repräsentationen* der phonologischen Elemente und Prozesse unterliegen der Wahrnehmung und der Produktion von Sprache?
b) Nach welchen *Prinzipien* werden diese Repräsentationen mit den physischen Äußerungen verbunden?

Eine erste wichtige empirische Begründung für diese Forschungsunternehmung liegt in der Tatsache selbst, dass das menschliche phonologische System *trotz des Vorhandenseins unterschiedlicher Hindernisse auf der Wahrnehmungsebene* Sprache verarbeiten kann.

Zu diesen Hindernissen zählen (vgl. Kaye 1989, S.13):

a) wahrnehmbare, aber nicht interpretierbare Signale („Geräusche");
b) homophone Wörter und Wortgruppen: z.B. „mehr" vs. „Meer", „so lange" vs. „solange";
c) Dialektvarianten: z.B. wird das „a" von bestimmten Kontexten der Standardsprache in süddeutschen Dialekten fast wie „o" ausgesprochen: „Solot" vs. „Salat";
d) Abweichungen in der Aussprache seitens Nicht-MuttersprachlerInnen: z.B. neigen italienische SprecherInnen dazu, deutsche Wörter wie „Holz" und „Hammer" als „Olz" bzw. „Ammer" auszusprechen.
e) Performanzphänomene jeglicher Art: z.B. willkürliche Pausen, Stottern, Änderungen der Stimmlage usw.

Um Sprache unter solchen Umständen phonologisch zu verarbeiten, muss das mental vorhandene, phonologische System „Robustheit" aufweisen, d.h. nicht jedes wahrnehmbare Signal in einem Eins-zu-Eins-Verhältnis interpretieren, sondern bei der Dekodierung selektiv und systematisch vorgehen (Kaye 1989, S.156ff.).

Ein Beispiel für Robustheit liefert die lexikalische Dekodierung von Homophonen. In einem Sprachsystem haben Vokale und Konsonanten („phonologische Segmente") im Allgemeinen die Funktion, „Bedeutungen zu unterscheiden" (im Deutschen die Segmente /d/ und /t/ bzw. /a/ und /a:/ in 109)a-b):

109) a Mandel – Mantel (/d/ vs. /t/)
     b man – Mahn (/a/ vs. /a:/)

---

[61] Diese gehören eher zum Bereich der „Phonetik". Die Phonetik kann als die Wissenschaft definiert werden, die die Laute, deren Veränderungen sowie Wahrnehmungs- und Produktionsmechanismen beschreibt.

In manchen Wörtern jedoch fällt diese akustische Unterscheidung aus: dies ist der Fall bei Homophonen (110)a-b) und bei den phonologischen Varianten (110)c):

110) a Rad   –   Rat   (/t/)
    b Meer   –   mehr   (/e:/)
    c Geste   (/e/, /e:/).

Über die Beschreibung phonologischer Phänomene können die Grundelemente des phonologischen Systems definiert werden, z.B. dessen Segmente und Merkmale[62].
Bei der sogenannten „Auslautverhärtung" im Deutschen „verwandelt" sich z.B. ein stimmhafter Konsonant (wie /b/, /d/ und /g/) in bestimmten phonologischen Kontexten (z.B. am Wortende) in den entsprechenden stimmlosen (/p/, /t/ und /k/: vgl. Grewendorf, Hamm & Sternefeld 1990[4], S.87 ff.):

111) a loben   [-b-]   –   Lob   [-p]
    b Räder   [-d-]   –   Rad   [-t]
    c Berge   [-g-]   –   Berg   [-k]

Der gleiche phonologische Prozess kann unterschiedliche Sprachen betreffen: die Auslautverhärtung findet z.B. auch im Russischen statt:

RUSSISCH

112) a rabá   [-b-]   –   rab   [-p]   (dt. „Sklavin", „Sklave")
    b roda   [-d-]   –   rod   [-t]   (dt. „Stamm", Gen.u.Nom.Sing.)
    c rogá   [-g-]   –   rog   [-k]   (dt. „Hörner", „Horn")

Die Auswirkung der Regeln eines phonologischen Systems dehnt sich auf Lehnwörter aus: vgl. im Deutschen:

113) Snob   [-p]
     Rekord   [-t]
     Dialog   [-k]
     aktiv   [-f].

Fremdsprachliche Laute werden vom jeweiligen phonologischen System nach den eigenen Regeln aufgenommen. Z.B. werden die englischen Segmente [θ] und [ð] (wie in "think", dt. „denken" und "father", dt. „Vater") von Französisch- und Deutschsprachigen konsequent als [s] bzw. [z], von Serbokroatisch- und Italienischsprachigen hingegen als [t] bzw. [d] realisiert[63].

---

[62] Aus Darstellungsgründen betrachten wir Segmente und Merkmale als „Einheiten", obwohl sie in neueren Theorien der generativen Phonologie als Kombination kleinerer Elementen analysiert werden. Vgl. Kaye, Lowenstamm & Vergnaud 1989.
[63] Solche unterschiedlichen Realisierungen sind durch keine entsprechenden anatomischen Unterschiede im artikulatorischen Apparat der SprecherInnen zu erklären.

Das Vorhandensein phonologischer Prozesse kommt außerdem bei Sprechfehlern zum Vorschein. Vgl. das folgende englische Beispiel (aus Matthei & Roeper 1983, Kap. 6; s. auch hier § 3.1):

ENGLISCH
114) a *Zieläußerung*: *an* aunt's money
(eine Tante-GENITIVPARTIKEL Geld)
„das Geld einer Tante"
  b *Produzierte Äußerung*: *a* money's aunt
(eine Geld-GENITIVPARTIKEL Tante)
„eine Geldtante".

Der unbestimmte Artikel in der Zieläußerung ("*an*") wurde automatisch an den konsonantischen Anlaut des irrtümlich gebrauchten Wortes "*money*" phonologisch angepasst und als "*a*" realisiert.

Die Robustheit erweist sich somit als ein entscheidendes Kriterium zur Definition phonologischer Phänomene. Um den mentalistischen Ansatz in der Phonologie begründen zu können, muss aber noch die Rolle phonetischer Faktoren in phonologischen Prozessen kurz erörtert werden (vgl. Keating 1985).

Eine der oft herangezogenen phonetischen Begründungen für phonologische Phänomene basiert auf dem „Prinzip der minimalen Anstrengung" ("*economy of effort*"). Demnach könnte z.B. die Auslautverhärtung im Deutschen dadurch erklärt werden, dass ein stimmhafter Konsonant im Auslaut mehr Energie als ein stimmloser „kostet".

Selbst wenn es so wäre, bliebe es jedoch zu erklären: a) warum die Auslautverhärtung in bestimmten Jiddisch-Dialekten verloren gegangen ist; b) warum es überhaupt nicht der Fall ist, dass die Sprachen in ihrer Entwicklung immer „leichter" – und daher immer ähnlicher – werden (Kaye 1989, S.47).

Auch die unterschiedlich ausgeprägte „Natürlichkeit" phonologischer Prozesse – ein oft angewandtes Erklärungskriterium – ist nicht leicht zu definieren bzw. zu quantifizieren. In welchen Termini könnte die Natürlichkeit einer „weniger markierten" Option unter all denjenigen, die von der Grammatik (Phonologie) zugelassen werden, dargestellt werden (vgl. Kaye 1989, S.44)?

Der Versuch, sie z.B. an der Zahl der involvierten phonetischen Merkmale zu messen (wie „okklusiv, alveodental, koronal" usw.), scheitert am Beispiel eines verbreiteten Phänomens, nämlich der Palatalisierung der Velare. Bei morphologischen Veränderungen wird der Laut /k/ zu /tʃ/, wenn er sich vor vorderen Vokalen (wie /i/ und /e/) befindet. Vgl. im Italienischen und Russischen:

ITALIENISCH – RUSSISCH
115) a [amiko] "amico" (dt. „Freund")
  b [amitʃi] "amici" (dt. „Freunde")

116) a [ʒarkij]   (dt. „heiß")
     b [ʒartʃe]   (dt. „heißer",Steigerungsstufe).

Dieses in unterschiedlichen Sprachen häufig auftretende Phänomen betrifft nicht weniger als *acht* Merkmale. Außerdem wurde der umgekehrte, in Bezug auf die Anzahl der involvierten Merkmale genauso „teure" und dementsprechend genauso „natürliche" Prozess bisher in keiner Sprache der Welt festgestellt (Kaye 1989, S.60).

Die phonetischen Argumentationen erweisen sich somit wegen ihrer Zirkularität eindeutig mangelhaft. Aufrecht bleibt jedoch die Tatsache, dass phonetische Charakteristika von physiologischen Faktoren beeinflusst, wenn auch nicht bestimmt, werden.

2.3.3.2 Ein Modell zur Darstellung und Erklärung phonologischer Prozesse

Eine weitere, traditionell angenommene phonologische Einheit ist die *Silbe*, die als Domäne bestimmter phonologischen Regeln definiert wird[64].
Ein Beispiel aus dem Französischen: Ein stimmhafter Okklusiv (wie [b] oder [g]) wird nur dann dem vorangehenden nasalen Vokal assimiliert, wenn er sich in derselben Silbe wie der Vokal befindet. Dies gilt für Verbformen in der 3. Person Singular des Indikativ Präsens (117)b: die Silbengrenze wird durch „$" gekennzeichnet) im Gegensatz zu den entsprechenden Infinitivformen (117)a sowie für Adjektive (118)b im Gegensatz zu den entsprechenden Nomina (118)a: vgl. Kaye 1989, S.78ff.):

117) a "tomber"   tom$be   [tômbe]
        („fallen", Infinitiv)
     b "tomb"   tomb$ [tôm]
        („fällt")

118) a "longueur"   lon$gueur   [lôngör]
        („Länge")
     b "long"   long$ [lôŋ]
        („lang")

In der Infinitivform 117)a sowie im Nomen 118)a befindet sich der Okklusiv in einer anderen Silbe als der Vokal: eine nasale Assimilation findet deshalb nicht statt.
Auch für die Silbenstruktur wurde eine hierarchische Repräsentation vorgeschlagen, die durch ein Baumdiagramm dargestellt wird (Kaye 1989, S.54ff.). Ein oder maximal zwei Konsonanten am Silbenanfang werden in O (*"onset"*, dt. „Ansatz") repräsentiert. Die nächste Konstituente R (*"rime"*) enthält einen Nukleus (N), in dem der Vokal repräsentiert wird, und eine als *"coda"* bezeichnete Stelle (C), in der eventuell noch ein Konsonant repräsentiert wird. In 119)a-b werden Beispiele für die Repräsentationen der Silben /pa/ bzw. /pat/ angegeben:

---

[64] Wie beim „Phonem", weisen wir an dieser Stelle auf eine neuere Analyse hin, die ohne die Silbe als phonologische Einheit auskommen kann. Vgl. Kaye, Lowenstamm & Vergnaud 1989.

119) a)
```
        S
       / \
      O   R
      |   |
      |   N
      |   |
      x   x
      |   |
      p   a
```
b)
```
        S
       / \
      O   R
      |  / \
      | N   C
      | |   |
      x x   x
      | |   |
      p a   t
```

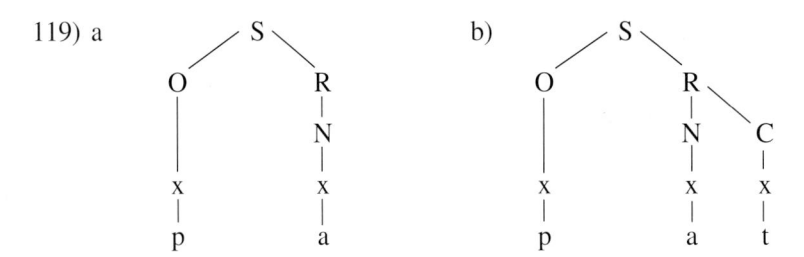

Die Theorie nimmt an, dass die Silbenstruktur in Bezug auf drei Parameter variieren kann:

120) a) Verzweigung von *Rime*
  b) Verzweigung von Nukleus
  c) Verzweigung von *Onset*.

Aus der Möglichkeit, einen, zwei oder alle drei Parameter positiv zu realisieren (z.B. „Verzweigung von Nukleus?" „JA"), ergeben sich die verschiedenen Silbenstrukturen der Sprachen der Welt[65].

Die Einschränkungen, die für die Silbenstruktur in der L1 gelten, werden dann besonders deutlich, wenn sie irrtümlich auf die L2 übertragen werden. Dazu ein Beispiel: Der in Ägypten gesprochene arabische Dialekt sieht keine verzweigenden Onsets am Wortanfang vor. In der mündlichen Produktion ägyptischer SprecherInnen treten also englische Konsonantgruppen am Wortanfang nicht als verzweigende Onsets, sondern als Sequenz "Onset-Nukleus" auf (Broselow 1988):

121)
	ENGLISCH	ÄGYPTISCH-ARABISCH	IRAKISCH
a	children [tʃildren] „Kinder"	[tʃildiren]	[tʃilidren]
b	Fred [fred] (Personenname)	[fired]	[(i)fred]
c	translate [trans]late „übersetzen"	[tiransi]late	[(i)tranis]late

---

[65] Eigentlich nicht alle acht parametrischen Kombinationen, sondern nur fünf davon wurden bisher in den Sprachen der Welt festgestellt (Kaye 1989, S.56f.):
  i) keine Verzweigung (wie im Deutschen „*da*", „*wie*", „*so*"): z.B. Desano, in Kolumbien und Brasilien gesprochene Indianersprache;
  ii) nur verzweigende Rimes (wie im Deutschen „*A*rbeit", "m*uss*"): z.B. Quechua;
  iii) nur verzweigende Rimes und Nuklei (wie im Deutschen "S*au*", "B*ier*"): z.B. Arabisch;
  iv) nur verzweigende Rimes und Onsets (wie im Deutschen „*Kr*am", „*Bl*att"): z.B. Spanisch;
  v) verzweigende Rimes, Nuklei und Onsets: z.B. Deutsch.

Darüber hinaus sind die Unterschiede zwischen den Realisierungen im Ägyptischen und Irakischen auf der Basis einer Theorie erklärbar, die – in Analogie zur Syntaxtheorie – hierarchisch konzipierte Prinzipien als Grundlage der Interaktion zwischen phonologischen Konstituenten annimmt (s. Kaye, Lowenstamm & Vergnaud 1989).

Keine leeren Nuklei im Wortauslaut werden in den phonologischen Systemen des Italienischen und des Kannada (drawidische Sprache) vorgesehen. Auch in diesem Fall gibt es Unterschiede zwischen den beiden Systemen in der Realisierung fremdsprachiger Wörter. Beim Aussprechen englischer Wörter setzen Italienischsprachige spontan einen „Schwa"-Laut (wie das /e/ in „Bitte" und „hatte") in die Nukleusstelle im Wortauslaut ein, während Kannada-SprecherInnen in dieselbe Stelle ein /u/ hinzufügen (Broselow 1988):

122) ENGLISH   ITALIENISCH   KANNADA
   a bus [bʌs]   [bassə]   [bassu]
   b bed [bed]   [beddə]   [beddu]
   c road [rəud]   [roddə]   [roodu].

Andere Beispiele für die „psychologische Realität" der Repräsentationen in 119) können in den Abweichungen von der Standardsprache gefunden werden, die bei Versprechern bzw. in Dialektvarianten vorkommen. Vgl. die Vorwegnahme („Antizipation") bzw. den Vertausch der Konsonantengruppen („Metathese") am Silbenanfang in den nächsten Beispielen: in 123) und 124) handelt es sich um Versprecher (aus Leuninger 1987), in 125) um ein Wort in mittelitalienischen Dialekten:

123) „Giftg*l*asunglück"   <==   „Giftgasunglück"
124) „Erd*qu*erpark"   <==   „Erdbeerquark"

MITTELITALIENISCHE DIALEKTE
125) "cer*qu*a"   <==   "quercia"   (dt. „Eiche")

In der Grammatiktheorie wird seit den 70er Jahren (vgl. Williams 1976) große Aufmerksamkeit den sogenannten „*Tonsprachen*" (Englisch: "*pitch accent languages*") geschenkt. Sehr unterschiedliche Sprachen zählen zu dieser Gruppe (z.B. Chinesisch, Japanisch, Vietnamesisch, Serbo-Kroatisch, Schwedisch, Mooré, Koromfe), wobei die meisten aus Asien und Afrika, weitere aus Nord- und Südamerika stammen.

Die über Tonsprachen entstandenen Studien haben wesentlich dazu beigetragen, eine weitere, als "*suprasegmental*" bezeichnete Ebene des phonologischen Systems zu definieren. In solchen Sprachen sind es nämlich nicht nur die Segmente (d.h. Konsonanten und Vokale), die bedeutungsunterscheidende Funktion haben. Auch die Tonhöhe, in der eine Silbe ausgesprochen wird, trägt lexikalischen Wert. Ein bekanntes Beispiel dafür sind die vier chinesischen Wörter, die auf der segmentalen Ebene alle „ma" heißen, mit Berücksichtigung der tonalen Information jedoch vier verschiedene Bedeutungen ergeben (vgl. Nespor 1993, S.67):

125) a mā dt. „Mutter"
 b má dt. „Hanf"
 c mǎ dt. „Pferd"
 d mà dt. „brummige Frau".

Töne können auch Tempus und Aspekt unterscheiden (z.B. in Igbo (Nigeria) und Vata (Elfenbeinküste): vgl. Williams 1976 und Kaye 1989, S.82ff.).
Tonale Unterscheidungen sind immer relativ, nie absolut. Dies gilt in zweierlei Hinsichten: erstens ist die Grundfrequenz eines Tonsystems individuell unterschiedlich und kann sogar beim selben Individuum variieren. Zweitens sind auch die Intervalle zwischen den Tönen nicht konstant. Was bei der phonologischen Interpretation der Töne zählt, ist der Unterschied zwischen dem vorangehenden und dem nächsten Ton (oder den nächsten Tönen) (vgl. Kaye 1989, S.86).
Töne werden auf der suprasegmentalen Ebene (von der segmentalen Ebene unabhängig, die Vokale und Konsonanten repräsentiert) mit bestimmten Segmenten (Vokalen oder Gruppen von Vokalen und Konsonanten) assoziiert. Genauso wie bei gesungenen Wörtern erfolgt die Assoziation von Segmenten und Tönen nicht unbedingt in einem Eins-zu-Eins-Verhältnis („ein Ton – ein Segment"): nach einer Melodie, die aus drei Noten besteht, können z.B. sowohl ein einsilbiges Wort (wie „Frosch") als auch ein längeres Wort (wie „Hippopotamus") gesungen werden. Dabei gibt es keine Entsprechung zwischen der Anzahl der Noten (drei) und der Anzahl der Silben (eins bzw. fünf). Der Unterschied zwischen der Verteilung der Noten beim Vorsingen von Wörtern und der Verteilung der Töne nach den Segmenten in einer Tonsprache besteht darin, dass nur die letztere *nach bestimmten Prinzipien und Regeln* erfolgt (vgl. Odden 1995).

Aus der Analyse der Tonsprachen hat sich für phonologische Prozesse wie auch für syntaktische Prozesse eine *nichtlineare Repräsentation* entwickelt, die außerdem ermöglicht, kontextuelle Faktoren zu berücksichtigen (z.B. die Unterschiede zwischen Nachbartönen).
Segmente (Vokale und Konsonanten), Silben (Onsets, Rimes, Nuklei) und Töne werden somit auf drei unterschiedlichen Ebenen repräsentiert.

Eine weitere phonologische Ebene wurde in die Theorie für die Repräsentation der *Zeiteinheiten* eingeführt: das „Skelett". Die Ebene des Skeletts ermöglicht, den oben erwähnten Asymmetrien in der Distribution von Segmenten und Tönen in der phonologischen Repräsentation Rechnung zu tragen (vgl. Kaye 1989, S.126ff.).
Ein kurzer Diphthong (wie /ie/ im Wort „hierarchisch") sowie ein kurzer Vokal (wie /e/ in „nett") können in einer Tonsprache mit einem einzigen Ton assoziiert sein. In diesem Fall besetzen sie eine einzige Skelettposition (Beispiel 127)a: „N" bezeichnet eine Nukleusposition, „H" eine Tonposition (hier: „Hochton"), „x" eine Skelettposition; in der untersten Zeile sind die Vokale in den segmentalen Positionen):

127) a)
```
    N
    |  \
    |   H
    x
   / \
  i   e
```
b)
```
    N
   / \
  x   x
  |   |
  a   i
```
c)
```
    N
   / \
  x   x
  |  /
  a
```

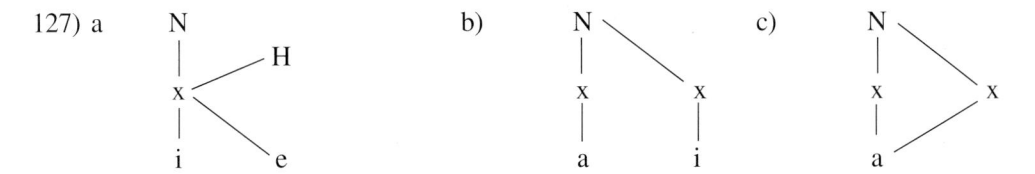

Zwei Skelettpositionen besetzen hingegen ein langer Diphthong (wie /ai/ im deutschen Wort „weit") in 127)b sowie ein langer Vokal wie /a:/ im deutschen Wort „Saat" in 127)c. Zwei Töne können damit assoziiert werden.

Aufgrund einer solchen „mehrschichtigen" (hierarchischen und modularen) Analyse und durch allgemeine Prinzipien können zahlreiche phonologische Phänomene repräsentiert und erklärt werden (analog zur Analyse und zu den Prinzipien, die in der Syntax gelten)[66].

Ein Beispiel dafür bietet die weitverbreitete Alternation zwischen der Realisierung der Segmente /i/ und /u/ als *volle Vokale* (wie in „vital" und „kulant") bzw. als *Halbvokale* ([y] wie das /i/ im deutschen Wort „Nation", [w] wie das /u/ in „Maus"). Im ersten Fall erscheinen sie – wie alle anderen Vokale – in einer *Nukleusposition*, im zweiten Fall – wie die Konsonanten – in einer *Onsetposition*. Auf der segmentalen Ebene werden die Paare „i/y" und „u/w" durch das einheitliche Symbol [I] bzw. [U] repräsentiert.

Dadurch können nicht nur morphologisch bedingte phonologische Alternationen erklärt werden, sondern auch anscheinende „Ausnahmen" dazu. Vgl. in der Verbmorphologie des Französischen (Kaye 1989, S.112ff., 132ff.):

FRANZÖSISCH

128) a "*avoue*"   [avu]   vs.   "*avouer*"   [avwe]
        (Indik.Präs., 3.Pers.Sing.)   (Infinitiv).
        (dt. „gestattet")   vs.   (dt. „gestatten")

    b "*troue*"   [tru]   vs.   "*trouer*"   [truwe],*[trwe]
        (Indik.Präs., 3.Pers.Sing.)   (Infinitiv).
        (dt. „bohrt durch")   vs.   (dt. „durchbohren")[67].

Vgl. die Repräsentationen für [avwe] in 129)a, für den leichten Diphthong (Halbvokal – Vokal) [trwa] in 129)c, für den schweren Diphthong (Vokal – Halbvokal) im deutschen Wort „*treu*" ([troi]) in 129)d.

---

[66] Eine linear konzipierte Theorie hingegen benötigt bei der Beschreibung solcher Phänomene einen aufwendigen Regelapparat. Dabei bleibt sowohl die *Erklärung* für die einzelnen Schritte der zu beschreibenden Prozesse als auch die Möglichkeit, die Phänomene auf *allgemein geltende Prinzipien* zurückzuführen, meistens aus.

[67] Phonetische oder phonotaktische Erklärungen (etwa die sprachspezifische Unzulässigkeit bestimmter Laute oder Lautkombinationen) können auch für dieses Phänomen keine Erklärung liefern. Im Französischen ist die Sequenz „Konsonant – Liquid (wie /l/ oder /r/) – Halbvokal" nämlich sehr häufig zu finden (vgl. Kaye 1989, S.132): [trwa] "*trois*" (dt. „drei"); [krwa] "*croix*" (dt. „Kreuz"); [plwi] "*pluie*" (dt. „Regen").

FRANZÖSISCH – DEUTSCH

129) a)

```
     N       O              N
     |       |\             |
     x       x  x           x        = [avwe], "avouer"
     |       |  |           |        (dt. „gestatten", Infinitiv)
     a       v  w           e
```

b) *   t   r-w   e

c)
```
     O            N
     |\           |
     x  x        x        = [trwa], "trois"
     |  |        |        (dt. „drei")
     t  r    w   a
```

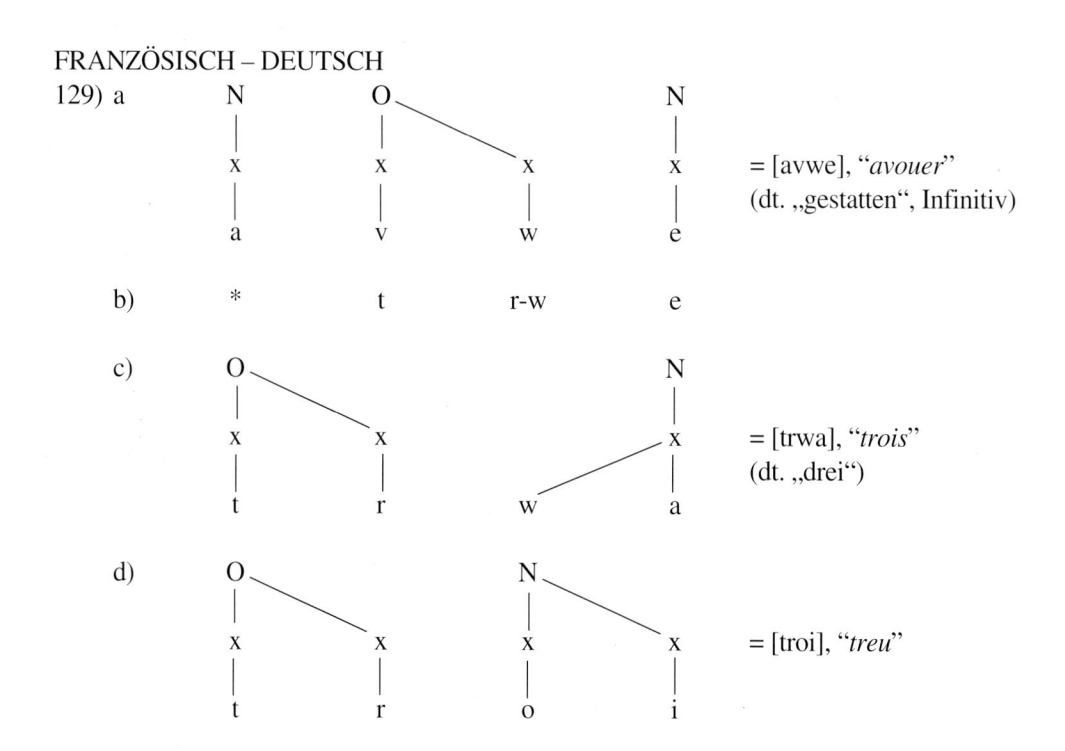

d)
```
     O           N
     |\          |\
     x  x        x  x     = [troi], "treu"
     |  |        |  |
     t  r        o  i
```

Im Unterschied zu [avwe] kann das /w/ in *[trwe] nicht in der zweiten Onsetposition erscheinen: diese ist bereits durch /r/ besetzt.

Im Unterschied zum leichten Diphthong in [trwa], ist *[trwe] im Französischen nicht zugelassen. *[trwe] ist auch kein schwerer Diphthong.

Der Unterschied zwischen der existierenden Form [truwe] ("trouer", dt. „durchbohren", Infinitiv) und der nicht zugelassenen Form *[trwe] in 129)b wird nun durch zwei Prinzipien erklärt:

130) I) Eine Onsetposition kann leer sein.
 II) Eine leere Onsetposition kann dann zugelassen werden, wenn sie durch die Assoziation mit einem Segment interpretiert werden kann[68].

Die Bedingungen in I) und II) werden bei [truwe] erfüllt (vgl. 131).

In *[trwe] ist hingegen keine entsprechende Skelettposition „x" für den leeren *Onset* vorhanden. Die Onsetstelle kann daher auch mit keinem Segment assoziiert – und daher interpretiert – werden (vgl. 132)):

---

[68] Vgl. die Interpretation der Spuren in der Syntax, § 2.3.1.3.2.

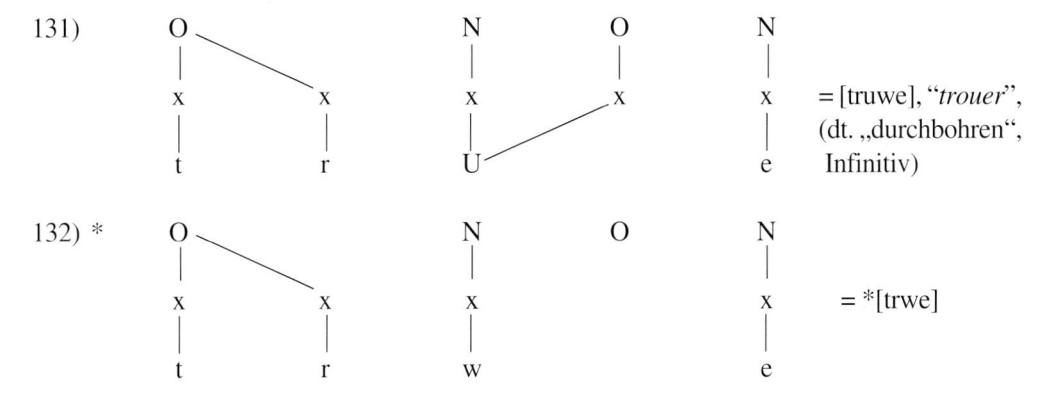

131)
```
       O           N      O      N
      /|           |      |      |
     x  x          x     x       x    = [truwe], "trouer",
     |  |          |    /        |      (dt. „durchbohren",
     t  r          U----         e      Infinitiv)
```

132) *
```
       O           N      O      N
      /|           |      |      |
     x  x          x      x      x    = *[trwe]
     |  |          |      |      |
     t  r          w             e
```

Anhand der Morphologie des Artikels und des Demonstrativums im Französischen zeigt Kaye (1989, S.137f.), dass eine solche Unterscheidung auch dann anzunehmen ist, wenn *keine Unterschiede in der Aussprache* vorhanden sind. Beide Wörter "*wat*" ([wat], dt. „Watt") und "*oiseau*" ([wazo], dt. „Vogel") haben z.B. [wa-] am Wortanfang. Als bestimmter Artikel bzw. Demonstrativum müssen jedoch zwei unterschiedliche Formen verwendet werden: "*le*" und "*ce*" ("*le wat*", "*ce wat*") vs. "*l'*" und "*cet*" ("*l'oiseau*", "*cet oiseau*"). Die für [wa-] in "*wat*" angenommene Repräsentation hat daher wie /p/ in 119)a den /w/ im *Onset*, diejenige für [wa-] in "*oiseau*" wie in 129)c den /w/ im Nukleus.

Diese Prozesse sind ein sehr starker empirischer Beweis für die *mentale Natur* der phonologischen Komponente der Sprache.

2.3.3.3 Über das Wort hinaus
In der Wortphonologie haben sich solche auf Prinzipien und Parametern basierenden Repräsentationsformen und die damit verbundene Erklärungsfähigkeit als vorteilhaft erwiesen (Kaye 1989, S.145ff.).
Eine analoge Analyse wird auf Phänomene angewandt, die andere sprachliche Aspekte wie *Prosodie* und *Rhythmus* einbeziehen.
Prosodische und rhythmische Prozesse werden auf „höheren" Ebenen der phonologischen Komponente analysiert, die breitere Einheiten als Segmente und Wörter einbeziehen.
Zwei wesentliche phonologische Aspekte, die die Theorie diesen „höheren" Ebenen zuschreibt, werden im Folgenden definiert: es handelt sich um die Wortbetonung und die Intonation.

In manchen Sprachen bleibt die Wortbetonungsstelle konstant. Im Französischen und Polnischen z.B. werden immer die letzte bzw. die vorletzte Silbe, im Ungarischen und Tschechischen die erste betont.
In anderen Sprachen erfüllt die Betonung eine lexikalische, eine morphologische oder eine syntaktische Funktion. Vgl. die durch die Betonung ausgedrückten lexikalischen Unterschiede in 133):

DEUTSCH – ITALIENISCH
133) a 'übersetzen   –   übersètzen
     b péro   –   però
        (dt. „Birnbaum")   (dt. „aber")

Prosodische Regelmäßigkeiten wurden auch im Bereich des Satzes beobachtet, z.B. bei der Tendenz, prosodisch prominente Silben am Rande (in der Peripherie) einer Phrase zu haben (vgl. Chomsky & Halle 1968, S.89ff; Selkirk 1995). Andere prosodische Phänomene, die mit semantischen Faktoren korrelieren, werden im nächsten Abschnitt erörtert (§ 2.3.4).
Hier sei als Beispiel die in englischen Komposita auftretende Verschiebung der Wortbetonung in Richtung der Anfangssilbe erwähnt:

ENGLISCH
134) a fourtèen   ==> fôurteen múgs
        „vierzehn"   „vierzehn Tassen"
     b Califòrnia   ==> nôrthern Cálifornia wínes
        „Kalifornien"   „nordkalifornische Weine"
     c Japanèse   ==> nôrthern Jàpanese béetles
        „japanisch"   „nordjapanische Käfer"

Auch für die *Satzintonation* wurde eine Kostituente identifiziert: die „Intonationsphrase" (oder „IP"). Die Intonationsphrase wird durch bestimmte Grenztöne (Englisch: *"boundary tones"*) definiert und ist Domäne bestimmter phonologischen Regeln (z.B. die Verlängerung der Endkonstituente). Sehr unterschiedliche Sprachen (z.B. Englisch, Chinesisch, Japanisch, Serbo-Kroatisch, Hungarisch, Igbo) drücken die Satzfunktion (z.B. Behauptung, Widerspruch, Frage) durch satzfinale Grenztöne aus.
Andere Grenztöne im Satzinneren werden verwendet, um die semantische Prominenz der jeweiligen Konstituente zu definieren wie fokussierte Ausdrücke, eingeschaltete Ausdrücke, appositive Relativsätze usw. (im Kursiv in den folgenden Beispielen):

135) a Mario kennt *WOHL* diese Geschichte.
        (fokussiertes Wort)
     b Mario – *stell dir vor* – kennt auch diese Geschichte.
        (eingeschalteter Satz)
     c Mario, *der immer gut informiert ist*, kennt auch diese Geschichte.
        (appositiver Relativsatz)

Indem die Intonationsprozesse phonetische, syntaktische und semantisch-pragmatische Aspekte der Sprache einbeziehen, erweisen sie sich als besonders komplex und die Forschung über die Prinzipien, die sie regeln, noch im Anfangsstadium ist.
Unter den offenen Fragen befindet sich auch die Definition der „Intonationsphrase" selbst, die von der syntaktischen Struktur, aber auch von außergrammatischen Faktoren wie der Äußerungszeit und der Sprechgeschwindigkeit z.T. abhängt (vgl. Nespor 1993, S.269f.).

Vgl. die folgenden Sätze aus Selkirk 1995. Die Distribution der Phrasengrenzen nach der Interpretation in 136)b ist falsch, diejenige nach 136)c hingegen korrekt (das Symbol „IP" steht für „Intonationsphrase"):

ENGLISCH
136) a *IP*(Three matematicians in ten) $_{IP}$(derive a lemma).
  (drei Mathematiker von zehn leiten-ab(PRÄSENS) ein Lemma)
  „Drei Mathematiker von zehn leiten ein Lemma ab."
 b **IP*(Three matematicians) $_{IP}$(in ten derive a lemma).
  (drei Mathematiker von zehn leiten-ab(PRÄSENS) ein Lemma)
  „Drei Mathematiker von zehn leiten ein Lemma ab."
 c *IP*(Three matematicians) $_{IP}$(intend to rival Emma).
  (drei Mathematiker beabsichtigen(PRÄSENS) zu rivalisieren – mit Emma)
  „Drei Mathematiker beabsichtigen, mit Emma zu rivalisieren."

Der Satz in 136)b mit der in zwei Intonationsphrasen geteilten Subjektphrase ist also ungrammatisch: Warum? Weil die Subjektphrase als „sinnvolle Einheit" nicht getrennt werden darf? Aber wie soll eigentlich eine „sinnvolle Einheit" definiert werden? Welche ist außerdem die Auswirkung von Faktoren wie Fokus (vgl. Beispiel 135)a)?

Semantische und pragmatische Gründe bestimmten unterschiedliche Intonationsmuster in unterschiedlichen Sprachen: bei kurzen und längeren Deklarativsätzen, „Ja/Nein"-Fragen, W-Fragen, rhetorische Fragen usw. ergeben sich unterschiedliche Melodien.

Zusammanfassend ziehen wir den folgenden Schluss:
Die Annahme eines hierarchisch organisierten phonologischen Systems, das von wenigen Prinzipien geregelt wird, erweist sich als eine gute Voraussetzung beim Versuch, folgende zwei Tatsachen zu erklären:

I) Die Robustheit der phonologischen Signale kann sich gegenüber den akustisch wahrgenommenen Geräuschen durchsetzen.
II) Ein solches komplexes System kann in relativ kurzer Zeit vom Kind erworben werden (vgl. die „Lernbarkeitsfrage", § 1.1).

2.3.4 LF und PF zeigen ihr wahres *Interface*: Die Ebenen der Grammatik in modularer Interaktion

In den vorigen Abschnitten (§§ 2.2-2.3.3) wurden Strukturen und Phänomene erörtert, die zu einzelnen Grammatikmodulen gehören: Lexikon, Morphologie, Syntax, Logische Form (Semantik), Phonetische Form (Phonologie). Die unterschiedlichen Repräsentationen und Prinzipien, die für jedes Modul angewandt werden, weisen deutlich auf unabhängig voneinander wirkende Konstituenten hin.

Doch bedeutet die Zuständigkeit für bestimmte Phänomene nicht, dass die verschiedenen Sprachmodulen keine querverbindende „Sensibilität" haben. Im Gegenteil, die Beziehungen zwischen diesen Domänen sind vielschichtig und komplex.

Im Folgenden werden Beispiele für die modulare Interaktion zwischen verschiedenen Grammatikkomponenten angeführt.

I) *Lexikon und Phonologie* (Wortbetonung) – Ein Parallelismus zwischen Lexikon und Phonologie ist bei deutschen Verben wie „übersètzen" und „'übersetzen" zu beobachten (vgl. Beispiel 133)a). Dieselbe Sequenz von Konsonanten und Vokalen nimmt bei unterschiedlichen Betonungsmustern unterschiedliche Bedeutungen an.

Im Englischen hingegen gibt es Wortpaare, die dieselbe Sequenz von Konsonanten und Vokalen enthalten, zum selben semantischen Bereich gehören und sich nur durch die Betonungsstelle *und* die syntaktische Kategorie voneinander unterscheiden:

ENGLISCH
137) a cóntrast (N)   contrást (V)
        „Kontrast"   „kontrastieren"
     b ímport (N)   impórt (V)
        „Import"   „importieren".

II) *Morphologie und Phonologie* – Morphologische Alternationen können phonologisch realisiert werden. Im Deutschen z.B. wird die Pluralform der Nomina oft durch den Umlaut markiert:

138)   SINGULAR   PLURAL
     a Macht   Mächte
     b Tochter   Töchter
     c Apfel   Äpfel[69].

III) *Syntax und Phonologie* – Die Interaktion zwischen abstrakten syntaktischen Strukturen und phonologischen Prozessen ist deshalb besonders erhellend, weil die akustische Wahrnehmung das Vorhandensein tieferer sprachstrukturellen Schichten ans Licht bringt.

Ein Beispiel dafür ist im Englischen die Kontraktion von "want" (dt. „wollen") und "to" (dt. „zu") zu "wanna" (vgl. die Sätze in 139)a und 141)a) mit denjenigen in 139)b und 141)b). Die

---

[69] Diesbezüglich besteht jedoch keine strikte Korrespondenz. Im Stamm der folgenden Wörter findet z.B. kein phonologischer Prozess statt:
SINGULAR   PLURAL
i) Pacht   Pachten
ii) Opfer   Opfer
    (nicht „Öpfer")
iii) Ampel   Ampeln
    (nicht „Ämpeln").

jeweiligen relevanten syntaktischen Strukturen werden in 140) und 142) angegeben (aus Fanselow & Felix 1993[3], Bd. II, S.225):

ENGLISCH

139) a I don't *want to* use drugs.
(ich AUXILIAR-PRÄSENS-NEGATION wollen zu verbrauchen-INFINITIV Suchtmittel)
   b I don't *wanna* use drugs.
(ich AUXILIAR-PRÄSENS-NEGATION-wollen-zu verbrauchen-INFINITIV Suchtmittel)
„Ich will keine Suchtmittel nehmen."

140) I_i don't want [PRO_i to use drugs]

141) a I don't *want to* use drugs to become standard practice.
(ich AUXILIAR-PRÄSENS-NEGATION wollen zu verbrauchen-INFINITIV Suchtmittel zu werden gewöhnlicher Brauch)
„Ich will nicht, dass der Suchtmittelverbrauch zur Gewohnheit wird."
   b *I don't *wanna* use drugs to become standard practice.
(ich AUXILIAR-PRÄSENS-NEGATION-wollen-zu verbrauchen-INFINITIV Suchtmittel zu werden gewöhnlicher Brauch)

142)   I don't want [[PRO_{arb} arb to use drugs] to become standard practice]

Wie in 142) gezeigt wird, befindet sich "to" in 141)b innerhalb eines Subjektsatzes, d.h. – verglichen mit 140) – auf einer tieferen strukturellen Ebene. In solchen Fällen ist die Kontraktion zwischen dem Verb "want" im Hauptsatz und "to" unmöglich[70].

IV) *Prosodie* (Satzakzent) *und LF* – Mit normalem Satzakzent wird ein Relativsatz in Konstruktionen wie in 143)a nach der Lesart in 143)b interpretiert. Demnach bezieht sich das Subjekt des Relativsatzes auf die zuletzt erwähnte DP (hier: „eine Aufgabe": Beispiel aus Bayer 1992):

143) a Die Frau hat eine Aufgabe bekommen, die attraktiv ist.
   b [Die Frau]$_i$ hat [eine Aufgabe]$_j$ bekommen [die attraktiv ist]$_{*i/j}$
   c [DIE Frau]$_i$ hat [eine Aufgabe]$_j$ bekommen [die attraktiv ist]$_{i/*j}$

Durch den starken Akzent gewinnt der bestimmte Artikel „die" die Bedeutung von „diejenige" (vgl. 143)c). In diesem Fall kann der Relativsatz nur auf „die Frau" bezogen werden. Der prosodische Faktor bestimmt somit die Interpretation der syntaktischen Struktur.

---

[70] Das Gleiche gilt auch für andere kontrahierbare Verbformen:
i) "*gonna*" <== "*going to*" (dt. „im Begriff zu [tun]")
ii) "*hafta*" <== "*have to*" (dt. „zu ... haben", „müssen")
iii) "*liketa*" <== "*like to*" (dt. „zu ... lieben")
iv) "*tryna*" <== "*try to*" (dt. „zu ... versuchen").

Genauso deutlich ist der Effekt der Prosodie in Hauptsätzen wie 144)a, in dem sich das Objekt „ihn" vor dem flektierten Verb befindet (die Struktur wird in 144)b dargestellt):

144) a IHN habe ich gesehen.
 b [$_{DP}$ IHN]$_i$ [$_{VP}$ habe]$_j$ ich [$_{DP}$ t]$_i$ gesehen [$_{VP}$ t]$_j$.
 c *Ihn habe ich gesehen.

Die Voranstellung des Objektes zum Zweck einer kontrastiven Bedeutung (z.B. „Gerade ihn, und nicht seine Gattin, habe ich gesehen") wird nur dann zugelassen, wenn das Objekt den Satzakzent bekommt (wie in 144)a im Unterschied zu 144)c).
Das Problem besteht bei der Reihenfolge „Subjekt-Verb-Objekt" nicht: bei der „normalen" Konstruktion mit dem Subjekt am Satzanfang muss das Subjektpronomen nicht betont werden, so dass der Satz 145)b korrekt ist:

145) a ICH habe ihn gesehen.
 b Ich habe ihn gesehen.

V) *PF* (Satzakzent und -intonation) *und LF* – Wie bereits im Abschnitt 2.3.3.3 erwähnt, werden homophone Sätze in bestimmten Sprachen nur dadurch voneinander unterschieden, dass ihnen die Prosodie (Satzakzent und -intonation) eine spezifische semantische oder pragmatische Interpretation zuweist.
Eine steigende Intonation charakterisiert z.B. im Italienischen Fragesätze, die dieselbe Wortreihenfolge wie Deklarativsätze haben:

ITALIENISCH
146) a Maria ha preso il pacco.
    (Maria hat genommen das Paket)
    „Maria hat das Paket genommen."
 b Maria ha preso il pacco?
    (Maria hat genommen das Paket)
    „Hat Maria das Paket genommen?"

VI) *Syntax* (und Pragmatik und Stilistik) *und Phonologie* – Im Französischen werden bestimmte Konsonanten im Wortauslaut geschrieben, aber nicht ausgesprochen: z.B. das „-t" in "*petit*" (dt. „klein", Maskulin). Wenn sich aber ein Wort wie "*petit*" vor einem anderen Wort befindet, das mit einem Vokal beginnt (wie "*ami*", dt. „Freund"), wird der „latente" Konsonant im Wortauslaut doch ausgesprochen. Dieses Phänomen wird als "*liaison*" bezeichnet:

FRANZÖSISCH
147) a pe*tit g*arçon   ==> [-ti gar-]
    (kleiner Junge)
 b pe*tit a*mi   ==> [-tita-]   LIAISON
    (kleiner Freund)

148) a *les cham*bres   ==>   [le ʃam-]
    (die Zimmer)
   b *les=en*fants   ==>   [lezan-]   LIAISON
    (die Kinder)

Dieses Phänomen findet jedoch nur in bestimmten syntaktischen Kontexten statt (vgl. Selkirk 1974):

FRANZÖSISCH

149) a Nous donne*rons=une* grande somme à Jean.
          ==> [-rons=ün]   LIAISON
     (wir werden-geben eine große Summe zu Jean)
     „Wir werden Jean eine große Summe geben."

   b la somme [que]$_i$ nous donnerons t$_i$ à Jean
          ==> [-ron a], *[-rons=a]   KEINE LIAISON
     (die Summe die wir werden-geben zu Jean)
     „die Summe, die wir Jean geben werden."

Die Spur t$_i$ in 149)b scheint somit ein Hindernis für die *Liaison* darzustellen[71].
Während der syntaktische Kontext bestimmt, ob die *Liaison* zugelassen wird, hängt die tatsächliche Anwendung dieser Regel von stilistischen und soziopragmatischen Kontexten sowie von anderen Performanzfaktoren ab (Booij & de Jong 1986).

2.4 Gebärdensprachen

Auch die Grammatik der Gebärdensprachen, die sich visuell-räumlicher Ausdrucksformen bedienen, ist nach abstrakten Kategorien (den „Bausteinen" des Sprachsystems) und universalen Prinzipien strukturiert.
Die amerikanische Gebärdensprache (*"American Sign Language"*, in der Literatur gewöhnlich als *"ASL"* bezeichnet), die französische, die britische, die italienische Gebärdensprache usw. sind unterschiedliche Sprachen, entwickeln sich *autonom* voneinander und auch von der im jeweiligen Land gebrauchten phonetischen Sprache. Außer diesen „Nationalsprachen" sind in der Gebärdenmodalität auch Dialekte vorhanden[72].

Die linguistische Forschung der letzten drei Jahrzehnte hat bei diesen Sprachen eine *modular aufgebaute*, den phonetischen Sprachen analoge Struktur festgestellt. Lexikalische, morpho-

---

[71] Nach der vorhandenen Literatur behaupten Booij & de Jong (1986), dass die *Liaison* nur zwischen Determinant und Nomen obligatorisch ist.
[72] Durch diese Vielfalt ist der Versuch, eine Art Esperanto für die Gebärdensprachen einzuführen („GESTUNO"), wie bei den phonetischen Sprachen gescheitert (Volterra 1987, S.242).

syntaktische und semantische Elemente und Regeln beziehen sich auch in den Gebärdensprachen auf unterschiedliche Sprachkomponenten. Weitere beobachtete Analogien zu phonetischen Sprachen betreffen den *kreativen sowie den unbewussten Gebrauch der Grammatik* (z.B. Versprecher oder Sprachproduktion während des Schlafes, die durch Handartikulationen erfolgt: vgl. Volterra 1987 und W. Stokoe im Anschluss an Bellugi & Klima 1976, S.542).

Im Folgenden werden Daten über modalitätsspezifische Aspekte sowie einzelne Komponenten und Parameter dieser Sprachen dargestellt.

Die Linkshändigkeit in den Gebärdensprachen führt zu keinen Kommunikationshindernissen. Z.B. werden 25% der ASL-Gebärden mit beiden Händen und asymmetrisch realisiert (eine Hand ist aktiv und die andere bietet die „Basis" für die Bewegung): keine dieser asymmetrischen Gebärden ist jedoch handspezifisch, d.h. die spiegelverkehrte Realisierung einer Gebärde führt zu keinen Unterschieden in der Bedeutung (Klima & Bellugi 1975, Bellugi & Klima 1976)[73].

Auch in den Gebärdensprachen sind „Minimalpaare" vorhanden, in Analogie zu den phonetischen Sprachen (z.B. bei den deutschen Wörtern „Hans" und „Gans"): der Austausch eines einzigen Elementes in einer bestimmten Komponente führt zu Bedeutungsunterschieden (vgl. Volterra 1987).

Eine weitere, strukturelle Ähnlichkeit zu den phonologischen Systemen besteht darin, dass bestimmte Sequenzen von Gebärden, obwohl leicht „auszusprechen", in einem bestimmten Gebärdensprachsystem nicht zugelassen sind (vgl. die Sequenz /eu/ im Deutschen).

Die Analyse der Distribution der Elemente der Handbewegungen und deren Relationen hat Regelmäßigkeiten festgestellt, die den phonologischen Prinzipien, die die Silbenstruktur und prosodische Aspekte regeln, entsprechen (Perlmutter 1992 über die ASL).

Die durch vergleichende Analysen identifizierten *Komponenten* (oder Klassen von Merkmalen) sind: Handkonfiguration (HK), Lokation (L), Bewegungstyp (B), Orientierung der Handfläche oder Handstellung (O) sowie nicht manuelle Gebärden (z.B. bestimmte Mundbewegungen in der italienischen und norwegischen Gebärdensprache, vgl. Franchi 1987, S.160ff.).

Andere nicht manuelle Komponenten (Gesichtsausdrücke, Kopf- und Augenbewegungen sowie Orientierung und Haltung des gesamten Körpers) übernehmen semantische Funktionen[74].

---

[73] Außerdem haben Verarbeitungsexperimente gezeigt, dass die sechs in diesen Gebärden möglichen Handkonfigurationen so deutlich sind, dass sie kaum Missverständnisse generieren (Klima & Bellugi 1975).

[74] In der italienischen Gebärdensprache z.B. definieren solche Bewegungen:
a) den Aspekt des Verbs: die Gebärde eines Verbs, die mit einer brüsken Bewegung realisiert wird, drückt eine plötzlich stattfindende Handlung aus (vgl. Franchi 1987, S.165f.);
b) den Satztypus: positive oder negative Aussage, Befehl, Konditionalsatz (ebda., S.167ff.);
c) die pronominale Referenz: der Blick wird auf einen Punkt im Raum gerichtet, der einen bestimmten Referenten darstellt.

Die nichtmanuellen Gebärden unterscheiden sich von den manuellen dadurch, dass sie kein geschlossenes System innerhalb der Sprache darstellen und Ähnlichkeiten mit Gebärden anderer nicht phonetischen Sprachen sowie mit den von Hörenden gebrauchten Kommunikationsgesten aufweisen (Pizzuto 1987, S.205). Außerdem variiert die Form und der Gebrauch dieser Gebärden je nach individuellen stilistischen Präferenzen und kultureller Tradition.

Auf der lexikalischen Ebene weisen Gebärdensprachen Differenzierungen auf, die in der phonetischen Landessprache nicht vorhanden sind: z.B. werden Ausdrücke wie „mit der Schere schneiden", „mit der Gabel essen", „ein Brötchen essen" in der italienischen Gebärdensprache, nicht aber im Italienischen, als eine lexikalische Einheit realisiert (vgl. ebda., S.186).
Bestimmte lexikalische Elemente werden in verschiedenen Gebärdensprachen in derselben Komponente realisiert: z.B. drücken sich Zahlwörter in der amerikanischen, britischen und italienischen Gebärdensprache über die Handkonfiguration aus (ebda., S.200).

Der mimische Charakter („Ikonizität") der Sprachgebärden variiert stark je nach Sprache und Komponente. Stark ikonisch sind z.B. in der italienischen Gebärdensprache nichtmanuelle Merkmale wie Körperhaltung und Gesichtsausdruck sowie bestimmte Mundbewegungen bei aus der phonetischen Sprache übernommenen Gebärden (z.B. die Mundbewegung wie bei der Aussprache von /l/ aus "lavoro", dt. „Arbeit": vgl. Franchi 1987, S.160).
Beim häufigen Gebrauch der Sprachgebärden entwickelt sich ihre ursprüngliche Ikonizität zu einer immer ausgeprägteren semantischen Opazität. Die Handkonfiguration von „SCHMETTERLING" in der ASL reproduziert z.B. deutlich das Herumflattern des Insektes. Bei der heutigen ASL-Gebärde für „HEIM" sind hingegen die ursprünglichen Gebärden für „ESSEN" und „SCHLAFEN" nicht mehr zu erkennen (Bellugi & Klima 1975)[75]. Dieses Phänomen ist bei Neologismen besonders auffällig, aber auch im geringen zeitlichen Rahmen eines Experimentes wahrnehmbar. Wenn GebärdensprecherInnen ein neues Wort mehrmals brauchen, werden die zuerst verwendeten, komplexen pantomimischen Darstellungen dieses Begriffs bald zu einer einzelnen Sprachgebärde „lexikalisiert": die ursprünglichen Bewegungen werden in zusammengefasster und vereinfachter Form, in einem engeren Raum, durch spezifische Handkonfiguration, Lokation und Handbewegungen durchgeführt (Bellugi & Klima 1976)[76].

Auch auf der morphologischen Ebene sind die Gebärdensprachen in unterschiedlichem Ausmaß differenziert (Pizzuto 1987, S.208). Sehr differenziert ist z.B. die Verbalflexion in der ASL (im Unterschied zum phonetischen *American English*) und in der britischen, dänischen, schwedischen, niederländischen und brasilianischen Gebärdensprache. Morphologische Unterscheidungen bestehen für Merkmale wie Numerus, Person, Reziprozität (z.B. „sich treffen" vs.

---

[75] In einem mit zehn hörenden Personen durchgeführten Experiment konnten nur 9 von 90 Gebärden erraten werden (10%). Der Prozentsatz der erratenen Gebärden stieg in einem Fünffachantworttest ("*5-items multiple choice*") auf 18,2% (Bellugi & Klima 1975).
[76] Das Ergebnis kann individuell unterschiedlich sein.

„treffen"), Aspekt, zeitlichen Rahmen (ebda., S.182)[77]. Weitere morphologische Unterscheidungen betreffen Raumangaben, den Kasus, die Verb-Subjekt- und Verb-Objekt-Kongruenz. Manche morphologische Differenzierungen der phonetischen Landessprache sind wiederum in der jeweiligen Gebärdensprache nicht vorhanden: so ist es z.B. in der italienischen Gebärdensprache, die Genus- und Kasus bei Pronomina morphologisch nicht unterscheidet.

Als Domänen morphologischer Regeln sind verschiedene lexikalische Kategorien zu erkennen: vgl. die Klassen der Nomina und Verben in der italienischen Gebärdensprache (ebda., S.187ff.).

Wie in den phonetischen Sprachen ist das morphologische Phänomen der Derivation auch in den Gebärdensprachen vorhanden (Bellugi & Klima 1976). Durch die Variation bestimmter Merkmale der Handbewegung (z.B. Wiederholung vs. einmalige Ausführung) ergibt sich eine andere Wortkategorie, während die semantische „Basis" unverändert bleibt: in der italienischen Gebärdensprache z.B. bleibt bei „SCHNEIDEN" und „SCHERE" dieselbe Konfiguration beibehalten, während die Bewegung nur beim Verb mehrmals in einem ausgedehnten Raum wiederholt wird (vgl. Pizzuto 1987, S.185).
Analog zu den phonetischen Sprachen existieren diesbezüglich „Ausnahmen": wie bei den deutschen phonetischen Formen für „essen" und „Essen" bleiben manche morphologischen Unterschiede in einer Gebärdensprache unsichtbar (vgl. ebda., S.184f.).

Die Bildung von Komposita mit gelegentlicher Assimilation folgt ebenso morphologischen Prinzipien (Klima & Bellugi 1976). Insbesondere ist in der asymmetrischen Distribution der Merkmale der lexikalischen Bestandteile des Kompositums die hierarchische Beziehung zwischen Kopf und Komplement erkennbar (Sandler 1993; vgl. § 2.3.1.3.3).

Auch in den Gebärdensprachen besteht eine sprachspezifisch unmarkierte Wortreihenfolge im Satz, die sich aus semantischen Gründen verändern kann. In der ASL und in der italienischen Gebärdensprache gilt z.B. „Subjekt-Verb-Objekt" (SVO) als unmarkierte Reihenfolge. Dass die Varianten OSV oder VOS als Effekt einer Topikalisierung zu betrachten sind (vgl. § 2.3.4, Punkt IV)), wird durch nichtmanuelle Gebärden, die die Funktion der Pause in den phonetischen Sprachen übernehmen, signalisiert[78]. In der italienischen Gebärdensprache sind die Sequenzen OVS und VSO nicht zugelassen (vgl. Laudanna 1987, S.216ff.).
Für andere Gebärdensprachen wie die britische, schwedische, französische und chinesische sind die vorhandenen syntaktischen Daten weniger eindeutig, wobei die Rolle semantischer und morphologischer Faktoren in der Syntax noch zu klären bleibt.

---

[77] In den Gebärdensprachen wurde eine starke Tendenz beobachtet, die Zeitangabe – im Unterschied zum zeitlichen Rahmen eines Prozesses – eher lexikalisch als morphologisch zu realisieren (z.B. „gestern-gehen-ich" statt „ich ging"), wie es in manchen phonetischen Sprachen der Fall ist (z.B. im Chinesischen). In der italienischen Gebärdensprache z.B. wird die Vergangenheit durch eine postverbale Gebärde ausgedrückt.
Verschiedene Gebärdensprachen realisieren temporale Informationen im Gebärdenraum auf der Schulterebene (Pizzuto 1987, S.200).
[78] In bestimmten semantischen Kontexten ist auch die Reihenfolge SOV möglich.

2.5 Erster zusammenfassender Ausblick in den Spracherwerb

Nach dem oben Erörterten besteht die Hauptannahme der minimalistisch orientierten Grammatiktheorie darin, dass universelle, d.h. in allen Sprachen wirkende und für alle Wortkategorien geltende Prinzipien die Grundstruktur der Sprache festlegen (Universalgrammatik).

Die Unterschiede zwischen den Sprachen stammen ausschließlich aus Unterschieden im Lexikon (§ 2.2) und in den Eigenschaften der funktionalen Kategorien (§ 2.3.1.3.1).
Das Lexikon selegiert die jeweiligen Satzelemente. Unter Berücksichtigung universeller Prinzipien werden die lexikalischen Elemente auf ihre morphologischen Merkmale und in ihrer Relation zu den funktionalen Kategorien „überprüft": bei einem Verb können z.B. Tempus, Aspekt und Kongruenz als relevante Merkmale und funktionale Kategorien gelten. In LF und PF werden die generierten sprachlichen Ausdrücke semantisch bzw. phonologisch interpretiert: bei einem Verb z.B. betrifft die semantische Interpretation die Bedeutung, die zeitliche Anordnung, die Definition des Aspektes usw.

Es bleiben noch viele Fragen offen, die nur durch weitere theoretische und empirische Forschung zu klären sind. Das Ziel der vorliegenden Darstellung linguistischer Daten bestand allerdings nicht darin, diese oder eine andere Theorie als „die richtige" anzunehmen bzw. zu verwerfen[79], sondern vor allem auf der Basis eines kohärenten und plausiblen Sprachmodells Informationen anzubieten, die für die didaktische Praxis von Bedeutung sein können.

In Wirklichkeit suggerieren einige Daten, die in den Abschnitten 2.2-2.4 dargestellt wurden, auch konkrete Hinweise für die Definition des Spracherwerbs:

I) Im *Lexikon* sind nicht nur Informationen über die Bedeutung und die angepassten Gebrauchskontexte der Wörter gespeichert, sondern auch Daten über viele unterschiedliche sprachliche Aspekte enthalten. Einige davon (z.B. die morphologischen und orthographischen Eigenschaften) lassen sich oft nicht einer einzigen Regel unterordnen.
Nicht alle im Lexikon gespeicherten Informationen sind dem Bewusstsein zugänglich[80].

II) Die *syntaktischen Prozesse* (z.B. die Bildung syntaktischer Ketten: vgl. § 2.3.1.3.2) sind abstrakt und komplex, und finden auch nicht bewusst statt. Kinder von drei Jahren sowie Personen ohne sprachwissenschaftliche Ausbildung sind z.B. imstande, Fragen zu formulieren, ohne sich bewusst mit dem Problem beschäftigen zu müssen, ob eine bestimmte Satzkonstruktion mit der w-Spur kompatibel ist (vgl. die *"wanna"*-Beispiele in den englischen Beispielsätzen 139)-141)).

---

[79] Ein ausführliches, erklärendes Bild aller empirisch erhobenen Daten wurde bisher auch von keiner sonstigen Theorie angeboten.
[80] Kompetente Sprecher-/HörerInnen des Deutschen erkennen z.B. auf Anhieb, dass ein Satz wie *„Ich werde gewartet" unkorrekt ist, die meisten von ihnen werden jedoch nicht „wissen", dass ein intransitives Verb wie „warten" nicht passiviert werden kann.
Genauso stellt die Interpretation bzw. der Gebrauch von Präpositionen für kompetente SprecherInnen keine Schwierigkeiten dar, wohl aber die Frage: „Wieviele Bedeutungen hat die Präposition ‚X'?".

Die sprachwissenschaftliche Analyse kann gegenwärtig nur einen Teil dieser Prozesse klären.

III) Die *LF- und PF-Komponenten* als Schnittstellen sind von außersprachlichen, semantischen und pragmatischen Faktoren bzw. von phonetischen Faktoren zum Teil beeinflussbar, werden aber nicht davon bestimmt (vgl. die *Liaison* im Französischen, Beispiele 147)-149)). Solche Einflüsse werden beim konkreten Sprachgebrauch genauso wenig wie syntaktische Prozesse von den Sprecher-/HörerInnen bewusst analysiert.

Obwohl viele sprachliche Prozesse höchst komplex sind, erfordern sie offensichtlich keine hochentwickelte allgemein-kognitive Fähigkeit (wie Gedächtnis, Geistesgegenwart, Konzentrationsfähigkeit usw.), da sie in der Sprachproduktion von Kindern bereits im Vorschulalter stattfinden.

Ist das *angeborene Sprachsystem* so mächtig, wie es in der generativen Grammatiktheorie angenommen wird, erübrigt sich die Notwendigkeit der unplausiblen Annahme, dass ein Kind nur durch die Anwendung eines komplexen, das kognitive System stark beanspruchenden Regelapparats zum Spracherwerb gelangt[81]. Demnach erhält das Kind von seinen Erfahrungen (sprachlichem *Input*) nur *Informationen über die konkrete Gestalt* syntaktischer, semantischer und morphologischer Funktionsträger. Diese müssen in Wirklichkeit nicht einmal physisch präsent sein: in den meisten slawischen Sprachen fehlt z.B. der Artikel, nicht aber der Begriff von (In)Definitheit.

Auch die Gefahr einer Verwechslung zwischen homophonen Wörtern mit unterschiedlicher syntaktischen Funktion besteht nicht (z.B. zwischen dem bestimmten Artikel „die" und dem Relativpronomen „die"). Gegenüber der sensorischen Wahrnehmung erweist sich das mentale Grammatiksystem *robust* genug (vgl. § 2.3.3.1).

Aus der Beobachtung sprachlicher Daten können die ersten, für den Spracherwerb relevanten Schlüsse gezogen werden:

A) Spracherwerb in seinen natürlichen, „ökonomischen" Formen – wie bei den noch nicht vollentwickelten kognitiven Fähigkeiten eines Kindes – bedarf ausschließlich eines sehr reichen, differenzierten Inputs.

B) Im natürlichen Spracherwerb findet kein bewusstes Lernen statt. Bei Kindern und bei Erwachsenen mit keinem ausgeprägten kognitiven Interesse für Sprachstrukturen ist es auch nicht wirksam.

C) In Bezug auf zahlreiche sprachliche Phänomene kann das bewusste Lernen auch deshalb nicht angewendet werden, weil es an einer ausführlichen und fundierten sprachwissenschaftlichen Beschreibung bzw. Analyse (die „Erklärung", warum ein Sprachphänomen stattfindet) fehlt. In solchen Fällen steht dem bewussten Lernen bloß eine unvollständige, durch viele „Ausnahmefälle" verkomplizierte Beschreibung als Grundlage zur Verfügung (vgl. Buttaroni 1996).

---

[81] In beiden Fällen ist die Unzulänglichkeit des behavioristischen Lernmodells, das auf Reiz-Reaktion und Imitation basiert, auffällig.

BIBLIOGRAPHIE

Bayer, J. 1992. Vorlesungsreihe an der Universität Wien, Wintersemester 1992-1993.

Belletti, A. 1988. "The case of unaccusatives". *Linguistic Inquiry 19*. [1-34]

Bellugi, U. & Klima, E.S. 1976. "Two faces of sign: Iconic and abstract". In: *Annals of the New York Academy of Sciences, Vol.280: Origins and Evolution of Language and Speech*. [514-538]

Bierwisch, M. 1983. "How on-line is language processing?". In: Flores d'Arcais, G.B. & Jarvella, R.J. (Hrsgg.). *The Process of Language Understanding*. New York: John Wiley & Sons Ltd. [113-168]

Booij, G. & de Jong, D. 1986. "French liaison: Theories and data". *Vrije Universiteit Working Papers in Linguistics No.23*. Amsterdam. [1-38]

Brody, M. 1995. *Lexico-Logical Form. A Radically Minimalist Theory*. Cambridge, MA/London: MIT Press.

Broselow, E. 1988. "Prosodic phonology and the acquisition of a second language". In: Flynn, S. & O'Neil, W. (Hrsgg.). *Linguistic Theory in Second Language Acquisition*. Dordrecht: Kluwer. [295-308]

Buttaroni, S. 1996. „Grammatik und Linguistik im Fremdsprachenunterricht". In: Stegu, M. & de Cillia, R. (Hrsgg.). *Fremdsprachendidaktik und Übersetzungswissenschaft*. Frankfurt a.M. usw.: Peter Lang.

Cardinaletti, A. 1994. *La sintassi dei pronomi. Uno studio comparativo delle lingue germaniche e romanze*. Bologna: il Mulino.

Chomsky, C. 1969. *The Acquisition of Syntax in Children from 5 to 10*. Cambridge, MA/London: MIT Press.

Chomsky, N. 1970. "Remarks on nominalization". In: Jacobs, R.A. & Rosenbaum, P.S. (Hrsgg.). *Readings in English Transformational Grammar*. Waltham, MA usw.: Ginn & Co. [184-221]

Chomsky, N. 1981. *Lectures on Government and Binding*. Dordrecht: Foris.

Chomsky, N. 1986. *Knowledge of Language: Its Nature, Origin, and Use*. New York usw.: Praeger.

Chomsky, N. 1991. "Some notes on the economy of derivation and representation". In: Freidin, R. (Hrsg.). *Principles and Parameters in Comparative Grammar*. Cambridge, MA/London: MIT Press. [417-454]

Chomsky, N. 1993. "A minimalist program for linguistic theory". In: Hale, K. & Keyser, S.J. (Hrsgg.). *The View from Building 20*. Cambridge, MA/London: MIT Press. [1-52]

Chomsky, N. 1995. *The Minimalist Program*. Cambridge, MA/London: MIT Press.

Chomsky, N. & Halle, M. 1968. *The Sound Pattern of English*. New York/London: Harper & Row.

Cinque, G. 1995. "Adverbs and the universal hierarchy of functional projections". *GLOW Newsletter 34*. [14-15]

De Vincenzi, M. 1991. *Parsing Strategies in Italian*. Dordrecht: Kluwer.

Fanselow, G. & Felix, S.W. 1993³. *Sprachtheorie. Bd.II. Die Rektions- und Bindungstheorie*. Tübingen: Francke.

Fodor, J.A. 1983. *The Modularity of Mind*. Cambridge, MA/London: MIT Press.

Franchi, M.L. 1987. "Componenti non manuali". In: Volterra, V. (Hrsg.). [159-177]

Frazier, L. & de Villiers, J. (Hrsgg.). 1990. *Language Processing and Language Acquisition*. Dordrecht: Kluwer.

Goethe, W. 1824. "An Lord Byron". In: 1986⁵. *Goethes Gedichte in zeitlicher Folge*. Hrsg. von H. Nicolai. Frankfurt a.M.: Insel. [1015-1016]

Greenberg, J.H. 1966². "Some universals of grammar with particular reference to the order of meaningful elements". In: Greenberg, J.H. (Hrsg.). *Universals of Language*. Cambridge, MA/London: MIT Press. [73-113]

Grewendorf, G., Hamm, F. & Sternefeld, W. 1990⁴. *Sprachliches Wissen. Eine Einführung in moderne Theorien der grammatischen Beschreibung*. Frankfurt a.M.: Suhrkamp.

Haegeman, L. 1991. *Introduction to Government and Binding Theory*. Oxford/Cambridge, MA: Blackwell.

Haider, H. 1994. „(Un)-heimliche Subjekte – Anmerkungen zur Pro-drop Causa, im Anschluß an die Lektüre von Osvaldo Jaeggli & Kenneth J. Safir, eds., 'The Null Subject Parameter' ". *Linguistische Berichte 153*. [372-385]

Hornstein, N. 1991. "Grammar, meaning, and indeterminacy". In: Kasher, A. (Hrsg.). [104-121]

Hornstein, N. 1995. *Logical Form. From GB to Minimalism*. Cambridge, MA/Oxford: Blackwell.

Kasher, A. (Hrsg.). 1991. *The Chomskyan Turn*. Cambridge, MA/Oxford: Blackwell.

Kaye, J. 1989. *Phonology: A Cognitive View*. Hillsdale, NJ usw.: Erlbaum.

Kaye, J., Lowenstamm, J. & Vergnaud, J.-R. 1989. „Konstituentenstruktur und Rektion in der Phonologie". In: Prinzhorn, M. (Hrsg.). *Phonologie. Linguistische Berichte, Sonderheft 2*. Opladen: Westdeutscher Verlag. [31-75]

Kayne, R. 1994. *The Antisymmetry of Syntax*. Cambridge, MA/London: MIT Press.

Keating, P.A. 1985. "Universal Phonetics and the organization of grammars". In: Fromkin, V.A. (Hrsg.). *Phonetic Linguistics. Essays in Honor of Peter Ladefoged*. Orlando usw.: Academic Press. [115-132]

Klima, E.S. & Bellugi, U. 1975. "Perception and production in a visually based language". In: *Annals of the New York Academy of Sciences, Vol.263*. [225-235]

Laudanna, A. 1987. "Ordine dei segni nella frase". In: Volterra, V. (Hrsg.). [211-230]

Leuninger, H. 1987. „Das ist wirklich ein dickes Stück: Überlegungen zu einem Sprachproduktionsmodell." *Linguistische Berichte, Sonderheft 1*. (Hrsg. v. J. Bayer). Opladen: Westdeutscher Verlag. [24-40]

Levinson, S.C. 1983. *Pragmatics*. Cambridge: Cambridge University Press. [Deutsch: 1990. *Pragmatik*. Tübingen: Niemeyer.]

Magno Caldognetto, E. & Tonelli, L. 1980. "La rappresentazione mentale dell'informazione fonologica: evidenze dai lapsus". *Quaderni del Centro di Studio per le Ricerche di Fonetica IX*. [503-523]

Matthei, R. & Roeper, T. 1983. *Understanding and Producing Speech*. London: William Collins Sons & Co.

Nespor, M. 1993. *Le strutture del linguaggio. Fonologia*. Bologna: il Mulino.

Nespor, M. & Vogel, I. 1986. *Prosodic Phonology*. Dordrecht: Foris.

Odden, D. 1995. "Tone: African languages". In: Goldsmith, J.A. (Hrsg.). *The Handbook of Phonological Theory*. Cambridge, MA/Oxford: Blackwell. [444-475]

Perlmutter, D.M. 1992. "Sonority and syllable structure in American Sign Language". *Linguistic Inquiry, Vol.23, No.3*. [407-442]

Pizzuto, E. 1987. "Aspetti morfo-sintattici". In: Volterra, V. (Hrsg.). [179-209]

Poggi, I. 1981. *Le interiezioni*. Torino: Boringhieri.

Pritchett, B.L. 1992. *Grammatical Competence and Parsing Performance*. Chicago/London: The University of Chicago Press.

Sandler, W. 1993. "Sign language and modularity". *Lingua 89*. [315-351]

Scalise, S. 1994. *Morfologia*. Bologna: il Mulino.

Selkirk, E. 1974. "French liaison and the X'-notation". *Linguistic Inquiry 5*. [573-590]

Selkirk, E. 1982. *The Syntax of Words*. Cambridge, MA/London: MIT Press.

Selkirk, E. 1995. "Sentence prosody: Intonation, stress, and phrasing". In: Goldsmith, J.A. (Hrsg.). *The Handbook of Phonological Theory*. Cambridge, MA/Oxford: Blackwell. [551-569]

Spencer, A. 1991. *Morphological Theory*. Oxford/Cambridge, MA: Blackwell.

Sportiche, D. 1993. "Sketch of a reductionist approach to syntactic variation and dependencies". Hs., UCLA.

Stowell, T. 1989. "Subjects, specifiers, and X-bar theory". In: Baltin, M.R. & Kroch, A.S. (Hrsgg.). *Alternative Conceptions of Phrase Structure*. Chicago/London: The University of Chicago Press. [232-262]

Stowell, T. 1991. "Empty heads in abbreviated English". *GLOW Newsletter 26*. [56-57]

Volterra, V. (Hrsg.). 1987. *La lingua italiana dei segni. La comunicazione visivo-gestuale dei sordi*. Bologna: il Mulino.

Williams, E.S. 1976. "Underlying tone in Margi and Igbo". *Linguistic Inquiry 7, No.3*. [463-484]

Williams, E.S. 1981. "Argument structure and morphology". *The Linguistic Review 1*. [81-114]

Wunderlich, D. 1985. „Über die Argumente des Verbs". *Linguistische Berichte 97*. [183-227]

3 Sprache als Gegenstand der angewandten Linguistik (Sprachverarbeitung)

3.1 Problemstellung

3.1.1 Kompetenz- und Performanzfaktoren

Im vorigen Kapitel wurde gezeigt, welch komplexe Organisation der sprachlichen Strukturen die Formulierung der einfachsten Aussagen voraussetzt.

Es wurde weiters darauf hingewiesen, dass die Herstellung von Grammatikmodellen der Definition der *sprachlichen Kompetenz* dient, d.h., jenem Wissen über die Strukturen der Sprache (die Grammatik), das alle MuttersprachlerInnen intuitiv besitzen. Durch eine kursorische Ausführung von Beispielen wurde gezeigt, wie verschiedene und komplexe Sprachphänomene sowie ihre Interaktion durch ein hierarchisch und modular organisiertes Modell dargestellt werden können.

Es wird nun an einige andere Probleme herangegangen, die mit dem Gebrauch der Sprache (*Performanz*) verbunden sind.

Die Erfahrung muttersprachlicher SprecherInnen legt nahe, dass der für die Sprachverarbeitung zuständige Mechanismus (der „syntaktische Prozessor", Englisch: *"parser"*) sehr schnell und effizient arbeitet. Experimentelle Daten (Marslen-Wilson 1985) belegen, dass Menschen imstande sind, normal komplexe Sätze mit einer Verzögerung von 250 Millisekunden nachzusprechen. In diesem Intervall – das Minimum, das für die akustische Wahrnehmung einer Silbe notwendig ist – können Hörer die komplexen Aufgaben erfüllen, die ihnen bei der Verarbeitung gesprochener Sprache zufallen, nämlich:
i) Lautsequenzen, die sie wellenartig akustisch wahrnehmen, segmentieren;
ii) diese Laute interpretieren, und dabei:
 – den kontextuellen Rahmen
 – die Diskursstruktur
 – die Dialogstruktur beachten
und außerdem
iii) den Satz mündlich reproduzieren.

Dies lässt jedoch schließen, dass die Verarbeitung grundsätzlich *"on-line"* erfolgen muss, d.h., die Interpretation der Daten erfolgt unmittelbar, der Parser wartet nicht. Wir nehmen diese These als allgemeines Prinzip an, obwohl wir bald sehen werden, dass diese Annahme einiger Verfeinerungen bedarf.

Ebenso zu unserer Erfahrung als Sprecher-/HörerInnen gehört die Beobachtung, dass bestimmte (mündliche oder schriftliche) Äußerungen bzw. Textstellen schwerer oder langsamer ver-

standen werden als andere, und dies selbst dann, wenn die erforderlichen lexikalischen Kenntnisse vorhanden sind (anders wäre es z.B. im Fall des Gebrauchs eines Fachjargons). Da für SprecherInnen und HörerInnen derselben Muttersprache die gleiche Sprachkompetenz (d.h. die gleiche Kompetenz der *Sprachstrukturen*) angenommen wird, werden Erklärungen für das Gefühl der Komplexität im *Sprachwahrnehmungsprozess* an sich gesucht, d.h. in Faktoren, die mit der Performanz, mit den Eigenschaften des Sprachgebrauchs zusammenhängen, wie z.B.:
– die Sprechgeschwindigkeit
– die Deutlichkeit der Aussprache
– die Aufmerksamkeit des Empfängers
– die Vertrautheit des Empfängers mit dem Inhalt der Äußerung
– die Gedächtniskapazität, die die Äußerung vom Empfänger erfordert
usw.

Solche Schwierigkeiten in der Verarbeitung werden von der Psycholinguistik als Ausgangspunkt für die Erforschung der Sprachverarbeitungsmechanismen genommen. Als Beispiel dafür seien folgende Sätze betrachtet, in denen die Interpunktion ausgelassen wurde:

1) Eine ganze Weile hat die Dame den Herrn mit dem Fernglas beobachtet.
2) ... dass der Entdecker von Amerika erst im 18. Jahrhundert erfahren hat.
3) Gestern abend glaubte die attraktive junge Frau oben ohne das Waldbad zu kennen den Ausgang nicht finden zu können.
4) Welches ist das Kleid das du zum Abendessen anziehen wolltest zu dem dich der Journalist eingeladen hatte den du bei der Vernissage kennen gelernt hast?

Beim Lesen der vier Sätze nahmen Sie als EmpfängerIn den Text aufmerksam wahr, die Performanzgeschwindigkeit (Ihr selbstbestimmtes Lesetempo) hatte den für Sie optimalen Wert, die Artikulation (hier der Graphikmodus und die Druckqualität) war durchschnittlich gut, die Äußerungen waren weder auffällig lang noch enthielten sie allzu schwere Begriffe. In der Wahrnehmung der vier Äußerungen stellen Sie aber Komplexitätsunterschiede fest. Die Äußerung in 4) erweckt kein Gefühl der Komplexität: beim Lesen springt das Auge von Satz zu Satz weiter, die Gesamtlänge belastet das Gedächtnis nicht.
Die Lektüre des Satzes 1) zeigt aber, dass darin potentiell zwei Bedeutungen enthalten sind: nach der einen gebraucht die Dame das Fernglas, nach der anderen der Herr. Während des Lesens wird trotzdem kein Komplexitätsgefühl empfunden.
Bei den Sätzen in 2) und 3) hingegen wird im letzten Teil (nach „hat" bzw. „kennen") doch ein Gefühl der Komplexität erweckt: die LeserInnen müssen stehen bleiben, den Satz noch einmal nach der einzig möglichen Interpretation lesen. In 4) wird ein fehlendes „aber" als Druckfehler gegenüber der richtigen Version (in 5) angegeben) vermutet:

5) Gestern abend glaubte die attraktive junge Frau oben ohne, das Waldbad zu kennen, den Ausgang *aber* nicht finden zu können.

Nach kurzem Überlegen wird die einzig mögliche Interpretation der Äußerung klar:

6) Gestern abend glaubte die attraktive junge Frau oben, ohne das Waldbad zu kennen, den Ausgang nicht finden zu können.

Die Analyse der Sätze 1)-4) wirft einen Blick auf die Modalitäten, nach denen die abstrakte, zeitlose, hierarchisch strukturierte Grammatik in der sich linear entwickelnden Realzeit des konkreten Sprachgebrauchs Anwendung findet.

Die Klärung dieser Sprachanwendungsmodalitäten ist Aufgabe der Psycholinguistik. Sie soll:

i) eine Darlegung der grammatischen Informationen liefern, die dem Verarbeitungsmechanismus (*Parser*) zugänglich sind;
ii) die Prinzipien erklären, nach denen der Parser unter normalen und „schwierigeren" Umständen arbeitet (die „Schwierigkeiten" werden durch i) definiert);
iii) den Einfluss möglicher zusätzlichen Faktoren auf die Verarbeitung darlegen bzw. eine adäquate empirische Basis dafür liefern;
iv) für alle natürlichen Sprachen anwendbar sein (Universalitätsanspruch).

Das Gebiet der Sprachverarbeitungstheorien wird somit über die Performanz definiert, d.h. über die Sprache, wie sie in den konkreten Äußerungen der Individuen immer wieder realisiert wird. Dadurch unterscheidet sich ihr Forschungsgegenstand von jenem der Grammatiktheorie, die die Sprache als universelle, menschliche Fähigkeit in ihren abstrakten Prinzipien betrachtet. Die Unterscheidung zwischen Wohlgeformtheit und Interpretierbarkeit (*"parsability"*) kann dadurch exemplifiziert werden, dass bestimmte grammatikalisch abweichende Sätze verarbeitbar (verständlich) sind (wie dies bei morphologisch unkorrekten Sätzen oft der Fall ist, vgl. das Beispiel in 7)), während andere grammatikalisch korrekte Sätze so schlecht verarbeitbar sind, dass ihre Interpretation eine übermäßig lange Zeit erfordert (vgl. Beispielsatz 2)).

7) Dieser Bub hat mich darauf *gehaut*.

Solche Unterschiede können dennoch die Tatsache nicht bestreiten, dass „Sprachperformanz" „Sprachkompetenz" impliziert. So ergeben sich auch immer wieder Korrespondenzen zwischen Theorien über die Organisation der Sprachstrukturen und Theorien über den Sprachgebrauch, während die angewandte Forschung eine bestimmte Grammatiktheorie gegenüber einer anderen mit zusätzlichen empirischen Daten unterstützen kann[1].

---

[1] Der Sprachverarbeitungstheorie kann allerdings nicht die Funktion zugeschrieben werden, Beweise für die „psychologische Realität" der Grammatiktheorie zu liefern, d.h. dafür, dass die Prinzipien und Regeln der Grammatik die tatsächlichen Kenntnisse der SprecherInnen – womit auch GebärdensprecherInnen gemeint sind – reflektieren (vgl. Chomsky 1980/1981, S.190ff. und Chomsky 1991, S.19). Evidenz über psychologische Realität zu liefern ist ein Anspruch, den die Grammatiktheorie selbst erhebt: Wohlgeformtheitsurteile, die Formulierung universeller tieferliegender grammatischen Prinzipien, die sprachliche Phänomene regeln, die empirische Überprüfung der postulierten sprachlichen Prinzipien am Sprachmaterial sind das theorieeigene Instrumentarium, das die „psychologische Realität" einer Grammatiktheorie bestätigt.

In diesem Kapitel werden wir vor allem zwei Aspekten Aufmerksamkeit schenken, die in der Entwicklung der Grammatiktheorie eine zentrale Rolle spielen, nämlich der Autonomie der Syntax und der modularen Organisation des Sprachverarbeitungssystems.

3.1.2 Methodologische Bemerkungen

Versucht man festzustellen, wie sprachliche Äußerungen auf der Basis einer ausgereiften Sprachkompetenz verarbeitet werden, müssen die dazu erforderlichen Experimente unter optimalen Performanzbedingungen gestaltet werden. „Optimale Performanzbedingungen" bedeutet in erster Linie, über die Aufmerksamkeit und Kooperationsbereitschaft der Versuchspersonen zu verfügen und externe Störfaktoren auszuschalten.

Im Fall der Sprachverarbeitungsexperimente, die in diesem Kapitel zitiert werden, wurden auch andere Variablen wie die Länge der Wörter und Sätze oder die Häufigkeit der lexikalischen Elemente berücksichtigt.

Aus ähnlichen methodologischen Gründen – d.h., der Notwendigkeit, überprüfbare Daten zu gewinnen – schränken sich psycholinguistische Experimente vorwiegend auf Prozesse ein, die aus der Performanz von MuttersprachlerInnen stammen[2].

Die vorgesehenen Performanzaufgaben betreffen in erster Linie die Sprachrezeption und, in selteneren Fällen, die Sprachproduktion, wie etwa die Fortsetzung von Sätzen oder Wiederholungsaufgaben. Die bewusste Manipulation von Sprache (z.B. die Hinzufügung bzw. das Auslassen eines Konsonanten am Silbenanfang) ist das Produkt konzeptuell gesteuerter und spezifisch trainierbarer Fähigkeiten (Read et al. 1987): die Anwendung solcher Fähigkeiten würde die Eindeutigkeit der psycholinguistischen Testergebnisse in Frage stellen.

Im Abschnitt über Phonologie (§ 2.3.3) wurde erläutert, welch entscheidende Rolle diese Sprachkomponente für die Interpretation eines Satzes spielt. Im Abschnitt über Semantik (§ 2.3.2) wurde die Rolle des Kontextes in der Interpretation von Diskursteilen hervorgehoben. Der Leser/Die Leserin dieses Kapitels soll sich nun nicht darüber wundern, dass die Sprache in der „nackten" Form der geschriebenen Beispielsätze erscheint (so wie es auch in den meisten Experimentsituationen der Fall war). Wurden phonologische und oft auch kontextuelle Aspekte der Sprachinterpretation aus methodologischen Gründen ausgeschaltet, so deshalb, weil gerade die Phonologie und der Kontext die „Leistungen" von zwei anderen Komponenten hätten beeinflussen können, die das Interesse der psycholinguistischen Forschung in den letzten zwei Jahrzehnten besonders erweckt haben: das syntaktische und das lexikalische Wissen.

---

[2] Die Prozedur der „Isolierung der Variablen" ist in der Wissenschaft seit einigen Jahrhunderten üblich: Versucht man, ein Phänomen eindeutig zu erläutern, sollen jene Komponenten, die die Dateninterpretation beeinflussen, möglichst ausgeschaltet werden.
Dieses Verfahren wird jedoch nur zur Gewinnung einzelner Erkenntnisse angewandt. Die vorläufige Konzentration auf einige Aspekte der Performanz in der Muttersprache impliziert nicht ein geringeres Interesse für die Performanz in der Fremdsprache.

Auch „sprachintern" wurde somit versucht, bestimmte Sprachverarbeitungskanäle möglichst zu isolieren.

Dasselbe Vorhaben macht eine Sprache wie das Englische für die psycholinguistische Forschung im syntaktischen Bereich so beliebt: die vielen morphosyntaktischen Zweideutigkeiten (z.B. *bound*, *put*, *thought*, usw. als *Past Tense* und Partizip; Nomina und Verben wie *fire*, *joke*, *land* usw., Präpositionen und Verbpartikeln wie *in*, *out*, *up* usw.) und die karge Interpunktion sollen dazu beitragen, die Rolle anderer sprachlichen Komponenten (z.B. der syntaktischen) aufzuklären.

3.2 Verarbeitung von Lauten, Wörtern und Sätzen

3.2.1 Die Interpretation der Laute oder die phonologische Ebene

Der Eindruck, den wir beim Zuhören eines Gesprächs in einer unbekannten Sprache erhalten, ist der, dass wir von einem Meer von Lauten überflutet werden. Manche nicht muttersprachliche HörerInnen schreiben ihre Segmentierungsschwierigkeit einer überdurchschnittlich schnellen Artikulation der SprecherInnen zu, die „typisch" für eine bestimmte Bevölkerung sei (so z.B. Deutschsprachige über Italienischsprachige).
Die gleichen Bemerkungen hört man aber häufig von VertreterInnen der angeblich schnell sprechenden Bevölkerung, wenn sie sich einer ähnlichen Hörverständnisaufgabe in der anderen (der „langsameren") Sprache unterziehen (z.B. Italienischsprachige über Deutschsprachige). In Wirklichkeit sind die Menschen imstande, durchschnittlich 210-220 Silben/Minute und bis zu 500 Silben/Minute zu verarbeiten, ohne dass das Verständnis beeinträchtigt wird (Lenneberg 1967/1986, S.116)[3].

Ein wesentliches Ergebnis von Sprachverarbeitungsexperimenten, das die hier dargestellte Sprachtheorie unterstützt, betrifft die hierarchische „Planung" und Organisation der Lautproduktion.
Vom Schriftbild beeinflusst, neigen wir dazu, uns die akustische Wahrnehmung des Wortes als die Wahrnehmung der Summe seiner einzelnen Elemente vorzustellen (z.B. das Wort „Zelt" als Summe von „z" + „e" + „l" + „t"). Dieses Bild entspricht aber weder der physiologischen Gestaltung der artikulatorischen Bewegungen noch der rein akustischen „Realität". Die artikulatorischen Bewegungen werden zu unterschiedlichen Zeitpunkten, z.T. überschneidend

---

[3] Das Gefühl, eine höhere Sprechgeschwindigkeit wahrzunehmen, ist auch prosodischen Faktoren zuzuschreiben: die Setzung mehrerer Pausen schafft den Eindruck eines langsameren Redeflusses, selbst wenn die einzelnen Wörter schneller ausgesprochen werden. Vgl. die Bemerkungen von A. Sobrero (1993) über die Unterschiede zwischen dem Sprechmodus in den italienischen Radionachrichten in den 50er Jahren gegenüber dem heutigen.

durchgeführt (vgl. Lenneberg 1967/1986, S.121-133). Dies lässt sich nicht vermeiden, da eine große Zahl (bis 100!) von Muskeln sowie periphere afferente Nerven unterschiedlicher Länge und mit unterschiedlicher Übertragungsgeschwindigkeit in diesen Prozess verwickelt sein können, wobei sich die Reihenfolge der neuronalen Aktivierungsprozesse von der Reihenfolge der artikulatorischen Muskeln unterscheidet.

Im Abschnitt über Phonologie (§ 2.3.3) wurde gezeigt, dass die Vorwegnahme von Lauten oder Merkmalen ein in den Sprachsystemen verbreitetes Phänomen darstellt. Vorwegnahmen und Vertauschungen auf der Ebene der Sprachverarbeitung sind bei Versprechern deutlich erkennbar: vgl. „*hü*storischer" <== „historischer" und „Gift*g*lasun*g*lück" <== „Giftgasunglück" sowie „Erd*q*uer*p*ark" <== „Erdbeerpark" (aus Leuninger 1987)[4]. Dabei ist die Tatsache, dass die Veränderung der Vokalqualität keine Veränderung der Vokalbetonung nach sich zieht, ein weiterer Hinweis auf die modulare Organisation der phonologischen Komponente (Magno Caldognetto & Tonelli 1980).

Die Messung der Wahrnehmungszeiten liefert der These der hierarchischen Organisation der phonologischen Verarbeitung zusätzliche Argumente: für die Wahrnehmung einzelner Laute gilt der Durchschnittswert von 7-9 Lauten/Sekunde, während im Gesprächskontext 20-30 Laute/Sekunde verarbeitet werden (vgl. Matthei & Roeper 1983, Kap. 2).

Auch die Anpassung an neue Stimmen, die nach Geschlecht und Alter starke Variationen der Grundfrequenz der Sprecherin/des Sprechers aufweisen, ist eine Aufgabe, die der menschliche Apparat sehr schnell erfüllt: Unterschiede in der Grundfrequenz werden in ca. 1-3 Sekunden von HörerInnen eingeschätzt (vgl. ebda.).

Akustische Täuschungen, die in einem experimentellen Rahmen entstanden sind, zeigen, dass selbst die Pausen in den phonologischen Kontext integriert werden. Als englischsprachige Versuchspersonen die Sequenz „/s/ + (Pause) + /lit/" (d.h. /s__lit/) hörten, waren sie sicher, "*split*" (dt. „Spalt", „spalten") gehört zu haben. Bei der nächsten Probe mit /s__ore/ war das wahrgenommene Wort aber nicht "*spore*" (dt. „Spore"), sondern "*store*" (dt. „Vorrat", „Lager", „Warenhaus") (ebda.). Dies bedeutet, dass die Interpretation eines unvollständigen Wortes komplexere Mechanismen befolgt als etwa die Regel „Setze ein /p/ dorthin, wo du nichts hörst".

---

[4] In den Gebärdensprachen sind analoge Phänomene festzustellen (Englisch: "*slips of the hand*", etwa "*lapsus manus*"). Häufig beobachtete Lapsus in der Amerikanischen Gebärdensprache sind z.B. „EIFERSÜCHTIG" <— „ZUCKERWERK" mit Vertauschung der Handkonfiguration und „ZEITUNG" <— „VOGEL" mit Vertauschung der Lokation (Artikulationsstelle).
Das Vertauschen einzelner Parameter, vor allem der Handkonfiguration tritt häufiger als das Vertauschen einer „ganzen" Gebärde auf (Bellugi & Klima 1976).

Bei der Wahrnehmung bestimmter Lautklassen besteht wiederum Evidenz für das Vorhandensein quantifizierbarer Werte. Dies gilt z.B. für die Unterscheidung eines stimmhaften Okklusiven wie /b/ vom entsprechenden stimmlosen Okklusiven wie /p/ am Wortanfang[5].

Alle diese Werte werden durch äußere Faktoren beeinflusst, z.B. durch Veränderungen der Sprechgeschwindigkeit. Das Interessante daran ist, dass sich die HörerInnen an diese Verschiebungen systematisch anpassen und das jeweilige Wort identifizieren können, sogar ohne sich von der Semantik des Satzkontextes beeinflussen zu lassen (Miller 1987)[6].

Die phonologische Repräsentation wird anhand linear wahrnehmbarer phonetischen Attribute rekonstruiert, die segmentale, suprasegmentale und wort- und satzgrenzbezogene Informationen liefern. Als allgemeines Verfahren gilt jedoch, dass das akustische Material gemäß einer hierarchischen Struktur verarbeitet wird und die phonologische Repräsentation auch andere Repräsentationsebenen einbezieht (vgl. §§ 2.3.1.2 und 2.3.3.2-2.3.3.3).

Wie im Abschnitt 2.3.3 gezeigt wurde (Beispiel 137)), gibt es allerdings keine Eins-zu-Eins-Korrespondenz zwischen den strukturellen Hierarchien auf den unterschiedlichen sprachlichen Ebenen, z.B. zwischen der syntaktischen und der phonologischen Hierarchie. Vgl. die zwei

---

[5] Das Intervall zwischen dem Nachgeben der Okklusion des Konsonanten und dem Beginn der Sonorität des folgenden Vokals ("*VOT*", d.h. "*Voice Onset Time*", Dt. „Anfangszeit der Sonorität") ist kürzer bei stimmhaften als bei stimmlosen Okklusiven, also z.B. kürzer in "*bath*" (dt. „Bad") als in "*path*" (dt. „Pfad").
In einem Experiment von Lisker und Abramson (1970, zit. in Miller 1987) wurde eine Reihe von synthetischen Wörtern auf Computer zusammengestellt, so dass die VOT-Werte der okklusiven Anfangskonsonanten eine Skala vom stimmhaften zum stimmlosen Konsonanten (z.B. von /b/-Wörtern zu /p/-Wörtern) bildeten. Einige dieser Wörter wurden dann in einer nach dem Zufallsprinzip geordneten Reihenfolge aufgenommen und englischsprachigen Versuchspersonen präsentiert. Ohne Schwierigkeit wurden die extremen VOT-Werte identifiziert, die den Lauten /p/ und /b/ in "*path*" und "*bath*" entsprechen. Von den Versuchspersonen wurden die Wörter mit mittleren VOT-Werten so eingestuft, dass sie, in der ursprünglichen VOT-Wertskala wieder geordnet, in zwei scharf voneinander getrennten /p/- bzw. /b/-Kategorien erschienen. Dies bedeutet, dass die akustische Wahrnehmung von Lauten – zumindest bei muttersprachlichen SprecherInnen einer Sprache wie Englisch – homogen ist.
Wahrscheinlich hätte das Experiment mit SprecherInnen mancher südlichen Varietät des Deutschen (wie z.B. des Wienerischen Dialekts) andere VOT-Werte hervorgebracht. Bei diesen Sprecher-/HörerInnen ist die Unterscheidung zwischen stimmlosen und stimmhaften Okklusiven anders geregelt als in der Standardsprache.

[6] Im Experiment von Miller 1987 wurden Sätze verwendet wie z.B.:
ENGLISCH
    i) She needs hot water for ...
       „Sie braucht heißes Wasser für ..."
    ii) She is not thinking of ...
       (sie ist nicht denkend an ...)
       „Sie denkt nicht an ..."
    iii) She likes to jog along ...
       (sie mag zu joggen entlang ...)
       „Sie mag dahin ... joggen."
Die Zielwörter waren "*bath*" und "*path*". Die Sätze i) und iii) hätten die Antwort "*bath*" bzw. "*path*" auslösen sollen, während ii) diesbezüglich neutral ist.
Semantische Effekte waren nur dann von Belang, wenn die Versuchspersonen gebeten wurden, auch den Kontextsatz bewusst zu identifizieren. Diese Unterscheidung ist für die Diskussion über Kontexteffekte in der Sprachverarbeitung relevant (s. § 3.2.4).

verschiedenen syntaktischen Interpretationen des Satzes in 8) nach 9)a-b, die keine Unterschiede in der Phonologie aufweisen (aus Bierwisch 1983, S.126):

8)   Hans will das Buch für Sabine kaufen.
9)   a Hans will [$_{VP}$ [das Buch] [für Sabine] kaufen].
      b Hans will [$_{VP}$ [$_{DP}$ das Buch für Sabine] kaufen].

In beiden Fällen in 9) fällt der Satzakzent auf „SaBIne", nur nach 9)b ergibt sich aber die Bedeutung, die einem restriktiven Relativsatz gleichzustellen ist („das Buch, das für Sabine ist").

3.2.2 Die Interpretation der Wörter oder die Organisation des mentalen Lexikons

Im Abschnitt 3.2.1 haben wir gesehen, wie schnell die Verarbeitung von Silben abläuft. Auch in Bezug auf die Verarbeitungszeit einzelner Wörter – Bündel an Informationen auf verschiedenen Ebenen – finden wir eine erstaunlich hohe Durchschnittsgeschwindigkeit: 150-200 msec/Wort oder auch höher (Matthei & Roeper 1983, Kap. 7)[7][8].

Im Abschnitt über das Lexikon (§ 2.2) wurde ausgeführt, dass in jedem einzelnen Wort (Lexem) verschiedene Informationen enthalten sind. Sie umfassen die phonologische Struktur, die orthographische Repräsentation, die Kategorie, den syntaktischen Rahmen, die morphologischen Charakteristika (Stamm- sowie mögliche Flexions- und Derivationsmorpheme, eventuell Verbpartikeln usw.), die Bedeutungen der einzelnen lexikalischen Elemente und auch die Beziehungen zwischen Bedeutungen.

Ähnlich der Verarbeitung von Lauten erweist sich auch die Verarbeitung einzelner Wörter bei Versprechern als ein modular strukturiertes System. So werden z.B. in einem Satz:
– Wörter ausgetauscht, die zur gleichen Kategorie gehören: z.B. zwei Nomina im Kompositum „Gift*glas*unglück" <== „Giftgasunglück"; „wir lernen bis zum *Abszess*" <== „Exzess";
– Morpheme übertragen, die Suffixe darstellen: „ge*monatete* Arbeiten" <== „gearbeitete Monate"[9];
– semantische Fehler begangen, wofür die „*Psychopathologie des Alltagslebens*" von Freud (1901) zahlreiche Beispiele anbietet. Eine durch Freud klassisch gewordene Fehlleistung ist

---

[7] Die durchschnittliche Verarbeitungszeit bei (amerikanischen) GebärdensprecherInnen beträgt 2,5 Gebärden/Sekunde, d.h. 400 msec/Gebärde (vgl. Bellugi & Klima 1976).
[8] Die Sprechgeschwindigekit ändert sich, wenn sie nach der Anzahl der Wörter gemessen wird: z.B. in einer Sprache wie Englisch, in der die Wörter verglichen mit dem Italienischen durchschnittlich kürzer sind, sind höhere Werte zu erwarten (182 Wörter/Minute gegenüber 120 Wörter/Minute: Voghera 1992, S.254, Fußnote 9).
Eine zusätzliche Komponente, die bei solchen Messungen beachtet werden soll, ist die Textsorte: in einem italienischen Hörtext, der aus einer Radiosendung stammt, wurde eine signifikant höhere Geschwindigkeit festgestellt (166 Wörter/Minute: ebda.).
[9] Die letzten drei Beispiele sind Leuninger 1987 entnommen. Zu bemerken ist die morphologische Anpassung des vertauschten Wortes im letzten Beispielsatz: es wird „Arbeit*en*" und nicht „Arbeit*e*" produziert.

die Vertauschung des Wortes „Versuche" durch „Versuchungen". Solche Erscheinungen treten im Alltag häufig auf: vgl. die Aussage in einem kurzen persönlichen Kontakt: „Ich halte dich nicht aus" (gemeint: „auf").

Die unterschiedlichen Informationen der Module im Lexikon sind im linguistischen System miteinander verbunden und doch autonom abrufbar, was der Organisation von Bibliothekkatalogen ähnelt (vgl. Matthei & Roeper 1983, Kap. 7). Psycholinguistische Experimente haben dies bewiesen, z.B. Swinney 1979:

ENGLISCH
10) Bill rose from his seat.
    (Bill stand–auf von seinem Sitzplatz)
    „Bill stand von seinem Sitzplatz auf."

Hier ist *"rose"* eindeutig als Verb („stand auf") zu interpretieren, obwohl es auch „Rose" bedeuten kann. Trotz dieses eindeutigen syntaktischen Kontextes rief das Wort *"rose"* bei den Versuchspersonen auch semantische Assoziationen hervor, die zum Nomen passen (z.B. Blume, Duft, Geschenk usw.)[10].

Diese Aktivierung ist von kurzer Dauer: sie entspricht der Zeitspanne der Verarbeitung von durchschnittlich drei Silben (Swinney 1979; ähnliche Ergebnisse in Seidenberg et al. 1982). In mehrdeutigen Kontexten bleibt die Aktivierung länger erhalten, obwohl sie drei oder vier Wörter nach dem betreffenden Wort (d.h. gegen Satzende) beinahe verschwindet (Hudson & Tanenhaus 1984, in Frazier & Rayner 1987).

Das Lexikon wird also in einem eigenen Subsystem verarbeitet, das sich zum Teil als blind gegenüber Prinzipien erweist, die aus anderen linguistischen Subsystemen (z.B. Semantik oder Syntax) stammen (vgl. Samuel 1981).

Das Bild der Organisation des Lexikons wird noch komplexer dadurch, dass oft auch in den geschlossenen Klassen der Präfixe und Suffixe zweideutige Elemente erscheinen. In den folgenden Beispielen ist „-s" das mehrdeutige Morphem (Frazier 1985, S.144):

ENGLISCH
11)   The boy[z] ...
    a The boys are ...
      (die Jungen sind)
    b The boy's hat ...
      (der des-Jungen Hut)
    c The boy's here.   (= "The boy is here")
      (der Junge-ist hier)

---

[10] Ein entsprechender Beispielsatz auf Deutsch würde lauten: „Ich bot ihm eine Zigarre an." mit Assoziationen zu „Boot".

d The boy's been here.　　　(= "The boy has been here")
(der Junge-ist gewesen hier)

Im Deutschen gibt es z.B. „-er" als agentives und komparatives Suffix („Fahr*er*", „schön*er*");
„un-" als verneinendes, verschlechterndes und verstärkendes Präfix („*un*möglich", „*Un*ding",
„*Un*menge"); „ge-" als Präfix von Infinitiv- und Partizipformen („*ge*wöhnen", „*ge*gangen");
„mit" als instrumentale und komitative Präposition („*mit* dem Schlüssel", „*mit* der Tante");
„zu" als Infinitivmarkierer und Präposition („schwer *zu* sagen", „*zu*r Post").
Wie im phonologischen Bereich gilt auch im Lexikon das Prinzip, dass die Verarbeitung und
Speicherung strukturierter Elemente leichter ist als die Verarbeitung und Speicherung von nicht
strukturierten oder weniger strukturierten Elementen.

Kontexteffekte bei lexikalischen Aufgaben können als eine Form semantischer Strukturierung
betrachtet werden. J. A. Fodor (1983, S.74ff.) warnt aber vor der Überbewertung solcher Effekte: er erinnert an Worterkennungstests, in denen die Wirkung der Plausibilität der in einem Text
fehlenden Wörter (in „*Cloze*-Wert" ausgedrückt) von nur marginaler Bedeutung war, während
sie bei kürzerer Dauer des Stimulus überhaupt keine Wirkung hatte. Die Wirkung des
Kontextes auf lexikalische Entscheidungen ist in einem differenzierteren Licht zu betrachten:
sie ist bezüglich der Latenzzeit der Worterkennung nur dann von Belang, wenn der Cloze-Wert
über 90% ist; ansonsten wurde kein Unterschied zu isolierten Wörtern festgestellt. Die Tatsache, dass die Erkennung von semantisch unerwarteten Wörtern mehr Zeit benötigte, ist als Indiz für das Vorhandensein *post*perzeptueller Effekte anzusehen.
Unter Berücksichtigung des möglichen Einflusses methodologischer Faktoren soll die
Evaluation solcher Testergebnisse im Allgemeinen mit Vorsicht betrachtet werden.

In der Verarbeitung der Wörter spielen neben dem sprachlichen und nichtsprachlichen Kontext
auch andere Variablen eine Rolle. Die Schnelligkeit, mit der ein Wort aktiviert wird, wird z.B.
durch die Häufigkeit und Dauer seines Gebrauchs bzw. die Zeitspanne seit dem letzten Gebrauch beeinflusst.

3.2.3 Die syntaktische Ebene

3.2.3.1 Verarbeitung "on-line"?
Alle psycholinguistischen Theorien nehmen mehr oder weniger explizit an, dass der Parser
nach *Effizienzprinzipien* arbeitet. Bei der begrenzten Kapazität des Kurzzeitgedächtnisses wäre
die Speicherung der strukturellen Daten eines Satzes gar nicht ökonomisch und wird daher in
der Psycholinguistik für nicht wahrscheinlich gehalten. Es wird hingegen angenommen, dass
die Interpretation der strukturellen Daten unvermittelt erfolgt, in anderen Worten: „Der Parser
wartet nicht".
Diese These ist einfach zu überprüfen, wenn man annimmt, die folgenden Sätze in 12) jeweils
als den letzten Satz einer Buchseite zu lesen. In allen Fällen könnte es sich im entsprechenden
Kontext um einen vollständigen Satz handeln:

12) a Das.
    b Das italienische.
    c Das italienische Mädchen.
    d Das italienische Mädchen führte.
    e Das italienische Mädchen führte alle.
    f Das italienische Mädchen führte alle Passagiere.
    g Das italienische Mädchen führte alle Passagiere mit.
    h Das italienische Mädchen führte alle Passagiere mit Koffer.
    i Das italienische Mädchen führte alle Passagiere mit Koffer mit.
    j Das italienische Mädchen führte alle Passagiere mit Koffer mit hinaus.

Bei der Wahrnehmung immer wieder neuer Satzkonstituenten muss der Strukturbaum expandieren:

13) a [$_{DP}$ [$_D$ Das]]
    b [$_{DP}$ [$_D$ Das] [$_{AP}$ italienische]]
    c [$_{DP}$ [$_D$ Das] [$_{AP}$ [$_A$ italienische][$_{NP}$ Mädchen]]]
    d [$_{IP}$ [$_{DP}$ [$_D$ Das] [$_{AP}$ [$_A$ italienische][$_{NP}$ Mädchen]]] [$_{VP}$ [$_V$ führte]]]
    e [$_{IP}$ [$_{DP}$ [$_D$ Das] [$_{AP}$ [$_A$ italienische][$_{NP}$ Mädchen]]] [$_{VP}$ [$_V$ führte][$_{DP}$ [$_D$ alle]]]]
    usw.

Durch eine solche lineare Darstellung der Sprachverarbeitung verlieren jedoch die Ausführungen zur Syntax (§ 2.3.1.2) nicht ihre Gültigkeit: der Parser kann hierarchisch organisiertes Material nicht Wort für Wort verarbeiten! Um die Tendenz des Parsers, *on-line* zu arbeiten, nicht zu verabsolutieren, sei hier nach Bierwisch 1983 ein Überblick über jene Fälle gegeben, die einen nicht linearen Verarbeitungsmodus erfordern (die ursprünglichen Beispiele sind auf Englisch):

A) Die referentielle Interpretation von Pronomina oder Spuren: erst am Ende der Äußerungen 14)a-b wird klar, ob sich das zweimal auftretende Pronomen „sie" jeweils auf „Maria" oder auf „Sabine" bezieht:

14) a Maria hat Sabine gefragt, wohin sie gehen kann, aber, weißt du, sie ist nicht die Person, die klare Antworten gibt.
    b Maria hat Sabine gefragt, wohin sie gehen kann, aber, weißt du, sie ist nicht die Person, die auf eine Antwort warten kann.

Dies gilt ebenso für Fragen wie in 15)a: erst nach der Wahrnehmung des Verbs "*see*" kann die erste Spur in 15)b eindeutig auf das Subjekt "*you*" bezogen werden, nach der durch die Indices angegebenen Referenz in 15)b:

ENGLISCH
15) a Who did you expect to see at the meeting?
       (wer/wen AUX du erwarten zu sehen bei BEST.ART. Sitzung)

    b Who$_i$ did you$_j$ expect [t$_j$ to see t$_i$ at the meeting]?
        „Wen erwartest du zu sehen bei der Sitzung?"

Mit einem Verb wie "*come*" in 16)a ergibt sich eine andere Referenz für "*who*" (vgl. 16)b):

16) a Who did you expect to come to the meeting?
        (wer AUX du erwarten zu kommen zu BEST.ART. Sitzung?"
    b Who$_i$ did you$_j$ expect [t$_i$ to come to the meeting]?
        „Wer, erwartest du, wird zur Sitzung kommen?"

B) Die Spezifizierung von determinierten Elementen als „Typus" (Englisch: "*type*") oder einzelnes, spezifisches Element (Englisch: "*token*"): in den Beispielsätzen 17)a-b wird erst am Ende der jeweiligen Äußerung klar, ob mit „das Buch" ein spezifisches Exemplar (mit Notizen) oder irgendeine Ausgabe dieses Buches gemeint ist:

17) a Als er die Vorlesung vorbereitete, vermisste er das Buch,
        das so voll mit wichtigen Notizen war.
    b Als er die Vorlesung vorbereitete, vermisste er das Buch,
        das so voll mit wichtigen Informationen war.

C) Die nicht wörtliche Interpretation:

18) a Alte Hasen lassen sich nicht leicht betrügen.
    b Alte Hasen lassen sich nicht gut braten.

D) Die Interpretation von:
i) Anaphorischen Ausdrücken: von der Basisposition vorverlegte anaphorische Ausdrücke wie „darüber" und „sich" in 19)a) können erst im Zusammenhang mit dem Verb am Satzende interpretiert werden:

19) a Darüber wünscht sich der Direktor genauer zu informieren.
    b Der Direktor wünscht, sich genauer darüber zu informieren.

ii) Skopuszuweisung: die Bedeutung eines Modalverbs wie „können" oder „sollen" wird durch die sich weiter vorne im Satz befindende Negation verändert:

20) a Hans kann die Monographie nicht verteilen.
        (= Es ist Hans nicht möglich, die Monographie zu verteilen.)
    b Hans soll die Monographie nicht verteilen.
        (= Es wurde Hans nahe gelegt, die Monographie nicht zu verteilen.)

iii) Funktor-Argument-Strukturen: ein bestimmter Artikel (Funktor) determiniert sein Argument („das Haus" in 21)a-b) aus der Menge der Häuser heraus:

21) a das große, grüne Haus
    b das große grüne Haus

Das relative Adjektiv „groß" impliziert, dass sein Argument größer als der Durchschnitt ist. Eine Vorstellung von der Größe ergibt sich erst dann, wenn das Nomen wahrgenommen wird, denn ein durchschnittlich großes Haus ist z.B. größer als eine durchschnittlich große Tasse.
In 21)a schränkt das attributive Adjektiv „grün" die Identifikation des Arguments nicht ein, sondern liefert bloß eine weitere Information zum betreffenden Haus (wie in: „das große und grüne Haus"). In 21)b hingegen wird das Argument zusätzlich spezifiziert: in diesem Fall ist ein überdurchschnittlich großes unter mehreren grünen Häusern gemeint.

Bei Verschiebungen und Vorwegnahmen von Satzkonstituenten müssen für die notwendige Zwischenlagerung der Informationen im Gedächtnis verschiedene Etappen in der Verarbeitung eines Satzes angenommen werden. Bei der Interpretation einer Äußerung werden gewöhnlich alle sprachlichen Ebenen im gesamten Kontext berücksichtigt. Selbst wenn der interpretative Mechanismus dazu neigt, maximal zu wirken, ist die Interpretation nicht notwendigerweise vollkommen. Wenn nicht, so entstehen Zweideutigkeiten, die durch die Vervollkommnung der Äußerung aufgehoben werden können: so z.B. bei Extrapositionen in Sätzen wie 22)a ist die Interpretation maximal, aber nicht komplett (Bierwisch 1983, S.148f.):

22) a Darauf hofft er ...
    b Darauf hofft er zurückzukommen.

Angenommen, dass in der Sprachverarbeitung die maximale Eindeutigkeit angestrebt wird, bleibt festzustellen, bis zu welchem Preis (in Termini der Komplexität der mental durchzuführenden Operationen) die Sprache im Falle mehrerer Möglichkeiten dazu neigt, *on-line* zu arbeiten (Bierwisch 1983, S.145).

Zuerst müssen wir aber aus der Nähe betrachten, welche Bausteine der syntaktische Prozessor in seiner tendenziell *on-line* gestalteten Interpretationsarbeit verwendet[11].

3.2.3.2 Syntaktische Kategorien und Prinzipien in der Satzverarbeitung
Es gibt eine ausreichende experimentelle Evidenz, dass HörerInnen bzw. LeserInnen während des Verständnisprozesses den grammatischen Input strukturieren. Konstituenten und leere Elemente (wie pro, PRO und Spuren: vgl. § 2.3.1.3.4) waren in ihrer Funktion als Satzbausteine Gegenstand zahlreicher psycholinguistischen Untersuchungen.
Stellvertretend sei hier ein Beispiel für leere Elemente (NP-Spuren) angeführt (aus Bever & McElree 1988; ähnliche Ergebnisse in McElree & Bever 1989):

ENGLISCH
23) a [The astute lawyer]$_i$ who faced a female judge was suspected t$_i$ constantly.
    (der schlaue Rechtsanwalt RELATIVPRONOMEN stand-gegenüber einer Richterin wurde verdächtigt stets)

---

[11] Der folgende Diskurs gilt im Allgemeinen nicht für Gebärdensprachen, da diese die gleichzeitige Ausführung mehrerer morphologischer und syntaktischer Merkmale vorsehen (Bellugi & Klima 1976).

„Der schlaue Rechtsanwalt, der einer Richterin gegenüberstand, wurde stets mit Verdacht angesehen."
- b [The astute lawyer] who faced a female judge was suspicious constantly.
(der schlaue Rechtsanwalt RELATIVPRONOMEN stand-gegenüber einer Richterin war argwöhnisch stets)
„Der schlaue Rechtsanwalt, der einer Richterin gegenüberstand, war stets argwöhnisch."

24) a [The astute lawyer]$_i$ who faced a female judge was suspected t$_i$ by the boys.
(der schlaue Rechtsanwalt RELATIVPRONOMEN stand-gegenüber einer Richterin wurde verdächtigt von den Jungen)
„Der schlaue Rechtsanwalt, der einer Richterin gegenüberstand, wurde von den Jungen verdächtigt."
- b [The astute lawyer] who faced a female judge had spoken to the boys.
(der schlaue Rechtsanwalt RELATIVPRONOMEN stand-gegenüber einer Richterin hatte gesprochen zu den Jungen)
„Der schlaue Rechtsanwalt, der einer Richterin gegenüberstand, hatte zu den Jungen gesprochen."

Der zu erwartende Effekt einer Spur in der Interpretation eines Satzes ist die Aktivierung des Begriffs, der mit der Spur verbunden ist. Das *Probe*-Wort *"astute"* (dt. „schlau") wurde bei Passivsätzen mit einer NP-Spur (vgl. 23)a und 24)a) schneller ins Gedächtnis gerufen als nach Adjektiven bzw. nach einer aktiven Form des Verbs, denen keine Spur folgt (vgl. 23)b und 24)b).

Auch das Erkennen der Wortkategorien wird durch den syntaktischen Kontext erleichtert (*"Top-down"*-Effekt): ein Verb wird leichter im Kontext #DP-NP___ erkannt, NP leichter im Kontext #DP-AP___ (Wright 1982, zit. in Fodor 1983, S.78).

Der nächste Schritt betrifft die Wirkung von syntaktischen Prinzipien auf die Sprachverarbeitung, wie sie in der generativen Theorie formuliert wurden.
Das Experiment von Nicol 1988 (zit. in Nicol & Swinney 1989) betrifft die Prinzipien A und B für die Distribution von Pronomina und Anaphern (vgl. § 2.3.2.2). In 25) werden Beispiele für die im Experiment präsentierten Sätze gegeben:

ENGLISCH
25) a The boxer told the skier that the doctor from the team would blame *him* for the recent injury.
(der Boxer sagte dem Skiläufer dass der Arzt von der Mannschaft AUX beschuldigen ihn wegen der jüngsten Verletzung)
„Der Boxer sagte dem Skiläufer, dass der Arzt der Mannschaft ihn wegen der jüngsten Verletzung beschuldigen würde."

b The boxer told the skier that the doctor from the team would blame *himself* for the recent injury.
(der Boxer sagte dem Skiläufer dass der Arzt von der Mannschaft AUXILIAR beschuldigen sich wegen der jüngsten Verletzung)
„Der Boxer sagte dem Skiläufer, dass der Arzt der Mannschaft wegen der jüngsten Verletzung die Verantwortung auf sich nehmen würde."

In diesem Experiment handelte es sich um einen „Test mit lexikalischer Entscheidung" (Englisch: "*lexical decision test*"): Die Versuchspersonen mussten während der Lektüre der auf dem Computerbildschirm erscheinenden Sätze so schnell wie möglich sagen, ob ein zusätzliches Wort, das im Text nicht vorkam, im Englischen existiert. Einige dieser *Probe*-Wörter waren mit Wörtern der Experimentsätze semantisch verbunden (z.B. bei den Sätzen in 25): „Autorennfahrer" oder „Krankenschwester"). Wurden semantisch korrelierende Wörter gleich nach einem Pronomen (z.B. "*him*") präsentiert, wurden sie ausschließlich auf Satzelemente wie "*boxer*" und "*skier*" bezogen. Wurden semantisch korrelierende Wörter gleich nach einer Anapher (z.B. "*himself*") präsentiert, wurden sie ausschließlich auf "*doctor*" bezogen[12].
Von Nicol & Swinney 1989 wurden auch Testergebnisse erhalten, die im Einklang mit Prinzip C der Grammatiktheorie (vgl. § 2.3.2.2, Fußnote 53) sind[13].

Diese Experimente bestätigen die psychologische Realität der Kategorien sowie der Spuren, die eine abstrakte und keine physische Entität darstellen. Sie dienen aber auch dazu, die Modalitäten der Referenzzuweisungen zu klären, die bei den verschiedenen Kategorien unterschiedlichen Bedingungen unterliegen. Anaphern und wh-Spuren wird die Referenz unmittelbar und eindeutig zugewiesen; bei Elementen wie Pronomina und PRO, die mehrere Referenten haben können, wird eine mehrfache Referenz aktiviert (wie bei mehrfachen Einträgen im Lexikon)[14]. Die Referenz wird dann durch diskursbedingte bzw. pragmatische Faktoren bestimmt, die wahrscheinlich in einer späteren, nicht modular organisierten Verarbeitungsphase wirken (§ 3.2.4.1).

3.2.3.3 Wenn der Parser über die Wörter stolpert
Bisher wurde als Basis der Sprachverarbeitung ein grundsätzlich *on-line* arbeitender Mechanismus angenommen, dessen Verfahren sich an den Prinzipien der Grammatiktheorie orientiert.

Im Sprachgebrauch wurde nun beobachtet, dass sich der Parser in gewissen Kontexten „verirrt": er entscheidet sich für bestimmte Interpretationen der Satzstruktur, die sich bei der Wahrnehmung weiterer Satzteile als unkorrekt erweisen. Der Parser muss also auf seinem Interpretationsweg „zurückkehren" und bereits interpretierte Satzteile revidieren, was der Öko-

---

[12] Konnten die Versuchspersonen eine tatsächliche semantische Korrelation zwischen den *Probe*-Wörtern und den syntaktisch „evozierten" Wörtern feststellen, hatten sie kürzere Reaktionszeiten.
[13] Weitere Beispiele befinden sich in Frazier & Clifton 1989.
[14] Alle möglichen Referenzen unterliegen jedenfalls den Einschränkungen, die mit den Prinzipien und Regeln der Grammatiktheorie verbunden sind.

nomie der Verarbeitung teuer zu stehen kommt. Diese für den Parser problematischen Sätze werden als *"garden paths"* bezeichnet („Gartenwege": aus dem englischen informellen Ausdruck *"to lead up the garden (path)"* = „verführen"). Ein Beispiel dafür ist der Satz in 3), hier als 26) wiederholt (das Zeichen „¿" kennzeichnet einen *Garden-path*-Satz):

26) ¿Gestern abend glaubte die attraktive junge Frau oben ohne das Waldbad zu kennen den Ausgang leicht finden zu können.

Dieses Phänomen ergibt sich bei mehreren Konstruktionen: dazu einige englische Beispiele aus der Literatur (vgl. Pritchett 1992, S.12 und 67; das Wort, bei dem das Schwierigkeitsgefühl entsteht, erscheint in Kursiv):

A) Zweideutigkeit zwischen Hauptsatz und reduziertem Relativsatz:

ENGLISCH

27) ¿The horse raced past the barn *fell*.
    (das Pferd (rannte)/gerannt nach BEST.ART. Getreidespeicher fiel)
    a ¿Das Pferd rannte nach dem Getreidespeicher *fiel* ...
    b Das Pferd, nachdem es nach dem Getreidespeicher gerannt war, fiel.

B) Zweideutigkeit zwischen Relativsatz und Komplementsatz:

ENGLISCH

28) ¿The doctor persuaded the patient that he was having trouble with *to leave*.
    (der Arzt überredete den Patienten (dass)/RELATIVPRONOMEN er hatte Schwierigkeiten mit zu wegfahren)
    a ¿Der Arzt überredete den Patienten, dass er Schwierigkeiten mit *zu fahren* ...
    b Der Arzt überredete den Patienten, mit dem er Schwierigkeiten hatte, wegzufahren.

C) Zweideutigkeit zwischen Objekt und Subjekt:

ENGLISCH

29) ¿Mary warned her mother *hated* her.
    (Mary warnte (ihre)/sie Mutter hasste sie)
    a ¿Mary warnte ihre Mutter *hasste* ...
    b Mary warnte sie davor, dass die Mutter sie hasste.

30) ¿Without her contributions *would* be impossible.
    (ohne (ihre)/sie Beiträge AUXILIAR sein unmöglich)
    a ¿Ohne ihre Beiträge *wäre* ...
    b Ohne sie wären Beiträge unmöglich.

D) Zweideutigkeit mit doppeltem Objekt:

ENGLISCH

31) ¿I gave the girl the dog *bit* a bandage.

(ich gab BEST.ART.-DATIV Mädchen BEST.ART.-(AKKUSATIV)/NOMINATIV Hund biss einen Verband)
a ¿Ich gab dem Mädchen den Hund *biss* ...
b Ich gab dem Mädchen, das der Hund biss, einen Verband.

In solchen Fällen ergibt sich *bei allen SprecherInnen* ein Interpretationsproblem: der Leser/die Leserin wird von „den Ausgang leicht" in 26) (wie auch von allen Elementen, die in den Beispielsätzen in 27)-31) kursiv erscheinen) systematisch überrascht. Dies wurde durch Augenbewegungsexperimente (Rayner, Carlson & Frazier 1983) bestätigt: wenn solche Sätze gelesen werden, ergeben sich längere Fixierungen im desambiguierenden Bereich (d.h. an der Stelle, an der sich der Leser/die Leserin des Interpretationsfehlers bewusst wird) und regressive Augenbewegungen (vgl. dazu § 4.2.2).

Wie kann es nun sein, dass der normalerweise schnell und effizient arbeitende Sprachverarbeitungsmechanismus zu einer so antiökonomischen Revision der ursprünglichen Interpretation kommt? Für das Entstehen dieser systematischen Verarbeitungsschwierigkeiten wurden verschiedene Hypothesen formuliert. Einige davon werden in der Folge schematisch erläutert.

Hypothese I): „Beim Versuch, jedes wahrgenommene Satzfragment als grammatikalisch zu interpretieren" (allgemein-kognitive Erklärung, Wahrnehmungsstrategie) – Nicht richtig: Wäre es so, müsste es möglich sein, z.B. einen Satz wie in 32) ohne Schwierigkeiten zu verarbeiten, da die strukturelle Interpretation von *"he was having trouble with"* als Relativsatz grammatikalisch korrekt ist:

ENGLISCH
32) ¿The doctor persuaded the patient he was having trouble with *to* leave.
(der Arzt überredete den Patienten er hatte Schwierigkeiten mit zu wegfahren)
„Der Arzt überredete den Patienten, mit dem er Schwierigkeiten hatte, wegzufahren."

Obwohl grammatikalisch korrekt, wird die Relativsatz-Option in Wirklichkeit systematisch vernachlässigt und die LeserInnen werden zu einer Interpretation des Satzes als THEMA („Der Arzt überredete den Patienten, dass er mit ... Probleme hat.") verführt.

Hypothese II): „Um eine syntaktisch komplexere Struktur zu vermeiden" (allgemein-kognitive Erklärung) – Nicht richtig: Die bevorzugte Gruppierung *"without her contributions"* in 33) (wie in 30)) ist komplexer als die Gruppierung *"without her"* mit *garden path* in 34) (vgl. Fanselow & Felix 1993[3], Bd.I, S.180):

ENGLISCH
33) [$_{PP}$ Without [$_{DP}$ her [$_{NP}$ contributions]]] it would be impossible.
34) ¿[$_{PP}$ Without [$_{DP}$ her]] [$_{NP}$ contributions] *would* be impossible.

Hypothese III): „Um eine Reanalyse (Englisch: *"backtracking"*) zu vermeiden, denn Reanalysen sind immer aufwendig" (allgemein-kognitive Erklärung) – Nicht richtig: der folgende, mehrmals reanalysierte Beispielsatz ist nicht so problematisch:

ENGLISCH
35) The woman kicked her sons' dogs' houses' doors.
   (die Frau stieß (sie-SINGULAR)/ihr Söhne-POSSESSIVUM Hunde-POSSESSIVUM Häuser-POSSESSIVUM Türen)
   „Die Frau stieß gegen die Türen der Häuser der Hunde ihrer Söhne."

Hypothese IV): „Die aktive und transitive Verbform wird immer bevorzugt (lexikalisch-funktionale Erklärung)" – Nicht richtig: Mit *"found"* (Partizip Perfekt, passiv, dt. „gefunden") ergibt sich kein *garden path* in:

ENGLISCH
36) The bird found in the store died.
   (der Vogel (fand)/gefunden in dem Geschäft starb)
   „Der Vogel, der im Geschäft gefunden worden war, starb."

Hypothese V): „Die thematische Reanalyse bereits verarbeiteten Satzmaterials ist an sich aufwendig" – Nicht richtig bzw. nicht ausreichend: Keine Verarbeitungsschwierigkeiten entstehen bei englischen Konstruktionen wie den folgenden in 37)-38) (die thematischen Rollen erscheinen in Klammern in Großbuchstaben):

ENGLISCH
37) J.B. (AGENS) loaded the truck (OBJEKT) with bananas (THEMA).
   (J.B. belud den Lastwagen mit Bananen)
38) J.B. (AGENS) loaded the bananas (OBJEKT) on the truck (ORT).
   (J.B. lud-auf die Bananen auf den Lastwagen)
   „J.B. lud die Bananen auf den Lastwagen auf."

Keine Probleme verursacht die Reanalyse der Theta-Rolle von *"her"* beim Hauptverb *"know"* in 39)b; in derselben Konstruktion mit dem Verb *"warn"* in 39)a (wie 29)) entsteht aber wohl ein Garden-path-Effekt:

ENGLISCH
39) a ¿Mary warned her mother *hated* her.
       (Mary warnte (ihre)/sie Mutter *hasste* sie)
    b Mary knew her mother hated her.
       (Mary wusste ihre Mutter hasste sie)[15]

Nach Pritchett 1992 verursacht die Reanalyse Garden-path-Effekte nur dann, wenn die Position einer Konstituente in der ursprünglichen Satzanalyse (Englisch: *"source"*, dt. „Quelle") und deren Position nach der revidierten Analyse (Englisch: *"target"*, dt. „Ziel") in einer bestimmten strukturellen Beziehung stehen. Ohne allzu viele technische Details anzugeben (s. dazu

---

[15] In Pritchett 1988, 1992 (S.13ff.) werden weitere Hypothesen aus theoretischen oder empirischen Gründen verworfen.

Pritchetts "*On-Line Locality Constraint*", 1992, S.99ff. und S.138), seien hier die Diagramme für die Interpretationen des „normalen" Satzes in 33) und des Garden-path-Satzes in 34) (hier in 41)) gezeigt:

ENGLISCH

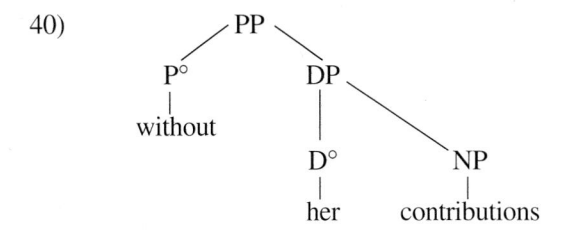

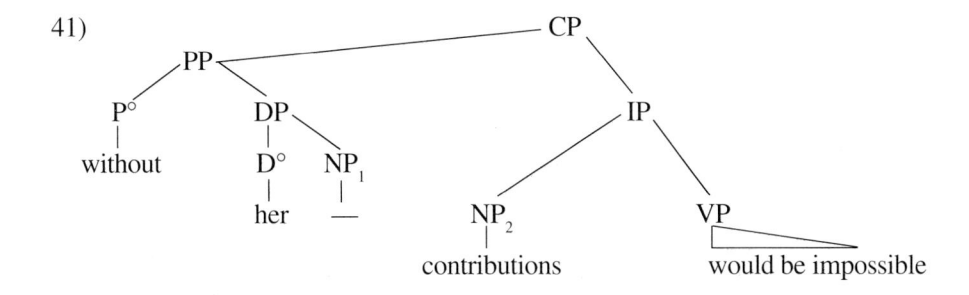

40)
```
         PP
        /  \
       P°   DP
       |    |
    without D°──NP
            |    |
           her  contributions
```

41)
```
                              CP
              PP─────────────/  \
             /  \              IP
            P°   DP            / \
            |    / \          /   \
         without D° NP₁     NP₂    VP
                |    |      |      |
               her  ──  contributions would be impossible
```

Wenn die Interpretation vom Satz 40) zum Satz 41) fortschreitet, muss der syntaktische Kontext reanalysiert werden. Durch die Konstruktion eines Hauptsatzes mit "*contributions*" als Subjekt geht jede strukturelle Beziehung zwischen der NP₁-Position und der NP₂-Position „verloren": dazwischen sind nämlich ein CP- und ein IP-Knoten, die das mögliche hierarchische Verhältnis zwischen den zwei NP-Positionen blockieren[16].
Auf diese Weise können auch die übrigen Garden-path-Beispiele erklärt werden[17].

Der größte Vorteil dieser Theorie ist, dass auch den Garden paths scheinbar ähnliche Konstruktionen, die aber Hörer-/LeserInnen keine Verarbeitungsschwierigkeiten bereiten, sich damit

---

[16] Im minimalistischen Grammatikmodell werden weitere strukturelle Positionen zwischen den betreffenden NPn angenommen. Dies kann natürlich Pritchetts Argumentationen nicht entwerten.
[17] Bei einer *pro-drop*-Konstruktion (Nullsubjektkonstruktion: vgl. § 2.3.1.3.4) ergibt sich durch die Einfügung eines Null-Arguments eine lokale grammatische Interpretation, so dass sich die Notwendigkeit, eine bereits verarbeitete Konstituente zu reanalysieren, erübrigt. Nach der Theorie von Pritchett 1992 ist jedenfalls die bevorzugte Lesart der Sequenz „NP NP V" in einer verbfinalen Sprache wie Japanisch in 41) wie in i), und nicht wie in ii):
    i) pro NP NP V
    ii) NP NP pro V.
Dieser Voraussage liefert De Vincenzi 1991 empirische Unterstützung mit Daten aus dem Italienischen.

erklären lassen. Dazu gehören Präpositionalphrasen mit Argumentfunktion ("*to Sally*" in 42) vs. "*in the jar*" in 43)), mehrfach eingebettete Spezifikator-Stellen in 35) (hier als 44) wiederholt) oder Objektsätze, die von Verben wie "*know*" (in 45)) oder "*expect*" mit nur zwei thematischen Rollen abhängen[18]:

ENGLISCH

42) I gave her earrings (to Sally).
   (Ich gab (sie-SINGULAR)/ihre Ohrringe (DATIVPRÄPOSITION Sally))
   „Ich gab Sally ihre Ohrringe."
43) ¿Joe put the candy in the jar *into my mouth.*
   (Joe stellte den Bonbon in (die)/der Dose in meinen Mund)
   „Joe gab den Bonbon, der in der Dose war, in meinen Mund."
44) The woman kicked her sons' dogs' houses' doors.
   (die Frau stieß (sie-SINGULAR)/ihr Söhne-POSSESSIVUM Hunde-POSSESSIVUM Häuser-POSSESSIVUM Türen)
   „Die Frau stieß gegen die Türen des Hauses des Hundes ihrer Söhne."
45) We knew her contributions failed to come in.
   (wir wussten (sie-SINGULAR)/ihre Beiträge fehlten zu kommen)
   „Wir wussten, dass ihre Beiträge nicht gekommen sind."

Dieses auf der abstrakten, syntaktischen Ebene gültige Prinzip wirkt selbst dann, wenn die "*Source*"-Position nicht lexikalisch besetzt ist, wie z.B. die Position des Objekts von "*warn*" im folgenden Satz:

ENGLISCH

46) ¿Rex warned the ugly little man feared him.
   (Rex warnte der hässliche kleine Mann fürchtete-sich-vor ihm)
   „Rex warnte, dass sich der hässliche, kleine Mann vor ihm fürchtete."

Solche Fallbeispiele belegen, dass das Prinzip einer erfolgreichen Interpretation nicht nur auf der Theta-Theorie basieren kann. Auch besteht keine Notwendigkeit, alle thematischen Rollen zu saturieren: der vorige Beispielsatz zeigt, dass eine Thetarolle leer bleiben kann.
Noch dazu: das Prinzip von Pritchett 1992 tritt manchmal mit einer strikten Anwendung der Theta-Theorie sogar in Konflikt, wie im Falle der Zweideutigkeit einer thematischen Domäne. Beispiele dafür sind die Sätze in 47) und 48): in beiden Fällen neigen die LeserInnen dazu, "*the book*" als Objekt von "*was reading*" zu interpretieren, selbst wenn "*give*" eine obligatorische Theta-Rolle OBJEKT verlangt, während "*read*" auch in der Lesart ohne Objekt akzeptiert wird[19]:

---

[18] Wenn die Objekt-DP im Laufe der Interpretation zu Teil einer Objekt-Proposition „wird", bleibt die letztere im strukturellen Kontrollbereich der DP und verursacht daher keinen Garden-path-Effekt.
[19] Genauso wie „essen", „trinken", „fernsehen", wenn diese Aktivitäten als intensiv betriebene Beschäftigungen gemeint werden.

ENGLISCH
47) ¿Kathy gave the man who was reading the book.
   (Kathy gab dem Mann der war lesend das Buch)
   „Kathy gab dem Mann, der gerade las, das Buch."
48) ¿Kathy gave the man who was reading the book the magazine.
   (Kathy gab dem Mann der war lesend das Buch die Zeitschrift)
   „Kathy gab dem Mann, der gerade das Buch las, die Zeitschrift."[20]

Für die Verarbeitung von Garden-path-Sätze scheinen also weder der semantische Gehalt der Theta-Rollen (z.B. OBJEKT statt THEMA in 37) und 38)) noch deren Anzahl (Beispiele in 46), 47) und 48)) relevant zu sein. Die Notion der Theta-Rolle muss daher nicht nur konzeptuell, sondern auch strukturell verstanden werden: insoferne ist die Theta-Theorie auch ein Modul der Grammatik.

Eine sehr wichtige Frage in der Linguistikforschung ist, inwieweit die vorgeschlagenen Theorien zwischensprachlich gelten. Für die Psycholinguistik ist eine Überprüfung anhand von Daten in verschiedenen Sprachen umso mehr angebracht, als die Daten der Forschung bisher fast ausschließlich aus dem Englischen stammten (wir werden im Folgenden sehen, wie dies die theoretischen Inhalte auch bestimmt hat). Nun, für das oben beschriebene Prinzip wurden Bestätigungen gefunden, die aus strukturell sehr unterschiedlichen Sprachen entspringen. Nicht nur aus einer SVO-Sprache wie dem Englischen, sondern auch aus Sprachen wie dem Deutschen, dem Mandarin-Chinesischen und dem Hebräischen, die SOV als Grundstruktur und SVO als „sichtbare" Struktur haben, und auch aus dem Japanischen und Koreanischen, die eine strikte SOV-Struktur aufweisen: vgl. das deutsche Garden-path-Beispiel in 2), hier als 49) wiederholt, mit dem unproblematischen Satz in 50):

49) ¿… dass der Entdecker von Amerika erst im 18. Jahrhundert *erfahren hat.*
50) … dass der Nachbar mit dem großen Hund verzweifelt gerungen hat.

Die Analyse des Sprachverarbeitungsmodus bei Garden paths liefert somit reichliche empirische Evidenz dafür, dass der syntaktische Prozessor durch einen universell gültigen Mechanismus geregelt ist, der den allgemeinen, abstrakten Prinzipien der Grammatik genügt.

---

[20] Ähnlich verhalten sich Sätze mit einer Präpositionalphrase wie "*in the library*" (aus Frazier & Fodor 1978) oder mit einer Verbpartikel wie "*up*" (Fanselow & Felix 1993³, Bd.I, S.184, aus Frazier 1979). In eckigen Klammern sind die Ausdrücke, die nach der bevorzugten Lesart eine Konstituente bilden, in Kursivschrift sind die in der grammatischen Lesart zusammengehörenden Satzteile:
ENGLISCH
   i) Jessie *put* the book Kathy [was reading *in the library*] …
      (Jessie stellte das Buch Kathy war lesend in BEST.ART. Bibliothek)
      „Jessie stellte das Buch, das Kathy in der Bibliothek gerade las, …"
   ii) John *called* the people who [smashed his car *up*].
      (John *rief* die Leute die [zertrümmten sein Auto *PARTIKEL*])
      „John rief die Leute, die sein Auto "up"-zertrümmten, …"

Dadurch wird auch der Unterschied zwischen einem „unwohlgeformten" (Englisch: "*ungrammatical*") und einem „unverarbeitbaren" (Englisch: "*unprocessable*") Satz genauer definiert: nicht wohlgeformt ist ein Satz, der grammatische Einschränkungen *global* verletzt; nicht zu verarbeiten ist ein Satz, der grammatische Prinzipien nur *lokal*, d.h. temporär verletzt (Pritchett 1992, S.154).

Außerdem wird bei der Garden-path-Analyse die Tendenz des syntaktischen Prozessors bestätigt, *on-line* zu wirken: die Entscheidungen über die Interpretation der Satzstruktur werden unmittelbar getroffen, auch auf die Gefahr hin, die Interpretationsarbeit wiederholen zu müssen.

Das Vorhandensein einer starken Korrelation zwischen den Theorien der Sprachverarbeitung mit der Grammatiktheorie – von den oberen Daten empirisch unterstützt –, ermöglicht schließlich, die von der Grammatiktheorie angenommenen Strukturen auf der Basis von Effekten der syntaktischen Verarbeitung ("*parsing*") zu überprüfen (Pritchett 1992, S.117ff.).

3.2.3.4 Potentielle Zweideutigkeiten in der Sprachverarbeitung

Bei Garden paths machen lokale syntaktische Bedingungen die Interpretation des Satzes an einer bestimmten Derivationsstelle unmöglich. Die Zweideutigkeit entsteht im Laufe der Verarbeitung selbst.

Im Sprachgebrauch ergeben sich auch andere Fälle zweideutiger Interpretationen. Im Unterschied zu Garden paths sind sich die SprecherInnen dieser Zweideutigkeiten nicht bewusst, da beide Optionen grammatikalisch richtig sind; jedoch wird eine systematisch stark bevorzugt bzw. als natürlicher empfunden.

Für die folgenden Sätze in 51) und 52) wird z.B. jeweils die a)-Option bevorzugt:

ENGLISCH

51) The spy saw the cop with binoculars.
 (der Spion sah den Polizisten mit Fernglas)
 „Der Spion sah den Polizisten mit einem Fernglas."
 a The spy [$_{VP}$ saw [$_{DP}$ the cop] [$_{PP}$ with binoculars]]
  (Der Spion hatte ein Fernglas.)
 b The spy [$_{VP}$ saw [$_{DP}$ [$_{DP}$ the cop] [$_{PP}$ with binoculars]]].
  (Der Polizist hatte ein Fernglas.)

52) The girl applied for the job that was attractive.
 (das Mädchen bewarb-sich für den Job RELATIVPRONOMEN war anziehend)
 a The girl applied for [$_{DP}$ the job [$_{CP}$ that was attractive]].
  „Das Mädchen bewarb sich für den Job, der anziehend war."
  (Der Job war anziehend.)
 b [$_{DP}$ The girl] applied for the job [$_{CP}$ that was attractive].
  „Das Mädchen, das anziehend war, bewarb sich für den Job."
  (Das Mädchen war anziehend.)

Im Gegensatz zu Garden paths lässt sich die Zweideutigkeit hier weder an bestimmten Wörtern festmachen, noch ist sie mit der Verletzung grammatikalischer lokaler Wohlgeformtheitsbedingungen verbunden.

Um das Phänomen zu erklären, wurden *Sprachverarbeitungsprinzipien* angenommen, die zusätzlich zu strukturellen Grammatikprinzipien die Interpretation der Sprache regeln. Die zugrundeliegende Hypothese ist, dass der Parser, der immer unter Zeitdruck arbeitet, eine Strategie anwendet, die minimale Gedächtnisleistungen erfordert.
Demnach wurden Prinzipien wie "*Minimal Attachment*" (dt. „Minimaler Anschluss") und "*Late Closure*" (dt. „Später Abschluss") vorgeschlagen (Frazier & Fodor 1978).

Das Prinzip des "*Minimal Attachment*" lautet: „Postuliere keine potentiell unnötigen syntaktischen Knoten". Diese Tendenz zu einer möglichst geringen Anzahl nicht-terminaler Knoten drückt sich in einer möglichst flachen Struktur des syntaktischen Baumdiagramms aus. Damit wird die Tendenz erklärt, Sätze wie 51) eher als 51)a denn als 51)b zu interpretieren. Die (vereinfachten) Baumdiagramme in 53)-54) lassen den strukturellen Unterschied zwischen den zwei Lesarten deutlich erkennen:

ENGLISCH
53) The spy [$_{VP}$ [$_{VP}$ *saw* [$_{DP}$ the cop]] [$_{PP}$ *with binoculars*]]
   (Der Spion hatte ein Fernglas.)

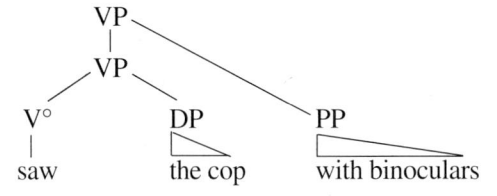

54) The spy [$_{VP}$ saw [$_{DP}$ [$_{DP}$ *the cop*] [$_{PP}$ *with binoculars*]]].
   (Der Polizist hatte ein Fernglas.)

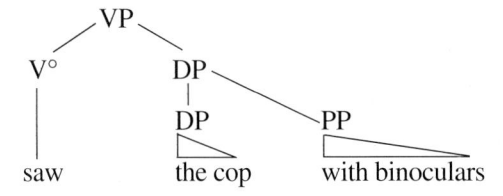

Experimentelle Evidenz für die Anwendung des *Minimal Attachment* gibt es auch in Sprachen, die nach links konstruieren, wie Japanisch (vgl. Hasegawa 1990), Deutsch und Niederländisch (Frazier 1987 in Mazuka & Lust 1990). Eine weitere Bestätigung kam von Augenbewegungstests (Frazier & Rayner 1982)[21].

---

[21] Bei disambiguierenden Wörtern wurden Blickregressionen und längere Fixierungen nachgewiesen: vgl. § 4.2.3.2.

Das Prinzip des *Late Closure* lautet: „Jedesmal, wenn es möglich ist, knüpfe das letzte lexikalische Element an die Phrase, die du gerade analysierst". Dadurch wird die bevorzugte Interpretation von 52) nach 52)a (sowie die Garden-path-Effekte in 47) und 48)) erklärt. Dieses Prinzip scheint derart mächtig zu sein, dass es zu ungrammatikalischen Interpretationen verleitet, wie im nächsten Beispielsatz:

ENGLISCH
55) a The girl applied for *the jobs that was attractive*.
    (das Mädchen bewarb-sich für die Jobs RELATIVPRONOMEN war anziehend)
    „Das Mädchen, das anziehend war, bewarb sich für die Jobs."

Das Verb *"was"* (Einzahl) wird irrtümlich auf das Nomen *"jobs"* (Mehrzahl) bezogen[22].

Pritchett 1992 erhebt verschiedene Kritikpunkte gegen *Minimal Attachment* und *Late Closure*. Die erste Kritik erfolgt auf der empirischen Ebene: *Minimal Attachment* sagt z.B. im Fall von Sätzen wie 42) (hier als 56) wiederholt) im Unterschied zu 57) Verarbeitungsschwierigkeiten voraus, was den empirischen Daten nicht entspricht:

ENGLISCH
56) I gave her earrings to Sally.
    (ich gab (ihr)/ihre Ohrringe DATIVPRÄPOSITION Sally)
    „Ich gab Sally ihre Ohrringe."
57) I gave her earrings on her birthday.
    (ich schenkte ihr/(ihre) Ohrringe an ihrem Geburtstag)
    „Ich schenkte ihr Ohrringe an ihrem Geburtstag."

Nach *Minimal Attachment* sollte der Parser das Pronomen *"her"* eher als weibliches Dativpersonalpronomen denn als Possessivum interpretieren, um eine möglichst „flache" Struktur (wie in 53)) zu bilden. Das Dativobjekt *"to Sally"* sollte den Parser überraschen und ein Gefühl der Schwierigkeit hervorrufen. Dies geschieht aber nicht.

Außerdem reichen heuristische Strategien wie *Minimal Attachment* und *Late Closure* nicht aus, um Garden-path-Effekte zu erklären (Pritchett 1988, 1992): dadurch wird der Unterschied zwischen Garden-path-Sätzen wie in 39)a und unproblematischen Sätzen wie in 39)b (hier als 58)a-b wiederholt) nicht erfasst:

ENGLISCH
58) a ¿Mary warned her mother *hated* her.
       (Mary warnte (ihre)/sie Mutter *hasste* sie)
    b Mary knew her mother hated her.
       (Mary wusste ihre Mutter hasste sie)

---

[22] Sätze, die nach dem *Late Closure*-Prinzip konstruiert sind, werden selbst dann schneller verarbeitet, wenn sie mit einer unpassenden Intonation präsentiert werden. Dies impliziert auch, dass syntaktische Informationen „solider" als prosodische Informationen verarbeitet werden.

Ein weiteres empirisches Problem, das auch theoretische Bedenken nach sich zieht, entsteht dadurch, dass die zwei Prinzipien manchmal miteinander in Konflikt geraten, wobei der Konflikt aus nicht geklärten Gründen zugunsten von *Minimal Attachment* gelöst wird. Dies ergibt sich bei Garden-path-Sätzen wie dem folgenden, der nach *Late Closure* ohne Schwierigkeiten interpretiert werden sollte:

ENGLISCH
59) ¿The patient warned the doctor he was having trouble with *he* should leave.
   (der Patient warnte den Arzt er hatte Schwierigkeiten mit *er* sollte gehen)
   „Der Patient warnte den Arzt, mit dem er Schwierigkeiten hatte, dass er gehen sollte."

Dennoch tritt hier ein *Minimal-Attachment*-Effekt auf: nach "*with*" (dt. „mit") wird ein lexikalisches Objekt (wie "his liver", dt. „seine(r) Leber", in 60)) erwartet:

60) The patient warned the doctor he was having trouble with his liver.
   (der Patient warnte den Arzt er hatte Schwierigkeiten mit seiner Leber)
   „Der Patient warnte den Arzt, dass er Schwierigkeiten mit seiner Leber hatte."

Daraus muss geschlossen werden, dass *Minimal Attachment* vor *Late Closure* die Interpretation der Satzstruktur bestimmt. Dafür scheint es jedoch keine perzeptuellen oder allgemein-kognitiven Gründe zu geben[23].

Wie können nun diese empirischen Widerlegungen mit der Tatsache in Einklang stehen, dass die Wirkung beider Prinzipien durch psycholinguistische Experimente bestätigt wurde?

Ein in der Grammatiktheorie verankertes Verarbeitungsprinzip wie das von Pritchett 1992, das im vorigen Abschnitt erläutert wurde, kann sowohl die empirischen Daten, die durch *Minimal Attachment* und *Late Closure* erklärt werden, als auch die Daten, die mit den zwei heuristischen Prinzipien nicht kompatibel sind, erfassen.

Die im Pritchetts Prinzip vorgesehene direkte Verbindung mit der Grammatiktheorie zerstreut auch die psycholinguistischen Bedenken, die in Anbetracht der Lernbarkeitsfrage vor allgemein-kognitiven Erklärungen entstehen. Z.B., wie könnte ein Kind erfahren, dass eine von *Late Closure* vorhergesehene Struktur durch Anwendung von *Minimal Attachment* revidiert werden muss? Auf welcher Basis könnte ein Kind, ohne strukturelle Konzepte wie „Argument" und

---

[23] Durch eine Kombination des *Minimal Attachment Principle* mit dem „Prinzip der Erstmöglichen Konstituenten" ("*Early Immediate Constituent Principle*") hat Hawkins 1990 versucht, universell angenommene Tendenzen des Parsers mit sprachtypologischen Unterschieden zu vereinbaren. Z.B. soll die universelle Tendenz des Parsers, die Konstituenten eines höheren „Mutterknotens" so früh wie möglich zu identifizieren, mit Komplementsätzen und Relativsätzen in OV-Sprachen bzw. VO-Sprachen vereinbart werden.
Hawkins selbst schließt dennoch nicht aus, dass dieses Prinzip aus anderen, allgemeineren Verarbeitungsprinzipien abgeleitet werden könnte.
Auch diese auf Wahrnehmungsstrategien basierende Theorie kann aber der grundsätzlichen Kritik von Pritchett 1988, 1992 nicht entgehen (s. unten im Text).

„Adjunkt" (vgl. § 2.3.2, Punkt II)) in seinem unbewussten Sprachvermögen zu besitzen, seine ursprüngliche Interpretation revidieren? Welcher wäre der notwendige Input, um einen solchen Lernschritt zu vollziehen?[24]

In der neueren psycholinguistischen Forschung, die versucht, sprachvergleichende Daten in eine Verarbeitungstheorie zu integrieren, die universellen Ansprüchen genügen soll, stehen gewiss noch viele empirische Fragen offen[25].

Wurde auf dem Gebiet der Interpretation der Strukturen ein gewisser Konsens in der Forschung erreicht, sind Daten und Theorien, die die Interaktion zwischen dem strukturellen Wissen über

---

[24] Ein weiteres Beispiel für ein auf der Grammatiktheorie basierendes Sprachverarbeitungsprinzip stammt von De Vincenzi 1991. Potentielle Zweideutigkeiten und eindeutige Präferenzen bei der Interpretation des *pro* (Nullsubjektpronomens im Italienischen, Spanischen und anderen Sprachen: vgl. § 2.3.1.3.4) werden anhand des strukturellen Begriffs von „Kette" (vgl. § 2.3.1.3.2) erklärt. Das *"Minimal Chain Principle"* (dt. „Prinzip der minimalen Kette") beachtet die strukturellen Beziehungen zwischen Konstituenten so, dass bei der Verarbeitung keine unnötigen Ketten angenommen werden, während die Annahme erforderlicher Kettenstrukturen nicht verzögert wird. Ein Nullpronomen *pro* in erster Position (Beispiel in i)) wird also tendenziell als präverbales Subjektpronomen interpretiert (vgl. ii): die Kette besteht hier aus einem einzigen Glied). Nicht bevorzugt ist die Lesart mit *pro* als erstes Element einer Kette, deren zweites Glied als postverbales Subjekt dient (wie in iii):
   i) *pro* ha chiamato Gianni.
      (*pro* hat angerufen Gianni)
      Gianni hat angerufen.
   ii) *pro* (SUBJEKT) hat angerufen Gianni (OBJEKT).
   iii) *pro*$_i$ (SUBJEKT) hat angerufen Gianni$_i$ (SUBJEKT).

[25] Eine der Fragen, die noch Gegenstand sprachtheoretischer Debatte ist, betrifft die Verarbeitung der Koordination. Auf der Ebene der Sprachverarbeitung lässt sich dieses Phänomen durch *Minimal Attachment* und *Late Closure* erklären. Beide Prinzipien werden in Konstruktionen wie der folgenden in i)-ii) aktiviert: die bevorzugte Interpretation von i) sieht "Mary and her sister" als Objekt von "kissed" vor, anders als in ii):
ENGLISCH
   i) John kissed Mary and her sister ...
      (John küsste Mary und ihre Schwester ...).
   ii) John kissed Mary and her sister laughed.
      (John küsste Mary und ihre Schwester lachte).
Ist die Annahme von Kayne 1994 (S. 57ff.) korrekt, die koordinierte Strukturen als von einem oberen Koordinationsknoten abhängige Konstituenten interpretiert (vgl. iii)-iv)), sind die empirischen Daten in i)-ii) auch durch Pritchetts Prinzip erklärbar.

   iii)   Koord.-P
                |
             — and —
         DP   DP
         | △
        Mary   her sister

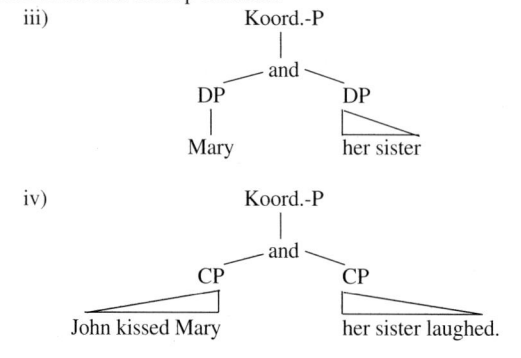

   iv)   Koord.-P
                |
             — and —
         CP   CP
       △   △
   John kissed Mary her sister laughed.

die Sprache und deren semantischen und pragmatischen Komponenten betreffen, noch sehr widersprüchlich und undurchsichtig. Im nächsten Abschnitt werden einige Daten aus diesem noch dunklen Bereich präsentiert, die Ausgangspunkt für nützliche Reflexionen über die Fremdsprachendidaktik sein können.

3.2.4 Interaktion der Syntax mit der Semantik und der Pragmatik

Seit den 70er Jahren schenkt die linguistische Forschung der Interaktion der syntaktischen Komponente mit der semantischen und der pragmatischen Komponente verstärkte Aufmerksamkeit (vgl. Newmeyer 1991).
In der Psycholinguistik bedeutet dies eine erhöhte Konzentration auf Ausmaß, Zeitpunkt und Formen der Interaktion struktureller Informationen mit semantischen und pragmatischen („nicht strukturellen") Informationen im Verständnisprozess (vgl. Flores d'Arcais 1991).

Als Ausgangspunkt der Diskussion über die Interaktion verschiedener Komponenten im Verständnisprozess dient folgender auf der linken Seite unvollständiger Textausschnitt[26]: die Rekonstruktion der fehlenden Teile soll exemplifizieren, welch unterschiedliche Beiträge strukturelle bzw. nicht strukturelle Informationen für das Textverständnis leisten.

61) ...boldt hatte erkannt, dass die Sprachen schließlich im Zu-
...menhang mit dem menschlichen Sprachvermögen betrachtet
...den mussten. Aber die Erforschung der Sprachen war noch
...ht bis zu einem Punkt fortgeschritten, an dem dies möglich
... .

Mühelos sind wir imstande, die fehlenden Teile zu rekonstruieren, und zwar nicht nur die Inhaltsworte, sondern auch strukturelle Elemente. Versuchen wir nun die geleistete Rekonstruktionsarbeit zu beschreiben, so können verschiedene Informationsquellen identifiziert werden.
Der Wortteil „Hum-" in der ersten Zeile wurde dank der „Enzyklopädie" rekonstruiert, d.h. jenen Kenntnissen über die Welt, die Teil der kulturellen Erfahrung und nicht des sprachlichen Wissens sind[27].
Die Silbe „-sam-" in der zweiten Zeile stammt aus dem Lexikon: es existiert sonst im Deutschen kein Wort, das mit „Zu-" anfängt und auf „-menhang" endet.
Die Lösung für die Lücken in der dritten bzw. fünften Zeile (das Fragment „wer-" und das Wort „war") erfolgt mithilfe des grammatischen Wissens. In einem deutschen Satz ist nichts anderes als ein passivierendes Auxiliar zwischen „betrachtet" und „mussten" vorgesehen. Nach der deutschen Syntax darf im letzten Satz kein Verb fehlen. Wie in allen Relativsätzen tritt es an der letzten Stelle auf.

---

[26] Der Originaltext stammt aus Marx 1967/1986², S.562.
[27] Es sei nochmals wiederholt, dass mit „sprachliches Wissen" die *unbewussten* Kenntnisse über sprachliche *Strukturen* gemeint sind.

Es sind Diskursregeln, die das Fragment „nic-" (vierte Zeile) nach dem „aber" am Satzanfang sowie die Form „war" – und nicht „ist" – für die Bezugnahme auf ein Ereignis in der Vergangenheit (fünfte Zeile) setzen.

Die Intuition reichte in diesem Fall aus, um die entscheidenden sprachlichen Ebenen der Analyse eindeutig festzustellen. Bei der Bewertung der komplexen Fälle, die die Sprache sonst produziert, bedarf es aber eines raffinierteren Instrumentariums.

Um die Frage zu behandeln, ob, in welcher Form und in welchem Stadium des Verarbeitungsprozesses die lexikalisch-semantische Ebene und die syntaktische Ebene interagieren, dient die Rekonstruktion des Wortes „nicht" aus dem obigen Textausschnitt als Beispiel. Intuitiv wissen wir, dass die endgültige Entscheidung auf der Diskursebene getroffen wurde, wir können jedoch nicht mittels Intuition feststellen, ob:

a) die Sprachverarbeitung zuerst auf der lexikalischen Ebene stattgefunden hat (wie bei einem Rätselspiel, in dem nach Wörtern gesucht wird, die aus fünf Buchstaben bestehen und auf „-ht" enden („Nacht", „Pacht", „Docht", „Recht", „recht", „Gicht", „ficht" „focht", „Sucht" usw.) und die Diskursregeln daraus nach Plausibilitätskriterien eine Wahl getroffen haben,

b) ob zuerst die Diskursregeln Wörter zur lexikalischen Auswahl angeboten haben oder

c) ob zuerst die Bestimmung der möglichen Wortkategorien (ein Artikel oder ein Relativpronomen sind z.B. an dieser Stelle auszuschließen) und dann eine lexikalische sowie kontextorientierte Suche erfolgte.

Mit anderen Worten: Welche sprachliche Ebene hat die erste Interpretation bestimmt bzw. wie beeinflussen die sprachlichen Ebenen einander?

Bevor experimentelle Daten und Theorien zur Interaktion der verschiedenen Ebenen angegeben werden, seien noch kurz die verschiedenen Bereiche definiert, die als Quelle nichtstruktureller Informationen dienen. Dabei wird zwischen Bereichen, die zum sprachlichen Kontext und solchen, die zum außersprachlichen Kontext gehören, unterschieden. Als Beispiel wird ein gewöhnliches Wort wie „Hund" genommen:

a) im *sprachlichen Kontext*:
– Lexik: Die Begriffe „Haustier", „Mensch", „kleiner Wagen", „Konstellation", „große Welle" usw. können alle durch die Äußerung des Wortes „Hund" aktiviert werden (vgl. § 3.2.2);
– Semantik: In dem Satz „Der Hund steckte die Hände in die Taschen und zuckte die Achseln" kann der Begriff „Hund" nur „(verachteter) Mensch" bedeuten[28];
– Satz- oder Diskurskontext: Die Bezeichnung „Hund" im Satz „Der Hund lief weg" bedeutet „(verachteter) Mensch", wenn ein solcher Mensch und kein Tier im Diskurs erwähnt wurde;

b) im *außersprachlichen Kontext*:
– Pragmatik: Im gehobenen Sprachregister ist die Bezeichnung „Hund" für einen Menschen auszuschließen;

---

[28] Diesbezüglich vgl. die Versprecher, bereits erwähntes Beispiel für Effekte des semantischen Kontextes auf die lexikalische Sprachverarbeitung („Versuche/Versuchungen", im § 3.2.2).

- Weltwissen, Enzyklopädie: Es gibt einen Menschen, der unter dem Spitznamen „der Hund" allgemein bekannt ist;
- Gesprächssituation: In der spezifischen Gesprächssituation ist ein Mensch anwesend, der von anderen Gesprächspartnern verachtet wird. Er soll aber nichts darüber wissen. Die Äußerung „Hund" kann sich in diesem Fall nicht auf ihn beziehen.

Das Verhältnis zwischen strukturellem Wssen und nicht strukturellem Wissen in der Sprachverarbeitung führt zur allgemeineren Debatte über die Auffassung der Sprache als autonomes Grammatikmodul gegenüber der Vorstellung der Sprache als Teil eines allgemein-kognitiven Netzes. Die Diskussion, die auf der sprachtheoretischen und erwerbstheoretischen Ebene noch lebhaft ist, wird auch auf der Ebene der Sprachverarbeitung geführt (vgl. dazu Kapp.1 und 6-7). Die die Sprachverarbeitung betreffenden Fragen werden wie folgt formuliert:

a) Arbeitet der syntaktische Prozessor gegenüber kontextuellen Informationen autonom oder interagiert er mit einem *Interface*-System (thematisches Raster, pragmatische Plausibilität usw.)?

b) Nach welchen Prinzipien findet die Interaktion zwischen strukturellen und inhaltlichen Erwartungen einerseits und Inputdaten andererseits statt? Sind diese Prinzipien hierarchisch geordnet oder kommen sie nach einem heterarchischen Muster von Fall zu Fall zur Geltung?

Im Folgenden wird von der „Autonomie- (oder „Garden-path-)Theorie" ausgegangen[29]. Demnach findet zuerst die syntaktische, dann die thematische Interpretation statt. Die letztere überprüft die Plausibilität der Ergebnisse der syntaktischen Analyse anhand semantischer und pragmatischer Informationen.
Kategoriale Mehrdeutigkeiten z.B. versucht der Parser so oberflächlich und lokal wie möglich im Rahmen des nächsten oder übernächsten Wortes zu klären, ohne auf komplexe syntaktische Komputationen, Inferenzen oder semantische Auskünfte zurückzugreifen.
Über die mögliche Dauer der Mehrdeutigkeit und über die Modalität der späteren semantischen Einflüsse bestehen nur Hypothesen[30].

---

[29] Diese Theorie wurde von Frazier, J.D. Fodor, Rayner, Clifton, Ferreira, Flores d'Arcais usw. vertreten.
[30] Zwei andere theoretische Hauptströmungen sind zu unterscheiden:
I) Die „Stark Interaktive Theorie" von Marslen-Wilson, Komisarjevsky Tyler usw.: nach dieser Theorie bestimmen die Semantik und der Kontext zusammen mit allen Informationsquellen die Interpretation des Satzes. Wesentliche Aspekte der Modularitätshypothese werden somit widerlegt (vgl. § 1.3). Das Analyseverfahren erfolgt streng *on-line* (inkrementell, Wort-für-Wort). Wie unten im Text erwähnt, wurde diese Theorie noch durch keine empirischen Daten über die Sprachwahrnehmung bestätigt.
II) Die „Schwach Interaktive Theorie" von Crain, Altmann, Steedman usw. Nach dieser Theorie arbeitet der Parser seriell, bei syntaktisch mehrdeutigen Sätzen auch parallel. Im Falle verschiedener möglichen Satzinterpretationen trifft der Parser seine Entscheidungen interaktiv, d.h. er wählt die syntaktische Analyse aus, deren referentielle Eigenschaften am ehesten dem lexikalisch-semantischen Kontext entsprechen. Empirische Daten auf der Basis von Garden-path-Sätzen widerlegen eine solche Analyse.

Einige der im Lichte dieser theoretischen Auseinandersetzung herangezogenen Daten werden im Folgenden erläutert. Viele der zitierten Experimente wurden auf der Basis von *Minimal Attachment* und *Late Closure* durchgeführt: die Tatsache, dass diese Prinzipien durch ein mächtigeres, sprachtheoretisch besser fundiertes Prinzip ersetzt werden können (vgl. §§ 2.3.3-2.3.4), vermindert nicht die Substanz der Debatte.

3.2.4.1 Semantische und pragmatische Einflüsse in der Satzverarbeitung

Zur Klärung der Frage, auf welcher Ebene Erwartungen semantischer oder kontextueller Natur (von höheren kognitiven Mechanismen abhängig) die syntaktische Interpretation (durch automatische Prozesse geliefert) beeinflussen, bietet die Literatur reichliches und differenziertes Material. Daraus werden nun manche z.T. bereits angegebenen Beispielsätze mit verschiedenen sprachlichen Kontexten wieder aufgegriffen.

A) *Interpretation syntaktisch fehlerhafter Sätze* – Der semantische Einfluss erweist sich als nicht entscheidend (Beispiel aus Chomsky 1980/1981, S.195):

ENGLISCH
62) a ?*What sonatas are violins easy to play on?
       (welchen Sonaten sind Geigen leicht zu spielen auf)
       „Welche Geigen spielen sich leicht auf Sonaten?"
    b ?*[What sonatas]$_i$ are violins$_j$ easy to play t$_j$ on t$_i$?

Der syntaktische Prozessor rekonstruiert den Satz in 62)a wie in 62)b: "*violins*" erscheint an der Stelle der Spur hinter "*play*", auch wenn der Satz keinen Sinn ergibt (denn Geigen werden nicht auf Sonaten gespielt)[31].

Dadurch wird nahe gelegt, dass die zuerst verfügbare Analyse aus dem Syntaxmodul stammt, das sie mit automatischer Schnelligkeit liefert und dem Sinn des Gesamtsatzes gegenüber blind ist[32].

---

[31] Der syntaktisch korrekte und pragmatisch plausible Satz wäre:
  i) What violins are sonatas easy to play on?
     (welche Geigen sind Sonaten leicht zu spielen auf)
     „Mit welchen Geigen sind Sonaten leicht zu spielen?"
[32] Vgl. die Betrachtungen von J. A. Fodor über die „Stumpfsinnigkeit" der eingekapselten Systeme im § 1.3. Weitere Beispiele für bevorzugte Lesarten, die pragmatisch plausiblen Interpretationen widersprechen, sind in englischen koordinierten Sätzen mit doppeltem Objekt zu finden. Das Verb des koordinierten Satzes muss in diesem Fall „rekonstruiert" werden (das Beispiel stammt aus Frazier 1985, S.141):

ENGLISCH
  i) John gave a dog a cracker and Mary a bone.
     (John gab einem Hund einen Keks und Mary einen Knochen)
Obwohl die Lesart iii) plausibler als die Lesart ii) ist, wird immer die letztere bevorzugt:
  ii) John gave a dog a cracker and (John gave) Mary a bone.
      (John gab einem Hund einen Keks und (John gab) Mary einen Knochen)
  iii) John gave a dog a cracker and Mary (gave the dog) a bone.
       (John gab einem Hund einen Keks und Mary (gab dem Hund) einen Knochen).

B) *Klärung syntaktischer Zweideutigkeiten einzelner Lexeme* – Weder semantische Korrelationen zwischen den Wörtern der zwei Kategorien (wie bei *"promise"*, dt. „Versprechen" als Nomen und „versprechen" als Verb) noch ein potentiell starker semantischer Einfluss des Kontextes sind entscheidend (Augenbewegungsexperimenten in Frazier & Rayner 1987). Kein Unterschied ist in Bezug auf Parsingstrategien festzustellen: in beiden Fällen wählt der Parser eine einzige Möglichkeit aus, um sie eventuell später zu revidieren (*"delay strategy"*, dt. „Verzögerungsstrategie"). Im Folgenden sind einige Beispiele aus Frazier & Rayner 1987:

ENGLISCH

63) a The warehouse fires ...
       (BESTIMMTER ARTIKEL Kaufhaus entlässt/Brände ...)
    b The warehouse fires numerous employees each year.
       (BESTIMMTER ARTIKEL Kaufhaus entlässt zahlreiche Angestellte jedes Jahr)
    c The warehouse fires harm some employees each year.
       (BESTIMMTER ARTIKEL Kaufhaus Brände verletzen einige Angestellte jedes Jahr)
    d This warehouse fires numerous employees each year.
       (dieses Kaufhaus entlässt zahlreiche Angestellte jedes Jahr)
    e These warehouse fires harm some employees each year.
       (diese Kaufhaus Brände verletzen einige Angestellte jedes Jahr).

Bei der syntaktischen Analyse mehrfach eingebetteter Sätze sind jedoch semantische Effekte wahrzunehmen. In einem Satz wie 64)b wird die syntaktische Strukturierung durch semantische Informationen gegenüber dem Satz 64)a erleichtert (Bierwisch 1983, S.138):

ENGLISCH

64) a The teacher who the boy you visited mentioned left.
       (der Lehrer RELATIVPRONOMEN der Junge du besuchtest erwähnte ging/fuhr-weg)
       „Der Lehrer, der vom Jungen, den du besuchtest, erwähnt wurde, ging/fuhr weg."
    b The ice cream that the boy you mentioned bought melted.
       (das Eis das der Junge du erwähntest kaufte schmolz)
       „Das Eis, das der Junge, den du erwähntest, kaufte, schmolz."

C) *Kontexte, in denen Verarbeitungsprinzipien wie Minimal Attachment und Late Closure zur Geltung kommen* – Faktoren semantisch-pragmatischer Plausibilität scheinen nur eine sekundäre Rolle zu spielen. In Bezug auf *Minimal Attachment*-Sätze wurden Augenbewegungsexperimente durchgeführt (Rayner, Carlson & Frazier 1983). Sätze mit plausiblen Interpretationen, die dem *Minimal Attachment* folgen (wie 65)a), wurden schneller als diejenigen gelesen, die gegen dieses Prinzip interpretiert werden müssen (wie 65)b: die nach *Minimal Attachment* verbundenen Konstituenten erscheinen in Kursivschrift):

ENGLISCH

65) a The spy [$_{VP}$ [$_{VP}$ *saw* the cop] [$_{PP}$ *with binoculars*]] but the cop didn't see him.
       (der Spion sah den Polizisten mit Fernglas aber der Polizist AUXILIAR-nicht sehen ihn)
       „Der Spion *sah* den Polizisten *mit einem Fernglas*, aber der Polizist sah ihn nicht."

b The spy saw [$_{DP}$ [$_{DP}$ *the cop* [$_{PP}$ *with a revolver*]] but the cop didn't see him.
(der Spion sah den Polizisten mit einem Revolver aber der Polizist AUXILIAR-nicht sehen ihn)
„Der Spion sah *den Polizisten mit einem Revolver*, aber der Polizist sah ihn nicht."

Die Ergebnisse über die Lesezeiten sind ein Indiz dafür, dass der Parser ursprünglich eine *Minimal Attachment*-Analyse durchführt, die eventuell später aus semantisch-pragmatischen Gründen korrigiert werden muss.

Ähnliche Ergebnisse bestätigen das Prinzip des *Late Closure*. So neigen LeserInnen dazu, das Adverb "*yesterday*" (dt. „gestern") im folgenden Beispiel an die Verbalphrase anzuhängen, selbst wenn diese in der Zukunftsform erscheint (Frazier & Fodor 1978):

ENGLISCH
66) a Joyce said Tom [left *yesterday*].
    b Joyce said Tom [will leave *yesterday*].

Die ursprüngliche Interpretation nach *Late Closure* wird in weiterer Folge dem allgemeinem Wissen entsprechend korrigiert[33].

D) *Erklärung für das Phänomen der Garden paths* – Die thematische Struktur ist nur vom syntaktischen, nicht vom semantischen Gesichtspunkt relevant (vgl. § 2.3.3). Dies wurde von Rayner, Carlson und Frazier (1983) im Rahmen eines Experiments festgestellt, das Gardenpath-Sätze zum Gegenstand hatte[34].
Als Testmaterial dienten Sätze wie die folgenden:

ENGLISCH
67) The florist sent the flowers was very pleased.
    (der Blumenhändler geschickt/(schickte) die Blumen war sehr erfreut)
    „Der Blumenhändler, dem die Blumen geschickt worden waren, war sehr erfreut."
68) The performer sent the flowers was very pleased.
    (der Schauspieler geschickt/(schickte) die Blumen war sehr erfreut)
    „Der Schauspieler, dem die Blumen geschickt worden waren, war sehr erfreut."
69) Susan said that the performer sent the flowers and was very pleased with herself.
    (Susan sagte dass der Schauspieler schickte/(geschickt) die Blumen und war sehr zufrieden mit sich-selbst)
    „Susan sagte, dass der Schauspieler die Blumen geschickt hatte und war mit sich sehr zufrieden."

---

[33] Experimente über die Verarbeitung von Fragesätzen im Italienischen (De Vincenzi 1991, S.87) haben diesen Schluss empirisch bestätigt: der thematische Prozessor kann den syntaktischen Prozessor nicht beeinflussen. Auch pragmatisch motivierte Präferenzen in der Satzinterpretation können die Verarbeitung der Strukturen nicht bestimmen, sondern nur auf deren Tempo wirken: Sätze mit plausiblen Lesarten werden schneller verarbeitet (ebda., S.136).
[34] Das Sprachmaterial wurde im Licht der *Minimal Attachment*-Analyse interpretiert.

Die Lesezeit für wenig plausible oder nicht plausible Sätze wie 67) (man erwartet eher, dass ein Blumenhändler Blumen schickt, als dass er welche erhält) war nicht bedeutsam länger als die Lesezeit für plausible Sätze wie 68). Auch die Art der Augenbewegungen war in beiden Fällen ähnlich. Für Sätze, die nicht semantisch plausibel waren, aber eine „parser-freundlichere" aktive Konstruktion aufwiesen (wie 69)), waren die Lesezeiten signifikant niedriger.
Die ausgewählte syntaktische Analyse wurde von der thematischen Rolle des Wortes *"florist"* (eher als AGENS statt als EMPFÄNGER von „Blumen schicken") nicht entscheidend begünstigt[35].

E) *Mehrdeutige (morpho)syntaktische Konstruktionen* – Bei morphosyntaktischer Zweideutigkeit sind lexikalische Effekte dann festzustellen, wenn die semantische Steuerung entsprechend stark ist. In Sätzen wie den folgenden entsteht z.B. kein Garden-path-Effekt (Beispiele aus Fanselow & Felix 1993[3], Bd.I, S.178 und Pritchett 1992, S.96, Fußnote 98):

ENGLISCH
70) The sonata played in honor of Bill pleased everyone.
    (die Sonata gespielt zu Ehre des Bill erfreute jeden)
71) The horse raced past the barn fell over the sacks of potatoes that I had carelessly left its way.
    (das Pferd (rannte)/gerannt nach BESTIMMTER ARTIKEL Getreidespeicher fiel über die Säcke von Kartoffeln die ich hatte unaufmerksam gelassen auf seinem Weg)
    „Das Pferd, nachdem es nach dem Getreidespeicher gerannt war, fiel über die Kartoffelsäcke, die ich unaufmerksam auf seinem Weg gelassen hatte."

Die bewusste Analyse scheint erst über die engen Grenzen des syntaktischen Moduls hinaus aktiviert zu werden. Wie bei allen bewussten kognitiven Fähigkeiten, variiert die Tragweite der analytischen Leistungen stark von Person zu Person und kann mit Übung effizienter werden (z.B. schneller bei der Interpretation von Garden-path-Sätzen). Wird der Beitrag des Kontextes dieser bewusst gesteuerten Phase der Verarbeitung zugeordnet, sind die semantisch-pragmatischen Effekte auch im Rahmen der Autonomie-Hypothese erklärbar (Pritchett 1992, S.96, Fußnote 98).

Auch bei syntaktischer Zweideutigkeit können kontextuell begründete Präferenzen entstehen, wie im nächsten Beispielsatz (aus Frazier 1987, ursprünglich in Ford et al. 1983; die miteinander verbundenen Konstituenten erscheinen in Kursivschrift):

ENGLISCH
72) a The woman *positioned* the dress *on that rack*.
       (die Frau legte das Kleid auf den Ständer)

---

[35] Ein Unterschied zwischen plausiblen Sätzen und deren entsprechenden nicht plausiblen Varianten betraf die Anzahl korrekter Paraphrasen. Bei Paraphrasen wie bei anderen Produktionsaufgaben ist das Heranziehen semantischer und pragmatischer Komponenten unbestritten.

b The woman wanted *the dress on that rack*.
(die Frau wollte das Kleid auf den Ständer)

Ähnliche Effekte sind in Kontrollkonstruktionen (mit PRO: vgl. § 2.3.1.3.4) zu beobachten. Der semantische Kontext kann die Objektkontrolle vorziehen, wie in 73)c, wobei das Verb weitgehend mit Subjektkontrolle konstruiert wird (Fanselow & Felix 1993³, Bd.I, S.87f.):

73) a Ich$_i$ verspreche ihm$_j$ PRO$_i$ vorbeizukommen.
(Subjektkontrolle)

b Ich$_i$ bitte ihn$_j$ PRO$_j$ vorbeizukommen.
(Objektkontrolle)

c [Der Chefarzt]$_i$ versprach [dem Patienten]$_j$, PRO$_j$ diese Nacht zu überstehen.
(Objektkontrolle)

F) *Identifikation von Fehlern* – Das ist eine besondere Form der Sprachwahrnehmung, die eine komplexere kognitive Aufgabe darstellt. Von Flores d'Arcais (1987) wurden Experimente durchgeführt, die den Beitrag syntaktischer bzw. semantischer Informationen definieren sollten. Bei von den Versuchspersonen selbst bestimmter Lesegeschwindigkeit mussten orthographische Fehler, Nonsense-Wörter („Nicht-Wörter"), syntaktische und semantische bzw. pragmatische Fehler (nicht plausible Sätze) identifiziert werden. Je nach Art der in den Texten vorhandenen Fehler wurden Unterschiede in den Testergebnissen festgestellt:

a) Obwohl syntaktische Fehler signifikant seltener bewusst identifiziert wurden, wurden sie häufiger und länger fixiert[36]. Dies bedeutet, dass die syntaktische Analyse stattfindet, allerdings meistens in unbewusster Form.

b) Im Unterschied zur Identifikation semantischer Fehler korrelierte die Identifikation syntaktischer Fehler nur schwach mit dem Verständnis der Texte. Im Vergleich zu semantischen Aufgaben wurde sie auch stärker von Plausibilitätseffekten bestimmt. Eine mögliche Erklärung dafür ist, dass LeserInnen erst bei implausiblen Texten (fehlerhafte *Top-down*-Analyse) auf die *bewusste* syntaktische Analyse (*Bottom-up*) zurückgreifen.

c) Bei hohem Lesetempo (450 Wörter/Minute im Englischen) entdeckten „gute" LeserInnen signifikant weniger syntaktische Fehler und mehr pragmatische Fehler als „schwächere" LeserInnen[37]. Die bewusste syntaktische Analyse gehört also nicht zu den effizienten Lesestrategien.

Im Folgenden werden zwei experimentelle Kontexte beschrieben, die die Sprachwahrnehmung in Verbindung mit *Sprachproduktion* betreffen. Es ist zu beachten, dass diese auf Sprachproduktion basierten Experimente nichts darüber aussagen, auf welcher Ebene und wie sich kontextuelle Informationen im *Verständnis*prozess auswirken.

---

[36] Zu den „Fixierungen" im Leseprozess s. § 4.2.2.
[37] Diese zwei Gruppen wurden anhand eines Verständnistests bestimmt. Kein Proband hatte Leseschwierigkeiten.

A') *Sprachrezeption mit einer besonderen Form der Sprachreproduktion* – Positive Effekte der lexikalischen und semantischen Komponente. Die Experimente bestanden darin, gehörte Texte unmittelbar zu wiederholen (*"shadowing"*: vgl. unter anderem Marslen-Wilson 1985). Dabei waren manche Texte grammatikalisch korrekt, andere semantisch oder syntaktisch abweichend. Kürzere Verarbeitungszeiten und vorwiegend korrekte Ergebnisse wurden bei der Wiederholung semantisch korrekter Sätze beobachtet. Semantisch unpassende Wörter wurden von den Versuchspersonen nur dann automatisch korrigiert, wenn die Anfangssilben korrekt waren. Außerdem wurden relevante individuelle Unterschiede in Bezug auf die Geschwindigkeit sowie die Genauigkeit der Durchführung der Testaufgabe beobachtet.

B') *Vervollständigung syntaktisch zweideutiger Sätze* – Starke Kontexteffekte (Beispiel aus Tyler & Marslen-Wilson 1977, zit. in Marslen-Wilson & Komisarjevsky Tyler 1987). Die Versuchspersonen mussten sich bei der Fortsetzung des Satzes für *"is"* (dt. „ist", Gerund-Interpretation) oder *"are"* (dt. „sind", Adjektiv-Interpretation) entscheiden:

ENGLISCH
74) a If you want a cheap holiday, visiting relatives ...
       (wenn du willst einen billigen Urlaub besuchen(de) Verwandte ...)
    b If you have a spare bedrooom, visiting relatives ...
       (wenn du hast ein zusätzliches Schlafzimmer besuchende/(besuchen) Verwandte ...)[38].

Aus diesen Beispielen kann geschlossen werden, dass das Ausmaß des lexikalischen Einflusses wächst, je höher und komplexer das Verarbeitungsniveau wird. Von der einfachen Wahrnehmung (A-F) zur Wiederholung von Äußerungen (A') bis zu Sprachproduktionsaufgaben (B') wird die Hierarchie der mentalen Prozesse, die die Sprachverarbeitung ausmachen, immer weniger deutlich.

Ein noch weniger eindeutiges Bild zeigt die nächste Stufe kognitiver Komplexität, die die Einflüsse des Diskurses auf die Satzverarbeitung umfasst. Dies ist Gegenstand des nächsten Abschnitts.

3.2.4.2 Diskurseinschränkungen in der Satzverarbeitung

Als „Diskurskontext" sind jene allgemeinen und situationsbezogenen Kenntnisse der Gesprächspartner zu definieren, die für die Interpretation einer Äußerung herangezogen werden.

---

[38] Als plausible Integrationen der oben erwähnten Sätze könnten die folgenden gelten:
i) If you want a cheap holiday, visiting relatives is a good idea.
(wenn du willst einen billigen Urlaub zu-besuchen Verwandte ist eine gute Idee)
„Verwandte zu besuchen ist eine gute Idee, wenn du einen billigen Urlaub machen willst."
ii) If you have a spare bedroom, visiting relatives are not a big problem.
(wenn du hast ein zusätzliches Schlafzimmer besuchende Verwandte sind nicht ein großes Problem)
„Wenn du ein zusätzliches Schlafzimmer hast, sind Verwandte auf Besuch kein großes Problem."

Die Interpretation des Kontextes beachtet keine lineare Reihenfolge oder hierarchische Struktur. Sie wird durch die Inhalte und die Strukturen der mentalen Welt des Individuums bestimmt. Die Informationen aus dem linguistischen System werden durch folgende Prinzipien überprüft und interpretiert (Bierwisch 1983):
– Referenz: z.B. „sein Hund" als „der Hund des Peter";
– Denotation: z.B. „der Hund" als „der Hund als Haustier im Allgemeinen";
– konzeptuelle Spezifizierung im jeweiligen Kontext: z.B. die Unterscheidung zwischen „Universität" als Gebäude und als Institution. Zu diesen Unterscheidungen tragen auch pragmatische Präsuppositionen bei: z.B. ein Student, der „Ich gehe an die Uni" sagt, kann nur das Gebäude meinen, ein Akademiker auch die Institution[39].

Im Rahmen der „Schwach Interaktiven Theorie" wird behauptet, dass die Sprachinterpretation auf der Anpassung an allgemeine Diskursbedingungen beruht. Voraussetzung und Bestandteil einer zielführenden Analyse des Sprachmaterials sind ein möglichst *geringer Bedarf an Korrektur* und die *Ausdehnung eines* bestimmten, bereits gegebenen *Diskursmodells*. Dies erfolgt nach den folgenden Prinzipien:

75) a) „Bevorzuge die Interpretation, die anhand deiner Kenntnis der Welt und des Diskursuniversums am plausibelsten ist" („*A-priori*-Plausibilität");

b) „Beziehe dich möglichst auf einen Referenten, der sich im Diskursmodell des Zuhörers bereits etabliert hat" („Bezugserfolg", Englisch: "*referential success*");

c) „Sei sparsam bei der Organisation des Systems: Wähle die Lesart mit der geringeren Anzahl von solchen Präsuppositionen aus, die zwar konsistent sind, aber im Satz nicht erfüllt werden" („Sparsamkeit", Englisch: "*parsimony*"). Z.B. präsupponiert der Satz „Der Chirurg A. Müller ist gestern erst spät in der Nacht nach Hause zurückgekommen", dass der Chirurg vorher im Krankenhaus war, bis vor kurzem operiert hatte, sonst früher nach Hause kommt usw. Die Präsupposition, die der Satz nicht befriedigt, liegt darin, dass der Chirurg A. Müller eine Frau ist.

Außerdem soll der Diskurs so organisiert werden, dass die Äußerungen:

d) den Präsuppositionen späterer Äußerungen entsprechen:

e) die Topik/Fokus-Struktur (vgl. § 2.3.2.3, Punkt VIII)) darauffolgender Sätze bestimmen oder beschränken;

f) den relevanten Kontext für die Interpretation darauffolgender Sätze schaffen, unter Berücksichtigung der Prinzipien von Grice[40].

---

[39] Insoferne unterscheidet sich die Interpretation des Kontextes von der Interpretation des Satzes auf der LF-Ebene der Grammatik: vgl. § 2.3.2.1.
[40] Zu Grice' Prinzipien vgl. § 2.1.2.

Diese Prinzipien sind dennoch nicht mächtig genug, um morphosyntaktische Zweideutigkeiten wie in Garden-path-Sätzen durch eine unmittelbare Wort-für-Wort-Analyse zu klären[41]. Dies wurde durch Leseexperimente mit einem stark steuernden pragmatischen Kontext empirisch bestätigt (Ferreira & Clifton 1986)[42].

Im Rahmen einer Abhandlung kontextueller Aspekte machte Manfred Bierwisch interessante Bemerkungen zu den *slips of the ear* (Missinterpretationen des sprachlichen Signals) (1983, S.155ff.). Linguistisch betrachtet sind diese Phänomene durch das Vorhandensein unterschiedlicher Präsuppositionen bei SprecherIn und HörerIn zu erklären: sie sind eigentlich keine „Fehler", sondern Interpretationen nach dem eigenen Kontext. In Wirklichkeit handelt es sich also bei einem Lapsus in der Wahrnehmung genauso wie in der Produktion um zwei unterschiedliche Inputs, die sich jeweils nach den äußeren Bedingungen durchsetzen.

In solchen Fällen ist die tatsächliche Ursache des Fehlers schwer festzustellen, da nicht eine einzelne, sondern eine Kette von Missinterpretationen auf verschiedenen sprachlichen Ebenen stattfindet (z.B. in „*Mis*treiter" statt „*Mit*streiter" verändern sich außer der Semantik auch die Silbenstruktur, die beteiligten lexikalischen Kategorien und die syntaktischen Konstituenten). Bezüglich der Modalitäten der Sprachverarbeitung bedeutet dies: Erstens, die Interpretation erfolgt – besonders bei korrelierten Fehlern – *top-down* und mit paralleler lexikalischer Verarbeitung. Zweitens, wie die grammatischen Strukturen in den „falschen" Interpretationen bezeugen, werden Sprachsignale auch bei der Wahrnehmung stets strukturiert.

3.2.5 Zurück zur Modularität

Im Kapitel über sprachtheoretische Themen wurden einige wesentliche Aspekte der *strukturellen Modularität* erläutert, die nach der Autonomiehypothese das sprachliche System charakterisiert (§ 1.3).

Der Modularitätsbegriff kommt nun insofern wieder ins Spiel, als Grammatik und Parser in der Sprachverarbeitung als zwei autonome Module mit eigenen, spezifischen Prinzipien und Strukturen wirken. In diesem Fall handelt es sich um eine *prozedurale Modularität*.

Auch beim Sprachprozessor wurde eine modulare Arbeitsmodalität angenommen (vgl. unter anderem Rayner et al. 1983 und Frazier 1987). Der syntaktische und der thematische Prozessor arbeiten parallel mit eigenen Prinzipien und Auskunftsquellen. Als Beispiel sei noch einmal der Satz in 65)b angegeben:

---

[41] In den Termini der Autonomie-Hypothese ausgedrückt, kann der thematische Parser nämlich keine Phrasenstruktur schaffen, sondern höchstens interpretieren.
[42] Es handelte sich um *Minimal-Attachment*-Effekte.

ENGLISCH

65) b The spy *saw* [$_{DP}$ the cop [$_{PP}$ *with a revolver*]] but the cop didn't see him.
(der Spion sah den Polizisten mit einem Revolver aber der Polizist AUXILIAR-nicht sehen ihn)
„Der Spion *sah* den Polizisten *mit einem Revolver*, aber der Polizist sah ihn nicht."

Der Einfluss des Prozessors auf die Interpretation syntaktischer Strukturen schränkt sich auf Strukturen ein, die eine potentielle grammatikalische Mehrdeutigkeit aufweisen (vgl. die als unvollständig interpretierbaren Sätze in 12)), und ist der Zeitdimension untergeordnet.

Das allgemein-kognitive System beeinflusst das linguistische Inputsystem durch Kategorien wie die pragmatische Plausibilität insoferne, als seine Informationen die Zuweisung der möglichen thematischen Rollen bestimmen (76)a, auf den Beispielsatz in 65)b bezogen), diese Informationen in das entsprechende thematische Raster konvertiert werden (76)b) und schließlich Zugang zur syntaktischen Analyse finden (76)c):

76) a Mit dem Verb „sehen" tritt als Träger der Thetarolle INSTRUMENT in der Norm ein Sehgerät auf.
b Das Verb „sehen" weist keine INSTRUMENT-Thetarolle der Präpositionalphrase „mit einem Revolver" zu.
c Die Präpositionalphrase „mit einem Revolver" kann nicht als Argument direkt an die Verbalphrase angehängt werden. Sie muss daher als Adjunkt von einer Nominalphrase abhängen.

Auch das Ökonomieprinzip, das die Sprachverarbeitung regelt, lässt sich mit der Modularitätstheorie vereinbaren (Frazier 1987). Ein Beispiel dafür sind die unterschiedlichen Arbeitsmodi der verschiedenen linguistischen Systeme. Im Lexikon ruft ein unilateraler (orthographischer oder phonologischer) Stimulus (vgl. das Beispiel 10) mit "*rose*") die Aktivierung mehrerer Einheiten hervor, ohne dass die syntaktische oder semantische Kompatibilität mit dem Kontext berücksichtigt wird. Im Gegensatz dazu gibt es bei der syntaktischen Derivation leerer Konstituenten keine Indizien einer mehrfachen Analyse.

3.3 Gedächtnis

Gewisse Gedächtnisleistungen bei der Satzverarbeitung, z.B. durch die Verarbeitung leerer Elemente, wurden im Rahmen von Experimenten sogar „sichtbar" gemacht. Die Aufgabe, ein Signal zu erkennen oder eine Wortliste zu memorieren, wird schwieriger, wenn gleichzeitig der Satzteil zwischen dem ersten Glied einer syntaktischen Kette und dessen Spur verarbeitet wird[43]. Messungen der elektrischen Spannung des Gehirns in den relevanten Phasen bestätigen diese Gedächtnisaktivität.

---

[43] Vgl. § 2.3.1.3.2.

Wenn über die Verarbeitung auf der Satzebene ein gewisser Konsens unter den Sprachforschern besteht, stellt jedoch auf der Diskursebene sogar die Natur der Repräsentationen eine offene Frage dar (vgl. Schwarz 1992). Gegen die Wahrscheinlichkeit expliziter Repräsentationsformen sprechen unterschiedliche Hinweise: visuelle Begriffe können in der Sprache nicht sehender Personen aktiviert sein; Sprecher-/HörerInnen sind kompetente BenützerInnen der Syntax ihrer Muttersprache, auch ohne die syntaktischen Bäume der Linguistik interpretieren zu können; einzelne Begriffe wie „umbringen" sind nicht gleich Propositionen wie „sterben lassen" (vgl. Fodor 1970)[44].

Mindestens ein Beispiel zu dieser komplexen Problematik: Bei Garden-path-Sätzen können MuttersprachlerInnen rückblickend die Stelle identifizieren, an der das Gefühl der Schwierigkeit entstanden ist: es ist die Stelle, an der die Analyse revidiert werden musste. Anders ist es in einem Satz wie dem folgenden (aus Hawkins 1990):

ENGLISCH
77) I called the nice old lady who had promised to help my friend who had been the best man at our wedding up.
(ich rief die nette alte Dame die hatte versprochen zu helfen meinem Freund der war gewesen der Trauzeuge an unserer Hochzeit an)
„Ich rief die nette alte Dame, die versprochen hatte, meinem Freund zu helfen, der Trauzeuge an unserer Hochzeit gewesen war, an."

Während der entsprechende deutsche Satz noch akzeptabel klingt, wirkt der englische Beispielsatz schon ungrammatikalisch, ohne dass der Leser/die Leserin bestimmen kann, ab welchem Punkt im Satz die Länge auf die Verbindungsmöglichkeit zwischen *"called"* und *"up"* störend wirkt. Wirkt hier ein bestimmtes Prinzip oder handelt es sich vielmehr um eine Gedächtnisstörung?

Nicht wenige Fragen über die Black box des Sprachgebrauchs sind nach wie vor ungelöst. Obwohl in der Sprachverarbeitungstheorie zahlreiche Hypothesen zu Gedächtnisaspekten formuliert wurden, konnten sie nicht verifiziert werden.

3.4 Offene Fragen

Die Forschung über *On-line*-Prozesse stößt nach wie vor auf vielerlei ungeklärte methodologische Fragen (so z.B. in Bezug auf die Rolle der Augenbewegungen beim Lesen,

---

[44] Auch in Hinsicht auf Gebärdensprachen gibt es Hinweise, dass die Kodierung der Sprachgebärden im Gedächtnis nicht nach bildlichen Darstellungen („ikonisch") erfolgt, sondern nach formalen, arbiträren Merkmalen („lexikalisch"), wie es in den phonetischen Sprachen der Fall ist (Klima & Bellugi 1975). Vgl. die oben angegebenen Daten über Versprecher in den Gebärdensprachen (§ 3.2.1, Fußnote 4).

Kontexteffekte von Nachbarwörtern ["*priming*"], Interpretation von Determinanten im sprachlichen Kontext usw.), so dass bei der Evaluation experimenteller Ergebnisse immer Vorsicht angebracht ist.

So bedarf auch die Modalität der Integration unterschiedlicher Informationen im Verständnisprozess adäquater theoretischen und empirischen Daten (*"cross-linguistic analysis"*). Aktuelle Untersuchungsergebnisse scheinen allerdings die Hypothese zu unterstützen, dass das linguistische System sehr schnell und unbewusst tätig und mit einem autonomen, modular organisierten syntaktischen System von Prinzipien und Regeln ausgestattet ist.

BIBLIOGRAPHIE

Bellugi, U. & Klima, E.S. 1976. "Two faces of sign: Iconic and abstract". In *Annals of the New York Academy of Sciences, Vol.280: Origins and Evolution of Language and Speech.* [514-538]

Bertelson, P. (Hrsg.). 1987. *The Onset of Literacy. Cognitive Processes in Reading Acquisition.* Cambridge, MA/London: MIT Press.

Bever, T.G. & McElree, B. 1988. "Empty categories access their antecedents during comprehension". *Linguistic Inquiry 19, No.1.* [35-43]

Bierwisch, M. 1983. "How on-line is language processing?". In: Flores d'Arcais, G.B. & Jarvella, R.J. (Hrsgg.). *The Process of Language Understanding.* New York: John Wiley & Sons Ltd. [113-168]

Chomsky, N. 1980. *Rules and Representations.* New York: Columbia University Press. [Dt.: 1981. *Regeln und Repräsentationen.* Frankfurt a.M.: Suhrkamp.]

Chomsky, N. 1991. "Linguistics and adjacent fields: A personal view". In: Kasher, A. (Hrsg.). [3-25]

De Vincenzi, M. 1991. *Parsing Strategies in Italian.* Dordrecht: Kluwer.

Fanselow, G. & Felix, S.W. 1993[3]. *Sprachtheorie. Band I. Grundlagen und Zielsetzungen.* Tübingen: Francke.

Ferreira, F. & Clifton, C. 1986. "The independence of syntactic processing". *Journal of Memory and Language 25.* [348-368]

Flores d'Arcais, G.B. 1987. "Syntactic processing during reading for comprehension". In: Coltheart, M. (Hrsg.). *The Psychology of Reading. Attention and Performance XII.* Hove: Erlbaum. [619-633]

Flores d'Arcais, G.B. 1991. "Sintassi e psicolinguistica. I processi di elaborazione sintattica durante la comprensione del linguaggio". *Sistemi intelligenti, Anno III, Nr.3.* [315-346]

Fodor, J.A. 1970. "Three reasons for not deriving 'kill' from 'cause to die'". *Linguistic Inquiry 1.* [429-438]

Fodor, J.A. 1983. *The Modularity of Mind*. Cambridge, MA/London: MIT Press.

Fodor, J.D. 1989. "Empty categories in sentence processing". *Language and Cognitive Processes 4 (3/4)*. [155-209]

Frazier, L. 1985. "Syntactic complexity". In: Dowty, D.R., Karttunen, L. & Zwicky, A.M. (Hrsgg.). *Natural Language Parsing: Psychological, Computational, and Theoretical Perspectives*. Cambridge: Cambridge University Press. [129-189]

Frazier, L. 1987. "Sentence Processing: A tutorial review". In: Coltheart, M. (Hrsg.). *The Psychology of Reading. Attention and Performance XII*. Hove: Erlbaum. [559-586]

Frazier, L. & Clifton, C. 1989. "Successive cyclicity in the grammar and the parser". *Language and Cognitive Processes 4 (2)*. [93-126]

Frazier, L. & de Villiers, J. (Hrsgg.). 1990. *Language Processing and Language Acquisition*. Dordrecht: Kluwer.

Frazier, L. & Fodor, J.D. 1978. "The sausage machine: A new two-stage parsing model". *Cognition 6*. [291-325]

Frazier, L. & Rayner, K. 1982. "Making and correcting errors during sentence comprehension: Eye movements in the analysis of structurally ambiguous sentences". *Cognitive Psychology 14*. [178-210].

Frazier, L. & Rayner, K. 1987. "Resolution of syntactic ambiguities: Eye movements in parsing lexically ambiguous sentences". *Journal of Memory and Language 26*. [505-526]

Freud, S. 1901/1991[9]. *Zur Psychopathologie des Alltagslebens*. In: *Gesammelte Werke in Einzelbänden. Bd.4*. Frankfurt a.M.: Fischer.

Hasegawa, N. 1990. "Comments on Mazuka and Lust's paper". In: Frazier, L. & de Villiers, J. (Hrsgg.). [207-223]

Hawkins, J.A. 1990. "A parsing theory of word order universals". *Linguistic Inquiry 21, No.2*. [223-261]

Kasher, A. (Hrsg.). 1991. *The Chomskyan Turn*. Cambridge, MA/Oxford: Blackwell.

Kayne, R. 1994. *The Antisymmetry of Syntax*. Cambridge, MA/London: MIT Press.

Klima, E.S. & Bellugi, U. 1975. "Perception and production in a visually based language". In: *Annals of the New York Academy of Sciences, Vol.263*. [225-235]

Lenneberg, E.H. 1967. *Biological Foundations of Language*. New York: John Wiley & Sons. [Dt.: 1986[2]. *Biologische Grundlagen der Sprache*. Frankfurt a.M.: Suhrkamp.]

Leuninger, H. 1987. „Das ist wirklich ein dickes Stück: Überlegungen zu einem Sprachproduktionsmodell". *Linguistische Berichte, Sonderheft 1*. (Hrsg. von J. Bayer). Opladen: Westdeutscher Verlag. [24-40]

Magno Caldognetto, E. & Tonelli, L. 1980. "La rappresentazione mentale dell'informazione fonologica: evidenze dai lapsus". *Quaderni del Centro di Studio per le Ricerche di Fonetica IX*. [503-523]

Marslen-Wilson, W. 1985. "Speech shadowing and speech comprehension". *Speech Communication 4*. [55-73]

Marslen-Wilson, W. & Komisarjevsky Tyler, L. 1987. "Against Modularity". In: Garfield, J.L. (Hrsg.). *Modularity in Knowledge Representation and Natural-Language Understanding*. Cambridge, MA/London: MIT Press. [37-62]

Marx, O. 1967/1986². „Die Geschichte der Ansichten über die biologische Grundlage der Sprache". In: Lenneberg, E.H. 1967/1986².

Matthei, E. & Roeper, T. 1983. *Understanding and Producing Speech*. London: William Collins Sons & Co.

Mazuka, R. & Lust, B. 1990. "On parameter setting and parsing: Predictions for cross-linguistic differences in adult and child processing". In: Frazier, L. & de Villiers, J. (Hrsgg.). [163-205]

McElree, B. & Bever, T.G. 1989. "The psychological reality of linguistically defined gaps". *Journal of Psycholinguistic Research No.1*. [21-35]

Miller, J.L. 1987. "Mandatory processing in speech perception: A case study". In: Garfield, J.L. (Hrsg.). *Modularity in Knowledge Representation and Natural-Language Understanding*. Cambridge, MA/London: MIT Press. [309-322]

Newmeyer, F. 1991. "Rules and principles in the historical development of Generative Syntax". In: Kasher, A. (Hrsg.). [204-224]

Nicol, J. & Swinney, D.A. 1989. "The role of structure in coreference assignment during sentence comprehension". *Journal of Psycholinguistic Research 18, No.1*. [5-19]

Pritchett, B.L. 1988. "Garden path phenomena and the grammatical basis of language processing". *Language 64, No.3*. [539-576]

Pritchett, B.L. 1992. *Grammatical Competence and Parsing Performance*. Chicago/London: The University of Chicago Press.

Rayner, K., Carlson, M. & Frazier, L. 1983. "The interaction of syntax and semantics during sentence processing: Eye movements in the analysis of semantically biased sentences". *Journal of Verbal Learning and Verbal Behavior 22*. [358-374]

Read, C. et al. 1987. "The ability to manipulate speech sounds depends on knowing alphabetic writing". In: Bertelson, P. (Hrsg.). [31-44]

Samuel, A.G. 1981. "Phoneme restoration: Insights from a new methodology". *Journal of Experimental Psychology: General, Vol.110, No.4*. [474-494]

Schwarz, M. 1992. *Einführung in die kognitive Linguistik*. Tübingen: Francke.

Seidenberg, M.S., Tanenhaus, M.K., Leiman, J.M. & Bienkowski, M. 1982. "Automatic access of the meanings of ambiguous words in context: Some limitations of knowledge-based processing". *Cognitive Psychology 14*. [489-537]

Sobrero, A. 1993. "Velocità di parola". *Italiano e oltre 5*. [280]

Swinney, D.A. 1979. "Lexical access during sentence comprehension: (Re)consideration of context effects". *Journal of Verbal Learning and Verbal Behavior 18*. [645-659]

Voghera, M. 1992. *Sintassi e intonazione nell'italiano parlato*. Bologna: il Mulino.

4 Eine kulturbedingte sprachliche Fähigkeit: der Umgang mit schriftlichen Texten

4.1 Einführung

Im vorliegenden Kapitel werden die wesentlichen Charakteristika des Lesens erörtert, die von psycholinguistischem Interesse sind.

Wie bei der Sprachfähigkeit im Allgemeinen, sind bei der Sprachverarbeitung in der visuellen Modalität Aspekte zu erkennen, die den meisten vertraut sind, während sich andere Aspekte der Introspektion entziehen.
Die Erläuterung dieser unterschiedlichen Aspekte der Lesefähigkeit in der Muttersprache soll einen theoretischen und empirischen Hintergrund zur Klärung der Frage bieten, welche sprachpsychologischen Eigenschaften das Lesen in der Fremdsprache charakterisieren.

4.2.1 Leicht feststellbare Tatsachen: eine Zusammenfassung

Im Folgenden werden Charakteristika der Lesefähigkeit und des Leseverfahrens zusammengefasst, die der Introspektion bzw. der Erfahrung außerhalb eines wissenschaftlichen Kontextes zugänglich sind.

a) *Gemeinsame Grundressourcen* – Das Verstehen von gelesenen und gehörten Texten beruht trotz der Unterschiede in den Verarbeitungsmodalitäten auf ein und derselben Sprachfähigkeit.

b) *Ein wesentlicher Unterschied zur mündlichen Sprachwahrnehmung* – In einem Punkt unterscheiden sich jedoch Lesen und Hören fundamental. Jeder Mensch, unabhängig von seiner Intelligenz und seiner Schulbildung oder von den erlernten kulturellen Techniken erwirbt volle Kompetenz in der Muttersprache – ohne besonderen Unterricht und ohne spezialisierte Unterweisung.
Dies gilt nicht für das Lesen. Die Verarbeitung schriftlich notierter Sprache ist eine *Kulturtechnik*, die nicht einfach durch verstehenden Kontakt unter natürlichen Bedingungen erworben wird. Sie ist vielmehr eine Fähigkeit, die erst ab einem bestimmten Grad der Koordination sprachlicher, allgemein-kognitiver und visueller Fähigkeiten zugänglich wird. Darüber hinaus bedarf sie einer expliziten Unterweisung, die mit einem gewissen Maß an Aufmerksamkeit und Training seitens der Lernenden verbunden ist.
Die (Entwicklung der) Kompetenz in einer sekundären sprachlichen Aktivität wie dem Lesen[1] ist mit zahlreichen Faktoren verbunden: beim Deutschlesen z.B. mit der metasprachlichen In-

---

[1] Die Bezeichnung „sekundär" soll im Sinne des vorangehenden Absatzes verstanden werden.

formation, dass eine bestimmte lexikalische Kategorie (das Nomen) durch Großbuchstaben am Wortanfang zu identifizieren ist.

c) *Kognitive Auswirkungen* – Grad und Tiefe der Lesefähigkeit haben weitreichende Auswirkungen auf die kulturelle und intellektuelle Bereicherung der Individuen, auch hinsichtlich ihrer Fähigkeit, einen bewussten und kreativen Gebrauch von der Sprache zu machen. Die Entwicklung eines reichen und differenzierten Wortschatzes, der Umgang mit Wortspielen und die Fähigkeit, Spracherzeugnisse anspruchsvollen intellektuellen und kreativen Niveaus zu schaffen, können qualitativ und quantitativ davon beeinflusst werden, ob und wie Menschen alphabetisiert wurden.

Ein Beispiel dafür sind Schulkinder, die eine ikonisierende bzw. silbenorientierte Notation der Sprache erlernt haben (wie Chinesisch oder Japanisch-Kana). Sie entwickeln zum Teil andere Sprachspiele und Reimkonstruktionen als jene, die mit einer Buchstabenschrift aufwuchsen (z.B. dem lateinischen, kyrillischen oder arabischen Alphabet). Dass dies in gewissem Ausmaß auch die Intuition für phonologische Einheiten beeinflusst, legen Untersuchungsergebnisse nahe (Read et al. 1986, Mann 1986).

d) *Nicht so schlampig wie in der gesprochenen Sprache* – In allen Sprachen sind stilistische Unterschiede zwischen der mündlichen und der schriftlichen Ausdrucksform auffällig. Diese Unterschiede betreffen *nicht die Korrektheit* eines Sprachsystems (d.h. die Grammatik), sondern die Normen, die *den Gebrauch* des jeweiligen Systems regeln (Voghera 1994, S.281; vgl. die pragmatischen Regeln in der mündlichen Kommunikation, § 2.1.2)[2]. Eine intuitive Wahrnehmung solcher Unterschiede führt beim Schreiben dazu, eine Art Zensur auf den Stil der gesprochenen Sprache mehr oder weniger bewusst anzuwenden (vgl. Voghera 1994, S.68).

Das Ausmaß, in dem diese stilistischen Varietäten voneinander abweichen, hängt stark von der einzelnen Kultur ab. Dies ist dann besonders deutlich zu erkennen, wenn Texte desselben Genres, die in zwei verschiedenen Sprachen geschrieben sind (z.B. französische und amerikanische Linguistiktexte), verglichen werden, oder auch im Rahmen einer Übersetzungsaufgabe.

e) *Vorlesen? Für wen?* – Ab dem 11. Jahrhundert, als sich in westeuropäischen Ländern der Gebrauch etablierte, Wörter kleiner und voneinander getrennt zu schreiben, wird das Lautlesen zur Textdekodierung nicht mehr notwendig[3]. Zwischen dem 12. und dem 15. Jahrhundert setzt sich in den Bibliotheken die „Schweigeregel" durch. Seit Anfang des 18. Jahrhunderts dehnt sich das private Lesen von Zeitungen, Zeitschriften und Büchern erheblich aus (Günther 1989).

---

[2] Durch eine solche pragmatische Regelung entstehen unterschiedliche stilistische Varietäten. Insbesondere, bestimmte Sprachvarietäten („diamesische Varietäten") korrelieren jeweils mit bestimmten Übertragungskanälen (mit dem phonischen, graphischen, radiophonischen usw.). Vgl. Voghera 1994, S.38.
[3] Im Durchschnitt kann eine Sequenz von maximal 15 Buchstaben auf einmal visuell verarbeitet werden (s. unten im Text). Enthielten die Zeilen der älteren Texte im Durchschnitt 30-50 Buchstaben ohne Zwischenräume, ergab sich die Notwendigkeit, laut zu lesen, um die Wörter in einer vertrauten Form verarbeiten zu können (Günther 1989).

Nach der Verbreitung der Alphabetisierung muss das Lesen nicht mehr delegiert werden. Wenn es nicht zu rituellen, offiziellen oder gesellschaftlichen Zwecken erfolgt (z.B. in der Kirche, im Tribunal oder für Kinder), ist heute das Lesen privat und still.

f) *So wird gelesen, wenn ...* – Die didaktische Literatur der 70er Jahre hat wiederholt auf die Unterschiede zwischen Leseabsichten sowie dem jeweils dabei gewonnenen Informationsgehalt hingewiesen. Oft – aber nicht unbedingt – korreliert die Leseabsicht mit der Textsorte. So wird die Aufmerksamkeit der LeserInnen jeweils auf unterschiedliche Objekte gerichtet, sei es Symbole, sei es Informationen oder Meinungen[4].

Die Suche nach strikten Korrespondenzen zwischen Textsorten und Leseabsichten reflektieren jedoch eher didaktische Bemühungen als eine realistische „Phänomenologie des Lesens". In Wirklichkeit wechseln sich meistens bei demselben Text verschiedene Leseabsichten ab, je nach der Struktur und dem Inhalt des Textes oder nach kognitiven und psychologischen Faktoren bei den einzelnen Lesenden (Aufmerksamkeit, unmittelbares pragmatisches Interesse usw.).

Die Beschaffenheit mancher Passagen bzw. ungünstige Leseumstände erfordern ein langsameres Lesetempo und mehr Konzentration: in solchen Fällen kommt es dazu, dass – gegen die übliche Vorgangsweise – halblaut vorgelesen wird.

4.2.2 Intensive Augenblicke

Eine Beschreibung auf der Basis von Beobachtungen von außen („Input/Output-Korrespondenz") eignet sich nicht für mentale Prozesse wie das Lesen. Da eine bewusste Analyse nur höhere Verarbeitungsniveaus und affektive Aspekte umfasst, wurden ab den 70er Jahren zweckmäßigere Untersuchungstechniken entwickelt: Experimente über Textinterpretation, Compu-

---

[4] Es folgen Beispiele für Leseabsichten mit dem entsprechenden Schwerpunkt:
i) das Vorhandensein eines Symbols überprüfen: z.B. der Sequenz „1./2." für „1. und 2. Klasse" in einem Zugplan (*"scanning"*);
ii) eine bestimmte Informationseinheit erhalten: z.B. „Warum wurden Neuwahlen in Wirklichkeit ausgeschrieben?" in einem längeren Zeitschriftartikel (*"search reading"*);
iii) eine Orientierung bzw. einen Überblick über einen ganzen Text oder mehrere Texte gewinnen: z.B. nach der Frage „Ist heute etwas Aufregendes in der Stadt passiert?" die Zeitung lesen (*"skimming"*);
iv) in einem ganzen Text nur „das Wesentliche" erfassen: z.B. den Inhalt eines Chronikartikels in der Zeitung;
v) einen Text in jedem Detail erfassen: z.B. ein Gedicht;
vi) maximale Informationen erhalten und gleichzeitig dem Inhalt eines Textes gegenüber eine argumentativ-kritische Haltung bewahren, wie es z.B. ein Historiker beim Lesen eines politischen Dokumentes tut („argumentatives Lesen").

teraufnahmen der Augenbewegungen und Computersimulationen der visuellen Verarbeitung einzelner Sprachkomponenten (z.B. der Syntax)[5] [6].

Ein unmittelbarer Eindruck, der beim Lesen entsteht, ist jener der Kontinuität. Mittels Computeraufnahmen der Augenbewegungen ist es jedoch heutzutage leicht nachzuweisen, dass Lesen in Wirklichkeit *ein äußerst unregelmäßiger Prozess* ist, der aus millisekunden-raschen Vor- und Rückwartssprüngen, von unterschiedlich langen Pausen bzw. Sprüngen auf der Stelle unterbrochen, besteht.

Das Auge fixiert ein kleines Textsegment (diese Phase wird als „Fixation" oder „Fixierung" bezeichnet) und springt dann zu einem anderen Textsegment weiter. Diese schnelle Bewegung („Sakkade") erstreckt sich über einen Raum von 1-20 Buchstabenpositionen (Buchstaben und Zwischenräumen), 7-9 im Durchschnitt.

Die Fixationen machen 90-95% der Lesezeit aus und stellen die zentrale Phase der Wahrnehmung dar (aber s. auch unten). Die Fixationdauer variiert zwischen 100 und 500 Millisekunden (Durchschnitt: 200-250 Millisekunden) und kann durch Faktoren wie Dauer der vorangehenden oder der nächsten Sakkade, Vorhersehbarkeit, Häufigkeit, Relevanz der Wörter im Text sowie Alter der Lesenden und deren Lesefähigkeit beeinflusst werden (Ehrlich & Rayner 1983).

Die Fixationen erfolgen *selektiv*. Sie betreffen häufiger Inhaltswörter (ca. 83% der Inhaltswörter – wie Nomina und Verben – gegenüber ca. 38% der Funktionwörter – wie Artikel und Präpositionen – werden fixiert) sowie ungewöhnliche und längere Wörter, während Wörter mit nur 2-3 Buchstaben, Interpunktionszeichen und Zwischenräume meistens übersprungen werden.

Die längere Dauer der Fixationen bei komplexeren oder ungewöhnlicheren Wörtern weist darauf hin, dass sich keine Verzögerung zwischen der visuellen Wahrnehmung und der mentalen Verarbeitung ergibt. Insoferne besteht ein markanter Unterschied zum Vorlesen, das eine deutliche Verzögerung zwischen der visuellen Wahrnehmung und der mündlichen Reproduktion impliziert.

Das Vorhandensein selektiver Fixationen und die Tatsache, dass Wörter übersprungen werden, legen nahe, dass Verarbeitungsprozesse auch außerhalb der Fixationen stattfinden.

Im „fovealen Bereich", in dem die visuelle Wahrnehmung am schärfsten ist, können bei einer Fixation ca. 6-8 Buchstaben deutlich wahrgenommen werden[7].

---

[5] Simulationen am Computer sind keine naturalistische Kopie der neurophysiologischen Prozesse.
[6] Die folgenden Daten über die Sprachverarbeitung beim Lesen werden in Günther 1989 sowie Rayner & Pollatsek 1987 (Leseverfahren), Sartori 1984 (theoretische Ansätze) und Lutjeharms 1988 (Lesen im Fremdsprachenunterricht) zusammengefasst.
Die meisten Experimente wurden in englischer Sprache durchgeführt. Die betreffenden numerischen Daten werden als Orientierung angegeben und sind nicht automatisch auf das Lesen in anderen Sprachen zu übertragen.
[7] Die "*Fovea centralis*" oder "*Sehgrube*" ist der zentrale Bereich der Netzhaut, auf den der Mittelpunkt des Gesichtsfeldes projiziert wird.

Weniger scharf wahrnehmbar sind beim Lesen von links nach rechts ca. weitere 4-5 Positionen links vom fovealen Bereich und 13-15 Positionen rechts davon („parafovealer Bereich"). Diese Asymmetrie, die sich zusammen mit der Lesefähigkeit entwickelt[8], ist beim Lesen von rechts nach links in Sprachen wie dem Hebräischen in die umgekehrte Richtung ebenso vorhanden.
Im parafovealen Bereich werden Informationen über Buchstaben erhalten sowie räumliche Informationen (Wortlänge und -form, Anfangs- und Endbuchstaben), auf deren Basis die Länge der nächsten Sakkade bestimmt wird. Außerdem werden morphologische Informationen (z.B. über Wortkomposition) und gewisse semantische Informationen verarbeitet (es wurden z.B. Häufigkeitseffekte, aber keine Synonymieeffekte festgestellt). Kaum eine Auswirkung auf dieser Ebene wird hingegen Variationen der typographischen Gestaltung oder der Struktur der Phoneme und Morpheme zugeschrieben.
Über die Modalität und die Abfolge der Verarbeitung dieser Informationen sind bisher keine Daten bekannt.

Im visuellen Bereich über den parafovealen Bereich hinaus („Peripherie") sind nur noch Informationen über Zeilen- und Wortlänge zu erhalten.

Wenn die Verarbeitung gestört wird, die fixierte Stelle sich als nicht informativ genug erweist oder höhere Verarbeitungsprozesse es sonst erfordern (z.B. nach der Feststellung einer Missinterpretation), finden zwei oder manchmal mehrere Fixationen desselben Segmentes statt.
Die zweite Fixation dauert durchschnittlich 75 msec. Sie wird aber kürzer, wenn der Verarbeitungsprozess bei der ersten Fixation ausreichend vorangekommen ist oder auch die erste Fixation länger dauerte (O'Regan & Lévy-Schoen 1987).

10-15% der Sakkaden sind Rückwärtsbewegungen („Regressionen"). Diese erfolgen bei Missverständnissen oder dann, wenn die Sakkade länger als geplant war (z.B. bei längeren Wörtern).
Viele Faktoren beeinflussen die Häufigkeit der Regressionen, darunter die Leseanweisungen, die individuelle Lesefähigkeit und die Komplexität des Textes.

Aus diesen Daten kann geschlossen werden, dass Maßstäbe wie z.B. „Verarbeitungszeit pro Wort" nur teilweise die Realität des Leseprozesses reflektieren können, dessen akkurate Beschreibung sich hingegen auf eine Vielzahl von Daten stützen muss.

Im Unterschied zur phonischen Kontinuität der mündlichen Sprache besteht die schriftliche Sprache aus leicht isolierbaren Einheiten („Graphemen"). Spezifische Konventionen in den jeweiligen Schriftsystemen binden die Grapheme an bestimmte phonische Einheiten.
Es gibt Hinweise darauf, dass auch Faktoren wie die Buchstabenredundanz und die Redundanz der Buchstabenreihenfolge im Leseprozess ausgenützt werden (Deloche, Debili &

---

[8] Bei LeseanfängerInnen ist sie um ca. 25% weniger ausgeprägt als bei erfahrenen LeserInnen (Rayner & Pollatsek 1987).

Andreewsky 1980)[9]. Es bleibt jedoch noch zu klären, wie diese sublexikalischen Informationen verarbeitet werden, und insbesondere ob die Verarbeitung parallel oder seriell erfolgt (vgl. Seidenberg 1987).

Auf der Wortebene wurde die Tendenz festgestellt, den Bereich zwischen Wortanfang und Wortmitte zu fixieren (vgl. die englischen Daten in O'Regan & Lévy-Schoen 1987). In Sprachen wie dem Englischen, Französischen oder Italienischen, die nach rechts konstruieren (vgl. § 2.3.1.3.3, Punkt a)) liefert dieser Bereich die meisten Informationen. Dies würde auch die Beobachtung erklären, dass orthographische Fehler am Wortanfang leichter erkannt werden (Ehrlich & Rayner 1981).

Das Ausmaß kognitiver Einflüsse auf die Augenbewegungen beim Lesen ist noch nicht bestimmt worden. Bei erfahrenen LeserInnen kann die lexikalische Verarbeitung jedenfalls unabhängig von höheren kognitiven Prozessen – d.h. modular – aktiviert werden (Besner & Humphreys 1991).

4.2.3 Verarbeitung schriftlicher Einheiten

In den nächsten Seiten werden ansatzweise neuere Daten und Theorien präsentiert, die zur Klärung folgender Fragen beitragen:

– Welche Informationen werden in welchen Phasen der visuellen Sprachwahrnehmung gewonnen? Welcher ist insbesondere der Anteil der visuellen und der phonologischen Komponente?
– In welchem zeitlichen Rahmen werden sie aktiviert?
– Wie werden Informationen aus dem lexikalisch-semantischen Kontext in der Dekodierung schriftlicher Sprache verarbeitet?

4.2.3.1 Konkurrierende Ressourcen?

An der (stillen) Verarbeitung schriftlicher Sprache nimmt nicht nur die *visuelle* Komponente, sondern auch die *phonologische* Komponente teil[10].

Dies lässt sich aus den Ergebnissen von Experimenten schließen, die die Verarbeitung verschiedener Wortarten verglichen[11]. Existierende Wörter und erfundene Wörter, die aber wie existierende Wörter auszusprechen sind („Pseudohomophone": z.B. im Deutschen „Beukott"

---

[9] Die Buchstabenredundanz ist z.B. im Deutschen und Englischen sehr hoch, d.h. 66% bzw. 60%. In mehr als 90% der nichtflektierten englischen und französischen Wörter ist eine einzige Buchstabensequenz möglich. Anagrammierte Wörter werden deshalb leichter als Wörter mit veränderten Anfangsbuchstaben erkannt, z.B. „Gans" ==> „Sang" vs. „Gang" ==> „Sang".
[10] Testergebnisse legen nahe, dass auch Informationen über die Silbenstruktur in die Verarbeitung gelesener Wörter integriert werden (Treiman & Chafetz 1987).
[11] Wegen der überdurchschnittlich zahlreichen Variablen, die die Ergebnisse beeinflussen können, ist bei der Evaluation von Leseexperimenten eine besondere Vorsicht angebracht.

aus "Boykott") führten zu gleichen Ergebnissen bei einem Lesetest mit einer Wahrnehmungsaufgabe[12].

Ein anderer Test betraf Pseudohomophone und erfundene Wörter („Nicht-Wörter": z.B. „Beukott" und "Boykatt"). Die Aufgabe war zu sagen, ob die gelesenen Wörter zur englischen Sprache gehören oder nicht („Test mit lexikalischer Entscheidung", vgl. § 3.2.3.2). Die Versuchspersonen brauchten länger, um Pseudohomophone als nicht existierende Wörter zu erkennen.

Die Leseleistungen wurden außerdem nicht beeinflusst, wenn die visuelle Wahrnehmung in einem gewissen Ausmaß gestört wurde, z.B. durch eine Schreibweise, in der sich Klein- und Großbuchstaben abwechseln (vgl. Van Orden 1991).

Diese Ergebnisse führten zur Annahme, dass unter den beim Lesen aktivierten Modulen ein phonologisches Lexikon vorhanden sein muss, in dem die Dekodierung der Laute (*"assembled phonology"*) mit der Dekodierung ganzer Wörter (*"addressed phonology"*) interagiert[13]. Sublexikalische phonologische Elemente werden auch dann einbezogen, wenn das schriftliche Sprachsystem nicht phonetisch ist, wie bei den Gebärdensprachen und der ideographischen Notation (Chinesisch) (Lutjeharms 1988, S.79).

Belege für die phonologische Dekodierung bieten außerdem selektive Lesestörungen, die *ausschließlich* unregelmäßige Wörter betreffen (Patterson & Coltheart 1987)[14].

Die Annahme einer rein visuellen Strategie, die auf einer strikt seriellen Korrespondenz zwischen einzelnen Graphemen und Phonemen basiert, könnte die Fähigkeit, unregelmäßige oder erfundene Wörte zu lesen, nicht erklären.

Andererseits kann die Annahme einer ausschließlich phonologischen Dekodierung das Phänomen nicht erklären, dass ein innerhalb eines Wortes präsentierter Buchstabe leichter als in isolierter Form erkannt wird („Wortüberlegenheitseffekt", Englisch: *"word superiority effect"*)[15]. Für die relative Autonomie der Verarbeitung im schriftichen Kode sprechen Daten aus der Sprachpathologie (s. § 5.1.4.3).

Ob der eine oder der andere Kode vorwiegend aktiviert wird, wird (auch) von der Textvorlage beeinflusst. Beim Lesen seltener oder neuer bzw. erfundener Wörter wird z.B. eher der

---

[12] „Stroop-Effekt-Test": die Probanden lesen ein Wort, das eine Farbe bezeichnet (z.B. „rot") und in einer anderen Farbe (z.B. blau) geschrieben ist. Sind die Farben unterschiedlich, ist die Lesezeit länger.
Im Experiment wurden englische Wörter wie z.B. *"red"* vs. *"wredd"* (erfunden) und *"blue"* vs. *"bloo"* (erfunden) präsentiert.

[13] Es wird angenommen, dass die phonologische Rekodierung eine Unterstützung für das Gedächtnis darstellt (vgl. Shankweiler & Crain 1986). Lutjeharms 1988 (S.78) zitiert Experimente, in denen die subvokale Artikulation beim stillen Lesen von Buchstaben durch eine zusätzliche Aufgabe (wie Rückwärtszählen) unterdrückt wurde. In solchen Fällen waren die Gedächtnisleistungen deutlich niedriger als in Kontrollgruppen.

[14] Über Lesestörungen s. § 5.1.4.3.

[15] Dieser Effekt liefert ein Beispiel für die Auswirkungen höherer kognitiven Prozesse (Worterkennung) auf niedrigere Niveaus des Verarbeitungsprozesses (Buchstabenerkennung). Dabei wird eine Korrelation mit der Lesefähigkeit vermutet, da der Wortüberlegenheitseffekt bei Erwachsenen stärker ausgeprägt ist als z.B. bei Kindern von 6-7 Jahren.

phonologische Kanal beansprucht, bei starken Abweichungen zwischen Phonetik und Graphie eher der visuelle Kanal[16].

Die als *"Dual Process Model"* bezeichnete Theorie nimmt an, dass existierende Wörter als ganze Stimuli im Gedächtnis gespeichert sind und aktiviert werden, während erfundene Wörter bewusst rekonstruiert werden müssen.

In Anbetracht der zahlreichen, unterschiedlichen Faktoren, die die Leseleistungen beeinflussen, kann zum gegenwärtigen Zeitpunkt der Forschung nur eine "hybride Theorie" vertreten werden, die das Lesen als gleichzeitige Aktivierung mehrerer Prozesse betrachtet. Dazu gehören automatische Erkennungsmechanismen, Top-down-Erwartungen sowie post-lexikalische, semantische Prozesse, die die Daten in sinnvolle Diskurseinheiten integrieren (vgl. Sartori 1984, Segalowitz 1986).

Eine solche Theorie ermöglicht jedoch keine eindeutigen Aussagen und impliziert außerdem wegen der Komplexität der angesprochenen Ebenen hohe Kosten in der Ökonomie der Verarbeitung.

Es bleibt jedenfalls die Frage offen, ob für eine so stark von ökologischen Faktoren beeinflussbare kognitive Tätigkeit[17] ein strikt modulares Verarbeitungsmodell angenommen werden kann.

4.2.3.2 Ein visuell fundierter Ansatz

Unter den verschiedenen Hypothesen über die lexikalische und syntaktische Verarbeitung beim Lesen wird im Folgenden die von Ehrlich, Rayner, Pollatsek u.a. vertretene Theorie dargestellt (vgl. z.B. Ehrlich & Rayner 1983, Rayner & Pollatsek 1987).

Im Laufe einer Fixation werden lexikalische und einige syntaktische Informationen aufgenommen. Komplexere Interpretationsprozesse (z.B. die Pronominalreferenz) finden erst in späteren Verarbeitungsphasen statt.

Kontextuelle Effekte (z.B. die schnellere Dekodierung eines Wortes infolge seiner semantischen Assoziation mit einem anderen, gerade gelesenen Wort) wurden nur innerhalb desselben Satzes beobachtet.

Wie zahlreiche Daten belegen, erfolgt der Einfluss kontextueller Informationen und des Häufigkeitsfaktors auf die lexikalische Verarbeitung *nicht* in Form von Voraussagen. Erstens, weist keine Sprache einen solchen Grad an Redundanz auf, der in einem beliebigen Kontext

---

[16] Solche „Ausnahmen" in der Korrespondenz zwischen Phonemen und Graphemen sind in einer Sprache wie dem Englischen derart häufig, dass sich diesbezüglich kaum eine Regel definieren lässt. Vgl. die einzelnen Laute des englischen Wortes *"enough"* mit:
– einem "e" in *"emperor"*
– dem "n" in *"going"*
– der Gruppe "ou" in *"out"* und
– der Sequenz "gh" in *"ghost"*.

[17] Faktoren wie die verfügbare Zeit, die Qualität der Vorlage, das Notationssystem usw. können sich stark auf die Leistungen des Kurzzeitgedächtnisses auswirken.

lexikalische Voraussagen ermöglichen würde. Zweitens, auch leicht voraussagbare Wörter werden fixiert (Ehrlich & Rayner 1981). Drittens, obwohl eine bewusst angesetzte Überlegungsphase vor dem Lesen es oft ermöglicht, über den Textinhalt treffende Hypothesen aufzustellen, ist diese Strategie im natürlichen Leseprozess ungewöhnlich (wie bereits erwähnt, wird sie von erfolgreichen LeserInnen auch nicht angewandt).

Die längere Fixationszeit, die sich bei unerwarteten, seltenen oder mehrdeutigen Wörtern ergibt, muss mit einer Phase verbunden sein, die der lexikalischen Dekodierung (Wortidentifikation) folgt. Sonst könnte die Beobachtung nicht erklärt werden, dass *mehr*deutige Wörter in einem *ein*deutigen Kontext *keine* Verlängerung der Verarbeitungszeit hervorrufen. Aus diesem Grund müssen die *Identifikation* des Wortes und dessen *Integration in die mentale Repräsentation* des Textes als zwei unterschiedliche Phasen betrachtet werden (Rayner & Pollatsek 1987).

Die Folgen syntaktischer Mehrdeutigkeiten im Leseprozess wurden zum Teil im Kapitel über die Sprachverarbeitung im Allgemeinen beschrieben (vgl. §§ 3.2.3.3-3.2.3.4). Die meisten Experimente über die Interpretation der syntaktischen Komponente wurden nämlich in der visuellen Modalität durchgeführt.
An dieser Stelle wird daher nur hinzugefügt, dass sich die Feststellung syntaktischer Missinterpretationen mit längeren Fixationen, Regressionen oder der Kombination von längeren Fixationen mit sehr kurzen Sakkaden (2-3 Buchstabenpositionen) verbunden ist, wobei die erneute Analyse nicht unbedingt am Satzanfang beginnt (Frazier & Rayner 1982).
Für die syntaktische wie auch für die lexikalische Komponente gilt die Unterscheidung zwischen der Verarbeitungsphase an sich und der Phase, in der die gewonnenen Informationen verwendet werden (Flores d'Arcais 1987).

Die Augenbewegungsexperimente beim Lesen legen starke Hinweise auf die modulare Natur des syntaktischen Systems vor. Insbesondere wird dadurch deutlich sichtbar, dass syntaktische Prinzipien und sprachspezifische Regeln *automatisch strukturelle Voraussagen und Analysen* liefern, die sonst nur bei Verarbeitungsschwierigkeiten – z.B. nach der Feststellung syntaktischer Fehler – von den Lesenden bewusst erkennbar sind. Selbst dann, wenn solche Fehler nicht bewusst erkannt werden, werden sie während des Lesens öfter und für längere Zeit als andere Fehler unbewusst fixiert[18]. Diese Eigenschaft gilt z.B. für orthographische und lexikalisch-semantische Informationen nicht: Fehler in diesen Bereichen verursachen eine Verlangsamung des Lesetempos unmittelbar nach dem fehlerhaften Wort und korrelieren eng mit dem Textverständnis (ebda.).

---

[18] Syntaktische Fehler werden häufiger entdeckt, wenn sie in pragmatisch unplausiblen Kontexten präsentiert werden: vgl. § 3.2.4.1.

Die typisch modulare Vorgangsweise in der Verarbeitung der Syntax ist bei „schwächeren LeserInnen" weniger ausgeprägt (ebda.)[19].

Die Rolle des Kurzzeitgedächtnisses in der Lesefähigkeit wurde noch nicht genauer definiert (vgl. Shankweiler & Crain 1986).

4.3 Individuelle Lesefähigkeiten

Die methodologischen Schwierigkeiten bei der Diagnose der Lesestörungen (vgl. § 5.1.4.3) sind ein indirekter Hinweis darauf, dass Lesen ein Komplex von verschiedenen Fertigkeiten ist.

Bei geübten LeserInnen sind diese Fertigkeiten integriert und automatisiert, so dass das Lesen das Gefühl einer einheitlichen Fertigkeit erweckt. Insbesondere fällt „guten LeserInnen" ihre ausgeprägte Fähigkeit nicht auf, geschriebene Sequenzen phonetisch zu segmentieren und z.B. ein und denselben Laut, auch wenn er graphisch unterschiedlich realisiert wird, zu erkennen (z.B. den Laut /k/ in „*K*astanien" und in „*Ch*arakter")[20]. Diese Fähigkeit hat sich in Bezug auf Leseleistungen selbst bei starken Variationen von Faktoren wie allgemeiner Intelligenz und Gedächtnis als zentral erwiesen (Read et al. 1986).

Beginnende und „schwache" LeserInnen[21] haben hingegen infolge der ungenügenden Automatisierung des Leseprozesses das Gefühl einer Sammlung von Teilfertigkeiten sehr präsent. *Ad hoc* wenden sie bestimmte Strategien an: sie verlangsamen das Lesetempo, verteilen die Dekodierung in einzelne Phasen oder ziehen höhere kognitive Ressourcen wie das Weltwissen und bewusste Voraussagen über den Textinhalt heran (Lutjeharms 1988, S.185f.; Bertelson 1986).

Die Verarbeitungsschwierigkeiten auf der Wortebene überlasten möglicherweise das Kurzzeitgedächtnis, bevor es zur Verarbeitung längerer syntaktischen Einheiten kommen kann (Shankweiler & Crain 1986).

Mit der Entwicklung der Lesefähigkeit verbessert sich auch die Fähigkeit, unbekannte oder erfundene Wörter zu lesen. Bei solchen Aufgaben zeigen Kinder von 10 Jahren noch beachtliche Schwierigkeiten.

Es wird angenommen, dass der Input umfangreiche Auswirkungen auf die Lesefähigkeit hat. Die gegenwärtig zur Verfügung stehenden Daten können allerdings diese Hypothese noch nicht nachweisen (Bertelson 1986).

---

[19] Als „schwächere LeserInnen" wurde im zitierten Experiment die Gruppe von Versuchspersonen eingestuft, die nach dem Lesen eines Textausschnittes innerhalb einer bestimmten Zeit (450 Wörter/Minute im Englischen) bei einem Verständnistest schlechtere Leistungen vollbrachte.
[20] Die phonetische Sequenzierung ist somit vom Buchstabieren zu unterscheiden. Die Fähigkeit zur ersten Aktivität erleichtert allerdings die Fähigkeit zur letzteren.
[21] Zu einer Definition der Eigenschaften von „schwachen" LeserInnen s. Shankweiler & Crain 1986.

4.4 Lesen in einer fremden Sprache

4.4.1 Strategien gegen die Leseschwäche

Mit dem Lesen in einer Fremdsprache sind zusätzliche Variablen verbunden. Diese betreffen die (vor allem lexikalische und morphosyntaktische) Sprachkompetenz, die Vertrautheit mit dem Notationssystem sowie die Fähigkeit, die schriftliche Fremdsprache phonologisch zu dekodieren[22].

Selbst bei einer hohen Zweitsprachenkompetenz wurden Leistungsunterschiede zur Lesefähigkeit in der L1 festgestellt. Diese betreffen z.B. die Lesegeschwindigkeit (in der L2 ca. 60-70% im Vergleich zur L1), die automatische Aktivierung semantischer Assoziationen, den Gebrauch kontextueller und phonologischer Informationen, d.h. vermutlich die Effizienz der Verbindungen zwischen verschiedenen kognitiven Ebenen (Segalowitz 1986).

Die Lesekompetenz in der Muttersprache bereitet wahrscheinlich einen entscheidenden Hintergrund für die Entwicklung der Lesefähigkeit in der Fremdsprache. Das Ausmaß und die Modalitäten dieses Einflusses sind allerdings – wie viele andere Aspekte des Fremdsprachenerwerbs auch – noch genau zu definieren.

Wenn die Zweitsprache viele lexikalische und phonetische Gemeinsamkeiten mit der Erstsprache aufweist (wie z.B. beim Serbischen und Kroatischen), ergeben sich beim Lesen phonologisch gleicher Wörter im neuen Schriftsystem Transfererscheinungen (lexikalische Interferenzen) und schlechtere Gedächtnisleistungen bezüglich des Schriftkodes[23]. Daraus kann man schließen, dass in Bezug auf die semantische Verankerung der Wörter die schriftliche Repräsentation mit der phonologischen schlecht konkurrieren kann.

Verschiedene Lesestrategien werden von Fremdsprachenlernenden eingesetzt (vgl. Lutjeharms 1988, S.187):

a) die Ausnützung text-externer Elemente als Basis für Inferenzen: dazu gehören z.B. vorhandene Bilder zum Text und das Wissen über die Welt;
b) die bewusste Steuerung der Aufmerksamkeit auf Elemente, die beim Lesen in der Muttersprache automatisch wahrgenommen werden: z.B. Titel und Untertitel des Textes und dessen Teile, orthographische Informationen, lexikalische Kategorien, Wortreihenfolge im Satz;
c) der sparsame Gebrauch zusätzlicher Informationsquellen: z.B. der sporadische Einsatz des Wörterbuchs oder auch die Ausnützung der natürlichen Textredundanz, indem weiter gelesen wird, wenn ein Wort oder ein Satz nicht verstanden wurden.

Durch die in c) erwähnten Maßnahmen wird der Verarbeitungsprozess beschleunigt und das Kurzzeitgedächtnis entlastet. Der damit verbundene Verlust an Genauigkeit in der Text-

---

[22] Der letzte Punkt gilt für lebende Sprachen, die in mündlicher Form gelernt oder erworben wurden.
[23] Dies wurde in verschiedenen Experimenten im Hindi und Urdu von Brown, Sharma & Kirsner (1984) nachgewiesen.

interpretation ist als ein verhältnismäßig unbedeutender Nachteil einzuschätzen, denn ein solches Leseverfahren „ist in einer nur mangelhaft beherrschten Fremdsprache oft die einzige Möglichkeit, um ohne bewusstes Übersetzen eine – wenn auch beschränkte und fehlerhafte – Sinnentnahme zu erreichen" (Lutjeharms 1988, S.174).

Andere Strategien erweisen sich in der Norm als erfolglos, wenn der Lesetext tatsächlich verstanden werden soll. Sehr verbreitet ist darunter die „datengetriebene" Strategie, nach der die ganze Aufmerksamkeit dem Dekodierungsprozess gewidmet wird („Wort für Wort"). Auf diese Weise werden die Ressourcen des Kurzzeitgedächtnisses sehr bald ausgeschöpft, ohne den Textinhalt auf höheren kognitiven Ebenen verarbeiten zu können.

Nach einer weiteren, für schwache LeserInnen typischen Strategie wird die Aufmerksamkeit vorwiegend auf die eigenen Erwartungen konzentriert. Damit ist das Risiko verbunden, dass sich Lesende in die Irre führen lassen (vgl. ebda., S.188).

Eine sinnvolle Lesestrategie sieht die ausgewogene, textadäquate Mischung aus unterschiedlichen Ressourcen vor. Wegen der zahlreichen Faktoren, die den Leseprozess ausmachen, sowie der Unmöglichkeit, strikte Korrespondenzen zwischen textinhaltlichen Aspekten und Leseverfahren herzustellen, lässt sich keine optimale Lesestrategie genau definieren, die für beliebige Texte in einer beliebigen Fremdsprache gelten könnte.

Dadurch zeichnet sich der grundsätzliche Unterschied zwischen der Entwicklung der Lesefähigkeit und dem Erwerb der Sprachkompetenz in der L2 ab. Im Fall des Spracherwerbs handelt es sich um die Aneignung einer bestimmten Menge von Informationen (lexikalischen Elementen und strukturellen Parametern), die durch bestimmte Strategien eine adäquate Anwendung im sprachlichen und außersprachlichen Kontext finden. Um die Lesefähigkeit zu entwickeln, ist es hingegen von zentraler Bedeutung, die erfolgreiche Anwendung von *Strategien* zu üben, die somit allmählich automatisiert werden.

4.4.2 Wir wollen sie beim Lesen nicht stören

Ein weiteres für die Didaktik relevantes experimentelles Ergebnis betrifft die Darbietungsform der Lesetexte und insbesondere die Rolle des Augenbewegungenmodus im Verständnisprozess[24].

Es wurde z.B. das Verständnis von Lesetexten in der Muttersprache verglichen, die einmal *nach dem eigenen Lesetempo* (Gesamtdarbietung) und einmal nach Segmenten und einem von außen bestimmten Lesetempo gelesen wurden. Im letzteren Fall erfolgte die Textdarbietung mit einer „natürlichen" Geschwindigkeit, sie beanspruchte jedoch nur den fovealen Bereich mit einer vorgegebenen Fixationsdauer, wobei Sakkaden unmöglich waren.

Bei der Gesamtdarbietung wurden bessere Verständnisleistungen festgestellt. Dies ist dadurch zu erklären, dass Lesende – besonders bei natürlich-komplexen Texten bzw. komplexeren Verständnisaufgaben – einen gewissen Anteil der Lesezeit in Augenbewegungen investieren.

---

[24] Vgl. u.a. Frazier & Rayner 1982.

Außerdem können eventuelle syntaktische Mehrdeutigkeiten (vgl. §§ 3.2.3.3-3.2.3.4) nur dann geklärt werden, wenn Blickregressionen möglich sind.

Die negativen Auswirkungen auf das Textverständnis, die die Bindung an eine *von außen bestimmte Lesezeit* nach sich zieht, verstärken sich im beträchtlichen Ausmaß beim *Vorlesen*. Nicht nur wird die visuelle Textverarbeitung vom Tempo der phonetischen Artikulation bedingt (d.h. gebremst); die an sich „sprunghaften" Augenbewegungen beim Lesen werden auch zu einer unnatürlichen Linearität gezwungen. Außerdem beansprucht die phonetische und phonologische Realisierung der Schrift einen guten Teil der Aufmerksamkeit.

Die Schwierigkeiten vermehren sich noch dann, wenn Lesende mit einem wenig bekannten Kode konfrontiert werden: da soll sich die *unmittelbare* Dekodierung von Elementen eines noch fremden Sprachsystems mit einer guten phonologischen Performanz paaren. Das Vorlesen – vor allem bei der ersten Wahrnehmung des Textes ("*a prima vista*") – bedeutet somit eine unnatürliche und kaum zu bewältigende Menge von Aufgaben.

Jedenfalls gilt für die lineare und zeitgebundene Textdarbietung das, was für die Leseexperimente mit fremdbestimmter Zeit gilt: sie stellt kein verlässliches Bild der Lesefähigkeit des Individuums dar.

Damit erweist sich das Lautlesen in der Fremdsprache – sei es zum Zweck der Übung, sei es zum Zweck der Prüfung – als eine Aktivität, die trotz ihrer festen didaktischen Tradition in Bezug auf die Entwicklung der Lesefähigkeit eine erhebliche und unnötige Hürde darstellt.

BIBLIOGRAPHIE

Bertelson, P. 1986. "The onset of literacy". In: Bertelson, P. (Hrsg.). [1-30]

Bertelson, P. (Hrsg.). 1986. *The Onset of Literacy. Cognitive Processes in Reading Acquisition.* Cambridge, MA/London: MIT Press.

Besner, D. & Humphreys, G.W. 1991. "Basic processes in word recognition and identification: An overview". In: Besner, D. & Humphreys, G.W. (Hrsgg.). *Basic Processes in Reading – Visual Word Recognition.* Hillsdale: Erlbaum. [1-9]

Brown, H., Sharma, N.K. & Kirsner, K. 1984. "The role of script and phonology in lexical representation". *The Quaterly Journal of Experimental Psychology 36 A.* [491-505]

Coltheart, M. (Hrsg.). 1987. *The Psychology of Reading. Attention and Performance XII.* Hove: Erlbaum.

Deloche, G. Debili, F. & Andreewsky, E. 1980. "Order information redundancy of verbal codes in French and English: Neurolinguistic implications". *Journal of Verbal Learning and Verbal Behavior 19, No.5.* [525-530]

Ehrlich, K. & Rayner, K. 1981. "Contextual effects on word perception and eye movements during reading". *Journal of Verbal Learning and Verbal Behavior 20.* [641-655]

Ehrlich, K. & Rayner, K. 1983. "Pronoun assignment and semantic integration during reading: Eye movements and immediacy of processing". *Journal of Verbal Learning and Verbal Behavior 22*. [75-87]

Flores d'Arcais, G.B. 1987. "Syntactic processing during reading for comprehension". In: Coltheart, M. (Hrsg.). [619-633]

Frazier, L. & Rayner, K. 1982. "Making and correcting errors during sentence comprehension: Eye movements in the analysis of structurally ambiguous sentences". *Cognitive Psychology 14*. [178-210]

Günther, U. 1989. „Lesen im Experiment". *Linguistische Berichte 122*. [283-320]

Lutjeharms, M. 1988. *Lesen in der Fremdsprache*. Bochum: AKS-Verlag.

Mann, V.A. 1986. "Phonological awareness: The role of reading experience". In: Bertelson, P. (Hrsg.). [65-92]

O'Regan, J.K. & Lévy-Schoen, A. 1987. "Eye-movement strategy and tactics in word recognition and reading". In: Coltheart, M. (Hrsg.). [363-383]

Patterson, K. & Coltheart, V. 1987. "Phonological processes in reading. A tutorial review". In: Coltheart, M. (Hrsg.). [421-447]

Rayner, K. & Pollatsek, A. 1987. "Eye movements in reading. A tutorial review". In: Coltheart, M. (Hrsg.). [327-361]

Read, C. et al. 1986. "The ability to manipulate speech sounds depends on knowing alphabetic writing". In: Bertelson, P. (Hrsg.). [31-44]

Sartori, G. 1984. *La lettura. Processi normali e dislessia*. Bologna: il Mulino.

Segalowitz, N. 1986. "Skilled reading in the second language". In: Vaid, J. (Hrsg.). *Language Processing in Bilinguals: Psycholinguistic and Neuropsychological Perspectives*. Hillsdale/London: Erlbaum. [3-19]

Seidenberg, M.S. 1987. "Sublexical structures in visual word recognition: Access units or orthographic redundancy?". In: Coltheart, M. (Hrsg.). [245-263]

Shankweiler, D. & Crain, S. 1986. "Language mechanisms and reading disorder: A modular approach". In: Bertelson, P. (Hrsg.). [139-168]

Treiman, R. & Chafetz J. 1987. "Are there onset- and rime-like units in printed words?". In: Coltheart, M. (Hrsgg.). [281-298]

Van Orden, G.C. 1991. "Phonologic mediation is fundamental to reading". In: Besner, D. & Humphreys, G.W. (Hrsg.). *Basic Processes in Reading-Visual Word Recognition*. Hillsdale: Erlbaum. [77-103]

Voghera, M. 1994. *Sintassi e intonazione nell'italiano parlato*. Bologna: il Mulino.

5 Sprache als Gegenstand der Neurowissenschaften

5.0 Neurolinguistik: ein vielversprechendes Forschungsgebiet

Der Standpunkt, dass entscheidende Erkenntnisse über die höheren kognitiven Fähigkeiten auch von einer naturwissenschaftlich orientierten Warte aus gewonnen werden können, wird zwar noch lange nicht allgemein geteilt, scheint sich aber seit einigen Jahrzehnten immer mehr durchzusetzen. Die Konzeption einer *A-priori*-Trennung zwischen Körper und Geist, auf der die positivistisch orientierte Wissenschaft ihre Kategorien und Fragestellungen basiert, erweist sich nun für die Erforschung bestimmter geistiger bzw. körperlicher Fähigkeiten nicht mehr als adäquat. Insbesondere erfährt der Begriff des „Körpers" eine ständige Veränderung und Ausweitung, wodurch bislang nicht in die Begriffsdefinition inkludierte Phänomene erklärt werden können (Chomsky 1982, S.34)[1].

Die gemeinsamen Forschungsinteressen von Neuro- und Geisteswissenschaften – nämlich der Klärung der Frage näher zu kommen, wie die kognitive Austattung der Menschen in Anbetracht ihrer Leistungen beschaffen sein muss – sind ab Mitte der 60er Jahre deutlicher hervorgetreten, was zu einer engeren Kooperation zwischen den zwei Forschungsrichtungen führte. Insbesondere konnten die Linguistik und die Neuropsychologie gemeinsame Wege zur Klärung von Sprachphänomenen im normalen und gestörten Gebrauch entdecken. Diese theoretischen und empirischen Gemeinsamkeiten mündeten in die Entstehung eines neuen Forschungsareals: die Neurolinguistik, d.h. die Wissenschaft, die die Beziehungen zwischen Gehirn und Sprache erforscht[2].

Die Übereinstimmung der Forschungsziele beider Wissenschaften zieht allerdings keine simple Entsprechung zwischen den jeweiligen Ebenen der Abstraktion bzw. Organisation nach sich[3]. Während z.B. aus der linguistischen Perspektive sinnvolle Forschungsfragen an die Gehirnforschung und die Neuropsychologie gestellt werden können, können die Neuro-

---

[1] Heutzutage kann z.B. die Gehirntätigkeit durch verschiedene Techniken ausgewertet werden: von der Elektroenzephalographie (EEG), die die elektrische Aktivität des Gehirns misst, bis zu den genaueren Techniken der Positronenemissionstomographie (PET) und der Magnetresonanztomographie (MR: nicht invasiv), die die Variationen im Blutfluss in den einzelnen Gehirnregionen messen.

[2] Die Beiträge der Generativen Linguistik zu dieser Entwicklung (seit Chomskys *"Language and Mind"*, 1968) sind unbestreitbar. S. dazu Fromkin 1991.
Zu den biologischen Grundlagen der Sprache s. die fundamentale Arbeit von Lenneberg 1967.

[3] Vgl. Fromkin 1991. Changeux (1979) erwähnt insbesondere die Gefahr des „Biologismus", der allzu schnellen Übertragung biologischer Begriffe auf die Psychologie.

wissenschaften keine linguistischen Aspekte erklären[4]. Sie können jedoch die physische Realisierung der von der Linguistik identifizierten sprachlichen Eigenschaften und Prinzipien in der Gehirntätigkeit feststellen.

Der Linguistiktheorie obliegt es hingegen, die von den Neurowissenschaften gelieferten empirischen Daten zu interpretieren: wie sonst wäre ein auffälliges Sprachverhalten zu definieren, wenn nicht über theoretische Begriffe wie „Lexikon", „Verb", „Prädikat" usw.? Ohne eine Theorie, die die Grundeigenschaften und -prinzipien eines Systems definiert, kann nicht festgestellt werden, welche unter den potentiell unendlichen beobachtbaren Phänomenen wissenschaftlich relevante Daten darstellen, welche der „Norm" bzw. der „Abweichung" entsprechen.

In Bezug auf die menschliche Sprachfähigkeit werden nun an die „exakten" Wissenschaften drei Hauptfragen gestellt:

I)   Stellt die Sprache tatsächlich eine menschenspezifische Fähigkeit dar?
II) Wenn ja, kann diese Fähigkeit in bestimmten Gehirnarealen lokalisiert werden?
III) Welchen Veränderungen ist die menschliche Sprachfähigkeit unterworfen?

In diesem Kapitel werden die aktuellen Antworten der Neurowissenschaften auf diese fundamentalen, zum Teil noch ungelösten Fragen (notwendigerweise kursorisch) dargestellt.

5.1 Sprache als menschenspezifische Fähigkeit

5.1.1 Eine noch offene Debatte?

Eine wissenschaftliche Disziplin ist selbst bei intuitiv lösbaren Fragen eine eindeutige Antwort schuldig: eine dieser Fragen ist jene, die das Niveau der Differenzierung zwischen Menschen und Tieren in Bezug auf die sprachliche Kommunikation bestimmen will.

Auf der anatomischen Ebene scheinen manche ausgeprägten Ähnlichkeiten zu bestehen: besitzen viele Tiere periphere Sinnesorgane wie Ohren und Augen, weist der Stimmapparat bei Primaten sogar Korrespondenzen mit dem artikulatorischen Apparat der Menschen auf. Trotz solcher Homologien sind die Primaten eindeutig unfähig, menschliche Laute hervorzubringen (vgl. Lenneberg 1967/1986[2], S.69).

Man könnte somit versucht sein zu glauben, der Unterschied zwischen Affen und Menschen liege nur in der Lautproduktion, also in unmittelbar physisch zugänglichen Manifestationen. Populärwissenschaftliche Veröffentlichungen mögen auch immer wieder behaupten, es sei

---

[4]   Eine Frage der Linguistik an die Neurowissenschaften könnte z.B. lauten: „Ist die in der theoretischen Linguistik angenommene modulare Organisation des Sprachsystems empirisch gerechtfertigt?".
Ein Beispiel für linguistische Fragen, die die Neurowissenschaften hingegen nicht erklären können, wäre: „Warum ist die Reihenfolge von Verb und Objekt im deutschen Hauptsatz anders als im Nebensatz?".

„nur eine Mundfrage, wenn die Affen nicht sprechen können" (Salvatori 1988, Übers.d.SB; ähnlich in Pace 1988).

Solche oberflächlichen Schlüsse sowie das dahinterstehende vereinfachte Lokalisierungsverfahren basieren auf einer Definition von „sprachlicher Produktion", die offensichtlich inadäquat ist. „Sprechen" wird mit der Fähigkeit identifiziert, bestimmte Laute als Antwort auf bestimmte Stimuli zu produzieren. Diese reduktionistische Definition betrifft nun keineswegs eine so *komplexe Fähigkeit* wie die sprachliche Produktion, bei der sprachliche Zeichen aus einem potentiell unendlichen Repertoire ausgewählt und in einem höchst komplexen und differenzierten System organisiert werden, so dass auch abstrakte Begriffe und Konzepte in einem kohärenten Kontext Ausdruck und Interpretation finden.

Die Fähigkeit, Laute zu produzieren (*Sprech*fähigkeit), kann also keinen erklärenden Faktor der *Sprach*fähigkeit darstellen.

Die Unabhängigkeit des Mechanismus, der das sprachliche Wissen regelt, von den Artikulationsmechanismen ist besonders deutlich zu erkennen, wenn die Sprachartikulation in einer anderen Modalität erfolgt, wie in den Gebärdensprachen (vgl. Poizner, Klima & Bellugi 1987/1990)[5].

Ähnlich voreilige Antworten wie die oben zitierten stützen sich auf das Volumen der Gehirnmasse. Schon der bloße Hinweis auf die Ressourcen eines nanozephalischen, zwergwüchsigen Menschen auf der einen und eines Gorillas auf der anderen Seite lässt jedoch auch diese Hypothese schnell hinfällig werden: der Erste erwirbt die Sprache genauso schnell wie andere Menschen, der Zweite nie. In den neuroanatomischen Strukturen, der „gröberen" Architektur also, kann die Spezifizität der Sprachfähigkeit nicht liegen (Lenneberg 1967/1986[2], S.317).

In der Evolutionsgeschichte scheint keine Spezies vorhanden zu sein, die eine Kontinuität (eine „Mittelstufe") zwischen Primaten und Menschen darstellen könnte: nur einzelne Ähnlichkeiten zwischen der einen oder anderen Art können identifiziert werden.

Aus verschiedenen Gründen ideologischer oder affektiver Natur wird immer wieder versucht, Tiere nach Intelligenzkriterien einzuordnen, die auf pragmatischen, menschenorientierten Fertigkeiten beruhen. Diese Denkperspektive ist jedoch mit einer zweifelhaften Voraussetzung einerseits, und mit einem problematischen methodologischen Verfahren andererseits verbunden: zum Ersten wird „Intelligenz" auf ein pragmatisches Konzept verkürzt und zum Zweiten werden marginale, oberflächliche Phänomene als Basis für folgenschwere Vergleiche heran-

---

[5] Eine gehörlose Patientin (Karen L.) konnte z.B. keine mimischen Gesten, wohl aber die abstrakten Gebärden des *American Sign Language* spontan produzieren (dieses Syndrom wird als „Apraxie" bezeichnet; zu den abstrakten Zeichen der Gebärdensprache vgl. § 2.4). Andere Patienten hingegen konnten abstrakte Gesten, aber keine Gebärden im ASL (re)produzieren (Poizner, Klima & Bellugi 1987/1990, S. 208ff.). In den letzteren Fällen handelte es sich offensichtlich um keine rein motorischen Schwierigkeiten, sondern um Störungen, die die Verbindungen zwischen dem Sprachsystem und dem Artikulationssystem betreffen. S. auch § 5.1.3.

gezogen (Lenneberg 1967/1986², S.281). Nach dieser Logik wäre ein Hund intelligenter als eine Katze, weil er pünktlich die Tageszeitung bringt.

Dieser Reihe von *Ex-negativo*-Argumenten können weiterhin folgende Tatsachen hinzugefügt werden:

a) Die Nachahmung stellt nur einen marginalen Aspekt der kindlichen Sprachproduktion dar.
b) Jede menschliche Sprache besteht aus Zeichen – phonetisch oder gestisch artikuliert – in unendlichen lexikalischen Kombinationen, die durch Prinzipien und Regeln streng organisiert sind.

Eine zunehmende Anzahl sprachvergleichender Studien bringt trotz der potentiell unendlich variierenden Sprachprodukte immer neue Belege dafür, dass auch sehr weit voneinander entfernte Sprachen denselben universellen Prinzipien folgen.

Mit solchen linguistischen Feststellungen decken sich die Ergebnisse der Genetik. In der genetischen Übertragung von Merkmalen erscheinen sprunghafte, unvorhersagbare Varianten[6]. Man denke etwa an die Skala der menschlichen Lautwahrnehmung, die eine Unzahl von individuellen Färbungen und Variationen umfasst. Diese Variationen bewegen sich jedoch *innerhalb eines speziesbeschränkten Rahmens*: so sind Menschen unfähig, Laute wahrzunehmen, die in der Perzeptionsskala eines Hundes sehr wohl enthalten sind. Dieses Bündel von Möglichkeiten scheint also im genetischen Vermögen jeder Art festgesetzt zu sein und nur innerhalb dieses Rahmens Variationen zu ermöglichen.

Nicht anders als die physiologisch relativ leicht identifizierbaren Fähigkeiten (wie die Fähigkeit zur akustischen Wahrnehmung) verhalten sich diesbezüglich Funktionen, die unseren Geist betreffen, wie die Sprachfähigkeit. Bei einer tieferen Analyse reduziert sich die unendliche Vielfalt der konkret vorhandenen Sprachstrukturen zu einer *endlichen Anzahl von strukturellen Verbindungsmöglichkeiten* zwischen einer endlichen Anzahl von kategorialen Grundbausteinen: es sind dies die Prinzipien, die die Generative Grammatiktheorie als „Universalgrammatik" definiert.

Die Möglichkeit, dass solche Prinzipien genetisch verankert sind, wird heute von den „exakten" Wissenschaften als plausible Hypothese betrachtet (vgl. Fromkin 1991).

5.1.2 Kann man die Sprache im Gehirn lokalisieren?

Die Hypothese einer physischen Basis für die Sprachfähigkeit ist keine Erkenntnis unserer Zeit: von den griechisch-römischen Quellen vom 5. Jahrhundert v.Chr. über die organologische

---

[6] Als Voraussetzung zur Entstehung dieser Varianten betrachtete Jacques Monod ein Zufallsprinzip, das sich im Rahmen einer vorgegebenen Notwendigkeit auswirkt (1970/1983⁶, S.94ff.).

Theorie von Franz Joseph Gall (1791)[7] bis zu den aphasiologischen Studien des Chirurgen und Anthropologen Paul Broca (1861) und des Neurologen Carl Wernicke (1874)[8] kehrt die Annahme wieder, dass die sprachlichen Ressourcen eine organische Grundlage haben (vgl. Fromkin 1991). Insbesondere wird der „Sitz" der Sprachfähigkeit mit bestimmten Regionen der linken Gehirnhälfte identifiziert.

Diese Intuition, die den Kern der Modularitätshypothese in sich birgt (vgl. §§ 1.3, 3.2.2, 3.2.4 und 3.2.5), findet grundsätzlich in aktuellen empirischen Daten Bestätigung.

Die *Asymmetrie* der Hemisphären wurde auf mehreren Ebenen festgestellt (vgl. Geschwind & Galaburda 1986, S.20ff.):

a) morphologisch (sowohl anatomisch als auch mikrobiologisch): links ist z.B. die temporale Sektion – das "Wernicke-Areal" – breiter, die Neurozellen (Neuronen) sind umfangreicher, die Dichte der neuronalen Gruppen höher (ebda., S.21ff.);
b) chemisch-pharmakologisch: die linke Hemisphäre reagiert stärker auf bestimmte Präparate, wie z.B. LSD (ebda., S.39). Insbesondere kann die Sprachfähigkeit durch die Wirkung eines Schlafmittels in der linken Gehirnhälfte kurzfristig behindert werden (Changeux 1983/1984, S.295; Thompson $1993^2/1994^2$, S.452);
c) funktional: Erwachsene, die infolge von Tumoren der operativen Entfernung der linken Hemisphäre unterzogen werden, weisen Sprachstörungen auf (Lenneberg $1967/1986^2$, S.88f.; Thompson $1993^2/1994^2$, S.453)[9]. Außerdem verursachen Beschädigungen der linken Gehirnhemisphäre verschiedene Beeinträchtigungen des Sprachsystems (s. § 5.1.4).

Im gestörten, aber auch im normalen Sprachgebrauch tritt eine weitere funktionale Spezialisierung der jeweiligen Gehirnhälften in Erscheinung, die bestimmte Aspekte der Sprachfähigkeit betrifft.
Die linke Gehirnhälfte wird z.B. dann stärker aktiviert, wenn Töne als lexikalische Merkmale (in Tonsprachen wie z.B. Chinesisch) oder als Konstituenten syntaktisch strukturierter Intonationsmuster verarbeitet werden. Vorwiegend wird hingegen die rechte Gehirnhälfte aktiviert, wenn Texte in Pseudo-Sprachen ohne Intonation oder auch Intonationsmuster, aber ohne linguistische Aufgaben (z.B. wenn nur die Korrespondenz zwischen der gehörten Intonation

---

[7] Die Organologie (oder „Phrenologie", wie diese Theorie nach Spurzheim (1776-1832) genannt wurde) schrieb der Gehirnmorphologie und -physiologie (aber auch der Morphologie des Schädels!) die moralischen und intellektuellen Eigenschaften des Menschen zu. Demnach wurde das Gehirn als Zusammensetzung verschiedener Organe aufgefasst, wobei jedem Organ eine menschliche „Urfunktion" entspreche (z.B. personenbezogenes Gedächtnis, Vergleichsgabe, Raumgefühl, Zuneigung und Freundschaft, Vorsicht usw.). Vgl. Fodor 1983, S.14ff.
[8] Der Terminus „Aphasie" bezeichnet den Ausfall des Sprachvermögens oder dessen Komponenten als Folge von Schädigungen in bestimmten Gehirnarealen nach Traumata oder (Gefäß)Erkrankungen. S. dazu § 5.1.4.2.
[9] Die Möglichkeit, die sprachliche Funktion wieder zu aktivieren, weist starke Korrelationen mit dem Alter der Patienten auf. S. § 5.2.2.

und deren graphischen Reproduktion wie in „ ___/" festgestellt werden soll) verarbeitet werden (Blumstein & Cooper 1974; Friederici 1984, S.24).[10].
Solche Daten liefern eindeutige Hinweise auf die Dominanz der linken Gehirnhälfte in Bezug auf die Sprachfähigkeit.

Diese Dominanz wurde genauso wie bei Monolingualen auch bei (frühen und späten) Bilingualen im gleichen Grad für beide Sprachen festgestellt (vgl. Soares 1984).

In Studien über Sprachstörungen wurde beobachtet, dass in einigen Fällen die rechte Hemisphäre die Sprachfunktion doch übernehmen kann, z.B. indem sie eine totale oder teilweise Beeinträchtigung der Funktionen der linken Gehirnhälfte in jungen Personen ausgleicht. Sie kann allerdings bestimmte sprachliche Aufgaben eindeutig besser als andere erfüllen: z.B. Sprache verstehen besser als Sprache produzieren, konkrete Wörter besser als abstrakte Wörter verarbeiten, bestimmte semantische Relationen besser als phonologische und syntaktische Relationen interpretieren, und auch analoges Schließen und parallele Verarbeitung durchführen (Dennis 1980; Friederici 1984, S.21ff.)[11].

Die obigen Daten über hörende Aphasiker finden eine Bestätigung in den Studien von Poizner, Klima & Bellugi über gehörlose Aphasiker (1987/1990), denn auch die Gebärdensprachen werden vorwiegend in der linken Gehirnhemisphäre verarbeitet. Die Schädigung der rechten Gehirnhälfte führte z.B. bei Sarah M. zu keiner globalen Beeinträchtigung der Gebärdensprache (ebda., S.198): ihre Koreferenz- und Kongruenzfehler wurden eher mit der verminderten Wahrnehmung der linken Raumhälfte verbunden (ebda., S.174ff.).

---

[10] Dies kann experimentell mithilfe der seit den 60er Jahren entwickelten Technik des „dichotischen Hörens" (Englisch: *"dichotic listening"*) leicht beobachtet werden.
In der neuronalen Architektur des akustischen Systems ist die Wahrnehmung durch ein bestimmtes Ohr mit der Aktivierung der entsprechenden kontralateralen Gehirnhälfte verbunden: so werden z.B. Impulse, die vom rechten Ohr empfangen werden, in der linken Gehirnhälfte verarbeitet.
In dichotischen Tests wird ein bestimmter akustischer Stimulus (z.B. ein sprachlicher Stimulus) an beide Ohren geleitet. Die Versuchspersonen werden anschließend gefragt, mit welchem Ohr sie den Stimulus wahrgenommen haben. Ihr Eindruck dabei ist im Allgemeinen, nur mit dem rechten Ohr gehört zu haben. Wie kann dieser konstante Vorteil bei der Wahrnehmung erklärt werden?
Da die durch das rechte Ohr wahrgenommenen Stimuli in der kontralateralen Gehirnhälfte (d.h. links) verarbeitet werden, in der das Sprachzentrum auch ist, finden die sprachlichen Stimuli aus dem rechten Ohr sozusagen einen „kürzeren Weg" zur neuronalen Verarbeitung.
So ist das rechte Ohr eigentlich nicht das einzige, das bestimmte Stimuli wahrnimmt, es kommt aber *"vor"* dem linken Ohr dazu.
Nach den Antworten der Versuchspersonen kann festgestellt werden, welche Gehirnhälfte von bestimmten akustischen Stimuli (z.B. Musik oder Sprache, „emotionale" Intonation oder grammatisch strukturierte Intonation) stärker angesprochen wird. Vgl. Zurif & Sait 1970.
[11] Zusätzliche Daten zur Rolle der rechten Hemisphäre in der Sprachverarbeitung bzw. im Spracherwerb sind in den §§ 5.1.4.2 und 5.2.2.

Außer der Dominanz der einzelnen Gehirnhälften in Bezug auf kognitive Makrobereiche, wie den sprachlichen Bereich, ist in den komplexen neuronalen Systemen eine hohe *funktionale Spezifizität* auf mehreren Ebenen festzustellen[12].

Ein Beispiel dafür ist die Verteilung der Neuronen im visuellen Kortex nach Feldern mit unterschiedlichen Funktionen. Bestimmte Nervenzellen reagieren nur auf Reize, die von einem bestimmten Augen wahrgenommen wurden („okulare Dominanz"), andere Nervenzellen reagieren nur auf die Dimensionen und die Form des wahrgenommenen Gegenstandes, noch andere auf dessen Farbe, genaue Orientierung im Raum oder Bewegungsart (vgl. Changeux 1983/1984, S.69f.; Thompson $1993^2/1994^2$, S.276ff.).

5.1.3 Modular organisierte Funktionen

Das der Lokalisierungstheorie zugrundeliegende Prinzip wird von ausreichend empirischen Daten unterstützt. Das Vorhandensein direkt kausaler Verhältnisse zwischen Apparat und Fähigkeit (wie im Fall des Herzens oder der Lunge) bzw. punktueller Korrespondenzen zwischen geistigen Ressourcen einerseits und morphologisch definierten Gehirnarealen oder auch molekularen Strukturen andererseits ist hingegen auszuschließen[13]. Beim aktuellen Stand der Forschung in den Neurowissenschaften wird die biologische Grundlage der Sprache vielmehr über den Begriff der „Funktion" definiert.

Auf dieser Basis konnte bereits aus verschiedenen früheren Quellen geschlossen werden, dass allgemein-kognitive Fähigkeiten („Intelligenz") und Sprachfähigkeit kaum korrelieren (vgl. Lenneberg $1967/1986^2$, S.164ff., 305, 379, sowie die Studie von Schaner-Wolles & Haider 1987): wie Personen mit sehr niedrigem nonverbalen IQ über eine normale Sprachfähigkeit verfügen können, so kann bei Aphasikern die allgemein-kognitive Fähigkeit intakt bleiben[14].

---

[12] Im Vergleich dazu ist die Struktur der Neuronen selbst hingegen nicht sehr spezifisch: einigen Hunderten neuronaler Kategorien stehen ca. 10^{11} (d.h. 100 Milliarden) Neuronen im menschlichen Gehirn gegenüber (Thompson $1993^2/1994^2$, S.58).
Außerdem variieren die neuronalen Kategorien innerhalb der Klasse der Säugetiere nicht: Mensch und Schimpansen z.B. unterscheiden sich nicht wesentlich in Hinsicht auf die Art der „Bausteine" des Nervensystems – das genetische Material ist zu 99 Prozent identisch. Der Unterschied betrifft hingegen dessen Organisation (vgl. ebda., 447; Changeux 1983/1984, S. 69-88).

[13] Der von Chomsky (1968) eingeführte Begriff des „Sprachorgans" ist jedenfalls als metaphorisch aufzufassen: vgl. § 1.3.

[14] Diesbezüglich zitiert Fromkin (1991) aus Yamada (1983, unveröffentlichte Dissertation) einen Beispielsatz, der von einer jungen Frau mit nonverbalem IQ von 41-44 produziert wurde (ein solcher IQ bedeutet z.B. die Unfähigkeit, sich die Schuhe zuzubinden oder „2 + 2" zusammenzurechnen):
ENGLISCH
  i) She does painting, this really good friend of the kids who I went to school with last year and really loved.
„Sie malt, diese wirklich gute Freundin der Kinder, mit der ich voriges Jahr in die Schule ging und die ich wirklich gerne hatte."
Diese Frau konnte außerdem oberflächliche syntaktische und morphologische Fehler identifizieren und verbessern.

Studien über gehörlose Aphasiker liefern besonders aussagekräftige Daten über die Unabhängigkeit der sprachlichen Fähigkeiten von den nichtsprachlichen (vgl. Poizner, Klima & Bellugi 1987/1990, S.92ff.). Es wird z.B. über Patienten berichtet, die aufgrund von Schädigungen bestimmter Sprachgehirnareale deutliche Störungen in der Wahrnehmung und Produktion von Sprachgebärden zeigten, ohne wesentliche Störungen im Bereich der nichtsprachlichen Wahrnehmung und Bewegungskoordination der Hände (wie bei der Pantomime) aufzuweisen. In anderen Worten, die gestörte Gebärdensprache dieser Patienten war mit unversehrter motorischer und symbolischer Leistungsfähigkeit vereinbar.

Eine so deutliche Unterscheidung im sprachlichen und nichtsprachlichen Gebrauch der Räumlichkeit ist ein weiteres starkes Argument für die Modularitätsthese: genauso wie die Lautsprache stellt die Gebärdensprache im kognitiven System ein Modul dar, mit spezifischen Funktionen und Dysfunktionen.

Selbst gegenüber der Definition von „Funktion" ist eine gewisse Vorsicht angebracht. Geschwind & Galaburda (1986, S.103) warnten z.B. davor, die „räumliche Fähigkeit" im Allgemeinen oder auch die „Raumwahrnehmung" der rechten Gehirnhälfte zuzuschreiben: sie hatten nämlich festgestellt, dass gewisse Verletzungen in der rechten Gehirnhälfte nur die Fähigkeit beeinträchtigen, die externe Konfiguration eines Raums zu identifizieren, während die Fähigkeit, Details innerhalb eines Raums zu erkennen, von Verletzungen in der linken Gehirnhälfte eingeschränkt wird[15].

So sind in der Sprachfunktion verschiedene Modalitäten zu unterscheiden (Wörter hören, sehen, aussprechen, konzipieren), die jeweils ein bestimmtes Gehirnareal besonders aktivieren. Eine differenzierte und eindeutige Darstellung dieser verschiedenen Formen von Gehirntätigkeit wird von den bunten Abbildungen der Gehirnschichten geliefert, die mithilfe tomographischer Techniken (vgl. § 5.0, Fußnote 1) gewonnen werden. Bei jeder spezifischen sprachlichen Tätigkeit erscheinen die unterschiedlich stark durchbluteten Gehirnareale in unterschiedlichen Farben.

Die belegte Verbindung der Sprachfähigkeit mit *organischen und genetischen Faktoren* hat zur Frage geführt, ob die oft informell beobachteten Unterschiede zwischen Frau und Mann in Bezug auf die Sprachfähigkeit eine genetische Korrelation haben. In der Tat legen statistische und experimentelle Daten nahe, dass geschlechtsspezifische physio-pathologische Unterschiede sehr wohl vorhanden sind, z.B. hinsichtlich der Anfälligkeit für Aphasien oder des Einsatzes der rechten Gehirnhälfte bei lexikalischen Aufgaben. Wie bei Tests über die räumliche oder die mathematische Funktion wurden geschlechtsspezifische Unterschiede auch in den Sprachfertigkeiten festgestellt, die sogar mit dem aktuellen Hormonspiegel (Testosteron oder Östrogen) zu korrelieren scheinen (Kimura 1992)[16].

---

[15] Die Experimente von Hubel und Wiesel (vgl. z.B. Hubel & Wiesel 1968, 1970) über das Sehvermögen bei Affen und Katzen hatten zu ähnlichen funktionalen Differenzierungen geführt.

[16] Vgl. auch die Ergebnisse der *Shadowing*-Experimente von Marslen-Wilson 1985, bei denen auffällig mehr Frauen als Männer erfolgreich waren (vgl. § 3.2.4.2).

Weitere genetische Korrelationen wurden bei den in der neuropsychologischen Literatur als *"Savants"* bezeichneten Personen beobachtet. Bei diesen Patienten verbindet sich die Störung bestimmter kognitiven Fähigkeiten mit hervorragenden Leistungen (Hyperfunktion) in anderen. Sehr häufig betreffen diese übermäßig guten Leistungen den sprachlichen, mathematischen, musikalischen oder künstlerischen Bereich; ausgezeichnete Leistungen bringen *Savants* auch bei spezifischeren Fähigkeiten wie dem Schachspiel hervor (Obler & Fein 1988)[17].

Manche Personen mit einem sehr niedrigen Performanz-IQ (nonverbaler IQ) besitzen außergewöhnliche sprachliche Fähigkeiten. In der Literatur ist z.B. der Fall von Christopher bekannt, der bei einem durchschnittlichen Performanz-IQ von 40 von fünfzehn unterschiedlichen Sprachen (darunter Hindi, Neugriechisch und Türkisch) ins Englische, seine Muttersprache, übersetzen kann (vgl. Smith & Tsimpli 1991)[18].

5.1.4 Störungen im Sprachsystem: Aphasien

5.1.4.1 Definition und methodologische Aspekte

Im Kapitel 4. wurden Störungen erwähnt, die ausschließlich in der Lesemodalität auftreten. Dyslektiker können z.B. mündlich artikulierte Sprache korrekt verstehen und produzieren; die Sprach*produktion* ist in bestimmten Fällen auch in der schriftlichen Modalität möglich.

Dies setzt voraus, dass die *Sprachperformanz* dieser Patienten zum Teil beeinträchtigt ist, während ihre zugrundeliegende *Sprachkompetenz* noch immer unversehrt bleibt (vgl. Friederici 1984, S.95)[19]. Der Begriff von „Performanz" gilt eindeutig für diejenigen *Sprech*störungen, die ausschließlich die Artikulationsweise und den Artikulationsfluss betreffen und mit der

---

[17] Als Fallbeispiel für die „rechnerische Fähigkeit" erwähnt Oliver Sacks die Zwillinge John und Michael (Sacks 1985/1987). Bei einem IQ von 60 waren sie imstande, die gerade aus der Schachtel auf den Boden gefallenen 111 Streichhölzer auf Anhieb zu „zählen", sowie spielerische „Rechnungen" mit Primzahlen mental durchzuführen, ohne aber zu den elementarsten arithmetischen Rechenoperationen fähig zu sein. Sacks beschreibt diese Fähigkeit, die vielen *Savants* gemein ist, als „Visualisierung", d.h. eine visuelle Darstellung der Zahlen, die zu einer modularen Arithmetik gehören könnte. Solche visuellen Rechenvorgänge könnten als mentale Konfigurationen angesehen werden, die – im Unterschied zu den gewöhnlichen Zahlrepräsentationen – zyklisch aktiviert werden können.

[18] Ein Fall, in dem sich die Grenzen zwischen Begabung und Störung zu verwischen scheinen, ist die Hyperlexie, eine Entwicklungsstörung. Hyperlexische Kinder zeigen viel früher als ihre Altersgenossen die Fähigkeit, geschriebene Wörter zu erkennen, sie können aber die (vor)gelesenen Wörter nicht oder kaum verstehen. Oft lernen diese Kinder lesen, noch bevor sie sprechen können (Aram & Healy 1988).

Geschwind & Galaburda (1986, S.152) erwähnen auch das spiegelverkehrte Lesen oder das Rückwärtslesen als die von legasthenischen Kindern bevorzugte Lesemodalität (aus Orton 1925). Zwischen solchen Sprachstörungen und anderen pathologischen Erscheinungen (wie Hyperaktivität oder Akalkulie, d.h. die Unfähigkeit zu rechnen) beobachteten Geschwind und Galaburda eine statistische Korrelation (1986, S.97). Als mögliche Erklärung dafür betrachteten sie die anomale Entwicklung bestimmter Zellen und interzellularer Vernetzungen in der linken Gehirnhälfte des Fötus infolge hormoneller Auswirkungen. Dies würde die häufig bemerkte Tatsache erklären, dass solche außerordentlichen Begabungen bzw. funktionalen Störungen meistens bei LinkshänderInnen, Homosexuellen bzw. Zwillingen festzustellen sind. Dazu s. auch Novoa, Fein & Obler 1988.

[19] Vgl. die Unterscheidung zwischen Kompetenz und Performanz als eine der fundamentalen Hypothesen der Generativen Grammatiktheorie, § 1.1.

Beeinträchtigung bestimmter *motorischen Fähigkeiten* verbunden sind, während das Sprachverständnis erhalten bleibt (ebda., S.13).

Von den artikulatorischen „Sprechstörungen" sind grundsätzlich die *Störungen der sprachlichen Funktion* zu unterscheiden, die nicht die Artikulationsorgane, sondern die Funktionalität der sprachlichen Gehirnareale vermindern oder ausschalten.

Eine „hirnorganisch bedingte *Sprach*störung [Hervorhebung von SB], die einzelne Teilkomponenten des zentralen Sprachsystems beeinträchtigen kann und sich im Idealfall unabhängig von Störungen der Artikulation und des Gehörs manifestiert" (Friederici 1984, S.15) wird als „Aphasie" bezeichnet. Aphasien können infolge von Gefäßerkrankungen, Gehirntraumata und Tumoren auftreten.

Diese pathologischen Erscheinungen können die Sprachfunktionen in ihrer Gesamtheit („globale Aphasien", s. § 5.1.4.2) oder selektiv betreffen. In manchen Fällen z.B. wird nur das Sprachverständnis oder die Sprachproduktion beeinträchtigt. In anderen Fällen können sich Störungen ergeben, die unterschiedliche grammatische Bereiche betreffen und sich in einer und derselben Modalität (Hören, Sprechen, Lesen, Schreiben) oder sprachlichen Tätigkeit (z.B. Abschreiben, spontan Sprechen, Nachsprechen, Vorlesen) manifestieren. Auch die Funktionalität einzelner Komponenten des Sprachsystems kann reduziert oder aufgehoben werden.

Die unterschiedlichen Störungsformen adäquat zu beschreiben und einzuordnen, stellt den Neurowissenschaften keine leichte methodologische Aufgabe (umso schwieriger ist die Prognose: vgl. Pizzamiglio 1980). Man denke an komplexere Störungen, die organische mit neuropsychologischen Beeinträchtigungen verbinden[20].
Außerdem können die Symptome je nach den kontextuellen Umständen des Sprachgebrauchs variieren: z.B. hatte ein Patient während der Durchführung eines Tests sehr wohl Benennungsprobleme, keine aber im freien Diskurs (Stachowiak 1982).

Die Notwendigkeit einer weiteren Präzisierung der Definition von „Kompetenz" ergibt sich nach einer Studie von Linebarger, Schwartz & Saffran (1983) über grammatische Störungen. Die dort beschriebenen aphatischen Patienten zeigten schwere Sprachstörungen sowohl beim Verstehen als auch beim Produzieren[21]. Wenn es jedoch darum ging, Grammatikalitätsurteile zu liefern, waren ihre Leistungen unvergleichlich besser[22]. Damit wird eine grundsätzliche These der (Psycho)Linguistik bestätigt: die Fähigkeit, sprachliche Strukturen *on-line* zu verarbei-

---

[20] Ein Beispiel dafür ist das sogenannte „Williams-Syndrom", eine kongenitale Krankheit, die sich im Kinderalter mit Stoffwechsel- bzw. Kreislaufstörungen sowie leichter Verzögerung in der kognitiven und sprachlichen Entwicklung manifestiert (Giannotti & Vicari 1994). Die sprachspezifischen Störungen wurden noch nicht ausführlich erforscht.
[21] Bei der Patientin E.B. betrafen diese Störungen syntaktische Strukturen: sie beschrieb z.B. ein Bild mit einem schlafenden Mann mit der Äußerung „Mann ... Bett."
[22] Z.B. beurteilte die Patientin E.B. die Grammatikalität von 451 Sätzen mit 384 korrekten Antworten, 60 „Blinder-Alarm-Antworten" und 7 falschen Antworten.

ten, ist *von der Fähigkeit, bewusste Urteile über die sprachstrukturelle Korrektheit abzugeben, unabhängig*. Die Letztere stellt eine besondere Form von Kenntnis dar, die im gewöhnlichen Sprachgebrauch nicht beansprucht wird: insoferne unterscheidet sie sich sowohl von der Sprachkompetenz, wie sie in der Generativen Grammatik intendiert wird („sprachliches Wissen": vgl. § 1.1), als auch von der Sprachperformanz als Anwendung des sprachlichen Wissens zu Kommunikationszwecken[23] (vgl. auch Friederici 1984, S.42f.).

Damit die neurolinguistische Forschung nicht nur eine beschreibende Funktion erfüllt, sondern auch explanatorischen Wert gewinnt, ist es notwendig, dass sich die Interpretation der Sprachstörungssymptome auf eine Theorie des normalen Sprach(verarbeitungs)systems bezieht (vgl. Badecker & Caramazza 1985, Grodzinsky 1986). Ihrerseits können theoretische Modelle anhand neurolinguistischer Daten überprüft werden (vgl. Travis 1988).

Dabei ist eine sehr wichtige, nicht leicht zu klärende Frage, welcher Natur die aphatischen Erscheinungen sind, d.h. ob eine strukturelle Beeinträchtigung (eines Teils) des Kompetenzsystems oder eher eine Beeinträchtigung des Verarbeitungssystems zur jeweiligen Sprachstörung führt.

Aphasische Symptome und deren Korrelationen mit bestimmten Gehirnfunktionen liefern entscheidende Auskünfte über die mentale Organisation des Sprachsystems. Die Beschreibung einiger Formen von Aphasie ist daher Gegenstand des nächsten Abschnitts.

Störungen der Artikulation (Dysarthrien) oder des Redeflusses (Stottern), die nicht mit einer Beeinträchtigung des Sprachvermögens korrelieren, werden nicht behandelt.

5.1.4.2 Aphasiensyndrome

Das Vorhandensein verschiedener Arten von Störungen des Sprachsystems wurde bereits Ende des vorigen Jahrhunderts in den bahnbrechenden Beiträgen von Paul Broca und Carl Wernicke festgestellt. Im Laufe des 20. Jahrhunderts von einigen Wissenschaftern (z.B. Jakobson, Luria, Goldstein) erneut thematisiert, hat diese Forschungsströmung aber erst ab den 30er Jahren einen neuen Aufschwung erfahren. Dieser Impuls, der mit der Entwicklung der Modularitätsthese in der Linguistik und der Psychologie verbunden ist, spiegelt sich in den wissenschaftstheoretischen und klinischen Interessen der Neurolinguistik wider (Fromkin 1991).

Die schwerste, auffällige Form ist die sogenannte „*globale Aphasie*", mit totalem Verlust der Sprachrezeption und -produktion. Globale Aphasiker sind bloß imstande, Floskeln bzw. Stereotype („ja" und „nein", Formeln, Schimpfwörter) oder gar nur sinnlose Gruppen einzelner Silben (z.B. „tamtam", „dododo") zu äußern („phonemischer Jargon").

Diese bedeutungslosen Lautsequenzen werden von normaler Intonation und Mimik begleitet.

---

[23] „Kommunikation" ist hier im weitesten Sinne zu verstehen, nicht etwa nur auf die Alltagspraxis mit Begrüßungen, Forderungen von Gegenständen usw. eingeschränkt.

Bei der „*amnestischen Aphasie*" leiden die Patienten an Wortfindungsstörungen in der mündlichen und schriftlichen spontanen Sprachproduktion. Diese Störung des lexikalisch-semantischen Systems führt die Unfähigkeit mit sich, passende Inhaltswörter bzw. Benennungen aus dem Gedächtnis abzurufen, selbst dann, wenn die Patienten wohl imstande sind, den betreffenden Gegenstand oder Begriff zu beschreiben.
Oft kommt es zu Substitutionen der Zielwörter („Stuhl" statt „Tisch", „Katze" statt „Tiger") und zu semantischen (funktionalen) Paraphasien („das für das Ei" statt „Eierbecher").
Die amnestische Aphasie kann auch nur bestimmte Klassen von Begriffen betreffen. In den von Damasio & Damasio (1992) beschriebenen Fällen konnten die Patienten Bezeichnungen für Tiere, Früchte, Gemüsepflanzen und Eigennamen nicht abrufen. Dabei war ihre syntaktische Fähigkeit unversehrt geblieben.
In anderen Modalitäten (Nachsprechen, Lesen, Abschreiben) sind keine Beeinträchtigungen zu beobachten.

Als „*Leitungsaphasie*" (Englisch: "*conduction aphasia*") wird eine Störung bezeichnet, die ausschließlich das Nachsprechen betrifft. Bei Nachsprechaufgaben sowie bei der spontanen Sprachproduktion treten phonologische Paraphasien auf (z.B. "Bort" statt „Brot"), die die Patienten wiederholt zu korrigieren versuchen ("*conduite d'approche*": vgl. Kohn 1984).

Die „*transkortikalen Aphasien*" stellen das Spiegelbild der Leitungsaphasie dar: das Nachsprechen ist hier intakt.
In der „*transkortikal-motorischen Aphasie*" wird gutes Sprachverständnis und schlechte spontane Sprachproduktion beobachtet.
In der „*transkortikal-sensorischen Aphasie*" hingegen ist bei einer guten Sprachproduktion das Sprachverständnis schwer beeinträchtigt.

Aphasien, die Sprachstrukturen beeinträchtigen, können in verschiedenen Formen auftreten. Daher ist der gewöhnliche Terminus „Agrammatismus", der sie bezeichnet, als Überbegriff zu verstehen.

Die sogenannte „*Broca-Aphasie*" ist eine agrammatische Störung[24], die zu einer verlangsamten, verkürzten und syntaktisch vereinfachten Sprachproduktion führt („Telegrammstil", z.B. ohne Artikel und Präpositionen). Die Defizite betreffen sowohl das Verständnis und die spontane Produktion mündlicher bzw. schriftlicher Sprache als auch das Nachsprechen bzw. das Vorlesen (z.B. bei flektierten Wörtern).
Einige Funktionswörter und gebundene Morpheme (Präfixe, Flexionsendungen) fehlen oder werden vertauscht. Hinzu kommen fehlerhafte Wortstellung, Substitutionen von Lauten (phonematische Paraphasien), fehlerhafte Anwendung der Betonung und Intonation (Dysprosodie).

---

[24] In der früheren Literatur werden „Agrammatismus" und „Broca-Aphasie" synonym verwendet.

Als Beispiel für die Broca-Aphasie geben wir den folgenden Dialog zwischen der Untersuchenden und der Patientin Frau S. an (aus Friederici 1984, S.110):

1) U: Und können Sie mir mal etwa sagen wie es gekommen ist mit ihrer Krankheit?
   Frau S.: / Tanzen ne / und schlecht / und weg ne / auf a mol weg ne /
   U: Beim Tanzen?
   Frau S.: / Ja / i weiß i net / aber Stuhl äh / auf a mol tanzen ja / und schlecht und / und weg / und mei / Operation / oder / Januar neun neunundzwanzigsten Januar / Operation / München /
   U: In welchem Jahr?
   Frau S.: / Siebzig /.

Die gewöhnlich von Broca-Patienten eingesetzten semantischen Strategien (z.B. das erste Nomen im Satz als Subjekt, das zweite als Objekt zu interpretieren in einer Sprache, die – wie Englisch, Französisch oder Italienisch – den Satz nach rechts konstruiert) helfen ihnen bei der Interpretation bestimmter morphosyntaktischen Konstruktionen nicht (z.B. bei der Interpretation eines Passivsatzes oder eines Ausdrucks wie „Marios Buch": vgl. Caplan & Futter 1986). Auch bei der Analyse von Sätzen nach den syntaktischen Konstituenten (mit der Aufgabe, die Wörter des Satzes nach Gefühl zu gruppieren) weisen Broca-Aphasiker sehr mangelhafte Leistungen auf. Statt z.B. ein Nomen mit dem dazugehörigen Artikel zu verbinden, schaffen sie (semantische) Assoziationen zwischen Inhaltswörtern (Friederici 1984, S.76ff.; über die Konstituentenanalyse vgl. auch hier §§ 2.3.1.2 und 3.2.3.2)[25].

Weitere Fälle sind belegt, in denen Bindungsrelationen (vgl. hier § 2.3.2.2, Punkt III) und Grodzinsky 1986) und andere Lokalitätsbedingungen, z.B. über die Beziehung zwischen Spur und lexikalischem Element, verletzt werden (vgl. hier 2.3.1.3.3 und Bayer et al. 1987, Grodzinsky et al. 1993).

Thematische Rollen werden fehlerhaft zugewiesen (vgl. hier § 2.2, Punkt f) und Caplan & Futter 1986) und der Kasus wird vertauscht (Bayer et al. 1987)[26].

---

[25] Die folgenden Beispielsätze stammen aus einem Experiment von Zurif, Caramazza & Myerson 1972. Sätze wie i) und ii), die von Kontrollpersonen wie in i)a und ii)a hierarchisch segmentiert wurden, wurden von Broca-Patienten eher linear wie in i)b und ii)b segmentiert:
   i)   Gifts were given by John.
        (Geschenke wurden gegeben von John)
        a [[[Gifts] [were given]] [by John]]
        b [[Gifts were]   given] [by John]]
   ii) My dog chased their cat.
        (mein Hund jagte ihre Katze)
        a [[My dog] [[chased] [their cat]]
        b [My [dog [[chased] [their] [cat]]]].

[26] Die AutorInnen der letzterwähnten Studie bemerken, dass der Nominativ bei diesen „Agrammatikern" nicht als „Null-Kasus" – Ersatz für alle anderen Kasus – angewandt wurde.

Auch die Anwendung von Numerus-, Genus- und Tempusmerkmalen kann beeinträchtigt werden (Gazzaniga & Hillyard 1971).

Bei der „*Wernicke-Aphasie*" ist das Verstehen von Wörtern und Sätzen stark eingeschränkt. Das Sprechen erfolgt flüssig und mit korrekter Aussprache und Intonation. Die mündliche und schriftliche Produktion in allen Formen (Spontansprache, Nachsprechen, Vorlesen, Abschreiben) weist allerdings Wortneubildungen sowie semantische und phonologische, bis in den Bereich des Jargons fallende Paraphasien auf (z.B. „blaut" statt „brennt").
Typisch für die Wernicke-Aphasie ist der sogenannte „Paragrammatismus", wobei Satzelemente verdoppelt und verschränkt vorkommen (vgl. Friederici 1984, S.39f.). Ein Beispiel für diese Aphasieform ist Friederici 1984 (S.114) entnommen (U = Untersuchende, P = Patientin):

2) U: Sie haben immer in Stollberg gewohnt?
   P: / Ne Stollberg nich / hier in Holpe in in in hier in in in eh Kohlscheid wohn' ich doch / in Badenberg hab' ich im Krankenhaus / Badenberg Badenberg Badenberg war das /
   U: Ah ja, ich kenn' die Gegend hier nicht so.
   P: / Nein / nee B Badenberg wa / und die haben mich dann auch hierhin geschickt / wa / das war eine von Badenberg die sagte / na sagt se dat is dann besser / Sie müssen unten dann mit Leuten gucken und so wa / also das die Ärzte müssen da wohl eh / die Ärzte dann nicht so weil / sie sagt sie ist *klar* / also / nicht? / aber das wär' dann ist dann zu viel Zeit nicht / und deswegen wurde ich denn hier / und da haben sie dann hier bin ich ja nur dreimal bis hier in die Klinik bin ich ja nur gewesen wa bis das das nu passiert jetzt in dem Auge jetzt jetzt da wieder / ja und da wollt' er mich wieder weg / da wollt' er mich ja wieder ganz /
   U: Und da haben Sie sich geweigert. Ja, das glaub' ich!
   P: / Ja so war es / ja /

Im Unterschied zu Broca-Aphasikern sind sich Wernicke-Aphasiker ihrer sprachlichen Schwierigkeiten nicht bewusst.

Wie bei hörenden Aphasikern wird über Störungen einzelner Sprachkomponenten bei Gehörlosen berichtet, z.B. Broca-Aphasie (bei Gail D.: in Poizner, Klima & Bellugi 1987/1990, S.92ff.) und Wernicke-Aphasie, mit ähnlichen Erscheinungen in der Gebärdensprache und in der schriftlichen Sprachproduktion (bei Paul D.: vgl. ebda., S.115ff.).

Auffälligkeiten im Sprachverhalten sind auch bei bilingualen SprecherInnen vorhanden[27].
In diesen Fällen bestehen bei der Beschreibung und Interpretation der neurolinguistischen Daten noch größere methodologische Schwierigkeiten, denn zahlreichere, unterschiedliche Fakto-

---

[27] In der Regel wird eine Person als „bilingual" definiert, wenn sie im Vorschulalter eine zweite Sprache erworben hat.

ren müssen beachtet werden (Sprachkompetenzniveau, Erwerbsalter, Erwerbsart, soziolinguistische Aspekte usw.)[28].

5.1.4.3 Gestörtes Lesen
Wie auch Störungen im mündlichen Sprachbereich bieten Störungen der Lesefähigkeit zahlreiche methodologische Schwierigkeiten. Die Klassifizierung der Symptome erweist sich als entsprechend komplex und nicht immer eindeutig.

Auch in der schriftlichen Modalität ergeben sich Sprachstörungen auf unterschiedlichen Ebenen der Dekodierung.

Patienten, die z.B. nicht imstande sind, ein bestimmtes Wort zu dekodieren, können aber Informationen über dessen Anfangs- oder Endbuchstaben, Zahl von Silben, Kontext liefern. So konnte Angela, eine italienische Patientin mit *globaler Lesestörung*, zwar den Buchstaben „k" nicht lesen, sie wusste aber, dass es sich um einen „fremden" Buchstaben handelt („k" kommt im Italienischen nur bei fremdsprachigen Wörtern vor); über das „z" wusste sie hingegen nur, dass „es am Ende ist" (Sartori 1984, S.138).

Leonardo, ein anderer italienischer Patient, konnte das Affix "*-issimo*", aber nicht das ähnlich klingende Nicht-Wort "*istimo*" lesen (ebda., S.165).

Das Syndrom mit der Fähigkeit, Buchstaben, aber keine Wörter oder Sätze zu erkennen[29], gepaart mit der Schwierigkeit, unregelmäßige Wörter laut zu lesen („*Alexie ohne Agraphie*"), wird als Störung der visuellen Dekodierung interpretiert[30].

Einen Text abzuschreiben hingegen bereitet diesen PatientInnen keine Schwierigkeiten.

Die Unfähigkeit, unregelmäßige Wörter zu lesen, mit dem häufigen Auftreten von Betonungsfehlern, von orthographischen Fehlern beim Lautlesen sowie gelegentlichen Schreibstörungen (z.B. „mehr" statt „Meer", „hält" statt „Held", „läuten" statt „Leuten") ist ein Hinweis für den

---

[28] Bei bilingualen Patienten wird häufig das Phänomen der Sprachmischung beobachtet (Englisch: "*code mixing*"), wobei bestimmte Elemente aus einer anderen beherrschten Sprache eingesetzt werden. Wie die vielfältige Kasuistik zeigt, handelt es sich hier auch um sehr spezifische Substitutionen, die einzelne sprachliche Komponenten betreffen:
– das Lexikon: z.B. "*la Vetter*" (Französisch/Deutsch);
– die Morphologie: z.B. "*comen*" = "*come*" (dt. „kommen") + „*-en*" (Englisch/Deutsch);
– die Syntax: z.B. "*I [vil] home coming*" (dt. „Ich will nach Hause kommen", statt "*I will come home*": Englisch/Deutsch);
– die Phonetik: z.B. "*¿Como se llama usted?*" (dt. „Wie heißen Sie?") als „Kommen sie immer hier?" nachgesprochen (Spanisch/Deutsch);
– die Satzintonation.
Da sich diese Phänomene sowohl bei gesunden Personen (bei Versprechern oder während des Erstspracherwerbs) als auch bei Aphasikern ergeben, wird angenommen, dass es sich in diesen Fällen um *Beeinträchtigungen des Sprachverarbeitungssystems*, und nicht des Grammatiksystems, handelt (Perecman 1989).
[29] Dabei kann das Lesen eines Wortes mit 4 Buchstaben auch ca. 20 Sekunden erfordern.
[30] Vgl. die oben erwähnten Daten über die Patientin Angela sowie ähnliche Lesestörungen bei einem japanischen Patienten, die das phonetische Notationssystem *Kana*, nicht aber das ideographische System *Kanji* betrafen. Dieser Fall wird in Sasanuma 1974 beschrieben. S. auch die Diskussion in Hasuike et al. 1986.

„übertriebenen" Gebrauch phonologischer Dekodierungsressourcen („*Oberflächendyslexie*"; Englisch: "*surface dyslexia*")[31].

Die verhältnismäßig lange Lesezeit bei Nicht-Wörtern bzw. die Unfähigkeit, diese zu lesen, sind Charakteristika der sogenannten "*phonologischen Dyslexie*" (Englisch: "*phonological dyslexia*"). Damit sind auch morphologische Fehler, häufige Substitutionen syntaktisch analoger Elemente (z.B. „dieser" durch „jener", „mit" durch „für") oder visuell ähnlicher Wörter verbunden[32].

Dabei wird die Störung der Fähigkeit, schriftliche Sprache phonologisch zu dekodieren, vermutet (aber dazu s. De Bleser et al. 1987).

In der „*Tiefendyslexie*" (Englisch: "*deep dyslexia*") finden semantische Substitutionen statt: ein italienischer Patient las z.B. das Wort „Ehe" als „Verzweiflung" vor ("*matrimonio*" als "*disperazione*": vgl. Sartori 1984, S.123). Zu diesem Syndrom gehören noch der Einfluss auf den Leseerfolg seitens des Konkretheitsgrades der Wörter („Konkretheitseffekt") und deren lexikalischen Kategorie sowie die Tendenz, Nicht-Wörtern eine semantische Interpretation aufzuerlegen[33].

Die Möglichkeit, Wörter vorzulesen, ohne sie aber verstehen zu können, ist das Hauptmerkmal der *Hyperlexie*, die auch als „*Nicht-semantisches Lesen*" bezeichnet wird. In diesem Fall ist auch das Lesen von Nicht-Wörtern gestört.

Diese Entwicklungsstörung wird oft von anderen, autismusähnlichen Verhaltensstörungen begleitet (Aram & Healy 1988; vgl. auch hier, § 5.1.3, Fußnote 18).

Zusammenfassend: Die Gesamtheit der oben dargestellten neurolinguistischen Daten liefert eine sehr starke Bestätigung für die These, dass sowohl das Grammatiksystem als auch die Sprachverarbeitung nach strikt modularen Prinzipien organisiert sind.

5.2 Neurobiologische Veränderungen während des Erwerbsprozesses

In Bezug auf die Natur der Sprache und des Spracherwerbs wurden im ersten Kapitel einige theoretische Argumente dargestellt, die für die sogenannte „nativistische Hypothese" sprechen. Zu dieser These gehören zwei Hauptannahmen:

---

[31] Zur „Oberflächendyslexie" sowie zu den im Folgenden erwähnten „phonologischen Dyslexie" und „Tiefendyslexie" s. die Bemerkungen von De Bleser et al. 1987. Nach den AutorInnen dieser Studie handelt es sich jeweils um Störungen mehrfacher Komponenten, die daher kein einheitliches, stabiles Syndrom bilden. Insoferne ist die jeweils angegebene Definition in einer konventionellen Weise zu intendieren.

[32] Vgl. die oben erwähnten Daten über den Patienten Leonardo.

[33] Z.B. „unwegsam" ==> „nicht weg irgendwas": aus De Bleser et al. 1987.

a) Die menschliche Sprachfähigkeit (die „Universalgrammatik") ist in einem genetischen Programm verankert.
b) Im Spracherwerb entwickeln sich die einzelsprachlichen Regelsysteme dadurch, dass sich die Sprachfähigkeit systematisch, weitgehend von der Qualität des Inputs unabhängig nach bestimmten parametrischen Werten differenziert.

In den vorigen Abschnitten wurden ansatzweise Daten der Neurolinguistik präsentiert, die die Annahme a) der nativistischen Hypothese bestätigen. Im Folgenden werden auch für die Annahme b) einige wesentliche Beiträge der Neurowissenschaften zur Diskussion über den Spracherwerb erläutert. Die Hauptfrage, die diesbezüglich entsteht, ist: Wodurch und wie spiegeln sich die Differenzierungen, die im Spracherwerbsprozess stattfinden, auf neurobiologischer Ebene wider?

5.2.1 Was für ein Wachstum?

Im Gegensatz zur gewöhnlichen Auffassung von Wachstum als einer Vermehrung von Elementen, besteht die Entwicklung des neuronalen Systems nach der Geburt nicht in der Bildung neuer Nervenzellen (Neurogenesis), sondern in der *Verlängerung und Verzweigung der schon existierenden Neuronen.*

Die Neurogenesis hört beim Menschen bereits in der sechzehnten Woche nach der Befruchtung auf. Ab diesem Zeipunkt beginnt die Zahl der Neuronen sich zu reduzieren, was zu einer Spezialisierung und feineren Abstimmung in der Organisation des jeweiligen Systems führt: durch den „Tod" anderer konkurrierender Neuronen wird z.B. ein einziges Motoneuron[34] für eine bestimmte Muskelfaser zuständig. Der gleiche Prozess wurde in bestimmten Bereichen des Hörsystems beobachtet (vgl. Changeux 1983/1984, S. 250, 274ff.; Thompson $1993^2/1994^2$, S.351f.).
Der „neuronale Tod" setzt sich während des ganzen Lebens des Individuums fort (Changeux 1983/1984, S. 248ff.)[35].

Der Wachstumsprozess im Nervengewebe besteht hingegen darin, dass sich die neuronalen Verlängerungen (Neuriten und „Dendriten") verästeln und verbinden. Die Entstehung einer Verbindung zwischen der Endigung eines Neurons und einer anderen bestimmten Zelle (der Ort dieser Verbindung wird als „Synapse" bezeichnet) wird von der chemischen Affinität und dem Grad der Adhäsion zwischen den beiden Zellen beeinflusst.

---

[34] Ein „Motoneuron" ist eine Nervenzelle, die Informationen aus dem Zentralnervensystem zur Aktivitätssteuerung von Skelettmuskeln weiterleitet: vgl. Thompson $1993^2/1994^2$, S.521.
[35] Eine Erklärung für die beobachtete Zunahme des Gehirngewichts in den ersten fünfzehn Lebensjahren des Menschen (das Verhältnis zwischen dem Gewicht bei der Geburt und im erwachsenen Alter liegt um 1:5) wird also nicht in der Vermehrung der Nervenzellen gefunden, sondern in der Vernetzung des neuronalen Systems sowie im Zuwachs des Myelins, einer Substanz, die Nervenfasern (die „Neuriten" oder „Axone") umhüllt und ihre Leitungsgeschwindigkeit steigert (Changeux 1983/1984, S.252; Geschwind & Galaburda 1986, S.18; Shatz 1992).

Auf dieser Weise verdichtet sich das Netz, das die Weitergabe von Impulsen über die Synapsen ermöglicht. Diese Verknüpfungsstellen zwischen den Neuronen sind die Grundlage für die sensorische, motorische und intellektuelle Tätigkeit des Individuums.

Nun wissen wir, dass sich die Nervenzellen in einer hoch spezialisierten Weise organisieren: dies wurde z.B. in Bezug auf visuelle Fähigkeiten in verschiedenen Experimenten festgestellt. In bestimmten Kortexarealen gruppieren sich die für das visuelle System spezialisierten Neuronen in mehrschichtigen Kolumnen, die mit der Entwicklung spezifischere Funktionen übernehmen, wobei jede Schicht eine eigene Struktur hat (vgl. Hubel und Wiesel 1968, 1970; Changeux & Danchin 1974, S.64; Thompson 1993[2]/1994[2], S.358ff.).

Das System scheint dadurch von einer redundanten und diffusen Gestaltung zu einer stabilen und geordneten Struktur fortzuschreiten (Changeux 1983/1984, S.275ff.). Auf der funktionalen Ebene erfolgt gleichzeitig eine zunehmende Spezialisierung.

Diese offensichtlich genetisch bestimmte Spezialisierung muss aber gewisse Grenzen kennen, ohne die z.B. eineiige Zwillingen, die dieselben Gene besitzen, identisch wären. Bei einer vollständigen genetischen „Vorherbestimmung" wäre außerdem kein Lernprozess möglich.

Somit ergibt sich eine entscheidende Frage: „Was regelt dieses Wachstum?", und insbesondere: „Inwiefern sind die Wege der Neuronen in ihrem Wachstumsprozess vorbestimmt?".

Während gewisse mikrobiologische Prozesse die anatomischen und funktionalen Hauptzüge des Nervensystems genetisch bestimmen, *ist das Entwicklungsmuster der neuronalen Vernetzung nicht genetisch bedingt.* Gegen einen strikten genetischen Determinismus spricht schon die deutliche Diskrepanz zwischen der Zahl der Gene, die ausschließlich in Gehirnzellen aktiv sind, und der Zahl der Synapsen im menschlichen Gehirn (ca. 50.000 vs. 10^{14} - d.h. 10 Billionen: vgl. Thompson 1993[2]/1994[2], S.14, 341).

Die Gehirnentwicklung muss also auch mit äußeren Faktoren verbunden sein (dazu s. § 5.2.2).

Selbst wenn der Prozess der neuronalen Vernetzung im Kortex gewisse allgemeine Regeln beachtet, erfolgt sie nicht auf lineare oder progressive Weise: die Nervenzelle scheint – bevor sie zur stabilen Verbindung mit einer anderen Zelle kommt – einen Weg zu begehen, der Hindernisse, Versuche und unvorhersehbare Entscheidungen aufweist. Kann keine synaptische Verbindung mit einer bestimmten Nervenzelle hergestellt werden, kommt es entweder zu einer anderen Verbindung oder zum Tod des Neurons, mit einer Regression der neuronalen Verzweigungen (Changeux 1983/1984, S.78, 269ff.; Thompson 1993[2]/1994[2], S.351f.).

Die Entwicklung des Nervensystems wird außerdem von der Kategorie „Zeit" entscheidend beeinflusst (Changeux 1983/1984, S.256). Diesem Aspekt und dessen Korrelationen mit dem Prozess des „neuronalen Todes" wird der nächste Abschnitt gewidmet.

5.2.2 Kritische Zeiten für den (Sprach)erwerb

Ein Beispiel für die entscheidende Funktion der Zeit in der neuronalen Entwicklung ist der Einfluss von Sexualhormonen auf die Proliferation und Migration der Nervenzellen. Sie ist nicht nur auf bestimmte Gehirnareale, sondern auch *auf bestimmte Phasen der Entwicklung* des Fötus und des Neugeborenen *beschränkt* (Geschwind & Galaburda 1986, S.18; vgl. auch hier, § 5.1.3, Fußnote 18).

In elementarer Form sind bestimmte Funktionen bereits vor der Geburt vorhanden. Wie Veränderungen im EEG zeigten, reagiert z.B. schon bei Neugeborenen die linke Gehirnhälfte auf sprachliche Laute, während bei der Wahrnehmung nichtsprachlicher Geräusche und Laute ähnliche Veränderungen in der rechten Gehirnhälfte beobachtet wurden (Molfese, Freeman & Palermo 1975).

Zur Differenzierung der neuronalen Funktionen kommt es jedoch erst bei der Herstellung der synaptischen Verbindungen im Kortex, die meistens erst *nach der Geburt*, d.h. durch die Interaktion mit der Umwelt, stattfindet (Changeux 1983/1984, S.301). Von besonders großer Tragweite ist diese Interaktion für die Entwicklung höherer kognitiven Fähigkeiten (Sprache, Denken, Emotionalität), die sich lang und komplex gestaltet. Bezüglich der Herstellung neuronaler Verbindungen zeigen aber auch spezifische Fähigkeiten wie die visuelle Wahrnehmung einen engen Zusammenhang mit äußeren Stimuli: das System muss innerhalb einer bestimmten Zeit nach der Geburt von hinreichenden Impulsen aktiviert werden, andernfalls kommt es zum Verlust der angeborenen Fähigkeiten. Diese Zeitspanne wird als „kritische Periode" bezeichnet.

Hubel und Wiesel haben dies im Rahmen verschiedener Experimente in den 70er Jahren für die visuelle Wahrnehmung nachgewiesen. Nach der Beobachtung, dass Kleinkinder infolge eines nicht rechtzeitig behandelten grauen Stars blind werden, wiederholten die beiden Neurologen diesen Effekt in einem Experiment mit neugeborenen Katzen. Wenn diese in der kritischen Phase der Ausbildung der Sehfähigkeit (im zweiten-dritten Lebensmonat) in Dunkelheit gehalten wurden, konnte keine normale visuelle Wahrnehmung mehr aufgebaut werden. Katzen, die erst *nach der kritischen Periode* über eine gleich lange Zeit hindurch in Dunkelheit gehalten wurden, zeigten im Gegenteil keinen Abbau ihrer Sehfähigkeit (wie dies auch bei erwachsenen Menschen nach einer Kataraktoperation der Fall ist)[36].

Analog zur Entwicklung sensorischer Fähigkeiten wurde das Vorhandensein einer kritischen Phase ebenfalls in Hinsicht auf Spracherwerb beobachtet. Als Grenze der kritischen Phase wird hier der Abschluss des Prozesses angesehen, der als „Lateralisierung" (oder „Lateralisation") bezeichnet wird. Zu diesem Zeitpunkt haben die jeweiligen Gehirnhälften bereits spezifische sprachliche Funktionen übernommen und können neuen Aufgaben schwer entsprechen.

Insoferne soll die Zuschreibung der sprachlichen Funktion der linken Gehirnhälfte, die normalerweise gilt, in Anbetracht nicht nur der unterschiedlichen Komponenten der Sprache (vgl.

---

[36] „Katarakt" = Trübung der Augenlinse, „grauer Star".

§§ 5.1.2-5.1.3), sondern auch von Entwicklungsfaktoren differenziert werden (vgl. die Diskussion in Segalowitz 1983)[37].

Die zeitbedingte funktionale Plastizität des Kortex in Bezug auf die Sprachfähigkeit wird durch Fälle ersichtlich, in denen auf die Beeinträchtigung der sprachlichen Funktion der einen Hemisphäre die *Kompensation* seitens der anderen folgt.

Nach Läsionen der rechten Hemisphäre treten Aphasien bei Erwachsenen sehr selten auf (0,4% der Fälle), bei Kindern zehnmal so häufig. Dies impliziert, dass die rechte Hemisphäre beim jungen Individuum noch über sprachliche Fähigkeiten verfügt (Changeux 1983/1984, S.300 aus Lecours 1983).

Nach Läsionen der linken Gehirnhälfte entspricht die weitgehende oder vollkommene Kompensation durch die rechte Gehirnhälfte bei jüngeren Individuen sogar der Regel[38]. In der Literatur ist der Fall von Genie beschrieben, die von ihrem zwanzigsten Lebensmonat bis zu ihrem dreizehnten Lebensjahr in Isolation leben musste, ohne sprechen zu dürfen. Nach intensiver Sprachrehabilitation konnte das Mädchen ein gewisses Kompetenzniveau in seiner Muttersprache erreichen. Wie elektrophysiologische Untersuchungen zeigten, war der Sprachgebrauch bei Genie vorwiegend mit dem Einsatz der rechten Hemisphäre verbunden (Fromkin et al. 1974)[39].

Wie elektrophysiologische Studien gezeigt haben, löst die visuelle Stimulation bei Hörenden und bei gebärdensprachigen Gehörlosen unterschiedliche Gehirnpotentiale aus. Die Wahrnehmung sich bewegender Gegenstände (d.h., nichtsprachlicher Stimuli) aktiviert bei Hörenden vorwiegend die rechte Gehirnhälfte, bei Gehörlosen hingegen vorwiegend die linke Gehirnhälfte (Kettrick & Hatfield 1986 und Neville & Lawson 1987). Insbesondere, die Wahrnehmung peripherer visuellen Stimuli aktiviert bei Gehörlosen die Zonen des linken Kortex, die bei Hörenden der akustischen Funktion entsprechen (vgl. Kettrick & Hatfield 1986 und Neville, Schmidt & Kutas 1983). Dies lässt vermuten, dass bei Gehörlosen die fehlende akustische Stimulierung einerseits, und die intensive Beanspruchung der peripheren Sehfähigkeit *durch die Verwendung der Gebärdensprache* andererseits *zu einer Spezialisierung* der Gehirnareale für die Verarbeitung bestimmter visuellen Stimuli führt.

---

[37] In früheren Studien wurde auch versucht, die Rolle der rechten Hemisphäre z.B. beim Bilingualismus bzw. Zweitspracherwerb zu definieren: ein stärkerer Einsatz der rechten Hemisphäre entspreche früheren Erwerbsphasen (Obler 1981) oder der Strategie des unbewussten Erwerbs im Gegensatz zum bewussten Lernen (Galloway & Krashen 1980). Keine dieser Thesen hat jedoch eine entscheidende Bestätigung von empirischen Daten erhalten (vgl. Vaid 1983).

[38] Nach einigen Forschern kann die totale Kompensation bis zur Pubertät (vgl. Lenneberg 1967/1986², S.186; Lecours et al. 1984), nach anderen – wie es wahrscheinlicher ist – bis ca. zum fünften Lebensjahr stattfinden (vgl. Krashen 1973, Friederici 1984, S.28ff.)

[39] Aus noch nicht geklärten Gründen, aber wahrscheinlich infolge großer psychologischen Schwierigkeiten, trat bei Genie wenige Jahre danach eine zunehmende sprachliche Regression ein, bis sie in die anfängliche Stummheit zurückfiel.

Es gibt also Hinweise darauf, dass solche Lateralisierungseffekte nicht nur mit dem Erwerbsalter, sondern auch mit dem Erwerbskontext korrelieren (Neville 1977). Wegen des Datenmangels über das vorsprachliche Stadium können allerdings noch keine definitiven Schlüsse über den Lateralisierungsprozess der sprachlichen Funktionen gezogen werden.

Das Vorhandensein kritischer Perioden mit potentieller Degeneration der Neuronen lässt jedenfalls schließen, dass inaktive Neurozellen für das System *redundant* werden (Changeux 1983/1984, S.273ff.). Dies impliziert, dass der Einfluss seitens der Umgebung für die Entwicklung angeborener perzeptiven Fähigkeiten entscheidend ist, um die Regression der Struktur zu beschränken (Thompson $1993^2/1994^2$, S.358ff.).

Daraus ergibt sich ein Entwicklungsschema, das *im Rahmen der genetisch bestimmten Bedingungen* Generation und Degeneration neuronaler Verknüpfungen als zwei potentiell gleichgestellte, *von äußeren Faktoren bestimmte Verläufe* des Wachstumsprozesses vorsieht (Changeux & Danchin 1974, S.77f.). Bildung und Degeneration neuronaler Verbindungen würden demnach das unvorhersehbare Ergebnis einer Abfolge von gelungenen oder gescheiterten Versuchen darstellen.

5.2.3 „Erkenntnis durch Entlernen"

Phänomene, wie die erstaunliche Fähigkeit der Kinder, Laute oder visuelle Details wahrzunehmen, die der Perzeption erwachsener Menschen unzugänglich sind, können durch den Begriff der „Regression" erklärt werden.

In der Lallphase kann ein Kind unzählige Laute produzieren, die weder zur Lautskala seiner Umgebung noch zu einer bestimmten Sprache gehören (bei den „vokalen Gesten": vgl. Jakobson $1944/1982^5$, §§ 1.5-1.7). Dies gilt verhältnismäßig auch für die rezeptive Fähigkeit: verschiedene Studien aus den 70er Jahren belegen, dass Kleinkinder in den ersten Lebenswochen imstande sind, Laute akustisch zu unterscheiden (vgl. Morse 1976), während Kinder mit 2-3 Monaten auch auf phonetische Variationen reagieren (Eimas 1974)[40].

Aus der außerordentlich breiten Skala von Lauten, die der menschliche Artikulationsapparat produzieren kann und die Kinder in der Lallphase tatsächlich artikulieren, werden in der Folge nur jene beibehalten, die zum phonologischen System der Muttersprache gehören. Die anderen Laute verschwinden aus der spontanen sprachlichen Produktion.

Dieses Verfahren reproduziert das Modell der neuronalen Entwicklung, das als „selektive Stabilisierung" bezeichnet wurde: die potentiell sehr hohe Anzahl von Kombinationen der Nervenbahnen *sinkt* während der Entwicklung einer sich zunehmend differenzierenden Struktur.

---

[40] Es gibt außerdem Hinweise für die Fähigkeit von Säuglingen, die Muttersprache zu erkennen: bereits im Alter von 4 Tagen bzw. 2 Monaten zeigten französische bzw. amerikanische Säuglinge unterschiedliche Reaktionen beim Hören muttersprachlicher bzw. fremdsprachiger Texte. Insbesondere scheint es, dass eine wesentliche Rolle bei der Erkennung der Muttersprache der prosodischen Komponente zuzuschreiben ist (Mehler et al. 1988).

Das Vorhandensein einer Struktur impliziert Regelmäßigkeit: die Regeln, die sich durchsetzen, werden auf die neuen Daten aus der Realität angewandt und beschränken die Rahmenbedingungen einer weiteren Entwicklung.

In diesem Kontext ist ein Lernphänomen „[d]as Speichern eines geistigen Objekts als überdauernde Gedächtnisspur" auf den neuronalen Bahnen (Changeux 1983/1984, S.180) und die Lernfähigkeit „das Ergebnis einer zunehmenden Komplexität des Systems bei einer konstanten Zahl von Genen" (Changeux 1979/1980, Übers. von SB).

Wie zeigt sich nun die Entwicklung des neuronalen Systems auf der Ebene der menschlichen Kognition?

Zum menschlichen Kognitionssystem gehört die Fähigkeit der „Strukturkonservierung". Erwachsene Menschen können die Menge von wahrgenommenen Elementen bestimmen, unabhängig von deren Anordnung bzw. von der Form und den Dimensionen des Behälters, in denen sie sich befinden. Die Fähigkeit, solche quantitativen Verhältnisse wahrzunehmen, wurde bei Kleinkindern ohne Einbeziehung der sprachlichen Fähigkeit getestet (Mehler & Bever 1967, 1968; Mehler 1974, S.44ff.).

Die erste Versuchsgruppe bestand aus Kindern von 2 Jahren. Sie wählten fast fehlerlos[41], ohne sich von der unterschiedlichen Anordnung verwirren zu lassen, die Reihen aus, die mehr Kugeln bzw. Bonbons enthielt.

Die zweite Gruppe von Kindern im Alter von ca. dreieinhalb Jahren ließ sich im Gegenteil von der Aufstellung der Gegenstände viel stärker beeinflussen. Die Leistungen beim Test sanken auffällig im Vergleich zu denen der ersten Gruppe.

Die Kinder der dritten Gruppe (ab 6 Jahren) zeigten – wie diejenigen der ersten Gruppe – wiederum keine Schwierigkeiten bei der Mengenbestimmung, unabhängig von der Aufstellung der betreffenden Elemente.

Die Ergebnisse dieser Experimente legen die Vermutung nahe, dass sich die „Fähigkeit zu zählen" bei kleinen Kindern auf andere Mechanismen als die Rechenfertigkeit stützt, wie sie in den ersten Schuljahren aufgebaut wird. Dies erinnert an die instinktive, visuelle Fähigkeit zu zählen von einigen Autisten (vgl. § 5.1.3).

Ab ca. dreieinhalb Jahren scheint das neu entstandene konventionelle Zahlensystem die bis dahin angewandten, instinktiven Ressourcen in Frage zu stellen, gleichzeitig aber mit diesen nicht entsprechend konkurrieren zu können.

Zwei-drei Jahre später führt der kontinuierliche Kontakt mit den Daten aus der Außenwelt zur Integration der einzelnen Fähigkeiten in das gesamte kognitive System. Kulturtechniken wie das Lesen und Schreiben stellen für diese Entwicklung eine zusätzliche Unterstützung dar.

Jacques Mehler formulierte in diesem Zusammenhang die These, dass Erkenntnis eigentlich ein Prozess des *Entlernens* ist ("*connaissance par désapprentissage*": Mehler 1974). Diese Behauptung, die vielleicht provokant klingt, geht von der Analogie zwischen einem der Analyse

---

[41] 93% bzw. 100% der Antworten waren korrekt.

relativ zugänglichen Gebiet – d.h., der visuellen Perzeption – und komplexeren Funktionen des menschlichen Nervensystems aus.

Im Gegensatz zum traditionellen Begriff von Erkenntnis als Anhäufung von Elementen von außen, nimmt Mehler an, dass dabei ein Prinzip *selektiver Stabilisierung von Fähigkeiten* wirksam ist, das – rein quantitativ ausgedrückt – einem *Verlust an Potentialitäten* entspricht. Die „neuronale Hekatombe", wie sie bildhaft bezeichnet wurde (Changeux 1983/1984, S.273), bedeutet für den Erwachsenen den Aufbau eines kognitiven Systems, das kohärent und einzigartig ist und gleichzeitig die Fähigkeit bewahrt, von der Interaktion mit seiner Umwelt eine Bereicherung zu erhalten. Beim erwachsenen Individuum zeigt nämlich die synaptische Organisation noch eine gewisse Beweglichkeit, wenn auch diese im Vergleich zur massiven Entwicklung der ersten Lebensphasen sehr beschränkt ist.

Wie auch die Entwicklung des neuronalen Systems sieht der Alterungsprozess Phasen vor, deren Ablauf je nach der betreffenden Art von Gehirnzellen und der individuellen Struktur stark variieren kann (Selkoe 1992).

Abschließend können die in diesem Kapitel dargestellten *neurolinguistischen Grundlagen* wie folgt zusammengefasst werden:

I) Ein genetisches Programm determiniert die Hauptmerkmale der anatomischen und funktionalen Organisation des Nervensystems.

II) Die bei der Geburt vorhandenen neuronalen Verbindungen werden in der Interaktion mit der Umgebung stimuliert. In bestimmten funktionalen Systemen verzweigen und vernetzen sich die neuronalen Verlängerungen bis zu einer „kritischen Periode".
Das Verhalten differenziert sich.

III) Nach der kritischen Periode sind redundante neuronale Verbindungen zur Regression verurteilt. Die Atrophie (Schwund) und das Absterben der redundanten neuronalen Strukturen entsprechen dem Ausfall potentieller kognitiven Fähigkeiten. Insoferne ist das Lernen eigentlich ein „Entlernen".

Somit erklärt sich auch die nicht-lineare Entwicklung von der relativ einfachen Struktur des genetischen Bausteins bis zur hohen Komplexität der Gehirnorganisation (Changeux 1983/1984, S.310).

Eine zentrale Frage bleibt offen: *Wie* beeinflusst der interaktive Kontakt mit äußeren Stimuli die Entwicklung des Nervensystems? Als Auslöser eines genetisch bestimmten Programms oder eher als unmittelbarer Förderer der selektiven Spezialisierung?

5.3 Zweiter zusammenfassender Ausblick in den Spracherwerb

Aus den dargelegten Daten über die Sprachverarbeitung (Kapp. 3-5) sind folgende für den Spracherwerb relevante Schlüsse zu ziehen:

I) Die *Interpretation syntaktischer Kontexte* erfolgt bei der normalen Sprachverarbeitung *automatisch und unbewusst*: s. Garden-path-Sätze (§ 3.2.3.3) und die Experimente mit fehlerhaften Texten (§ 3.2.4.1, Punkt F)). Die *bewusste Interpretation (morpho)syntaktischer Daten* erfordert hingegen kognitive Ressourcen, die über das sprachliche Wissen als universelle Sprachfähigkeit hinausgehen.

II) Die *semantisch-pragmatische Interpretation* ist ein bewusster Prozess, der eventuelle unpassende Interpretationen der syntaktischen Komponente „korrigiert".
Das umgekehrte Verfahren, das vorwiegend oder ausschließlich auf semantisch-pragmatischen Informationen (Bedeutungen einzelner Wörter, Weltwissen) basiert, ist bei aphatischen PatientInnen mit Störungen des syntaktischen Sprachsystems sowie bei Fremdsprachenlernenden zu beobachten, die noch kein solides syntaktisches System in der L2 entwickelt haben. So wird z.B. der Satz „Der Hund beißt die Katze" korrekterweise als Sequenz „AGENS/Subjekt - Verb - PATIENS/Objekt" interpretiert. In bestimmten Kontexten erweist sich die semantisch-pragmatische Strategie jedoch als unzulänglich: vgl. den Satz „Die Katze verfolgt *der* Hund" (§ 5.1.4.2).

III) Der bereits bei der Erörterung sprachtheoretischer Aspekte erwähnte Begriff der *Modularität* kehrt bei der Diskussion der Sprachverarbeitungsprozesse wieder (§§ 1.3 und 3.2.3-3.2.4).
Elektrophysiologische Daten über aphatische PatientInnen und gesunde SprecherInnen zeigen, dass die Fähigkeit, Sprache in unterschiedlichen Modalitäten zu gebrauchen, von unterschiedlichen Sprachzentren im Gehirn geregelt wird (§ 5.1.2).
Diese Unterschiede in der funktionalen Lokalisierung betreffen z.B. die Fähigkeit, bestimmte Sprachwahrnehmungstätigkeiten durchzuführen (z.B. verstehendes Lesen), im Gegensatz zu Tätigkeiten, die *Wahrnehmung und Produktion gleichzeitig* beanspruchen (z.B. das Vorlesen), oder auch die unbewusste Sprachkompetenz im Gegesatz zur Fähigkeit, Grammatikalitätsurteile abzugeben (vgl. §§ 3.2.4.1 und 5.1.4.1).

IV) Ein indirekter Beitrag zur Definition des Fremdspracherwerbs ist das Modell der neuronalen Entwicklung als Zusammenwirken von genetisch bestimmtem Potential und äußeren Einflüssen: vgl. die Experimente über das Sehvermögen (§ 5.2.2).
Die Hypothese der generativen Theorie über angeborene Sprachprinzipien und sprachspezifische Parameter spiegelt sich in diesem Modell wider (§ 1.1).

Die Relevanz der Rolle des Inputs sowie das Vorhandensein einer zeitlichen Schwelle für die Entfaltung des Sprachwachstumsprozesses („*kritische Periode*") werden in den Fällen deutlich erkennbar, in denen die Sprachfähigkeit nach längerer Sprachdeprivation im Kindesalter oder nach aphatischen Störungen wieder aktiviert wird: vgl. den Fall von Genie (§ 5.2.2).
Auch beim sprachlichen Wachstum erweist sich somit das Alter als ein entscheidender Faktor.

BIBLIOGRAPHIE

Aram, D.M. & Healy, J.M. 1988. "Hyperlexia: A review of extraordinary word recognition". In: Obler, L.K. & Fein, D.A. (Hrsgg.). [70-102]

Badecker, W. & Caramazza, A. 1985. "On considerations of method and theory governing the use of clinical categories in neurolinguistics and cognitive neuropsychology: The case against agrammatism". *Cognition 20*. [97-125]

Bayer, J. (Hrsg.). *Grammatik und Kognition. Psycholinguistische Untersuchungen.* Linguistische Berichte, Sonderheft 1. Opladen: Westdeutscher Verlag.

Bayer, J., De Bleser, R. & Dronsek, C. 1987. „Form und Funktion von Kasus bei Agrammatismus". In: Bayer J. (Hrsg.). [81-117]

Blumstein, S. & Cooper, W. E. 1974. "Hemispheric processing of intonation contours". *Cortex 10*. [146-158]

Caplan, D. & Futter, C. 1986. "Assignment of thematic roles to nouns in sentence comprehension by an agrammatic patient". *Brain and Language 27*. [117-134]

Caramazza, A. et al. 1981. "An investigation of repetition and language processing on a case of conduction aphasia". *Brain and Language 14*. [235-271]

Caramazza, A. & Zurif, E.B. 1976. "Dissociation of algorithmic and heuristic process in language comprehension: Evidence from aphasia". *Brain and Language 3*. [572-582]

Changeux, J.-P. 1979. "Déterminisme génétique et épigenèse des réseaux de neurones: Existe-t-il un compromis biologique possible entre Chomsky et Piaget?". In: Piattelli-Palmarini, M. (Hrsg.). *Théories du langage, théories de l'apprentissage*. Paris: Editions du Seuil. [278-289]

Changeux, J.-P. 1983. *L'homme neuronal*. Paris: Fayard. [Dt.: 1984. *Der neuronale Mensch*. Reinbek bei Hamburg: Rowohlt.]

Changeux, J.-P. & Danchin, A. 1974. "Apprendre par stabilisation sélective de synapses en cours de développement". In: Morin, E. & Piattelli-Palmarini, M. (Hrsgg.). [58-88]

Chomsky, N. 1968. *Language and Mind*. New York: Harcourt, Brace & World. [Dt.: 1973. *Sprache und Geist*. Frankfurt a.M.: Suhrkamp.]

Chomsky, N. 1982. *The Generative Enterprise: A Discussion with Riny Huybregts and Henk van Riemsdijk*. Dordrecht: Foris.

Damasio, A.R. & Damasio, H. 1992. "Brain and language". *Scientific American, Special Issue, September 1992*. [63-71] [Dt.: 1992. „Sprache und Gehirn". *Spektrum der Wissenschaft, Sonderausgabe, November 1992*. [80-92]; 1994. In: Singer, W. (Hrsg.). *Gehirn und Bewußtsein*. Heidelberg: Spektrum.]

De Bleser, R., Bayer, J. & Luzzatti, C. 1987. „Die kognitive Neuropsychologie der Schriftsprache – Ein Überblick mit zwei deutschen Fallbeschreibungen". In: Bayer, J. (Hrsg.). [118-161]

Dennis, M. 1980a. "Language acquisition in a single hemisphere: Semantic organization". In: Caplan, D. (Hrsg.). *Biological Studies of Mental Processes*. Cambridge, MA/London: MIT Press. [159-185]

Dennis, M. 1980b. "Capacity and strategy for syntactic comprehension afer left or right hemidecortication". Brain and Language 10. [287-317]

Eimas, P.D. 1974. "Auditory and linguistic processing of cues for place of articulation by infants". *Perception and Psychophysics, Vol.16, No.3*. [513-521]

Flynn, S. & O'Neil, W. (Hrsgg.). 1988. *Linguistic Theory and Second Language Acquisition*. Dordrecht: Kluwer.

Fodor, J.A. 1983. *The Modularity of Mind*. Cambridge, MA/London: MIT Press.

Friederici, A. 1984. *Neuropsycholinguistik*. Stuttgart: Kohlhammer.

Fromkin, V.A. 1991. "Language and brain: Redefining the goals and methodology of linguistics". In: Kasher, A. (Hrsg.). *The Chomskyan Turn*. Cambridge, MA/Oxford: Blackwell. [78-103]

Fromkin, V.A. et al. 1974. "The development of language in Genie: A case of language acquisition beyond the 'Critical Period'". *Brain and Language 1*. [81-107]

Galloway, L. & Krashen, S.D. 1980. "Cerebral organization in bilingualism and second language". In: Scarcella, R.C. & Krashen, S.D. (Hrsgg.). *Research in Second Language Acquisition*. Rowley, MA: Newbury House. [74-80]

Gazzaniga, M.S. & Hillyard, S.A. 1971. "Language and speech capacity of the right hemisphere". *Neuropsychologia 9*. [273-280]

Geschwind, N. & Galaburda, A.M. 1986. *Cerebral Lateralization. Biological Mechanisms, Associations, and Pathology*. Cambridge, MA/London: MIT Press.

Giannotti, A. & Vicari, S. (Hrsgg.). 1994. *Il bambino con sindrome di Williams*. Milano: Franco Angeli.

Grodzinsky, Y. 1986. "Language deficits and the theory of syntax". *Brain and Language 27*. [135-159]

Grodzinsky, Y. et al. 1993. "The breakdown of binding relations". *Brain and Language 45*. [396-422]

Hasuike, R., Tzeng, O. & Hung, D. 1986. "Script effects and cerebral lateralization: The case of Chinese characters". In: Vaid, J. (Hrsg.). [275-288]

Hubel, D.H. & Wiesel, T.N. 1968. "Receptive fields and functional architecture of monkey striate cortex". *Journal of Physiology 195*. [215-243]

Hubel, D.H. & Wiesel, T.N. 1970. "The period of susceptibility to the physiological effects of unilateral eye closure in kittens". *Journal of Physiology 206*. [419-436]

Hyltenstam, K. & Obler, L.K. (Hrsgg.). 1989. *Bilingualism across the Life Span: in Health and in Pathology*. Cambridge: Cambridge University Press.

Jakobson, R. 1944/1982[5]. *Kindersprache, Aphasie und allgemeine Lautgesetze*. Frankfurt a.M.: Suhrkamp.

Kettrick, C. & Hatfield, N. 1986. "Bilingualism in a visuo-gestural mode". In: Vaid, J. (Hrsg.). [253-273]

Kimura, D. 1992. "Sex differences in the brain". *Scientific American, Special Issue, September 1992*. [81-87] [Dt.: 1992. „Weibliches und männliches Gehirn". *Spektrum der Wissenschaft, Sonderausgabe, November 1992*. [104-113]; 1994. In: Singer, W. (Hrsg.). *Gehirn und Bewußtsein*. Heidelberg: Spektrum.]

Kohn, S.E. 1984. "The nature of the phonological disorder in conduction aphasia". *Brain and Language 23*. [97-115]

Krashen, S.D. 1973. "Mental abilities underlying linguistic and non-linguistic functions". *Linguistics 115*. [39-55]

Lecours, A.R. et al. 1984. "Where is the speech area, and who has seen it?". In: Caplan, D., Lecours, A.R. & Smith, D. (Hrsgg.). *Biological Perspectives on Language*. Cambridge, MA/London: MIT Press. [220-246]

Lenneberg, E.H. 1967. *Biological Foundations of Language*. New York: Wiley & Sons. [Dt.: 1986[2]. *Biologische Grundlagen der Sprache*. Frankfurt a.M.: Suhrkamp].

Linebarger, M.C., Schwartz, M.F. & Saffran, E.M. 1983. "Sensitivity to grammatical structure in so-called agrammatic aphasics". *Cognition 13*. [361-392]

Marslen-Wilson, W. 1985. "Speech shadowing and speech comprehension". *Speech Communication 4*. [55-73]

Mehler, J. 1974. "Connâitre par désapprentissage". In: Morin, E. & Piattelli-Palmarini, M. (Hrsgg.). [25-37]

Mehler, J. & Bever, T.G. 1967. "Cognitive capacity of very young children". *Science, Vol. 158, No. 3797*. [141-142]

Mehler, J. & Bever, T.G. 1968. "Reply to Jean Piaget". *Science, Vol. 162, No. 3857*. [979-981]

Mehler, J. et al. 1988. "A precursor of language acquisition in young infants". *Cognition 29*. [143-178]

Molfese, D.L., Freeman, R.B. Jr. & Palermo, D.S. 1975. "The ontogeny of brain lateralization for speech and nonspeech stimuli". *Brain and Language 2*. [356-368]

Monod, J. 1970. *Le hasard et la nécessité*. Paris: Edition du Seuil. [Dt.: 1983[6]. *Zufall und Notwendigkeit*. München: dtv.]

Morin, E. & Piattelli-Palmarini, M. 1974. *L'unité de l'homme. 2. Le cerveau humain*. Paris: Editions du Seuil.

Morse, P.A. 1976. "Speech perception in the human infant and Rhesus monkey". *Annals of the New York Academy of Sciences, Vol.280*. [694-707]

Neville, H.J. 1977. "Electroencephalographic testing of cerebral specialization in normal and congenitally deaf children: A preliminary report". In: Segalowitz, S.J. & Gruber, F.A. (Hrsgg.). *Language Development and Neurological Theory*. New York usw.: Academic Press. [121-131]

Neville, H.J. & Lawson, D. 1987. "Attention to central and peripheral visual space in a movement detection task: An event-related potential and behavioral study. I. Normal hearing adults. II. Congenitally deaf adults. III. Separate effects of auditory deprivation and acquisition of a visual language." *Brain Research 405*. [253-267; 268-283; 284-294]

Neville, H.J., Schmidt, A. & Kutas, M. 1983. "Altered visual-evoked potentials in congenitally deaf adults". *Brain Research 266*. [127-132]

Novoa, L. Fein, D. & Obler, L.K. 1988. "Talent in foreign languages: A case study". In: Obler, L.K. & Fein, D.A. (Hrsgg.). [294-302]

Obler, L.K. 1981. "Right hemisphere participation in second language acquisition". In: Diller, K.C. (Hrsg.). *Universals in Language Learning Aptitude*. Rowley, MA: Newbury House. [53-64]

Obler, L.K. & Fein, D.A. (Hrsgg.). 1988. *The Exceptional Brain: Neuropsychology of Talent and Special Abilities*. New York: Guilford.

Pace, G.M. 1988. "E una scimmia dà torto a Chomsky". *La Repubblica*, 10.11.1988.

Perecman, E. 1989. "Language processing in the bilingual: Evidence from language mixing". In: Hyltenstam, K. & Obler, L.K. (Hrsgg.). [227-244]

Pizzamiglio, L. 1980. "L'afasia negli adulti". In: Pizzamiglio, L. (Hrsg.). *I disturbi del linguaggio. Manuale di diagnosi e terapia*. Milano: Etas libri. [220-269]

Poizner, H., Klima, E. & Bellugi, U. 1987. *What the Hands Reveal about the Brain*. Cambridge, MA/ London: MIT Press. [Dt.: 1990. *Was die Hände über das Gehirn verraten. Neuropsychologische Aspekte der Gebärdensprachforschung*. Hamburg: SIGNUM-Verlag.]

Sabbadini, L., Volterra, V. & Capirci, O. 1993. "Cognitive and linguistic development in Williams syndrome: A case study". *Sixth International Congress for the Study of Child Language, Trieste, 18-24 July 1993*.

Sacks, O. 1985. *The Man Who Mistook His Wife for a Hat*. London: Duckworth. [Dt.: 1987. *Der Mann, der seine Frau mit einem Hut verwechselte*. Reinbek bei Hamburg: Rowohlt.]

Saffran, E.M., Schwartz, M.F. & Marin, O.S.M. 1980. "The word order problem in agrammatism. II: Production". *Brain and Language 10*. [263-280]

Salvatori, N. 1988. "Le grandi scimmie parlano". *L'airone*. Agosto 1988. [75-85]

Sartori, G. 1984. *La lettura*. Bologna: il Mulino.

Sasanuma, S. 1974. "Kanji versus kana processing in alexia with transient agraphia: A case report". *Cortex 10*. [89-97]

Schaner-Wolles, C. & Haider, H. 1987. „Spracherwerb und Kognition. Eine Studie über interpretative Relationen". In: Bayer, J. (Hrsg.). [41-80]

Schwarz, M.F., Saffran, E.M. & Marin, O.S.M. 1980. "The word order problem in agrammatism. I: Comprehension". *Brain and Language 10*. [249-262]

Searleman, A. 1977. "A review". Psychological Bulletin 84. [503-528]

Segalowitz, S.J. 1983. "Cerebral asymmetries for speech in infancy". In: Segalowitz, S.J. (Hrsg.). *Language Functions and Brain Organization*. New York usw.: Academic Press. [221-229]

Selkoe, D.J. 1992. "Aging brain, aging mind". *Scientific American, Special Issue, September 1992*. [97-103] [Dt.: 1992. „Alterndes Gehirn, alternder Geist". *Spektrum der Wissenschaft, Sonderausgabe, November 1992*. [124-132]; 1994. In: Singer, W. (Hrsg.). *Gehirn und Bewußtsein*. Heidelberg: Spektrum.]

Shatz, C.J. 1992. "The developing brain". *Scientific American, Special Issue, September 1992*. [34-41] [Dt.: 1992. „Das sich entwickelnde Gehirn". *Spektrum der Wissenschaft, Sonderausgabe, November 1992*. [44-52]; 1994. In: Singer, W. (Hrsg.). *Gehirn und Bewußtsein*. Heidelberg: Spektrum.]

Smith, N. & Tsimpli, I.M. 1991. "Linguistic modularity? A case study of a 'Savant' linguist". *Lingua 84*. [315-351]

Soares, C. 1984. "Left-hemisphere language lateralization in bilinguals: Use of the concurrent activities paradigm". *Brain and Language 23*. [86-96]

Stachowiak, F.-J. 1982. „Haben Wortbedeutungen eine gesonderte mentale Repräsentation gegenüber dem Weltwissen? Neurolinguistische Überlegungen." *Linguistische Berichte 79*. [12-29]

Thompson, R.F. 1993^2. *The Brain. Second Edition*. New York: W.H. Freeman & Co. [Dt.: 1994^2. *Das Gehirn: Von der Nervenzelle zur Verhaltensteuerung*. Heidelberg usw.: Spektrum.]

Travis, L. 1988. "Linguistic theory, neurolinguistics and second language acquisition". In: Flynn, S. & O'Neil, W. (Hrsgg.). [90-108]

Vaid, J. 1983. "Bilingualism and brain lateralization". In: Segalowitz, S. (Hrsg.). *Language Functions and Brain Organization*. New York usw.: Academic Press. [315-339]

Vaid, J. (Hrsg.). 1986. *Language Processing in Bilinguals. Psycholinguistic and Neuropsychological Perspectives*. Hillsdale, NJ: Erlbaum.

Zurif, E.B., Caramazza, A., Myerson, R. 1972. "Grammatical judgments of agrammatic aphasics". *Neuropsychologia 10*. [405-417]

Zurif, E.B. & Sait, P.E. 1970. "The role of syntax in dichotic listening". *Neuropsychologia 8*. [239-244]

6 Von der Muttersprache zur Fremdsprache

6.1 Unterschiede und Gemeinsamkeiten

In den Kapiteln 3-5 wurde gezeigt, wie das unbewusste Wissen über sprachstrukturelle Prinzipien von allgemein-kognitiven Fähigkeiten unabhängig ist. Kinder können somit in kurzer Zeit Sprachen erwerben, indem sie mit MuttersprachlerInnen spontan kommunizieren bzw. spielen, ohne sich bewusst auf Sprachstrukturen konzentrieren zu müssen. Die Anwendung komplexer sprachstrukturellen Prinzipien erfolgt unbewusst. Ein Kind von fünf Jahren weiß z.B., dass das Objekt „ihn" in einem Satz wie „Mario hat ihn im Spiegel gesehen" nicht auf „Mario" bezogen werden kann. Wie die meisten Erwachsenen, kann das Kind dieses intuitive Wissen jedoch nicht begründen.

Ab dem Alter von 11-12 Jahren finden Jugendliche Zugang auch zu abstrakten Begriffen, sowohl auf der kognitiven als auch auf der sprachlichen Ebene. Zudem entwickeln sie einen Sinn für Sprachspiele, Paradoxa, Ironie, Sarkasmus, bestimmte rhetorische Formen (Argumentationsstrategien, stilistische Varianten usw.: vgl. § 2.1.2) sowie zur bewussten grammatikalischen Analyse.

In der Pubertät hat sich bereits ein tiefliegendes und dichtes kognitives Netz gebildet. Intuitionen und Erkenntnisse in zahlreichen Bereichen, die gesellschaftliche Erfahrung, ethische Werte und die Fähigkeit zu abstraktem Denken (Hypothesenbildung, Generalisierungen und Ableitungen, Kausalitätsbeziehungen usw.) tragen zu diesem Netz bei. Die verschiedenen mentalen Systeme (akustische, visuelle und räumliche Wahrnehmung, konzeptuelles Denken) haben speziesübergreifenden Charakter wie auch die beim Kontakt mit der Umwelt entwickelten individuellen Züge. Diese Systeme bilden die Grundlage der komplexen geistigen Fähigkeiten eines erwachsenen Menschen.

Im *natürlichen Zweitspracherwerb*[1] bei Erwachsenen sind Gemeinsamkeiten mit Aspekten des L1-Erwerbs festzustellen. Ein gemeinsamer Aspekt ist z.B. das Verhältnis zwischen Verstehen und Sprechen. Die Anfangsphase des Zweitspracherwerbs ist durch ein äußerst sparsames Sprechen charakterisiert („stille Periode") und wird als „aktive Hörphase" bezeichnet (*"active listening period"*: vgl. Neufeld 1978, Schneidermann 1986, Krashen 1987). Von dieser Phase schreiten Kinder und Erwachsene zum grammatikalisch korrekten Gebrauch von Formeln und später zu kreativen, zum Teil fehlerhaften Äußerungen fort.

In Analogie zum Erstspracherwerb *beginnt der Erwerbsprozess der Zweitsprache bereits beim Verstehen* vor der Sprachproduktion.

---

[1] Die Bezeichnung „Zweitspracherwerb" gilt hier für den Erwerb in einem natürlichen Kontext im Zielsprachenland, während sich der Terminus „Fremdspracherwerb" auf Erwerbsformen im Inland bezieht.

Ein weiterer gemeinsamer Aspekt besteht darin, dass nur die sogenannte *"positive Evidenz"* (d.h. die Präsentation der Daten in der Zielsprache) zum Wachstum der Zweit- bzw. Fremdsprache beiträgt. Unterrichtsmaßnahmen wie die „negative Evidenz" (Hinweise auf die begangenen Fehler), die Korrektur oder gezielte Strukturübungen erreichen selbst bei höherem Kompetenzniveau oder Motivationsgrad der Lernenden keine signifikanten Verbesserungen im Spracherwerb (vgl. Felix & Hahn 1985 und Sharwood Smith 1988).

Daraus ist folgende These abzuleiten:

> Das Verstehen wahrgenommener Sprache gilt als zentraler und gemeinsamer Ausgangspunkt für den Erwerb der Zweit-, Fremd- und Muttersprache. Beim Verstehen bauen AnfängerInnen das der jeweiligen Sprache zugrundeliegende komplexe Struktursystem unbewusst nach, um es nach einer gewissen Dauer zur Produktion von Äußerungen anzuwenden.

Diesbezüglich ergeben sich jedoch für erwachsene Lernende folgende Probleme: a) Der Input im Fremdsprachenunterricht ist *quantitativ* stark reduziert; b) ihre Umgebung bietet zum Zweck vermeintlich höherer Verständlichkeit einen *qualitativ* reduzierten Input. Diese Tendenz führt zum sogenannten *"foreigner talk"*, die den L2-Lernenden eine falsche Version der Zielsprache präsentiert (z.B. „Du kommen morgen?").

Eine weitere negative Komponente des Spracherwerbs für erwachsene Lernende ist, dass die Einbindung in ihre berufliche und soziale Umwelt sie meistens zu einem verfrühten Zeitpunkt zur sprachlichen Produktion zwingt. Unter dem Produktions- und Korrektheitsstress wird die Möglichkeit, das innere Sprachsystem in den Anfangsphasen zu festigen, vermindert.

Über die bisher erwähnten Eigenschaften hinaus beeinflussen zahlreiche schwer objektivierbare Faktoren den Fremdspracherwerb. Die Motivation, die „Neigung" zu Fremdsprachen, die kommunikative Einstellung, die affektive Beziehung zur Zielsprachenkultur, der kulturelle Hintergrund, die soziale Lernsituation usw. können Formen, Tempo und Modi des Erwerbs im erwachsenen Alter sichtbar beeinflussen, haben aber keinen Einfluss auf den Erwerb der Muttersprache.

Ein anderes Charakteristikum erwachsener Lernende ist die Fähigkeit, von expliziten sprachlichen Informationen einen effizienten Gebrauch zu machen, sei es auf der lexikalisch-semantischen, sei es auf der formalen Ebene. Man denke z.B. an die oben erwähnte Strategie, in Ermangelung struktureller Informationen semantische oder kontextuelle Informationen einzusetzen (§ 5.3). In diesen Fällen scheint es, dass Erwachsene lexikalische Elemente vorwiegend semantisch verarbeiten, d.h. dass sie sie verstehen und im Langzeitgedächtnis speichern, ohne einzelne formale (z.B. morphosyntaktische oder phonologische) Merkmale wahrzunehmen bzw. zu aktivieren.

Wenn Erwachsene auch einen relativ großen Wortschatz erlernen, so bleiben Grad und Tiefe der *Beherrschung bestimmter Sprachstrukturen* (vor allem in der Phonologie und Morphologie) doch deutlich hinter jenen zurück, die Kinder in einem vergleichbaren Zeitraum entwickeln (vgl. Heidelberger Forschungsprojekt „Pidgin-Deutsch" 1975, S.120). Eine solche Diskrepanz zwischen semantischen und formalen Aspekten im Gebrauch des Lexikons wird auch in bestimmten Phasen des L1-Erwerbs beobachtet, ist aber auf gewisse Aspekte der Morphologie (vgl. die verbreiteten Formen „gehaut" statt „gehauen", "Aut*en*" statt „Autos") und der Phonetik beschränkt.

Das allgemein-kognitive Problemlösungssystem („PL-System") erweist sich nur bedingt geeignet, den Spracherwerb auf der formalen Ebene zu unterstützen – und ist dem Modul „Sprachfähigkeit" weit unterlegen (Felix 1987, S.137ff.).

Die geringe Effizienz des PL-Systems ist bei der Anwendung bestimmter *Lern*strategien ersichtlich[2]. Dazu gehört die Überprüfung der eigenen Äußerungen auf ihre grammatikalische Richtigkeit (dieser innere Kontrollmechanismus wird in Krashen 1987 als „Monitor" bezeichnet). Diese innere Prüfungsinstanz erreicht zwar in einigen Fällen eine gewisse formale Korrektheit, allerdings um den Preis einer unnatürlichen Verlangsamung und Diskontinuität des Sprechrhythmus, die die prosodischen Informationen einschränken oder verzerren und den Kommunikationsfluss unterbrechen (ebda.).

Zudem entsprechen die aus dem erfolgreichen Gebrauch dieser Performanzstrategien stammenden fehlerlosen Endprodukte nicht unbedingt dem Kompetenzniveau der Lernenden. Es ist z.B. zu erwarten, dass Fehler, die aus der durch den Einsatz des Monitors kontrollierten Sprachperformanz entfernt wurden, in der spontanen Produktion wieder auftreten (ebda.).

In diesem Sinne besteht zwischen dem allgemein-kognitiven System und der Sprachfähigkeit eine *Konkurrenzbeziehung*.

Werden nun vom L2-Erwerb potentielle Störungsfaktoren (wie Stress, negative emotionale Aspekte, nicht zielführende Lernstrategien) beseitigt und optimale Erwerbsbedingungen (z.B. starke Motivation, Inputreichtum, Interesse zur Kommunikation) geschaffen, ist festzustellen, dass Erwachsene in den seltensten Fällen muttersprachlerähnliche Kompetenz in einer Fremdsprache erwerben.

6.2 Wie sind grammatikalische Normabweichungen von der L2 zu erklären?

Die geminderten Performanzleistungen der Erwachsenen im L2-Erwerb finden in der Hypothese der *Universalgrammatik als autonomes kognitives Modul* und in der entsprechenden Annahme über die Entwicklung des neuronalen Systems als *Abbau bestimmter Fähigkeiten* („Entlernen") eine Erklärung (vgl. §§ 1.1 und 5.2.3).

Der Fremd- und Zweitspracherwerb erfolgt auf der Basis eines bereits voll aktivierten und ausdifferenzierten Sprachsystems. Die universellen Grundprinzipien und die durch die Erfahrung

---

[2] Gegenüber dem Terminus „Erwerb", der einen spontanen Prozess bezeichnet, wird hier die Bezeichnung „Lernen" für einen bewussten Prozess angewendet.

in der jeweiligen Muttersprache auf eine bestimmte Weise aktivierten Parameter stehen in einem bestimmten Interaktionsverhältnis mit den entsprechenden Parametern der neuen Sprache. Ein Parameter, der durch die Entwicklung der Muttersprache nicht aktiviert wurde, setzt sich in unterschiedlicher Weise in der L2 durch. Ein Beispiel dafür ist die geringe Rezeptivität für die Töne einer Tonsprache bei Sprecher-/HörerInnen einer Nicht-Tonsprache (vgl. § 2.3.3.2). Manchmal hält der „Widerstand" gegen den neuen Parameter so lang an, dass im Jargon der Fremdsprachendidaktik der Terminus „Fossilisierung" geprägt wurde.

Diese Erklärungen finden ihre Bestätigung in zahlreichen psycholinguistischen Studien über den Erstspracherwerb. Alle Kinder – über geringfügige individuelle Unterschiede hinaus – durchlaufen gleiche *Entwicklungsetappen*, in denen sich das Sprachsystem zunehmend differenziert. Die systematisch auftretenden, für diese Entwicklungsetappen charakteristischen Fehler gehen im Laufe des natürlichen Sprachkontakts zurück, um später gänzlich zu verschwinden (vgl. Wode 1988 über das Deutsche sowie Cipriani et al. 1993 und Pizzuto & Caselli 1993 über das Italienische).

Solche Entwicklungssequenzen sind auch im Zweitspracherwerb bei Kindern und Erwachsenen zu beobachten (Wode 1981; Clahsen et al. 1983). Sie betreffen z.B. die Wortstellung im Satz (über das Deutsche ebda., S.158ff.; über die Stellung der Negation vgl. auch die Daten von Wode 1988 für das Englische und Håkansson 1989 für das Schwedische).

Was die Anfangsstadien kennzeichnet, ist die konsequente Tilgung bestimmter sprachlichen Elemente, z.B. grammatikalischer Morpheme (Flexionsendungen, Auxiliarverben) oder Wortkategorien (Artikel, Präpositionen).

Diese Abweichungen sind vielfach das Ergebnis der Konkurrenz zwischen dem bereits stabilisierten System der L1 und dem neu hinzukommenden der L2 („*Interferenzen*").

Beispiele für Interferenzfehler im Lexikon (semantische und morphologische Merkmale), Syntax, Phonetik und Phonologie:

1) Lexikon (Semantik): Wörter mit phonetischer Ähnlichkeit, aber unterschiedlicher Bedeutung ("*false friends*"):
   Deutsch: „eventuell"
   L2-Englisch: "*eventually*" (= Deutsch: „später")
   Englisch: "possibly"
2) Lexikon (Morphologie): Möglichkeit der Pluralbildung (zählbare Nomina):
   Deutsch: „Auskünfte"
   L2-Englisch: *"information*s"
   Englisch: "(pieces of) information"
3) Syntax: Anhebungsregeln (Verb in zweiter Position im Deutschen):
   Deutsch: „Vielleicht hat er recht."
   L2-Englisch: *"Maybe is he right."
   Englisch: "Maybe he is right."

4) Phonetik: Realisierung von L2-Lauten durch L1-Laute (vgl. § 2.3.3.1):
   Englisch: "I /θ/ink so"
   L2-Englisch: *"I /s/ink so"   (L1 = Deutsch)
5) Phonologie: Realisierung der Silbenkonstituenten (vgl. Beispiel 121) über die Verzweigung des Onsets, § 2.3.3.2):
   Englisch: [fred]
   Ägyptisch: *[f*i*red]
   Irakisch: *[(*i*)fred]

Von besonderem Interesse ist, dass Zweitsprachenlernende unabhängig von Alter und Lernbedingungen systematische Fehler produzieren, für die es *weder in der Zielsprache noch in der Muttersprache ein Modell* gibt.[3]

So können Strukturen, die sowohl in der L1 als auch in der L2 auftreten, in der „Zwischengrammatik" ("*Interlingua*") der Lernenden fehlen. Solche Tilgungen betreffen z.B. das Verb „sein" als Prädikat bei Lernenden des Deutschen mit Spanisch als Muttersprache (Beispiele 6)a-b von Manolo P.: vgl. Heidelberger Forschungsprojekt „Pidgin-Deutsch" 1975, S.85) und die Numeruskongruenz zwischen Subjekt und Verb bei Italienischsprachigen (Beispiele 7)a-b von Lucia M., ebda.; Beispiel 7)c von Maria I., aus Clahsen et al. 1983, S.346):

6) a ich ___ instalatoer
   b des ___ gut

7) a du sprech*en* doktor
   b warum du nix sag*en* mir
   c die kinder die geh*t* in de kindergarten.

Fehler ergeben sich auch in Bezug auf Strukturen, die in der Erst- und Zweitsprache gleich sind. SprecherInnen des Niederländischen, die Deutsch lernen, genauso wie Deutschsprachige, die Niederländisch lernen, produzieren z.B. Wortstellungsfehler wie die folgenden in 8) (Fanselow 1993, S.9):

DEUTSCH – NIEDERLÄNDISCH
8) a *Er sagt, dass Hans sieht Maria.   L1: NIEDERLÄNDISCH
   b *Hij zegt, dat Hans ziet Marie.   L1: DEUTSCH

NIEDERLÄNDISCH
9) Hij zegt, dat Hans Marie ziet.
   (er sagt, dass Hans Maria sieht)

---

[3] Dies ist ein weiteres Argument gegen die Auffassung von Spracherwerb als Ergebnis von Imitation und Konditionierung. Sie erklärt nicht:
   i) Warum Kinder und Erwachsene in bestimmten Phasen *selektiv* und systematisch falsch „imitieren";
   ii) Warum sie die Strukturen ihrer Sprachproduktion ab einem bestimmten Zeitpunkt umstellen, wenn sie weder für fehlerhafte Äußerungen bestraft noch für richtige Anwendungen einer bestimmten Struktur belohnt werden.

Bei der Interaktion verschiedener Sprachkomponenten in ein und demselben Phänomen (vgl. §§ 2.3.2.3 und 2.3.4) ist die Feststellung der Entwicklungssequenzen entsprechend komplexer.

Eine auf der Prinzipien- und Parametertheorie basierende Hypothese betrachtet die L1 und die L2 als durch einen „Assoziationsmechanismus" verbunden. Die Verbindung zwischen Zweit- und Erstsprache besteht hier auf der tieferen Ebene der Parameter – und nicht der hörbaren Sprachprodukte. Insoferne ist diese Hypothese nicht nur terminologisch, sondern in substantieller Weise von den kontrastiven Analysen, die auf Regeln basieren, zu unterscheiden. Eine regelorientierte kontrastive Analyse erklärt z.B. nicht die Fehler in 6), 7) und 8).
In den ersten Erwerbsphasen spiegeln die L2-Parameter die parametrischen Optionen der L1 wider (vgl. Flynn 1986 über die Beziehung zwischen Pronominalreferenz und Wortstellung). Eine auf einer negativen Assoziation zwischen L1 und L2 basierende Strategie würde hingegen dazu führen, dass die L2 als „exotisch" betrachtet und die Evidenz für Parallelismen zwischen L1 und L2 „übersehen" wird (Sharwood Smith 1988).

Unter Sprachwissenschaftern und Psycholinguisten ist die Diskussion über die Definition der Rolle der Universalgrammatik im Erwerbsprozess offen. Im Kern der Debatte bleibt die Frage, ob die Grammatik der Interlingua – die „Zwischengrammatik" auf dem Weg zur L2 – ein natürliches Sprachsystem wie die L1 und die L2 ist oder eher ein „gemischtes", von kognitiven Problemlösungsstrategien gesteuertes System darstellt (vgl. das „Konkurrenzmodell" zwischen Prinzipien der allgemeinen Kognition und der Sprachkompetenz, im vorigen Abschnitt angesprochen). Dem letzteren Modell entsprechend muss die Produktion im L2-Erwerb nicht unbedingt mit den Prinzipien der Universalgrammatik konform gehen (vgl. White 1992, 1995[2] und Epstein et al. 1996).

Zusammenfassend ist zu sagen, dass die Forschung über den Zweit- und Fremdspracherwerb in Ermangelung soliderer Evaluationskriterien darauf angewiesen ist, neben linguistischen Daten auch individuelle, soziale und kulturelle Faktoren in ihrer Gesamtheit zu berücksichtigen, selbst wenn in einzelnen Studien nur ausgewählte Variablen (wie Alter, Erwerbszeit und Struktur der beherrschten Sprachen) tatsächlich quantifiziert werden.

BIBLIOGRAPHIE

Cipriani, P., Chilosi, A.M., Bottari, P. & Pfanner L. 1993. *L'acquisizione della morfosintassi in italiano. Fasi e processi*. Padova: Unipress.

Clahsen, H., Meisel, J.M. & Pienemann, M. 1983. *Deutsch als Fremdsprache. Der Spracherwerb ausländischer Arbeiter*. Tübingen: Narr.

Epstein, S.D., Flynn, S. & Martohardjono, G. 1996. "Second language acquisition: Theoretical and experimental issues in contemporary research". Unveröff. Hs.

Fanselow, G. 1993. „Grundbegriffe der Grammatiktheorie". Universität Potsdam, unveröff. Hs.

Felix, S.W. 1987. *Cognition and Language Growth*. Dordrecht: Foris.

Felix, S.W. & Hahn, A. 1985. "Natural processes in classroom second-language learning". *Applied Linguistics Vol. 6, No.3*. [223-238]

Flynn, S. 1986. *A Parameter-Setting Model of L2 Acquisition. Experimental Studies in Anaphora*. Dordrecht usw.: Reidel.

Flynn, S. & O'Neil, W. (Hrsgg.). 1988. *Linguistic Theory in Second Language Acquisition*. Dordrecht: Kluwer.

Håkansson, G. 1989. "The acquisition of negative placement in Swedish". *Studia Linguistica 43/1*. [47-58]

Heidelberger Forschungsprojekt „Pidgin-Deutsch". 1975. *Sprache und Kommunikation ausländischer Arbeiter*. Kronberg: Scriptor.

Krashen, S.D. 1987. *Principles and Practice in Second Language Acquisition*. Englewood Cliffs, NJ usw.: Prentice-Hall International.

Neufeld, 1978. "On the acquisition of prosodic and articulatory features in adult language learning". *Canadian Modern Language Review*. [163-194]. [1980. In: S.W. Felix (Hrsg.). *Second Language Development. Trends and Issues*. Tübingen: Narr. [137-149]]

Newmeyer, F.J. 1983. *Grammatical Theory. Its Limits and Possibilities*. Chicago/London: The University of Chicago Press.

Pizzuto, E. & Caselli, M.C. 1993. "L'acquisizione della morfologia flessiva nel linguaggio spontaneo: evidenza per modelli innatisti o cognitivisti?". In: Cresti, E. & Moneglia, M. (Hrsgg.). *Ricerche sull'acquisizione dell'italiano*. Roma: Bulzoni. [165-187]

Schneidermann, E.I. 1986. "Leaning to the right: Some thoughts on hemisphere involvement in language acquisition". In: Vaid, J. (Hrsg.). *Language Processing in Bilinguals: Psycholinguistic and Neurophysiological Perspectives*. Hillsdale, NJ: Erlbaum. [233-251]

Sharwood Smith, M. 1988. "On the role of linguistic theory in explanations of second language developmental grammars". In: Flynn, S. & O'Neil, W. (Hrsgg.). [173-198]

White, L. 1992. "Universal Grammar: Is it just a new name for old problems?". In: Gass, S.M. & Selinker, L. (Hrsgg.). *Language Transfer in Language Learning*. Amsterdam/Philadelphia: Benjamins. [217-232]

White, L. 1995^2. *Universal Grammar and Second Language Acquisition*. Amsterdam/Philadelphia: Benjamins.

Wode, H. 1981. *Learning a Second Language. An Integrated View of Language Acquisition*. Tübingen: Narr.

Wode, H. 1988. *Einführung in die Psycholinguistik: Theorien, Methoden, Ergebnisse*. Ismaning: Hueber.

II

Didaktische Anleitungen

7 Einführende Bemerkungen

7.1 Inhalt und Ziele dieses Buchteils

In diesem Teil werden *die wesentlichen Unterrichtsaktivitäten* beschrieben, die z.T. unter dem Namen „Fremdsprachenwachstum" bekannt sind. Einige dieser Aktivitäten übernehmen Aspekte, die bereits zur didaktischen Tradition gehören (vgl. §§ 11.2-11.3). Auch diese werden – sei es auch nur kurz – hier dargestellt, um ihre Rolle im vorliegenden didaktischen Konzept zu definieren.

Die folgende Darstellung der Unterrichtsaktivitäten entspricht der persönlichen *Interpretation* des Ansatzes seitens der Verfasserin und erhebt weder den Anspruch, eine „didaktische Schule" zu vertreten, noch einen solchen der absoluten Gültigkeit für alle Lernenden im Sinne eines „didaktischen Rezeptes". Die im Text mehrfach betonte Beachtung der individuell unterschiedlichen Sprachlernstrategien gilt auch in Bezug auf die Aneignung des Fachwissens und dessen Anwendungen in der Berufspraxis.

Weiters wurde in diesem Buchteil insofern auf Vollständigkeit verzichtet, als weder alle didaktischen Aktivitäten, die mit diesem Ansatz kompatibel sind, noch die in einer bestimmten Unterrichtsaktivität denkbaren Variationen aufgeführt werden.
Insbesondere wurde die in den letzten Jahren veröffentlichte Literatur zur Gestaltung verschiedener Aktivitäten „Freier Produktion" im mündlichen und schriftlichen Bereich sowie Kommunikations- und Grammatikspielen hier nicht verarbeitet. Stattdessen werden allgemeine, in unterschiedlichen Formen anwendbare Prinzipien erläutert, denen diese Aktivitäten unterliegen.

Die beschriebenen Unterrichtsaktivitäten stellen *Beispiele* für eine didaktische Praxis dar, die einige grundsätzliche Daten aus der theoretischen und angewandten Linguistik, wie sie im Teil I dieses Buches zusammenfassend erscheinen, berücksichtigt. Ein wesentliches Bestreben der Verfasserin war es, innovativere Aspekte sowie einzelne Elemente aus der didaktischen Tradition ausreichend zu begründen.
Für die *Anwendbarkeit* der dargestellten Unterrichtstechniken spricht eine langjährige Erfahrung in der didaktischen Praxis mit fachrelevanten Ergebnissen für den Spracherwerb[1].

---

[1] Vgl. Kurssequenzen auf den Videocassetten „Fremdsprachenwachstum", Verband Wiener Volksbildung: Wien 1988.

7.2 Allgemeine didaktische Prinzipien des Ansatzes

Die didaktischen Aktivitäten, die im folgenden Buchteil dargestellt sind, richten sich nach folgenden Prinzipien:

a) Eine intensive Konfrontation mit der authentischen und natürlich-komplexen Zielsprache im Unterricht zu gewährleisten (*Inputreichtum*).
b) Den „*Authentischen Input*" in möglichst „*authentischen Kommunikationssituationen*" einzusetzen. Progressionsschemata sind weder bei der Präsentation von Materialien und Strukturen noch in der (eventuellen) Evaluationsphase vorhanden. Letztere gehört nicht zum Erwerbsprozess. Es wird maximaler Gebrauch von der Sprache als kommunikative Funktion gemacht.
c) *Spontane Erwerbsressourcen* („Authentische Aktivitäten") intensiv und häufig zu gebrauchen. Dieser Gebrauch wird vom Einsatz *allgemein-kognitiver Ressourcen* bei ausgewähltem strukturellen Input („Analytische Aktivitäten") begleitet.
d) *Individuelle Lernstile und -bedürfnisse* ständig zu beachten. In den meisten Aktivitäten ist die Lehrerrolle auf einige begrenzte Funktionen eingeschränkt.
e) Die *Autonomie* in der Steuerung des Lernprozesses in und außerhalb des Klassenraums zu fördern. Gleichzeitig wird das Mittel der *Kooperation* innerhalb der Lerngruppe (Paar- und Gruppenarbeit) eingesetzt.

Dazu seien im Folgenden einige Präzisierungen angegeben.

a) *Reichlicher und verschiedener Input*: Im Unterrichtsplan und besonders in den Anfangsphasen wird der Input gegenüber dem Output stark privilegiert, was den natürlichen Spracherwerbsmodalitäten entspricht.

Die Fähigkeit, sich in der Fremdsprache auszudrücken, wird als Ergebnis, und nicht als Ursache des Erwerbsprozesses angesehen (vgl. Gary 1978). Daher übernehmen Outputaktivitäten im Unterrichtsplan keine überragende Rolle; sie dienen auch nicht als ausschließlicher Bewertungsmaßstab (vgl. Vermeidungsstrategien in Kleinmann 1978 und hier § 12).

Die mündliche und schriftliche Sprachproduktion findet vorzugsweise in einem „freien", natürliche Bedingungen nachahmenden Raum statt: dabei wird kein spezifisches Sprechprodukt (sei es quantitativ, sei es qualitativ) angestrebt.

Der sprachliche Input, den einzelne Lernende tatsächlich verarbeiten können, kann nicht im Voraus bestimmt werden: deshalb wird vor Verständnisübungen auch *keine formorientierte Auswahl* des Inputs getroffen. Aus der angebotenen Menge sprachlicher Daten können einzelne Lernende den für sie jeweils möglichen Anteil verarbeiten. Bekannte Elemente und Strukturen kommen (immer) wieder in verschiedenen Texten vor; einige neue Elemente und Strukturen werden durch günstige kontextuelle Bedingungen wahrgenommen und verstanden und tragen dadurch zum Erwerbsprozess bei; andere Elemente und Strukturen wiederum werden nicht verstanden.

Mit authentischen Texten als Vorlage inhaltsorientierter Verständnisaktivitäten zu arbeiten bedeutet auch, eine potentiell unbegrenzte Menge didaktischer Materialien zur Verfügung zu haben. Damit erhöht sich die Wahrscheinlichkeit, dass die in den Klassenraum gebrachten Texte die Lernenden interessieren und motivieren.

Als zusätzliche Inputquelle dient die Zielsprache auch insoferne, als sie prinzipiell zum Zweck der Kommunikation im Klassenraum verwendet wird, seitens der Unterrichtenden und, so bald und so weit es möglich ist, seitens der Lernenden.

b) *„Authentischer Input"* in möglichst *„authentischen Kommunikationssituationen"*: Der Input ist „authentisch" in dem Sinne, dass die zielsprachigen Texte nicht vereinfacht werden und aus der sprachlichen Realität von MuttersprachlerInnen stammen.

Der Alltag im Klassenraum bietet einen natürlichen Rahmen für die Gestaltung der Kommunikation in der Zielsprache.

Der Unterschied zwischen *Input* und *Intake* fremdsprachlicher Elemente und Strukturen ist weder durch externe Bewertungsversuche feststellbar noch dem Lernenden zugänglich[2]. Daher sieht das vorliegende didaktische Konzept keine Anpassung des Inputs an vermutliche Intake-Zustände der Lernenden vor, sei es in der Textgestaltung oder in der Progression der Texte (siehe auch § 8.3).

c) In den „Authentischen Aktivitäten" wird versucht, den *authentischen Input unter* möglichst *natürlichen Wahrnehmungsbedingungen* zu präsentieren.

Neben diesen Aktivitäten, die im vorliegenden Sprachunterrichtskonzept als Hauptquelle und -motor des Erwerbsprozesses aufgefasst werden, finden im Unterricht *auch formorientierte Aktivitäten induktiven Lernens* („Analytische Aktivitäten") statt. Diese dienen dazu, die Lernenden für gewisse Grammatikaspekte zu sensibilisieren, mit ständigem Bezug zum gesamten linguistischen Kontext.

Durch die sprachanalytisch orientierten Hör- und Leseaktivitäten werden Hilfsmittel geliefert, die die Bildung von Hypothesen über Elemente und Strukturen der Fremdsprache beschleunigen sollen. Die Hypothesenbildung findet in autonomer Form (nicht gelenkt) statt und wird ausschließlich von kontextuellen Informationen im Text unterstützt.

Die Phase der Regelerschließung ist nur für wenige Lernende von Vorteil („Monitor-Benutzer") und daher kein notwendiger Abschluss der Aktivität. Im Allgemeinen ist davon kein spezifischer Fortschritt in der Sprachkompetenz zu erwarten (vgl. Knapp-Potthoff & Knapp 1982, S.178).

Der systematische Gebrauch von expliziten Regeln und (Selbst-)Korrektur, die nur von einer Minderheit der Lernenden in der Sprachproduktion angewandt werden (vgl. Krashen 1987, S.18ff.), beschränkt sich auf eine einzige formorientierte Aktivität (die auf deduktivem Lernen basierende „Gesprächsrekonstruktion", s. § 11.1; zur Rolle der Selbstkorrektur im Erwerb vgl.

---

[2] Durch "*intake*" wird die Menge sprachlicher Inhalte und Formen bezeichnet, die Lernende wahrnehmen können.

Krashen 1987, S.123f.). Sonst wird die Sprachkorrektur nur zum Zweck der Verständlichkeit in der unmittelbaren Kommunikation angewandt.

Zur Formulierung analytischer Aufgaben sowie in der Evaluation der Erwerbsetappen können Unterrichtende eine wirksame Unterstützung in den *Erkenntnissen der theoretischen und angewandten Linguistik* finden. Diese Wissenschaften beschreiben und erklären Phänomene, die verschiedene linguistische Komponenten betreffen (traditionelle Grammatiken beschränken sich meistens darauf, morphologische Aspekte zu beschreiben) und bieten eine empirisch fundierte Abwägung der Erwerbsfaktoren (vgl. Buttaroni 1995, 1996).

Damit ist nicht gemeint, dass linguistische Daten und Theorien in der Didaktik unvermittelt angewendet werden sollen. Schon die komplexen und abstrakten Repräsentationen linguistischer Phänomene, die in der theoretischen Linguistik angewandt werden, wären für Sprachlernende nicht nur von keiner Brauchbarkeit, sondern überhaupt kaum erfassbar. Auf den (Fremd)Spracherwerbsprozess hat die theoretische Behandlung linguistischer Phänomene nur sekundäre Auswirkungen. Insbesondere wird durch das Lernen grammatikalischer Fachausdrücke – den meisten Sprachlernenden schwer zugänglich – kein wesentlicher Beitrag zum Erwerb der Fremdsprache geleistet. Was wirklich den Fortschritt der Lernenden bestimmt, ist vor allem die aufmerksame Wahrnehmung und das Verstehen von Wörtern und Wortgruppen zusammen mit ihrem Kontext.

d) *Individuelle Lernstile und -bedürfnisse* werden möglichst beachtet. Dies erfolgt durch die starke Einbeziehung der Lernenden in die Unterrichtsgestaltung (s. unten e)) sowie variierte Unterrichtstechniken.

Den Lernenden werden *Prinzipien, Modalitäten und Ziele* der jeweiligen Aktivität *im Voraus erklärt*. Sie werden auch ermutigt, sich an bestimmte erwerbsbegünstigende Techniken zu halten (z.B. sich regelmäßig authentischen Hörtexten auszusetzen, selbst wenn sie behaupten, „eher visuelle Lerntypen" zu sein). Anhand ihrer konkreten Erfahrung können sich die Lernenden überzeugen, dass Techniken, die sie anfänglich vielleicht mit Skepsis betrachteten, nützlich sind[3].

Es werden *keine Maßstäbe* für den Erwerbserfolg gesetzt, die *für die ganze Gruppe* gelten sollen.

In den Wahrnehmungsaktivitäten wechseln sich *individuelle Phasen* mit *sozialen Phasen* ab. Das Individuum findet in diesem Rahmen ausreichenden Raum für die Entwicklung der eigenen Fähigkeiten nach dem eigenen Lernstil und den eigenen Lernbedürfnissen und kann gleichzeitig die Unterstützung und Beratung der Mitlernenden genießen.

---

[3] Diese Skepsis ist altersunabhängig. Unter meinen Lernenden befand sich eine Dame über 80, für die die Hörverständnisübung eine neue und wegen ihrer Hörprobleme potenziell schwer zu bewältigende Unterrichtstechnik war. Wenn ein Hörtext an der Tagesordnung war, legte sie das Hörgerät (das dabei gehallt hätte) ab, näherte sich dem Kassettenrecorder und machte die Aktivität mit viel Interesse und positiven Ergebnissen mit.

Aus dem Zusammentreffen unterschiedlicher Beiträge, die die maximalen individuellen Fähigkeiten widerspiegeln, resultiert eine für die ganze Gruppe *bereichernde Heterogenität* (vgl. Göbel 1981, S.23ff., 92f.).

e) Gefördert wird die *Autonomie* der Lernenden sowohl in der Steuerung des Lernprozesses im Allgemeinen (Auswahl der Materialien, Reihenfolge, Wahl der Aktivitäten usw.) als auch in den einzelnen Arbeitsphasen, seien sie individuell (in oder außerhalb des Klassenraums) oder in Kooperation mit Mitlernenden (in Paaren und Kleingruppen) gestaltet.

Die Rolle der *Unterrichtenden* ist in vielen Phasen (z.B. in den Sprachwahrnehmungsaktivitäten) auf eine *Beratungsfunktion* eingeschränkt. Grundsätzlich gilt, was Richard Göbel wirksam im folgenden Satz zusammengefasst hat (1981, S.107):

> Trotz der Möglichkeit, allgemeine Regelmäßigkeiten der menschlichen Lerntätigkeit zu erkennen, muß sich der Lehrer prinzipiell damit abfinden, von den individuellen Lernprozessen ausgeschlossen zu sein und nie zu wissen, was wer wann wie lernt.

Durch die darausfolgende, erhöhte Autonomie der Lernenden wächst die Wahrscheinlichkeit, dass individuellen Lernzielen, -bedürfnissen und -voraussetzungen genügt werden kann, während zugleich Orientierungslinien zur Organisation weiterer, selbständiger Lernphasen gewonnen werden (vgl. Göbel 1981, S.105ff.)[4].

BIBLIOGRAPHIE

Buttaroni, S. 1995. „Ein möglichst natürliches Fremdsprachenwachstum". In: Carli, A. et al. (Hrsgg.). *Zweitsprachlernen in einem mehrsprachigen Gebiet*. Provincia Autonoma di Bolzano. [85-100]

Buttaroni, S. 1996. „Grammatik und Linguistik im Fremdsprachenunterricht". In: Stegu, M. & de Cillia, R. (Hrsgg.). *Fremdsprachendidaktik und Übersetzungswissenschaft*. Frankfurt a.M. usw.: Peter Lang.

Gary, J.O. 1978. "Why speak if you don't need to? The case for a listening approach to beginning foreign language learning". In: Ritchie, W. (Hrsg.). *Second Language Acquisition Research: Issues and Implications*. New York: Academic Press. [185-199]

Göbel, R. 1981. *Verschiedenheit und gemeinsames Lernen. Kooperative Binnendifferenzierung im Fremdsprachenunterricht*. Königstein/Ts.: Scriptor.

---

[4] Die Ausdehnung dieser Prinzipien auf verschiedene Erwerbs- und Lernphasen ist die Grundlage des Lernens im „TANDEM^R": so bezeichnet man den paritätischen Austausch von sprachlichen Informationen zwischen Partnern unterschiedlicher Muttersprache, wie er sich seit Mitte der 70er Jahre in verschiedenen Institutionen europäischer Länder verbreitet hat. Der sprachliche Austausch findet spontan statt, ohne unbedingt an Lernmaterialien gebunden zu sein, sowie in lernorientierter Form im Rahmen von Schulen und Universitäten. Die Funktion von TANDEM^R-Institutionen besteht im Wesentlichen in der Vermittlung der TANDEM^R-Paare, der Lieferung von Lernmaterialien und der didaktischen Beratung (siehe dazu Müller et al. 1989 und Künzle & Müller 1990).

Kleinmann, H.H. 1978. "The strategy of avoidance in adult second language acquisition". In: Ritchie, W. (Hrsg.). *Second Language Acquisition Research: Issues and Implications*. New York: Academic Press. [157-173]

Knapp-Potthoff, A. & Knapp, K. 1982. *Fremdsprachenlernen und -lehren. Eine Einführung in die Didaktik der Fremdsprachen vom Standpunkt der Zweitsprachenerwerbsforschung*. Stuttgart usw.: Kohlhammer.

Krashen, S.D. 1987. *Principles and Practice in Second Language Acquisition*. Englewood Cliff, NJ: Prentice-Hall International.

Künzle, B. & Müller, M. 1990. *Sprachen lernen in TANDEM. Beiträge und Materialien zum interkulturellen Lernen*. Freiburg, Schweiz: Universitätsverlag.

Müller, M., Wertenschlag, L. & Wolff, J. 1989. *Autonomes und partnerschaftliches Lernen. Modelle und Beispiele aus dem Fremdsprachenunterricht*. Berlin/München: Langenscheidt.

8 Wahrnehmen und Verstehen – die wesentliche Grundlage des Fremdsprachenerwerbs

8.1 Hören und Verstehen

Ein wichtiger Beitrag der technischen Entwicklung der sechziger Jahre zum Fremdsprachenunterricht war die Einführung eines Gerätes, das seither mächtige Wellen von Begeisterung, aber auch Ablehnung erfahren sollte – des Kassettenrecorders.
Dieses einfach zu handhabende Gerät brachte unbekannte fremdsprachige Stimmen ins Klassenzimmer, es eröffnete die Möglichkeit, die Aussprache von *native speakers* unmittelbar wahrzunehmen. Die Sprechweise der Unterrichtenden war nicht mehr gezwungenermaßen der einzige Zugang zur gesprochenen Fremdsprache: der Kassettenrecorder erlaubte eine – in vielen Fällen schüchterne – Ausweitung des Erfahrungsfeldes in der Fremdsprache unter institutionellen Unterrichtsbedingungen.

Jedoch beschränkte sich die Anwendung dieses Gerätes lange Zeit auf zwei Aspekte:
a) Die zu hörenden Texte waren zum einen unmittelbare Sprechvorlage: entweder in der Form extrem vereinfachter bzw. progressiv schwieriger werdender Dialoge oder in der Form von Nachsprechsätzen, Strukturübungen und Ähnlichem. Die Arbeit mit Tonkassetten fand zudem sehr oft in der eher anonymen Atmosphäre des Sprachlabors statt.
b) Zum anderen hatten die Lernenden zu bestimmten Zeitpunkten des Unterrichtsjahres – zum Beispiel vor Weihnachten oder vor den Ferien – Anspruch auf einen auditiven Genuss: als Abwechslung oder Einstimmung in die kommenden unterrichtsfreien Tage und Festlichkeiten wurde die eine oder andere Kassette mit beliebten Songs eingelegt.

Das *Hören* und meist *unmittelbare Nachsprechen* kurzer Aussagen, die häufig von äußerst dürftigem Inhalt waren, half jedoch wenig bei der Lösung eines der wohl wichtigsten Probleme der meisten Fremdsprachenlernenden: die Fähigkeit zu erwerben, die authentisch gesprochene Fremdsprache in ihrem natürlichen Rhythmus zu verstehen, und auf dieser Basis das eigene kognitive Potential in seiner Gesamtheit zu aktivieren.
Wenn dann im Zuge der *kommunikativen Wende* immer mehr der Natürlichkeit nahe kommende Dialoge Verwendung fanden, war dies nicht selten mit einer komplizierten Apparatur von vorentlastenden Übungen, vielen *anleitenden Fragen* zum Text und mitunter aufwendigen Abfolgen verschiedener Arbeitsblätter verbunden: es soll damit nicht gesagt werden, dass diese per se kontraproduktiv wären. Doch für sehr viele Unterrichtende war und ist der pädagogi-

sche Aufwand rund um einen Hörtext so arbeitsintensiv, dass sie oft auf die Verwendung von Hörtexten überhaupt verzichten[1].

8.2 Die Bedeutung des Hörverstehens für den Fremdsprachenerwerb

Den praktischen Unterrichtsaktivitäten, die in diesem Teil des Buches präsentiert werden, liegt eine klare Ausgangshypothese zugrunde:

> Jeder Mensch ist von Geburt an mit einem stark differenzierten, a-priori präsenten System von kognitiven Strukturen ausgestattet. Darunter befindet sich auch eines, das speziell mit Daten sprachlicher Art befasst ist: die *Sprachfähigkeit* (vgl. Kap. 1).

Der primäre Zugang zu Daten sprachlicher Art findet, was den Erwerb der Muttersprache betrifft, für die meisten Menschen über die akustische Wahrnehmung statt. Die Einschränkung „für die meisten Menschen" wird deshalb betont, weil auch kongenital (d.h. von Geburt) gehörlose Menschen von sich aus ein linguistisches System entwickeln, das die wesentlichen Charakteristika der Lautsprache teilt: Abstraktheit der Strukturen, Arbitrarität der Zeichen, Differenzierung von grammatischen Indizes (Wortbildung, syntaktische Beziehungen). Gehörlose Kinder, die in frühem Alter Zugang zur sprachlichen Kommunikation mit Erwachsenen über die Gebärdensprache finden, entwickeln ähnlich wie Hörende ein ausdifferenziertes, höchst kompliziertes linguistisches System, mit dessen Hilfe ihnen der unendliche, kreative Gebrauch der Sprache ebenso offen steht wie der hörenden Gemeinschaft (vgl. § 2.4).

Wichtiger als der konkrete Modus der Wahrnehmung (*visuell* für die Gebärdensprache und *akustisch* für die Lautsprache) ist zweifellos die Art, wie Menschen mit diesen sprachlichen Wahrnehmungsinhalten umgehen. Da eine etwas detailliertere Präsentation dieser Prozesse bereits im ersten Teil des Buches angeboten wurde (vgl. Kap. 3), werden hier nur die wichtigsten Aspekte wieder aufgegriffen:

> Wahrnehmen (in unserem Kontext: Hören) und Verstehen stellen Ausgangspunkt und wichtigste Grundlage jeglichen Spracherwerbs dar, ob es sich nun um die Muttersprache oder das Erlernen von Fremdsprachen handelt.
>
> Wahrnehmen und Verstehen von Sprache sind keine passiven Prozesse der Einprägung und Gewöhnung, sondern lassen sich am besten als eine innere Rekonstruktion jenes Systems charakterisieren, das den wahrgenommenen Daten zugrundeliegt.
>
> Die Komplexität des Phänomens „Sprache" sowie die Schnelligkeit, mit der Menschen ihre Muttersprache ohne besondere Anstrengung, ohne Training und Unterricht erwerben (man

---

[1] Das Gleiche gilt übrigens auch für die Arbeit mit Lesetexten, siehe dazu das Kapitel 9 zum Bereich „Lesen".

denke an die jahrelangen Bemühungen, Schimpansen auch nur einige wenige Wörter beizubringen), legen die Vermutung nahe, dass die menschliche Sprachverarbeitung auf der Basis einer angeborenen, hochdifferenzierten, *auf Sprache spezialisierten Fähigkeit* beruht (vgl. Kap. 1).

Verstehen ist somit ein „inneres Wiedererzeugen" von Sprache mittels einer Fähigkeit, die Kinder mit Erwachsenen teilen.

Alle Menschen (abgesehen von solchen mit Sprachstörungen) bauen über die hörende Wahrnehmung ohne besondere Unterweisung eine vollentwickelte Muttersprachenkompetenz auf (dies gilt allerdings nicht für das Lesen als Kulturtechnik, die einer besonderen Unterweisung und Übung bedarf: vgl. Kap. 4).

Wichtige Charakteristika des Erstspracherwerbs gelten auch im Fall des Erlernens von Zweit- oder Fremdsprachen. Dies betrifft vor allem die Bedeutung der *Wahrnehmung* und des *Verstehens*.

Bei Erwachsenen steht die Sprachfähigkeit von Anfang an *in ihrer vollen Komplexität* bereit. Sie kann mit einfachen wie mit natürlich-komplexen sprachlichen Daten arbeiten (d.h. mit einem Komplexitätsgrad, der in authentischen Texten zu finden ist[2]). In jedem Fall durchläuft die Entwicklung der sprachlichen Kompetenz bestimmte Durchgangsstadien, in denen systematische Unvollständigkeiten in den Äußerungen der Lernenden auftauchen (vgl. Kap. 6). Da jedoch die konkrete Verwendung von Sprache eine Reihe anderer geistiger Tätigkeiten einschließt und nichtsprachliche Faktoren der natürlichen Kommunikation die Sprachverständigung in der Regel erleichtern, sind die Säuberung der sprachlichen Daten und deren Präsentation in streng geplanter Progression eher von Nachteil, wenn man das Ziel einer möglichst umfassenden Entfaltung der sprachlichen Kommunikationsfähigkeit anstrebt. Inhaltlich stark vereinfachte und streng nach linguistischen Kriterien erstellte Texte haben zudem nicht unwesentliche Folgen für das Interesse und die Motivation der Lernenden. Nur in seltenen Fällen sind diese Folgen positiv.

So gesehen ergeben sich bestimmte Richtlinien für die Hörmaterialien selbst sowie die anzuwendenden Unterrichtstechniken. Es gilt, den Lernenden möglichst viele Gelegenheiten zu geben, Sprache wahrzunehmen, die alle Eigenschaften einer natürlich gesprochenen Sprache bewahrt: das Nebeneinander von inhaltlich und sprachlich komplexen und einfachen Passagen, emotionale Färbung, natürliche Sprechgeschwindigkeit usw.

---

[2] Dazu s. unten, § 8.3.

Damit wird die Herstellung von Hörmaterialien weniger aufwendig und letztendlich auch durch Unterrichtende machbar[3].

Die Eigenschaften solcher Materialien, relativ einfache Arbeitstechniken zur Entwicklung des Hörverständnisses und schließlich die Rollen von Unterrichtenden und Lernenden im Klassenraum werden im Folgenden genauer erläutert.

8.3 Die Hörmaterialien

Zur spontanen gesprochenen Sprache gehören Phänomene wie Pausen, Wiederholungen, Unsicherheiten in der Formulierung, Emotionalität.

In echten Alltagssituationen, in denen diese Aspekte der Fremdsprache zum Ausdruck kommen, ist es aus technischen Gründen oft nicht leicht, eine Aufnahme von guter akustischen Qualität zu realisieren. Störend laute Hintergrundgeräusche, die unzulängliche Qualität des Mikrophons oder ein zu starkes Bandrauschen können das Hören durch zu große außersprachliche Wahrnehmungsschwierigkeiten beeinträchtigen. Doch stellen Radio- und Fernsehsendungen eine reiche Quelle von interessanten Unterrichtsmaterialien dar, die in inhaltlicher und ästhetischer Hinsicht hohen Ansprüchen genügen[4]. Ebenso werden von einigen Fremdsprachen-Verlagen bereits Materialien angeboten, die Wirklichkeitsnähe und akustische Qualität aufweisen.

Solange man nicht Hörspiel-Qualität erreichen will und dennoch gesprochene Sprache im Unterricht ertönen lassen möchte, ist die Herstellung von *ad-hoc*-Material auch für technisch durchschnittlich ausgestattete Unterrichtende einfach zu bewerkstelligen: ein Kassettenrecorder, möglichst mit einem externen Mikrophon, und zwei oder mehr MuttersprachlerInnen der jeweiligen Fremdsprache, die vor dem Mikrophon keine allzugroße Scheu haben, genügen, um Aufnahmen mit einer gewissen Spontaneität zu realisieren.

---

[3] Auch die sogenannte „Vorentlastungsphase", d.h. die vorherige Einführung von Begriffen, die im Text vorkommen, erübrigt sich.
Um das Gefühl der Schwierigkeit bei den Lernenden zu mildern, können auch natürliche Modi der Sprachverarbeitung genützt werden. Dazu gehört die Tatsache, dass die Worterkennung bei einer Voraussagbarkeitsquote von mindestens 90% („*Cloze*-Wert"; vgl. Fodor 1983, S.74ff. und hier § 3.2.2) positiv von Kontexteffekten beeinflusst wird. AnfängerInnen können sich dementsprechend in den ersten Unterrichtsstunden mit Texten auseinandersetzen, die höhere *Cloze*-Werte haben, d.h. pragmatisch stark voraussagbar sind: z.B. Alltagssituationen, deren Ablauf höchstwahrscheinlich allen Lernenden bekannt ist. Damit wird vorläufig auf die sonst immer positiv wirkende inhaltliche Neugierde verzichtet. Es ist jedoch anzunehmen, dass die Tatsache, sich in einer noch fast gänzlich unbekannten Sprache zu befinden, einen ausreichenden Anreiz für das Neue darstellt.
In der Praxis wird die Entfernung von der Ebene des Zu-Erwartenden zur Ebene des Neu-Zu-Entdeckenden vom Feingefühl der Unterrichtenden für die Bereitschaft der Lernenden, zu experimentieren, geleitet.

[4] In Anbetracht der Notwendigkeit, typologisch verschiedene Texte zu präsentieren, empfiehlt es sich jedoch, das Angebot an Hörmaterialien nicht auf solche Texte einzuschränken (für eine Charakterisierung der gesprochenen Sprache in Radio und Fernsehen im Italienischen vgl. Voghera 1992).

Schlägt man den Gesprächspartnern nun vor, einen Dialog in bestimmten Situationen zu improvisieren bzw. überhaupt frei zu sprechen, so entstehen Hörtexte mit Inhalten, die gute Chancen haben, Lernende zu interessieren. Diese Hörtexte sind auch zweckmäßig für den Unterricht, vorausgesetzt, sie weisen folgende Charakteristika auf:

- *Realitätsnähe* in Bezug auf die sprachliche Vielfalt: Reichtum an inhaltlichen und formalen individuellen Unterschieden in der Sprechweise (dialektale und soziolektale Varietäten).
- *Vielfalt der Kontextbezüge*, d.h. der Situationen bzw. der Gesprächspartner.
- *Natürliche Sprechgeschwindigkeit*, die von den individuellen Gewohnheiten der Sprechenden und vom Verlauf des Gesprächs abhängt (emotionale Beanspruchung, thematische Vertrautheit usw.).
- *Natürliche Komplexität* als Nebeneinander von komplexen und einfachen Sätzen, wie sie in der spontanen gesprochenen Sprache vorkommt. Komplexität wird in diesem Kontext primär durch Inhalte und Art der Interaktionen definiert (und nicht nach Kriterien angeblicher lexikalischer oder formaler Schwierigkeit: z.B. Abstrakta seien schwieriger als Konkreta, die Vergangenheitsformen des Verbs seien schwieriger als die Gegenwartsformen).
- Außerdem weisen solche Gespräche die typischen Eigenschaften der *Instabilität der Performanz* auf: Pausen, Wiederholungen, Neustrukturierung von Äußerungen, unvollständige Sätze usw. Es sind dies Phänomene, die den Fremdsprachenlernenden die Gelegenheit geben, etwas zu tun, das die wirkliche sprachliche Kommunikation im Alltag oft verlangt: nämlich unvollständig Formuliertes mental zu vervollständigen.
- Eine *durchschnittliche Dauer* von 3-4 Minuten, die sich aus der praktischen Erfahrung im Unterricht mit Erwachsenen als optimal für einen hohen Grad an Konzentrationsfähigkeit beim Zuhören erwiesen hat.
- Das Vorhandensein *außersprachlicher Faktoren*, die dem Text eine zusätzliche Anziehungskraft verleihen können: z.B. das Timbre der Stimmen, die Brisanz des Themas für die jeweils Zuhörenden, die ästhetische Gestaltung (vor allem bei literarischen Texten).

8.4 Die Hörverständnisaktivitäten

Wenn nun brauchbare Hörtexte zur Verfügung stehen, stellt sich die Frage:
Welche Techniken eignen sich für eine produktive und adäquate Arbeitsweise zur Entwicklung des Hörverständnisses?

Hier werden drei Typen von Höraktivitäten vorgeschlagen, die sich in der Art der Zielsetzung sowie den dabei entstehenden Schwerpunktsetzungen in der Sprachwahrnehmung voneinander unterscheiden. Es sind dies:

- das „Authentische Hören"[5]
- die detaillierte Textrekonstruktion oder das „Lingua-Puzzle"
- das „Analytische Hören".

8.5 Globales, komplexes Verstehen

8.5.1 Definition

Eine Sprache wird erworben, indem die Fähigkeit erworben wird, sie zu verstehen, das heißt, den einzelnen Wörtern ihre semantischen, syntaktischen, pragmatischen Rollen im Satz-, Äußerungs- und Diskurskontext zuzuweisen.
Es ist dies eine äußerst *komplexe Tätigkeit*, die eine Reihe von *mentalen Operationen interagieren* lässt: Wahrnehmen und Interpretieren emotionaler Indices, sprachpragmatische Intuitionen, Wissen über die Welt und Ähnliches mehr. Es ist genau das, was Erwachsene tun, wenn sie im Zielsprachenland eine Zeit lang leben und keine Gelegenheit zum Besuch von Kursen und Schulen haben. Es ist bekannt, dass sie auch unter „natürlichen" Lernbedingungen, also ohne systematisch aufbauenden Unterricht, beachtliche Niveaus in der Beherrschung einer Fremdsprache erreichen können.
Die institutionelle Unterrichtssituation kann das zeitliche Ausmaß des Fremdsprachenkontakts, die kognitive und emotionale Tiefe der sprachlichen Vernetzungen, wie sie sich im Fall einer vollen Immersion im fremdsprachigen Land ergeben können, nicht bieten. Sie ist gewöhnlich auf ein beschränktes Stundenausmaß innerhalb einer bestimmten Zeitperiode komprimiert. Dies ist eine substantielle Begrenzung der Möglichkeiten, den Sprachkontakt in seiner natürlichen Vielfalt aufzubauen.
Deshalb erweist es sich im Unterrichtskontext um so wichtiger, dieses komplexe Verstehen regelmäßig und intensiv zu üben[6].

8.5.2 Authentisches Hören

8.5.2.1 Beschreibung

Beim Authentischen Hören wird versucht, dem Umgang mit Sprachwahrnehmung und -verstehen im natürlichen Umfeld weitestgehend nahe zu kommen.
Diese Aktivität hat das Ziel, die Fähigkeit zu üben, Verbindungen zwischen Lauten und Bedeutungen der Fremdsprache herzustellen. Dabei können die Lernenden den Hörtext zumindest in

---

[5] Wenn mit beiden Anfangsbuchstaben groß geschrieben, beziehen sich die Lernaktivitäten auf die hier geschilderten Unterrichtstechniken.
[6] Hier und im Folgenden ist die Bezeichnung „intensiv" auf den Durchführungsmodus der Aktivität bezogen, etwa als Synonym von „mit Konzentration in kürzeren Zeitspannen durchgeführt".

seinen wesentlichen inhaltlichen Aspekten verstehen; mitunter wird auch die eine oder andere Passage im Detail verstanden[7]. Als spürbares „Produkt" dieser Tätigkeit wird im Allgemeinen vor allem die lexikalische Bereicherung empfunden. In unmittelbarem Kontakt mit dem Hörtext aktivieren die Lernenden ihre komplexe Intelligenz in Verbund mit den jeweils zur Verfügung stehenden fremdsprachlichen Teilkompetenzen. Pragmatik, Semantik, Weltwissen und einzelne bekannte bzw. auf Anfrage bekanntgegebene lexikalische Elemente (s. untenstehendes Ablaufschema) tragen zu einer globalen Sinnkonstruktion bei.

1. Hineinhören
Der Hörtext wird ein- oder zweimal abgespielt, ohne dass die bzw. der Unterrichtende dazwischen Kommentare abgibt oder Fragen stellt. Einzige Einladung an die Lernenden: *„Sie mögen so aufmerksam wie möglich zuhören"*.

2. Informationsaustausch
Die Lernenden tauschen mit ihren jeweiligen NachbarInnen alle Informationen aus, die sie dem Gehörten bisher entnommen haben, so wenig sie auch sein mögen. Die Sprache, in der dieser Austausch bei AnfängerInnen geschieht, ist ihre Muttersprache oder eine andere gemeinsame Sprache. So früh wie möglich sollten die Lernenden dazu übergehen, den Austausch in der Fremdsprache zu gestalten.

3. Identifikationshören
Diese Phase erweist sich besonders beim Erwerb strukturell entfernter Sprachen über einen längeren Zeitraum hinweg als nötig: z.B. im Fall von Deutschsprachigen, die Ungarisch – eine nicht indogermanische Sprache – lernen.
Der Text wird wieder ein- oder zweimal abgespielt. Während dieser Hörphase(n) können die Lernenden drei bis fünf Wörter (bzw. Lautgruppen, die sie als ein Wort identifizieren) notieren bzw. im Gedächtnis behalten, deren Bedeutung sie wissen wollen.

4. Informationsaustausch
In Paaren und eventuell in neuer personellen Zusammensetzung. Die Lernenden tauschen neue Informationen aus und können einander das eine oder andere notierte Wort ohne Lehrerintervention erklären.

5. Gemeinsames lebendes Wörterbuch
Die Paare geben ihre noch ungeklärten Wörter an das Plenum weiter. Die/Der Unterrichtende fragt immer in die Runde, ob jemand die Bedeutung des gefragten Wortes kennt. Wenn niemand aus der Gruppe helfen kann, ist es die Aufgabe der/des Unterrichtenden, die Bedeutung zu klären (durch Paraphrasen oder Beispiele in der Zielsprache, durch Gesten, in einer *lingua franca* oder auch in der Muttersprache der Lernenden, wenn sie/er sie kann). Ziel ist

---

[7] Zur Definition von „wesentlichen inhaltlichen Aspekten" s. die Fußnote 8 im Folgenden.

ein möglichst rasches Vorankommen beim Verstehen, verbunden mit einem Maximum an individuellem, intensivem Hörkontakt mit dem Text.

6. Anhören
Der Text wird wiederum ein- oder zweimal angehört.

7. Informationsaustausch
In geänderter personellen Zusammensetzung (möglichst zu zweit) tauschen die Lernenden ihre Informationen aus.

8. Anhören
Der Text wird noch einmal angehört.

9. Informationsaustausch
In neuen personellen Zusammensetzungen, möglichst zu zweit.

10. Anhören
Abschließendes Anhören des Textes.

Bei einem 3/4-minütigen Hörtext dauert die gesamte Aktivität bis hierher ca. 45 Minuten. Gut mehr als die Hälfte der Zeit wurde dem Hören gewidmet, der Rest dem Informationsaustausch. Bei kürzeren Texten ergeben sich entsprechende Reduktionen der Dauer. Es ist wichtig, dass die Phasen des Informationsaustausches möglichst zügig vonstatten gehen: sie sollten nicht viel länger dauern als 2-3 Minuten.

Nach 40-45 Minuten haben die Lernenden unweigerlich einen Fortschritt beim Verstehen des Textes gemacht. Dieser Fortschritt lässt sich allerdings von außen weder quantifizieren noch qualitativ voraussagen[8]. Im bescheidensten Fall mag es ihnen scheinen, dass sie nur die lexikalische Bedeutung einer gewissen Anzahl von Wörtern erfahren haben, während ihnen der Gesamtzusammenhang immer noch unklar ist. Das mag bei dem einen oder anderen Text so sein, ist aber nicht die Regel.

Die bewusst feststellbare lexikalische Bereicherung ist freilich nicht der einzige Ausdruck eines sprachlichen Wachstumsprozesses. Was z.B. während des wiederholten Hörens an phonologischer Rekonstruktionsarbeit geleistet wird, ist zwar dem Bewusstsein kaum zugänglich, hat aber für die vielen zukünftigen Hör- und Sprechaktivitäten enorme Bedeutung. So sind in den Anfangsstadien die Schwierigkeiten bei der intuitiven Identifikation von Einzelwörtern und Wortgruppen ziemlich groß, durch die Vertrautheit mit der Wahrnehmung der authentisch gesprochenen Sprache nehmen sie jedoch relativ rasch ab. Auch für diese Entwicklung spielt das bedeutungsorientierte, komplex-intelligente Hören, wie es im Fall des Authentischen Hörens geschieht, eine entscheidende Rolle.

---

[8] Versuche, Sprachverständnisaktivitäten nach Kriterien der Erfassung des „allgemeinen Sinnes" eines Textes hin zu orientieren, beruhen auf der trügerischen Genauigkeit der Definition „allgemeiner Sinn". Vgl. dazu Humphris 1991.

8.5.2.2 Beachtenswertes für die am Unterricht Beteiligten

8.5.2.2.1 Unterrichtende
Für alle Lernenden, die mit einer solchen Technik und vor allem der dahinterliegenden „Philosophie" noch keine Erfahrung haben, erweist sich eine ausführliche Erklärung des Ablaufs und der Ziele des Authentischen Hörens als unentbehrlich. Wenn nötig, erfolgt dies in ihrer Muttersprache oder in einer ihnen vertrauten Sprache. Wichtig ist der Hinweis, dass es sich bei diesem Ungefähr-Verstehen um eine erste, aber entscheidende Etappe handelt, der weitere, ins Detail gehende Aktivitäten folgen. Das Authentische Hören liefert sozusagen einen sinntragenden Rohbau, worauf die sprachliche Arbeit ansetzt.

Trotz dieser einführenden Erklärungen neigen die Lernenden in der Anfangsphase des Unterrichts dazu, die Texte als „zu schwer" zu empfinden. Diese Einschätzung ist durchaus gerechtfertigt, wenn man bedenkt, dass eine weitverbreitete Unterrichtspraxis eine Kontrollinstanz vorsieht („Verständnisüberprüfung").

Es dauert eine gewisse Zeit und bedarf der mehrmals gemachten Erfahrung, dass auch tatsächlich kein Abfragen von seiten der Unterrichtenden zu erwarten ist, bis die Lernenden von selbst ein offensives Verhältnis zu den Texten entwickeln („aktives Suchen") und lernen, den Raum zu nützen, der der individuellen Initiative überlassen ist.

Nicht selten zeigen Lernende die Tendenz, Ersatz-PrüferInnen bei den Kurs- oder KlassenkollegInnen zu suchen, die eigene Leistung bei der Nachbarin/dem Nachbarn zu bewerten und sich erst dann gut (das heißt: „besser als X") oder mangelhaft („schlechter als X") einzuschätzen. Die Verlagerung der Wertmaßstäbe für die eigene Person nach außen, die für viele Menschen auch außerhalb des Unterrichts ein zentrales Problem ist, macht schließlich vor dem Fremdsprachenkurs nicht halt.

Doch zeigen bisherige Erfahrungen, dass in diesem Bereich relativ bald eine spürbare Veränderung eintritt: die Lernenden erleben so etwas wie einen Drucknachlass, wenn sie merken, dass sie mit verschiedenen Personen ihr Wissen sowie ihre Unsicherheiten informell austauschen können, ohne dass ihr notwendigerweise häufig auftretendes Nicht-Wissen ständig vor der Gruppe ausgestellt wird. *„Am Anfang habe ich vor lauter Anspannung nicht einmal zugehört. Ich habe immer geglaubt, jetzt wird sie uns bald fragen, und dann wird deutlich, wie weit hinten ich bin ..."* formulierte es eine Teilnehmerin bei einer Kursbesprechung.

In dem Maße wie die Last des Vergleichens und Abmessens geringer wird, nimmt im Allgemeinen die Lust an dieser weitgehend selbstgesteuerten Sinnproduktion zu: die Zuversicht beim Erkämpfen schwieriger Texte wächst bei manchen TeilnehmerInnen fast sichtbar, mit positivem Einfluss auf die Lernmotivation.

Der zentrale Faktor für die Bereitschaft der Lernenden zur Aufnahme der Fremdsprache ist ihr eigenes, reales Verstehen-Wollen. Dieses Wollen mag durchaus größeren Schwankungen unterworfen sein – der manchmal anstrengende Kontakt mit „Schwierigem" spielt hier eine große Rolle. In den Anfängen sind Unterrichtende daher oft versucht, diese Unmenge von unbekanntem Sprachmaterial in kleinere Portionen aufzuteilen oder zumindest einen Teil des vermutlich unbekannten Vokabulars vorher einzuführen.

Der Erfolg solcher Operationen ist zweifelhaft: Wird der Anteil des Nicht-Bekannten beim ersten Hören kleiner, wird der Text schneller verstanden und kann bald *ad acta* gelegt werden, was in Bezug auf den sehr weit verbreiteten Stress des Zeitfaktors als positiv empfunden werden mag. Gleichzeitig verringert aber die Reduktion der vermutlich unbekannten Elemente auch die Notwendigkeit, aufmerksam weiter zu hören, das heißt, die „innere" Motivation der Aktivität entfällt. Dazu kommt eine lernpsychologische Überlegung: das systematische Wegnehmen vordergründig unangenehmer Momente des Lernens (wie die Momente des Kontaktes mit dem „Schwierigen") mag zwar die Ängste der Unterrichtenden vor einem Motivationsabfall besänftigen, jedoch wird damit auf die Möglichkeiten einer *autonomen Motivationsentwicklung* der Lernenden verzichtet.

Durch diese Interventionen kommt auch ein anderer wesentlicher Aspekt des Fremdsprachenlernens zu kurz: Die Herausbildung einer Intuition für die Wort- und Phrasengruppengrenzen sowie vieler anderer Merkmale der phonologischen Komponente in der jeweiligen Fremdsprache braucht – zusammen mit dem Wunsch zu verstehen – eine *intensive, oftmalige Wahrnehmung*.

Begleiterscheinung dieses „Zutuns" seitens der Unterrichtenden ist jene künstliche Atmosphäre lehrergelenkter Geschäftigkeit, in der niemand mehr weiß, was er eigentlich wirklich *von sich aus* will. Oft genug bleiben angestrengte Unterrichtende zurück, die es als immer ermüdender empfinden, „uninteressierte Lernende zu motivieren", wie es ein Kollege bei einem Lehrerseminar formulierte.

Bei Hörverständnis-Aktivitäten sind zweierlei Interventionen sehr verbreitet: die sogenannten *„aufmerksamkeitslenkenden Verständnisfragen"* (ihre Beantwortung soll den Lernenden vor Augen führen, dass „sie ja doch etwas verstanden haben") und die *Prüfungsfragen*. Beide weisen diskussionswürdige Aspekte auf.

Vor dem Hintergrund ihrer Autoritätsstellung lässt jeder Eingriff der unterrichtenden Person durch einen Hinweis auf bestimmte sprachliche oder inhaltliche Elemente diese Elemente automatisch einen höheren Wert in der Rangskala des Hörverstehens einnehmen. Folglich müssen die Lernenden oft die Erfahrung machen, dass ihre Wahrnehmungsdaten und Entdeckungswege in Bezug auf Lehrererwartungen nicht zielführend sind. Damit verwischen sich die Spuren des eigenen Ausgangspunktes und somit auch des zurückgelegten Weges: anstatt die eigenen Hypothesen mit den weitgehend als paritär angesehenen Annahmen der Mitlernenden zu vergleichen und durch wiederholten unmittelbaren Kontakt mit dem Hörtext zu überprüfen, wird das Lehrerurteil zum Kristallisationspunkt. Das Ergebnis ist, dass in vielen Fällen der eigene Antrieb, *die Hypothesen an der Wirklichkeit* (hier: am Text) anstatt an einem Autoritätsurteil zu *überprüfen*, sukzessive nachlässt oder gar nicht erst aufkommt.

Noch schwerer wiegt die Beeinträchtigung durch Verständnisprüfungsfragen in Benotungsabsicht. Die Form ihrer Durchführung kann noch zusätzliche Erschwernisse bringen und das

Hörverstehen zukünftig zur unangenehm besetzten Tätigkeit machen. Werden Lernende zum Beispiel individuell mündlich abgefragt, so erhöht sich das Risiko einer Steigerung von Konkurrenz- und Angstdruck. Außerdem wird hier nicht das Hörverstehen, sondern die Fertigkeit und der Wille geprüft, mündlich Fragen zu beantworten, die gar keine richtigen Fragen sind (denn es wird sicher vorausgesetzt, dass die Person, die diese Fragen stellt, die Antwort schon weiß). Multiple-Choice-Fragebögen stellen eine diskretere Prüfungsform dar: der stark hemmende Faktor, vor der Klasse „dumm dazustehen", fällt hier weg. Doch bestehen die Probleme, die eine objektive Bewertung des Verständnisniveaus in Frage stellen, weiterhin: Welche Rolle spielt z.B. die Fertigkeit, mit der Textsorte „Fragebogen" geschickt umzugehen? Welchen Anteil hat der Zufall bei der Auswahl der richtigen Antworten?

In dieser Hörverständnistechnik beschränkt sich die Tätigkeit der Unterrichtenden schließlich auf die Auswahl und den Vorschlag des Hörtextes, auf das Betätigen des Kassettenrecorders, die Beantwortung lexikalischer Fragen, die von niemandem aus der Gruppe gelöst werden können und die zügige (nicht hastige) Durchführung der Abfolge von Phasen des Hörens und des Informationsaustausches. Diese zurückhaltende Stellung der Unterrichtenden ist in mehrfacher Hinsicht wichtig: vor allem erlaubt sie es den Lernenden, sich mit ihren eigenen, individuell unterschiedlichen Schwierigkeiten, aber auch mit dem spürbaren Wachstum ihrer Hörverstehensfähigkeit zu konfrontieren. Die Beobachtung, in einigen Domänen Fortschritte gemacht zu haben, in anderen Bereichen hingegen immer noch sehr zu „hängen", ist Grundlage für ein Selbstvertrauen, das auf realistischen Einschätzungen beruht und nicht so sehr auf der euphorisierenden, extern zugeführten Wirkung des Lehrerlobs. Dieses Selbstvertrauen ist ein wesentlicher Motor jedes Lernens.

Die Tatsache, dass die/der Unterrichtende weniger mit einem aufwendigen Unterrichtsdesign beschäftigt ist, schafft auch Raum für Aspekte, die sonst oft zu kurz kommen: Suche nach potentiell interessanten, unterhaltsamen Hörtexten und schärfere Aufmerksamkeit für je auftauchende Fragen und Probleme, die manchmal nur angedeutet werden.

8.5.2.2.2 Lernende

Beim Authentischen Hören ergeben sich für die Lernenden zyklische Phasen intensiven aufmerksamen Zuhörens und kurzer Austauschberatungen, möglichst zu zweit und bei oft variierender personeller Zusammensetzung. Die Gründe für die weitgehende Verlagerung der Informationsbereicherung in die Kleingruppen bzw. in die Paararbeit sind im Wesentlichen folgende:

Möglichst viele Lernende haben gleichzeitig die Möglichkeit, sich zu äußern.

Paar- bzw. Kleingruppen-Arbeit schafft eine intime, im Vergleich mit Plenumsbesprechungen viel weniger hemmende Atmosphäre zum Empfang und Weitergeben unsicherer Informationen. Dadurch entsteht ein geschützter, privater Raum, der für Lernprozesse von großer Bedeutung ist.

Die Intimität der Paararbeit begünstigt z.B. die Unmittelbarkeit und Parität im Verlangen und Geben von Informationen.

Die Kleingruppe bietet, außer der Möglichkeit eines Hypothesenprüfens *inter pares*, auch die Gelegenheit zur Multiplikation der Informationen durch die intellektuelle und sprachliche Heterogenität der Gruppenmitglieder. Dieser Faktor wird genützt, indem man die Zusammensetzung der Paare und Dreiergruppen möglichst oft verändert: das individuell verschiedene Wissen der Lernenden kann sich so maximal multiplizieren.

Neben dem effizienzorientierten Aspekt hat diese Arbeitsorganisation eine weitere Bedeutung auf der Ebene der Kooperation zwischen KollegInnen. In diesen Phasen individueller Besprechungen entsteht auf natürliche Weise ein Raum für emotionale und intellektuelle Anteilnahme und Entspannung.

8.6 Detailorientiertes Verstehen

8.6.1 Definition

Das Detailorientierte Verstehen hat die Aufgabe, die Sprachwahrnehmung auf bestimmte Elemente zu konzentrieren. Um die schon einmal verwendete Metapher anzuwenden: das „Sprachorgan" wird in bestimmten Bereichen besonders aktiviert (s. dazu die „Parameterentwicklung" in den Kapp. 1 und 6), so dass sprachliche Daten durch die gezielte Wahrnehmung im Gedächtnis stabiler verankert werden.

Somit ist nicht die linguistische Schulung der Lernenden Ziel des Detailorientierten Verstehens, auch wenn es immer wieder die Neugierde einzelner Lernender für theoretische Aspekte der Sprache weckt.

In der Qualität der Sprachbeherrschung sowie der Geschwindigkeit des Fremdsprachenwachstums spielen individuelle Faktoren wie Kontaktfreude, Extraversion, starke positive Besetzung der Fremdsprache (oder besser: der fremdsprachigen Kontakte) und besondere individuelle Dispositionen für Sprache eine bedeutende Rolle (s. auch dazu Kap. 6).

Unbestritten ist auch, dass mit zunehmendem Alter bestimmte Komponenten der Sprachfähigkeit erstarren, auch wenn das Ausmaß der Erstarrung stark schwankt und gewisse Komponenten mehr trifft als andere. So sind die Phonetik, bestimmte Bereiche der Morphologie und Syntax auffällig betroffen (vgl. § 5.2 und Kap. 6). Im lexikalischen Bereich hingegen sind nicht Erstarrungsphänomene in Bezug auf spezifische Strukturen Ursache von Erwerbsschwierigkeiten: das Lexikon entwickelt sich auf kontinuierliche und potentiell unendliche Weise in der Muttersprache so wie in der Fremdsprache. Charakteristisch für die Muttersprache ist die besondere Vernetzungsdichte der lexikalischen Begriffe, die den unmittelbaren Zugang zu Intuitionen für Metaphern, Wortspiele, sprachliche Spuren von sozialpsychologischen Konzepten schafft. Diese Vernetzungsdichte im lexikalischen Vermögen kann im Fremdspracherwerb erst sehr spät, wenn überhaupt, erreicht werden.

Vor dem Hintergrund eines bereits installierten Muttersprachensystems können sich bestimmte Differenzierungen in der Fremdsprache als schwer zugänglich erweisen – ihre Stabilisierung tritt zu einem späteren Zeitpunkt des Fremdspracherwerbs ein und sie werden von den Lernenden subjektiv als schwierig empfunden. In vielen Fällen sind es Komponenten, die auch im Mutterspracherwerb relativ spät fixiert werden: z.B. Kasus- und Tempusmorphologie, bestimmte semantische und pragmatische Nuancen und Ähnliches (s. Kap. 6).

Nun kann man in der Unterrichtssituation dazu beitragen – angesichts der begrenzten Zeit – solche „schwierigen" Aspekte der Fremdsprache der Aufmerksamkeit der Lernenden besonders nahe zu legen. Dies kommt auch den kognitiven Fähigkeiten erwachsener Lernender entgegen, zumal die meisten von ihnen einer intellektuell-analytischen Herangehensweise an die Sprache durchaus zugänglich sind (s. Kap. 6).

Im Folgenden sollen jene zwei Techniken behandelt werden, die zum Ziel haben, gehörte Sprache im Detail zu rekonstruieren:

– das „Lingua-Puzzle": die wortgetreue Rekonstruktion einer Textpassage mit anschließender schriftlichen Fixierung;
– das „Analytische Hören": bestimmte sprachliche Elemente werden gezielt wahrgenommen und so reliefartig vom Hintergrund abgehoben.

8.6.2 Das Lingua-Puzzle

Das Lingua-Puzzle ist streng genommen eine Etappe des komplexen, inhaltlich orientierten Verstehens. Die beim Authentischen Hören entwickelten Sinnkonstrukte bestehen aus lexikalischen Elementen, global-thematischem und situativem Wissen und einigen im Detail verstandenen Passagen. Ein beträchtlicher Teil des gehörten Textes mag weiterhin unklar sein. Sehr wahrscheinlich sind für ein lückenloses Verständnis wichtige morphosyntaktische und lexikalische Aspekte des Textes der Wahrnehmung der Lernenden entgangen. Das wortgetreue Verstehen von Äußerungen stellt nun einen qualitativen Sprung im Spracherwerb dar. Dies ist das Ziel des Lingua-Puzzles.

Aus einem inhaltlich bereits einigermaßen verstandenen Hörtext wird versucht, eine Passage in allen Details zu rekonstruieren. Die Aufmerksamkeit der Lernenden wird auf alle Aspekte der Sprache gerichtet. Das dem jeweiligen Text zugrundeliegende linguistische System der Fremdsprache wird also auf allen Ebenen sprachlicher Organisation rekonstruiert: Syntax und Lexikon, Morphologie, Phonologie, Semantik und Pragmatik.

Erster Schritt vor dem Unterricht: Eine Passage aus einem Text, der bereits einem Authentischen Hören unterzogen wurde, wird ausgewählt. (Dauer der Textpassage: ca. 15 bis 30 Sekunden).

1. Intensives Hören

Die Passage wird mehrmals abgespielt (5-10 Mal). Anweisung an die Lernenden: „*Versucht ein Maximum dessen, was Ihr identifizieren oder verstehen könnt, mitzunotieren*".
Nach diesen ersten Hördurchgängen wird das Notizblatt einer/eines Lernenden einem unvollständigen Puzzle sehr ähnlich aussehen, daher auch der Name „Lingua-Puzzle":

...............................gestern.....................................Gerhard gesehen?

Ja..Café

gesessen..7 Uhr

Wann..Hause ....gangen?

.... genau

glaube...Uhr gewesen sein

In bestimmten Fällen kann die/der Unterrichtende zur Erleichterung der Aufgabe beschließen, den Lernenden eine beschränkte Anzahl von Wörtern von Anfang an zur Verfügung zu stellen.

2. Informationsaustausch

Die Lernenden vergleichen und – soweit es möglich ist – vervollständigen ihre ersten Ergebnisse in Paaren.

3. Intensives Hören

Die Passage wird wiederum mehrmals angehört. Die Lernenden führen ihre Notizen fort.

4. Informationsaustausch

In neuer personellen Zusammensetzung tauschen die Lernenden ihre inzwischen reichhaltiger gewordenen Notizen aus.

Das notierte Rohmaterial besteht aus einem Gemisch von verstandenen Wörtern und einigermaßen lautgetreu notierten Wortgebilden. Im gemeinsamen Vergleich beginnt hier die aufkommende Kompetenz der Lernenden ihre volle Arbeit: die intuitive und die bewusste Grammatik (universelle Kategorien, muttersprachliche Konstrukte und die unvollkommene Kompetenz in der Fremdsprache) muss dort jenen Beitrag leisten, den die akustische Wahrnehmung – weil für bestimmte Daten unempfänglich – nicht mehr leisten kann. Bei einigen

Lücken können die akustischen Ressourcen nicht mehr weiterhelfen. Es bleibt nur mehr zu fragen: „Was passt hier hinein (welche Wortkategorie, welcher Untertyp einer Wortkategorie ...)?". Der Vergleich mit anderen Lösungen bietet die Möglichkeit, aus mehreren Varianten auszuwählen. In einigen Fällen erfolgt die Auswahl sofort, in anderen Fällen bleiben mehrere Varianten offen, so dass die Aufmerksamkeit beim nächsten Hörvorgang erhöht wird.

5. Intensives Hören
Neuerliches mehrmaliges Anhören der Passage. Einige syntaktische, semantische, morphologische Hypothesen werden nun von der akustischen Quelle her bestätigt, andere verworfen, wieder andere bleiben weiterhin ungelöst.

6. Informationsaustausch
In größeren Formationen (zu dritt oder zu viert).

Diese abwechselnden Phasen des Hörens und Austauschs sollen solange durchgeführt werden, bis die Lernenden das Gefühl haben, etwa 90 bis 100 Prozent der Passage rekonstruiert zu haben oder an die Grenzen ihrer Hörbereitschaft gelangt sind. Jedenfalls geht das Lingua-Puzzle nur geringfügig über die Dauer von 45 Minuten hinaus, so dass die Konzentrationsfähigkeit der Lernenden nicht überlastet wird.

7. Klären von offenen Fragen
10 bis 20 Minuten können dem Klären von offenen Fragen gewidmet werden. Dies kann auf verschiedene Weise erfolgen, z.B.:
- Eine(r) der Lernenden diktiert der/dem Unterrichtenden einzelne ungeklärte Passagen bzw. den ganzen Text. Die diktierte Version sowie abweichende Lösungen werden von der/dem Unterrichtenden auf die Tafel geschrieben, einige vorläufig verbleibende Lücken können noch offengelassen werden. In weiteren zielgerichteten Hördurchgängen werden die betreffenden Passagen unter Mithilfe der/des Unterrichtenden aufgeklärt.
- Die/Der Unterrichtende verteilt die vollständige Transkription: etwaige Fragen können im Plenum besprochen werden.

8. Memorieren
Die Textpassage wird in Paararbeit memoriert.

Eine Variante des Lingua-Puzzles, die zusätzlich zur Verstehensarbeit die Übung artikulatorischer Fähigkeiten einbezieht, besteht in der mündlichen Rekonstruktion einer Textpassage. Diese Variante erweist sich als besonders geeignet, auch das Potential der Lernenden mit Schreibproblemen zu nützen.
Das mündliche Lingua-Puzzle lässt sich nicht in klar getrennten Etappen beschreiben. Mit der schriftlichen Version hat diese Aktivität die wiederholte Abfolge von intensivem Hören und individuellen Rekonstruktionsversuchen gemeinsam. Der Unterschied besteht vor allem in der Länge der zu rekonstruierenden Einheiten: gedächtnismäßige Beschränkungen legen es nahe,

in erster Linie für das mündliche Lingua-Puzzle dialogische Texte mit kürzeren Äußerungen auszuwählen.

Die Textpassage wird ein- bis zweimal abgespielt. Danach werden die einzelnen Äußerungen jeweils mehrmals angehört und von den Lernenden in der Gruppe rekonstruiert und schließlich memoriert. Es ist wichtig, dass nur das Verstandene wiederholt und memoriert wird. Am Ende der Aktivität wird der Text vollständig aufgeschrieben.

Diese Unterrichtstechnik ist ein effizientes Instrument für die Verarbeitung von Alltagsdialogen durch AnfängerInnen und eignet sich auch zur Übung der Artikulations- und Verarbeitungsgeschwindigkeit durch Fortgeschrittene. Im letzteren Fall könnte die Länge der zu rekonstruierenden Äußerungseinheiten sukzessiv erhöht werden, wobei auch die Intervalle zwischen Wahrnehmung und Wiederholung immer kürzer werden. Auf sehr fortgeschrittenem Niveau mündet dies in die Technik des *Shadowing*, eine Art „Simultanübersetzung in ein und derselben Sprache" (vgl. § 3.2.4.1, Punkt A').

8.6.3 Analytisches Hören

8.6.3.1 Beschreibung

Ein bereits mehrfach gehörter und zumindest global verstandener Text wird nach einem bestimmten sprachlichen Element „ab"-gehört. Die zielgerichtete Suche nach diesem Element trägt dazu bei, dieses im Gedächtnis besonders stabil zu verankern und im Allgemeinen die akustische Sprachwahrnehmung für wenig vertraute phonologische Aspekte zu sensibilisieren (Intonations- und Betonungsmuster, Laute).

Diese Technik versucht, sprachliche Elemente in ihrer kontextuellen Einbettung der systematischen Bearbeitung zu unterziehen. Es wurde bereits mehrmals betont, dass die Sprache ein komplexes System darstellt, das aus der Interaktion verschiedener Elemente und struktureller Ebenen resultiert (vgl. § 2.6.3). Bei der Analyse einzelner sprachlichen Aspekte ist es deshalb wichtig, ihre Verknüpfung im Kontext zu beachten.

Optimales Material für diese Aktivität bieten authentische Gespräche und Monologe, Interviews, Radionachrichten und andere Radio- und Fernsehprogramme, die im Normalfall die Gesamtheit sprachlicher Komplexität aufweisen (wobei die Komplexität nicht nur hinsichtlich einzelner Elemente, sondern auch in Bezug auf die Art ihrer Verknüpfung im Kontext besteht).

Das zugrundeliegende Arbeitsprinzip ist relativ einfach:

Suche ....X....

Konkret geht es darum, durch die Angabe eines zu identifizierenden Elementes kognitive Prozesse auszulösen, die bestimmte wesentliche Regelbereiche der Sprache betreffen.

Im Folgenden wird versucht, den Unterrichtenden ein Orientierungssystem bei der Konzeption analytischer „Suche X"-Aufgaben anzubieten.

8.6.3.2 Welche analytischen Aufgaben?

Wie bereits im theoretischen Teil ausgeführt (vgl. Kapp. 1.3-5) ist es durchaus plausibel, dass die Sprachfähigkeit nach einem modularen System aufgebaut ist. Die Komponenten dieses gesamten Systems können in den folgenden Bereichen identifiziert werden:

a) Lexikon
b) Morphologie
c) Syntax
d) Phonologie
e) Logische Form.

Jede dieser Komponenten operiert mit Daten, Kategorien und Regeln, die nur für ihre jeweilige Ebene relevant sind. Die Wörter, Wortgruppen und Sätze, wie wir sie hören, sind die konkret wahrnehmbaren Projektionen dieser Komponenten in ihrer komplexen Interaktion. Das Lexikon stellt die Basis des Gesamtsystems dar.

Aus diesem Sprachmodell stammt das Grundkonzept für eine Definition der Suche-X-Aufgaben, das in den folgenden Seiten mit einigen Beispielen kurz dargestellt wird.

a) Lexikon

In diesem Bereich fallen z.B. Informationen über die Kategorie eines Wortes und dessen syntaktischen Konstruktionszwänge und -möglichkeiten (vgl. § 2.2, Punkt e)-f)).

Beispiele für „Suche-X":
– Notiert Verben, die im Text mit einem Präpositionalobjekt erscheinen: z.B. *nach Hause gehen*; *von gewissen Bedingungen abhängen*; ...
– Notiert Adjektive, die im Text einen Satz als Komplement nach sich ziehen: z.B. *bereit, alles zu tun*; *enttäuscht darüber, dass alle weggegangen sind*; ...
– Notiert die Verben: z.B. *spielte, wurde gesehen, hast angerufen*, ...

Bei Suche-X-Aufgaben im Bereich dieser Komponente ist es möglich, Querverbindungen mit der semantischen und der kognitiven Ebenen herzustellen. Dies geschieht dadurch, dass Verben, Nomen und Adjektive identifiziert werden, die bestimmten semantischen Feldern zuzuordnen sind. Zum Beispiel:

– Notiert Substantive, die Lebewesen bezeichnen: z.B. *Schmetterling, Amöbe, Walross* ...
– Notiert Verben, die eine Art der Wahrnehmung bezeichnen: z.B. *sehen, fühlen, schnuppern* ...
– Notiert Adjektive, die die äußere Form von Objekten bezeichnen: z.B. *unförmig, rund, gestylt* ...

Insoferne eine gewisse Wortkategorie (Substantiv, Verb, Adjektiv usw.) identifiziert wird, ist das formale Grammatiksystem unmittelbar angesprochen. Insoferne ein semantisches Feld (Lebewesen, Wahrnehmung, äußere Form von Objekten usw.) eingegrenzt wird, wird das konzeptuelle Denken und das Wissen von der Welt aktiviert, Komponenten also, die nicht in den Kompetenzbereich der formalen Grammatik fallen. (Auf die Rolle außersprachlicher Domänen wird in der Folge eingegangen.)

b) Morphologie

In diese Komponente fallen Informationen über Wortsegmente (Morpheme), die semantische bzw. syntaktische Relationen innerhalb des Wortes realisieren (z.B. Kasus von nominalen Elementen bzw. Tempus oder Aspekt des Verbs) (vgl. § 2.2, Punkt d), § 2.3.2.2.3).

Beispiele für „Suche-X":
- Notiert zusammengesetzte Wörter (Komposita): z.B. *Zugsabteil, Tageszeitung, Fernsehprogramm* ...
- Notiert Nomen und Nominalgruppen im Dativ: z.B. *der schönen Helena, dem roten Tuch, den Kindern,* ...
- Notiert Adjektivphrasen, die ohne Artikel erscheinen: z.B. *großem Getöse, tiefer Andacht, eindrucksvollen Gesten,* ...

c) Syntax

In den Bereich der Syntax fällt die „Versetzung" bestimmter Wortkategorien oder Syntagmen von der Basisposition, die in der Struktur der jeweiligen Sprache grundsätzlich vorgesehen ist (vgl. § 2.3.1.3.3). Beschränkungen für die „Beweglichkeit" der versetzbaren Elemente ergeben sich zum Teil aus universellen Schranken (vgl. § 2.3.2.1, Punkt III)), zum Teil aus Zwängen, die in der besonderen Struktur der jeweiligen Sprache gelten (vgl. § 2.3.1.3.3, Punkt a) und c)).

Beispiele für „Suche-X":
- Notiert Sätze, die mit einem finiten Verb beginnen: z.B. *Gib mir bitte das Salz!*; *Kommt Zeit, kommt Rat*; *Habt ihr noch einen Platz, fahre ich gerne mit;* ...
- Notiert Passagen, in denen das Objekt vor dem finiten Verb erscheint: *Den Wein habe ich schon gekauft*; *Hans hat gesagt, dass er keine Schlüssel gefunden hat*; *Aber Maria hast du nicht eingeladen!;* ...
- Notiert Fragen: z.B. *Bist du sicher?*; *Wo hast du diesen Ring her?*; *Wann fängt es an?;* ...

d) Phonologie

Die phonologische Komponente interpretiert die von den morphologischen, syntaktischen und semantischen Komponenten generierten Strukturen in Lautbegriffen und bestimmt die Grundlage für ihre phonetische Realisierung (d.h. die konkret hörbaren Wörter und Sätze; vgl. § 2.3.3). Phonologische Phänomene sind z.B. die Lautveränderungen im Wortinneren und an den Wortgrenzen, die Gruppierung der Wörter in Einheiten in der Aussprache des Satzes, die Akzentsetzung innerhalb der Wortgruppen und Sätze usw.

Für Analytische Höraktivitäten, die sich auf phonologische Aspekte beziehen, ist die Verwendung von Transkriptionen der in Frage kommen Textpassage in vielen Fällen unerlässlich, und dies aus zwei Gründen: i) als unentbehrliche Gedächtnisstütze, im Fall des Markierens von Wortgruppengrenzen oder Hauptakzenten (s. unten); ii) als Arbeitsgrundlage zur Wahrnehmung der Diskrepanz zwischen phonetischer Gestalt und graphischer Realisierung.

Beispiele für „Suche-X":
- Notiert Äußerungen, deren Intonationskurve auf eine Frage schließen lässt.
- Unterstreicht in Eurer Transkription die Fälle, in denen der Buchstabe „b" als „p" ausgesprochen wird: *abtreten, geliebt* ...
- Notiert in Eurer Transkription die Hauptakzente der jeweiligen Wortgruppen *(s. untenstehendes Beispiel in den ersten zwei Äußerungen)*:

A: / ja / aber sehen Sie / wir sind so große Gruppen / wir sind – / glaub' ich / – zwölf oder vierzehn Leute / wenn alle da sind /
B: / das kann ich mir nicht vorstellen / wir haben zehn Teilnehmer / in einem Kurs / das kann nicht sein /
(Aus: Jax/Knapp 1992, S.25)

e) Logische Form
Diese Komponente interpretiert auf der semantischen Ebene die in der syntaktischen Komponente generierten Strukturen und definiert die möglichen syntaktischen Kontexte für Ausdrücke wie Negationen, Quantoren (Wörter wie *alle, einiger, keinen* usw.), Pronomina, Reflexivpronomina u.ä. (vgl. § 2.3.2). Auch auf dieser Ebene interagieren universelle Prinzipien wie das Bindungsprinzip mit sprachspezifischen Parametern (Wortstellung u.ä.: s. § 2.3.2.3, Punkt III)-IV)).

Beispiele für „Suche-X":
- Notiert Relativpronomina und ihre Bezugswörter: z.B. *die Katze, die [auf dem Dach spazierengeht]; die Briefmarken, die [mein Onkel gesammelt hat]; der Kollege, von dem [ich vor kurzem sprach]* ...
- Notiert Elemente, die im Text verneint werden: z.B. *nicht ein einziges Mal, kein Politiker, nicht rauchen,* ...

Bisher wurden grammatikalische Domänen besprochen, d.h. formale Aspekte der Sprache. In Bezug auf das Lexikon wurde bereits auf mögliche Querverbindungen zwischen strikt linguistischen Modulen und außersprachlichen kognitiven Fähigkeiten hingewiesen. Zu solchen Fähigkeiten gehören Raum- und Zeitwahrnehmung, Farbwahrnehmung, die Wahrnehmung der Quantität, das kausale Denken u.v.m. (vgl. § 2.2, Punkt h)).
Es sind diese Strukturen und Phänomene nichtsprachlicher Art, die der bewussten Aufmerksamkeit zugänglich sind und somit zum Diskursgegenstand – ob interaktiv oder monologisch-räsonierend – werden können. Daher sind diese begrifflichen Muster und die Formen ihrer Versprachlichung eine weitere produktive Quelle für Analytische Aktivitäten.

f) Zeitwahrnehmung
- Notiert Passagen, die die Dauer von Ereignissen und Prozessen angeben.
- Notiert Passagen, die den Zeitpunkt von Ereignissen fixieren.
- Notiert Passagen, die Ereignisse der Vergangenheit zuordnen.

g) Wahrnehmung der Quantität
– Notiert Passagen, die quantitative Variationen angeben.
– Notiert Passagen, die quantitative Vergleiche anstellen.

Die Anwendung der Sprache impliziert auch die Kenntnis zahlreicher pragmatischen Regeln. Es sind dies Regeln des sprachlichen und nichtsprachlichen Umgangs in der jeweiligen Gesellschaft, die aus jeder konkreten sprachlichen Interaktion das Produkt einer spezifizischen Kultur machen (vgl. § 2.2, Punkt i)).

Diese Aspekte in authentischen Texten bewusst wahrzunehmen, ist für den Fremdsprachenerwerb doppelt wertvoll: Erstens, es bietet sich damit eine Möglichkeit, kulturelle Faktoren wahrzunehmen, die dem intellektuellen Interesse der meisten Menschen zugänglich sind (und die Motivation fördern können). Zweitens, insoferne dadurch Sprache wahrgenommen wird, aktiviert sich das unbewusste formale Grammatiksystem der Lernenden.

h) Kommunikationsabsicht
– Notiert Passagen, in denen ein Vorwurf formuliert wird.
– Notiert Passagen, in denen die Sprecherin ihren Partner auffordert, etwas zu tun.
– Notiert Passagen, in denen die Sprecherin ihren Respekt vor dem Partner ausdrückt.

In der Phase der Stundenvorbereitung analysiert die/der Unterrichtende mit linguistischer Aufmerksamkeit einen Hörtext, der bereits einem Authentischen Hören unterzogen wurde. Ziel dieser Analyse ist es, ein mehrfach (10-20mal) aufscheinendes Element aus einem der wesentlichen Regelbereiche der Sprache zu bestimmen. Nach diesem Element soll nun der Text von den Lernenden „ab"-gehört werden.

1. Zielgerichtete Hörphasen
Die Lernenden hören einen Hörtext mehrmals an, mit der Anweisung, die X-Elemente zu notieren, die dort vorkommen.

2. Informationsaustausch
Erster Vergleich der Notizen, möglichst in Paaren.

3. Zielgerichtete Hörphasen
Neuerliches, mehrmaliges Anhören, mit dem Ziel, die eigenen sowie jene vom jeweiligen Partner gemachten Notizen zu überprüfen und eventuell neue Elemente hinzuzufügen.

4. Informationsaustausch
Vergleich der Notizen in neuer personellen Zusammensetzung.

5. Klären von offenen Fragen
Abklären der Ergebnisse in Kleingruppen oder im Plenum oder Verteilung der kompletten Liste der herauszusuchenden Elemente durch die/den Unterrichtende(n).

6. Abschließendes Hören

Es liegt hier an der Einschätzung der/des Unterrichtenden, wie viele Hördurchgänge und Austauschphasen im konkreten Fall notwendig sind. Der vorletzte Schritt (hier die Phase 5.) ist ausschließlich zur Selbstüberprüfung gedacht.

Um es nochmals zu unterstreichen: Der entscheidende Aspekt dieser Aktivität besteht darin, dass in Verbindung mit intensiver Sprachwahrnehmung neuerlich Verstehensprozesse – d.h. komplexe Rekonstruktion der hinter den Wörtern liegenden abstrakten Strukturen – durchgeführt werden. Was nicht oder nur unklar wahrgenommen und verstanden wurde, wird auch durch die Präsentation der vollständigen Auflösung nicht wirklich kompensiert. Ein solches Zutun, das meist der Sorge der Unterrichtenden entspringt, alle Unklarheiten beseitigen zu müssen, würde in der normalen menschlichen Kommunikation einer Situation entsprechen, in der jemand Antworten auf Fragen gibt, die nicht gestellt wurden.

Bei der Behandlung der Grammatik stehen Unterrichtende, die in der Schule oder an der Universität tätig sind, vor einem etwas schwierigeren Problem: Die institutionsbedingte Notwendigkeit der wiederholten Überprüfung und Auslese findet oft ihren Niederschlag in der Gestaltung einzelner Unterrichtsphasen. Eine der unangenehmen Folgen dieser Ausbildungspolitik ist, dass eine Selbstüberprüfung in einer solidarischen Umgebung beträchtlich erschwert wird.

8.6.3.3 Beachtenswertes für die am Unterricht Beteiligten

8.6.3.3.1 Unterrichtende
Als Unterrichtsvorbereitung ist es notwendig, sich einen bereits „authentisch" gehörten Text noch einmal vorzunehmen, um mit ausreichender Zeit und Ruhe zu überlegen, welche Suche-X-Aufgabe dafür adäquat ist. Zu diesem Zweck sind Kenntnisse im Bereich der theoretischen und angewandten Linguistik (Psycholinguistik sowie sozio- und textlinguistische Analyse) sehr hilfreich.

In der Unterrichtssituation selbst beschränkt sich die Tätigkeit der Unterrichtenden hauptsächlich auf die Organisation des Ablaufs von Hör- und Austauschphasen sowie auf die Beantwortung von Fragen.

8.6.3.3.2 Lernende
Wie schon beim Authentischen Hören und beim Lingua-Puzzle ist aufmerksames Wahrnehmen und Verstehen die Haupttätigkeit der Lernenden. Der qualitative Unterschied besteht darin, dass durch das lückenlose oder das partielle, auf bestimmte Details gerichtete Verstehen von Äußerungen das zugrundeliegende Struktursystem der jeweiligen Sprache auch in seinen feinen Verästelungen rekonstruiert werden kann. Das auffälligste Gefühl, das die Lernenden durch diese Aktivitäten gewinnen, ist eine besonders stabile Erinnerung an jene Textpassagen, die solchen Hörtätigkeiten unterzogen worden sind. Gleichzeitig erkennen sie den Reichtum an Regeln, der auch in den simpelsten Aussagen enthalten ist. Die linguistischen Elemente werden in ein Netz von Verbindungs- und Beschränkungsregeln geordnet, das für die betreffende Sprache charakteristisch ist.

Beim Detailorientierten Verstehen – wie auch im Rahmen des gesamten Unterrichts – machen die Lernenden oft die Erfahrung, dass sich bestimmte Fortschritte und intuitive Einsichten *sprunghaft und* manchmal *unerwartet* einstellen, sobald ein gewisses Maß an intensivem und aufmerksamem Sprachkontakt überschritten ist.

Einen größeren Raum nimmt bei diesen Aktivitäten die Paar- bzw. Gruppenarbeit ein. Der Grund ist naheliegend: in diesen Phasen spielen Reflexion und Diskussion über grammatische Phänomene eine bedeutendere Rolle. Die individuellen Unterschiede hinsichtlich des Wahrnehmungs- und des Reflexionsstandes stellen – dies sei nochmals betont – eine Bereicherung der Ressourcen der ganzen Gruppe dar.
In den Phasen der Gruppenarbeit kann darüber hinaus eine Atmosphäre entstehen, in der der traditionelle Prüfungs- und potentielle Angstgegenstand „Grammatik" zu einem faszinierenden Gebiet des Entdeckens von Regularitäten und Abweichungen wird.

BIBLIOGRAPHIE

Fodor, J.A. 1983. *The Modularity of Mind*. Cambridge, MA/London: MIT Press.

Humphris, C. 1991. "Il mito del senso generale". *Bollettino DI.L.IT., Anno 1991, No.2*. [7-13]

Jax, V. & Knapp, A. 1992. *Erzähl, wie war's?*. Wien: Eigenverlag.

Voghera, M. 1992. *Sintassi e intonazione nell'italiano parlato*. Bologna: il Mulino.

9 Einen Blick für die Sprache haben

9.1 Lesen und Verstehen

Seitdem Sie die Grundschule verlassen haben, ist das Lesen für Sie eine Selbstverständlichkeit: Werbetexte und Geschäftsschilder, Zeitungsschlagzeilen, Zeitschriftenartikel, Rundschreiben, Romane, Gedichte ... Nach Zeit und Neigung – oft auch ohne absichtlichen Entschluss – gleiten Ihre Augen tagtäglich über Hunderte von Wörtern.

Nehmen Sie nun eine der Gelegenheiten wahr, bei denen Sie mit Absicht lesen. Wie haben Sie sich zum Beispiel mit den ersten zehn Seiten dieses Buches beschäftigt?
Sie haben vor allem einmal die Entscheidung getroffen, diesen Text überhaupt in Betracht zu ziehen. Sie haben vielleicht eine gewisse Ruhe in und um sich gesucht, um den gedruckten Worten die entsprechende Aufmerksamkeit zu widmen. Irgendwann haben Sie dann begonnen, Ihre Augen längere Zeit hindurch über die beschriebenen Seiten gleiten zu lassen. Sie haben es sich vielleicht inzwischen bequem gemacht. Mit dem für Sie gewohnten Tempo sind Sie von einer Passage zur nächsten weitergegangen. Manche Passagen haben Sie übersprungen, weil Sie in ihnen weniger Interessantes fanden. Bei einigen Absätzen stoppten Sie Ihren Blicklauf, gingen einige Zeilen zurück, lasen von neuem. Irgendetwas reizte Ihren Widerspruch oder gefiel Ihnen besonders, etwas ganz anderes hatte Ihre Aufmerksamkeit für kurze Zeit gestört. Formale Details beachteten sie kaum; den einen oder anderen Druckfehler nahmen Sie vielleicht aus dem Augenwinkel wahr.
Sie kamen sicherlich nicht auf den Gedanken, den Text laut zu sprechen – in Ausnahmefällen griffen Sie möglicherweise auf dieses Mittel zurück, um Ihr Lesetempo bei einer unklaren Stelle bewusst zu verlangsamen. Passagen, die Ihnen beim ersten Durchlesen unklar schienen, gingen Sie möglicherweise ein zweites Mal, ja vielleicht ein drittes Mal aufmerksam durch.
Nach der Lektüre haben Sie kein Bedürfnis empfunden, eine gekürzte Reproduktion des Textes zu erzeugen oder jemandem einen mündlichen Bericht darüber zu erstatten. Eher fallen Ihnen spontan Kommentare zu bestimmten Teilen und Aussagen des Textes ein. Es ist durchaus möglich, dass Überlegungen, die während der Lektüre bei Ihnen entstanden, bei Gelegenheit zum Ausdruck kommen – bei Lehrertreffen, im Gespräch mit einer Kollegin oder zu ähnlichen Anlässen. Nur ein sehr starker inhaltlicher oder emotionaler Antrieb würde Sie veranlassen, eine solche Gelegenheit unmittelbar nach der Lektüre zu suchen.

In dieser Beschreibung werden Sie bemerkt haben, wieviele Aspekte der Lesetätigkeit Ihre *aktive* Teilnahme beansprucht haben – erstaunlich viele für eine Aktivität, die in der Fremdsprachendidaktik noch immer sehr häufig als eine „passive" bezeichnet wird.

Soweit zu den natürlichen Umständen des Lesens von Texten in der Muttersprache.
Gilt davon auch etwas für das Lesen in der Fremdsprache?

Vieles vom eben Gesagten gilt auch für das Lesen von fremdsprachigen Texten. Wie schon beim Hören haben wir es beim bedeutungsorientierten Lesen mit einem komplexen Netz von spezifisch sprachlichen Fähigkeiten einerseits und allgemein-kognitiven Fähigkeiten sowie individuell gelagerten Vorkenntnissen, Erwartungen, Hypothesen und Fertigkeiten andererseits zu tun. Von der Dekodierung der schriftlichen Zeichen bis zur Interpretation hintergründiger Aussagen reicht die Palette der Tätigkeiten, die am Akt des Lesens beteiligt sind. (Diese Tätigkeiten scheinen für die äußerliche Beobachtung simultan abzulaufen, doch ergeben sich auf der psycholinguistischen Ebene verschiedene Phasen und Prozesse: s. dazu Kap. 4).

Auch für das Lesen in der Fremdsprache gibt es eine Aktivität, in der die komplexe, sinnorientierte Wahrnehmung und Interpretation ausreichend zur Geltung kommt. Dies ist die Aufgabe des „Authentischen Lesens".

Die Lernenden werden eingeladen, Texte einfach aufmerksam zu lesen. Im Kontext der Unterrichtseinheit haben sie die Möglichkeit, vorteilhafte Erwerbsbedingungen zu nützen wie:

– Die Möglichkeit, durch wiederholte Lektüren das Ausmaß intensiver Wahrnehmung zu erhöhen;

– die Möglichkeit, aus verschiedenen Quellen (Wörterbuch, anderen Mitlernenden, Unterrichtenden) viele lexikalische Informationen ohne großen Zeitaufwand zu empfangen;

– ausreichende Gelegenheiten, eigene Interpretationen des Textes mit jenen anderer Lernender zu vergleichen. Etwaige Divergenzen sind ein guter Ausgangspunkt, um die Leseschärfe im nächsten Durchgang zu erhöhen.

Angesichts des sehr verbreiteten didaktischen Gebrauchs, Verstehensaktivitäten unmittelbar mit diversen Formen der Produktion zu verbinden und zu vermischen, sind nun zwei grundsätzliche Betrachtungen über die Leseaktivität, wie sie hier aufgefasst wird, angebracht:

a) Eine Leseeinheit hat ihrer Funktion im Spracherwerbsprozess genügt, wenn der Lesetext inhaltlich verstanden wurde (vgl. § 8.5.2.1).
b) Eine bewusste Analyse struktureller, textgrammatischer oder stilistischer Komponenten ist im Wesentlichen keine Voraussetzung des Verständnisprozesses, sondern baut auf ihm auf (vgl. § 9.4.3).

9.2 Einige Komponenten und Funktionen des Lesens im Fremdsprachenunterricht

Lesetexte im Fremdsprachenunterricht einzusetzen bedeutet, den Lernenden eine „kulturelle" sprachliche Aktivität vorzuschlagen, d.h. eine Aktivität, die in der Muttersprache in nicht spontaner Weise erlernt und durch Übung entwickelt wurde (vgl. § 4.1-4.2.1).

Im didaktischen Kontext haben diese Eigenschaften spezifische Auswirkungen, die auch mit anderen Faktoren verbunden sind. Einige dieser Faktoren betreffen die Lernenden, andere die Qualität der Lesetexte, insoferne, als sie sich von Hörtexten *typologisch* unterscheiden.

Unter den Komponenten des Lesens im Fremdsprachenunterricht sollen hier drei erwähnt werden, die je nach dem Publikum der Lernenden stark variieren können.

Die erste Komponente ist die Motivation: die Fähigkeit, mit der Fremdsprache in schriftlicher Form umzugehen, gehört meist nicht zu den unmittelbaren und bewussten Hauptzwecken der Lernenden. Für andere Lernende hingegen kann die Lesefähigkeit ein wesentliches Lernziel darstellen (z.B. aus beruflichen Gründen).

Die zweite Komponente ist die individuell unterschiedliche Vertrautheit mit dem schriftlichen Mittel in der Muttersprache: ein niedriges Alphabetisierungsniveau bedeutet ein zusätzliches Hindernis für den Kontakt mit Lesetexten in der Fremdsprache.

Die dritte Komponente bezieht sich auf den eventuellen Unterschied zwischen dem Notationssystem der Muttersprache (und der sonst bekannten Sprachen) und dem Notationssystem der betreffenden Fremdsprache[1].

Verschieden sind auch die Funktionen, die das Lesen im Fremdsprachenunterricht übernehmen kann.

Die Hauptfunktion besteht darin, Inhalte und Formen des mündlichen Inputs zu bereichern. Die schriftliche Sprache weist nämlich in Bezug auf das Lexikon, den Gebrauch bestimmter grammatikalischen Strukturen und die Textgestaltung *charakteristische Merkmale* auf, die aus Lesetexten etwas ganz Anderes machen, als Reproduktionen mündlicher Sprachprodukte.

Unterschiede im *Lexikon* sind im Vorhandensein verschiedener Sprachregister ersichtlich, die gegenüber der mündlichen Sprache strenger kodifiziert sind: während z.B. ein Privatbrief auch den Stil eines mündlichen Monologs in einem gewissen Ausmaß reproduzieren kann, wird er jedenfalls ein anderes Lexikon als ein kaufmännischer Brief oder eine notarielle Urkunde gebrauchen, selbst wenn die gleichen Inhalte behandelt werden.

Was den Gebrauch bestimmter *Strukturen* anbelangt, denke man z.B. an das institutionalisierte syntaktische Gewirr mancher bürokratischen Prosatexte, das in einem Zeitungsartikel niemals zugelassen würde.

Als Beispiel für die unterschiedliche *Textgestaltung* eines schriftlichen Textes denke man an die telegraphische Struktur, die für Notizen typisch ist und auch in schriftlichen Berichten zugelassen wird. Eine solche Strukturierung würde in einem mündlichen Arbeitsbericht mit Überraschung (oder sogar mit Verdacht) betrachtet.

Schriftliche Texte bieten nicht nur den Zugang zu spezifischen Aspekten der Sprache, sondern auch eine zusätzliche Quelle für *landeskundliche Informationen*. Außerdem übersteigt die

---

[1] Aus eigener Erfahrung (Selbstlernexperiment im Arabischen seitens einer Gruppe von Fremdsprachenunterrichtenden durchgeführt) würde ich in solchen Fällen als Richtlinie empfehlen, dass die Einführung der schriftlichen Sprache erst dann erfolgt, nachdem sich das lexikalische und morphosyntaktische System einigermaßen stabilisiert hat.

inhaltliche Qualität schriftlicher Texte manchmal beachtlich die Qualität der Hörtexte, die aus den mündlichen *mass media* stammen.

Der Einsatz schriftlicher Texte im Fremdsprachenunterricht erfüllt eine besondere Funktion bei Lernenden, die die Entwicklung der schriftlichen Kompetenz in der Fremdsprache als Hauptlernziel (z.B. aus beruflichen Gründen) sehen.

Das schriftliche Medium stellt einen Repräsentationsmodus dar, der in Hinsicht auf die formorientierte Verarbeitung „freundlicher" als das mündliche Medium wirkt. Gegenüber mündlicher Sprache bietet geschriebene Sprache großzügigere Verarbeitungszeiten und eine sichtbar strukturierte Darstellung der sprachlichen Elemente, die somit größtenteils eindeutig identifizierbar werden als Sätze, Wörter und einsilbige Elemente (z.B. Präpositionen, Pronomina und Artikel)[2].

Damit wird die analytische Arbeit besonders in Bezug auf Regelmäßigkeiten, die in der mündlichen Kommunikation durch phonologische Zwei- oder Mehrdeutigkeit Transparenz verlieren, erleichtert (vgl. Knapp-Potthoff & Knapp 1982, S.178f.). Ein Beispiel dafür sind die Homophonien in der Verbkonjugation im Französischen (im Indikativ Präsens betrifft die Homophonie die drei Personen im Singular und die dritte Person Plural: "je prends, tu prends, il prend, ils prendent", vom Verb *"prendre"*, dt. „nehmen").

Diese dem schriftlichen Repräsentationsmodus inhärenten Eigenschaften können die Eigenschaften der mündlichen Kommunikation mit den damit verbundenen Verarbeitungsmodalitäten und -schwierigkeiten auch in Hinsicht auf eine analytische Wahrnehmung nicht ersetzen oder auch vermitteln.

9.3 Inhalt und Qualität der Lesetexte

Für einen raschen Fortschritt in der richtigen Phonologisierung visuell notierter Sprache bieten die für das Lingua-Puzzle, das Phonologische Hören und die Gesprächsrekonstruktion (s. dazu §§ 8.6.2, 8.6.3 und 10.2.1) vorgesehenen Transkriptionen eine gute Grundlage. Die Beschäftigung mit geschriebener Sprache als Vorlage für eine mündliche Reproduktion ist jedoch vom Lesen im eigentlichen Sinne ziemlich weit entfernt. Aus diesem Grund werden die nächsten Abschnitte der Behandlung von Materialien und Methoden gewidmet, die die Lesetätigkeit *spezifisch* betreffen.

Bei der Erörterung der Lesematerialien gelten im Prinzip die gleichen Überlegungen, die schon beim Authentischen Hören angestellt wurden. Auch hier wird eine möglichst ungezwungene, weitgehend individuell bestimmte Auseinandersetzung mit natürlich-komplexen Texten ange-

---

[2] Dieser Aspekt gilt z.B. nicht für klitisierte Elemente, wie manche Pronomina in einigen romanischen Sprachen: vgl. im Italienischen "veder*lo*" = „*ihn* zu sehen", "vedi*lo*" = „sieh ihn", "sentendo*lo*" = „sehend-*ihn*".

strebt. Daraus können die Lernenden – wie schon bei Wahrnehmung und Verstehen der gesprochenen Sprache – frei schöpfen, je nach aktueller Fremdsprachenkompetenz und Bedürfnissen.

Die wesentlichen Charakteristika der Lesetexte können wie folgt zusammengefasst werden:

– Authentizität
– Vielfalt in Inhalt und Form
– natürliche Komplexität
– variable, doch begrenzte Länge.

Die Dauer der Aktivität variiert zwischen 20 und 40 Minuten. Die Texte, die im Unterricht auf Anfängerniveau verwendet werden, übersteigen daher kaum die durchschnittliche Länge von 200 Wörtern.

Die Auswahl der konkreten Texte zu einem bestimmten Zeitpunkt im Unterricht orientiert sich an Richtlinien, die schon für die Hörtexte geltend gemacht wurden (vgl. § 8.3), und zwar:

– von den Lernenden ausdrücklich formulierte Interessen und Wünsche, die die/der Unterrichtende entweder in informellen Gesprächen oder über Fragebogen erfährt, sowie
– eigene Vorstellungen und Präferenzen der/des Unterrichtenden. Die/Der letztere muss natürlich in Kauf nehmen, dass die eigenen Vorstellungen manchmal nicht in Einklang mit den tatsächlichen Präferenzen der Lerngruppe stehen.

9.4 Die Leseaktivitäten

Wie schon beim Hörverstehen wird auch bei der Arbeit mit Lesetexten eine konzeptuelle und zeitliche Trennung zwischen inhaltsorientierten und analytischen (d.h. auf die Beziehung zwischen Form und Inhalt abzielenden) Lerntätigkeiten vorgenommen.

Doch ergibt sich im Bereich des Detaillierten Verstehens ein wichtiger Unterschied. Beim Lingua-Puzzle kommen aufgrund der Beschränkung des akustischen Gedächtnisses oft die schriftlichen Notizen hinzu: somit werden zwei verschiedene Modalitäten angesprochen (zum Teil geschieht dies auch bei den Analytischen Höraktivitäten). Das Lesen bleibt jedoch weitgehend in der visuellen Dimension. Daher kann der Prozess vom inhaltlichen globalen Verstehen zum Detailverstehen einheitlicher ablaufen. Demzufolge wird die im Hörbereich sehr zweckmäßige Teilung des inhaltsorientierten Verstehens in eine Phase globalen Verstehens (vgl. „Authentisches Hören", § 8.5.2) und eine Phase detaillierter Rekonstruktion (wie das „Lingua-Puzzle", § 8.6.2) bei Lesetexten weniger zwingend.

Oft äußern die Lernenden den Wunsch, den Text noch in derselben Unterrichtseinheit im Detail zu verstehen. Dies geschieht häufig bei literarischen Texten (insbesondere Gedichten), wo eine „globale" Lesehaltung tatsächlich wesentliche Aspekte des Textes nicht erfasst: stilistische Elemente, Metaphern, sprachlich-inhaltliche Verdichtungen. Diese Aspekte sind nicht so relevant in alltäglichen schriftlichen Produkten wie Artikeln aus Tageszeitungen und Zeitschriften, Kommentaren oder Gebrauchstexten.

In solchen Fällen werden die Arbeitsschritte des Authentischen Lesens so oft wiederholt bzw. Fragen beantwortet, bis die Lernenden das Gefühl vermitteln, alles verstanden zu haben. Die Unterrichtenden selbst üben *keinen Druck* aus, bis ins letzte Detail zu gehen („*Ihnen entgeht so viel, wenn dies und jenes nicht herausgearbeitet wird ...*" ist der psychologische Hintergrund des Zu-Tode-Lesens von literarischen Texten, das viele von uns noch aus Schulzeiten in Erinnerung haben.)

Wie bei den Höraktivitäten ist die Trennung des inhaltsorientierten Lesens von den analytischen Arbeitsphasen von wesentlicher Bedeutung. Die Analytischen Aktivitäten werden *immer erst begonnen, wenn eine globale Sinnrekonstruktion* schon stattgefunden hat.

9.4.1 Authentisches Lesen

9.4.1.1 Beschreibung

Das Authentische Lesen soll den Fortschritt in der Fähigkeit, Lesetexte zu verstehen, begünstigen.

Innerhalb einer bestimmten Zeit wird ein Text aufmerksam und wiederholte Male durchgelesen. Einige lexikalische Informationen, die von den Lernenden selbst erfragt werden sollten, unterstützen den Leseprozess.

---

1. Individuelles Lesen

Die Lernenden werden eingeladen, einen Text innerhalb von ca. 3-4 Minuten (das Doppelte der Zeit, die die/der Unterrichtende selbst für die normale, am Inhalt orientierte Lektüre des Textes braucht) mindestens zweimal ganz und möglichst zügig durchzulesen.

2. Informationsaustausch

Die Lernenden tauschen in Paaren bzw. Dreiergruppen alle Informationen aus, die sie dem Text bisher entnommen haben. Beratungssprache ist in den Anfängerstufen die Muttersprache oder eine gemeinsame *lingua franca*. Ziel dieser ca. 2-minütigen Austauschphase ist es, den Lernenden die Möglichkeit zu geben, die eigenen Daten zu überprüfen und dadurch Anregungen zum wiederholten aufmerksamen Lesen zu erhalten.

3. Individuelles Lesen – Wörter unterstreichen

Die Lernenden lesen den Text wiederum aufmerksam durch. Dabei unterstreichen sie 6-10 Wörter, deren Bedeutung sie wissen möchten. Bei Lesetexten, die etwas länger sind, kann die Wortauswahl nach Absätzen erfolgen.

4. Informationsaustausch
Die Lernenden setzen sich in neuen Paaren bzw. Dreiergruppen zusammen und tauschen ihre Informationen aus. Soweit wie möglich versuchen sie einander die unterstrichenen Wörter zu erklären.

In späteren Phasen des Spracherwerbsprozesses wird manchmal in dieser Etappe ein zweisprachiges Wörterbuch verwendet, bei sehr Fortgeschrittenen auch ein einsprachiges. Verbleibende lexikalische Probleme werden in den Kleingruppen oder auch im Plenum unter Mithilfe der/des Unterrichtenden gelöst.

5. Individuelles Lesen
Der ganze Text wird wiederum individuell durchgelesen. Zeitvorgabe ist wie oben ca. 3-4 Minuten. Bei diesem Lesedurchgang unterstreichen die Lernenden einige weitere Wörter, deren Bedeutung sie wissen möchten.

6. Informationsaustausch
Der Informationsaustausch erfolgt zu zweit bzw. zu dritt, möglichst in neuen personellen Zusammensetzungen (siehe Punkt 4).

7. Individuelles Lesen
Eine individuelle Lektüre schließt die Aktivität ab.

9.4.1.2 Beachtenswertes für die Unterrichtenden

Besonders in den Anfängen ist es wichtig, die Zeitvorgaben strikt einzuhalten. Die beschränkte Zeitdauer hilft den Lernenden, sich vom verbreiteten linearen Wort-für-Wort-Übersetzen zu entfernen (vgl. § 4.4.1).

Dies verhindert auch begleitende Ausspracheübungen, die jemand an die Tätigkeit der Dekodierung schriftlicher Sprache automatisch anschließt. LeserInnen, die mit Daten wie den hier in den Abschnitten 4.2.3.1 und 5.1.4.3 geschilderten vertraut sind (vgl. vor allem die Unregelmäßigkeiten in der Korrespondenz zwischen Graphemen und Phonemen und die Angaben über die Hyperlexie), werden bereits erkannt haben, dass Lesetexte keine adäquate Wahrnehmungsgrundlage für die Aussprache darstellen und dass in der visuellen Modalität die Aussprache oder auch die leise Artikulation alles andere als produktiv sind. Dies bleibt gültig, selbst wenn beim Lesen der Phonologisierungsprozess in einem gewissen Ausmaß immer beteiligt ist (vgl. § 4.2.3.1).

Ohne sich in der Klasse in psycholinguistische Argumentationen verstricken zu müssen, kann den Lernenden, die dazu neigen, aus dem Lesen eine Ausspracheübung zu machen, in sehr einfachen und wirkungsvollen Termini Folgendes erklärt werden:

a) dass eine solche Strategie in der visuellen Wahrnehmungsmodalität eher störend wirkt, da sie den an sich schnellen und unregelmäßigen Augenbewegungsrhythmus bremst und linear gestaltet, und

b) dass aus diesem Grund ihr Hauptaugenmerk in dieser Phase auf die visuelle Wahrnehmung gerichtet werden sollte, damit das Lesen in der Fremdsprache dem natürlichen Leseverfahren so weit wie möglich nahe kommt[3].

In der Phase der lexikalischen Information werden die Erklärungen im Wesentlichen mit Synonymen, Definitionen oder Beispielen in der Fremdsprache geliefert (mit der Unterstützung der Mimik in Anfängergruppen). Damit wird auch neuer sprachlicher Input angeboten.

9.4.2 Vom Global- zum Detailverstehen

Das unmittelbare Produkt des Authentischen Lesens ist eine in groben Zügen vorhandene Kenntnis des Textinhalts. Einige Passagen sind möglicherweise auch im Detail gut verstanden worden, während andere noch weitgehend unklar sind. Die Aktivität des Authentischen Lesens hat mit diesem Rohbau ihr Ziel erreicht.

Wenn von den Lernenden der Wunsch geäußert wird, über die durchschnittlich 30-minütige Dauer dieser Tätigkeit hinaus weiter an einem Text zu arbeiten, um so gut wie alles zu verstehen, wird dem selbstverständlich entsprochen. Dieser Wunsch kommt bei Texten auf, die besonderes Interesse erwecken. In den meisten Fällen jedoch ist die inhaltliche Neugierde nach etwa 30 bis 40 Minuten aufmerksamer Lesetätigkeit fürs Erste befriedigt. Der jeweilige Text kann vorerst *ad acta* gelegt und vielleicht später für eine Analytische Aktivität wieder herangezogen werden.

9.4.3 Das Analytische Lesen

Das „Analytische Lesen" hat die Funktion, die Sprachwahrnehmung der Lernenden auf ein bestimmtes sprachliches Element des Textes zu konzentrieren. Jeder Text, der bereits dem Authentischen Lesen unterzogen worden ist, kann für eine „Suche-X-Aufgabe" vorgeschlagen werden.

Was zum Analytischen Hören ausgeführt wurde, gilt – unter geänderten Vorzeichen – auch für den Bereich der geschriebenen Sprache. Texte, die bereits in groben Zügen verstanden wurden, bieten Material für Analytische Aktivitäten.

Diese müssen ebenso wenig wie im Falle des Hörens unmittelbar nach der Phase der „Authentischen" Wahrnehmung angesetzt werden. Oft finden sie am dem „Authentischen Lesen" folgenden Unterrichtstermin (auch eine Woche später) statt.
Mehr noch – im Fall von literarischen Texten (vor allem Gedichten) kann es vorkommen, dass die Lernenden nur sehr ungern von der inhalts- und verstehensorientierten Lektüre eines sprachlichen Kunstwerks auf einen nüchtern distanzierten Laborblick für sprachanalytische Aspekte umschalten.

---

[3] Dies gilt natürlich nur insofern, als das Ziel der Aktivität dem oben angeführten entspricht.

Wie schon oben erwähnt, ist es zweckmäßig, zwischen Authentischem und Analytischem Lesen einen klaren konzeptuellen und auch zeitlichen Trennungsstrich zu ziehen.

Der wesentliche sprachliche Lernschritt ist geschehen, wenn ein Text verstanden wurde. Insoferne während Analytischer Aktivitäten neue Verstehensprozesse vor sich gehen, findet in ihnen „Fremdsprachenwachstum" statt. Doch liegt der besondere Wert Analytischer Tätigkeiten vor allem in der Stabilisierung von bereits Erworbenem sowie in der Sensibilisierung für sprachliche Nuancen stilistischer, textpragmatischer und soziokultureller Art.

Wie im Fall des Analytischen Hörens ergeben sich auch in der Arbeit mit schriftlichen Texten linguistische und kognitive Kriterien für die Erstellung der Suche-X-Aufgaben. Die Arbeitsanweisungen für die Lernenden können sich auf den ganzen Text oder nur einen Teil beziehen. Dies ist je nach Arbeitsaufwand und Zeitbudget zu entscheiden.

Als konkrete Beispiele für analytische Arbeit mit Lesetexten können die für das Analytische Hören angegebenen Vorschläge gelten.
Lesetexte stellen gegenüber Hörtexten einen weniger hohen Anspruch an das Gedächtnis: sie ermöglichen somit, zusammengehörige Elemente in Beziehung zu setzen, die in größerer Entfernung voneinander im Text erscheinen.

a) Syntax
– Streicht Passagen an, in denen Präfixe von ihrem dazugehörigen Verb getrennt sind (z.B. *Regina legte das ‚Requiem' auf, um ihre Gefühlswelt zu ändern*).

b) Logische Form
– Identifiziert Personalpronomen und ihre Referenzelemente (z.B. *Hans hat Maria versprochen, sie zu sich einzuladen*: „sie" = „Maria", „sich" = „Hans").

c) Semantik
– Identifiziert Ausdrücke, die sich auf ein und dieselbe Person beziehen (z.B. *Clinton, der Präsident, Bill, der Chef des Weißen Hauses* ...).

Der schriftliche Kode bietet darüber hinaus Anlass für spezifische Analyseaktivitäten, z.B. im Bereich der Orthographie, da die Korrespondenzen zwischen Graphemen und Phonemen zwischensprachlich stark variieren:

d) Phonetik/Phonologie und Orthographie
– Unterstreicht Silben, die einen [i]- oder einen [ü]-Laut enthalten (z.B. *s_ie_, M_ie_te, Sympath_ie_, Kr_i_tik, m_ü_hsam, S_ü_nde* usw.).
  Schreibt dann auf zwei Listen die Wörter auf, in denen die jeweiligen Laute vorkommen: z.B.:
  [i]-Liste: *s_ie_, M_ie_te, Sympath_ie_, Kr_i_tik* ...
  [ü]-Liste: *S_y_mpathie, m_ü_hsam, S_ü_nde* usw.) ...

Vor dem Unterricht:
Die unterrichtsvorbereitende Phase besteht darin, dass die/der Unterrichtende einen bereits bekannten Text aufmerksam durchgeht und eine der Textstruktur entsprechende, psycholinguistisch interessante sowie lerneradäquate Suche-X-Aufgabe (vgl. die für das Analytische Hören vorgeschlagenen Kriterien) definiert.

1. Zielgerichtetes Lesen
Die Lernenden suchen den Text nach dem angegebenen „X" ab.

2. Informationsaustausch
Die Lernenden tragen in Paaren oder Dreiergruppen ihre ersten Ergebnisse zusammen.

3. Zielgerichtetes Lesen
Neuerliches individuelles Absuchen des Textes nach dem betreffenden „X".

4. Informationsaustausch
In größeren, möglichst neuen Formationen (zu dritt oder zu viert).

5. Klären von offenen Fragen
Besprechen und Klären kontroversieller Punkte.

BIBLIOGRAPHIE

Knapp-Potthoff, A. & Knapp, K. 1982. *Fremdsprachenlernen und -lehren. Eine Einführung in die Didaktik der Fremdsprachen vom Standpunkt der Zweitsprachenerwerbsforschung.* Stuttgart usw.: Kohlhammer.

10 Die freie, kreative Sprachanwendung

10.1 „Freiheit" mit bestimmten Zielsetzungen

Die Unterrichtsaktivitäten, die der „freien Produktion" gewidmet sind, bieten den Lernenden ausreichend Gelegenheit, die spontane Sprachproduktion zu erleben bzw. zu proben.

Wie auch in der Sprachrezeption spielt das *Natürlichkeitskriterium* auch in der Gestaltung von Sprachverwendungsaktivitäten eine zentrale Rolle. Die Bestimmung dieses Kriteriums beruht allerdings auf Erwägungen von z.T. unterschiedlicher Natur: im Falle der Sprachrezeption sind sie vorwiegend linguistisch (vgl. die natürliche Komplexität der authentischen Texte und die differenzierten Vorschläge der jeweiligen Analytischen Aktivitäten), im Fall der „freien" Sprachproduktion sind sie vorwiegend psychologisch.

Hauptanlass und Ziel natürlicher sprachlichen Kommunikation ist der inhaltsbezogene Ausdruck von Gedanken, ob sie sich nun als konkrete Sprechhandlungen, Erzählungen, Dialoge oder Monologe manifestieren. Auch im didaktischen Kontext geht es in erster Linie darum, mit den jeweilig verfügbaren sprachlichen Kenntnissen ein Maximum an inhaltlicher Wirksamkeit und Vielfältigkeit auszudrücken.

Genauso werden sprachliche und außersprachliche Faktoren beachtet, deren Interaktion die natürliche Kommunikationssituation prägt: Vorwissen, Kenntnisse über Gesprächspartner, in der Kommunikationssituation präsente Objekte des Diskurses, nonverbale Informationen sowie Gedächtnisbeschränkungen und unvorhergesehene Ereignisse können je nach Konstellation die Verständigung erschweren oder beschleunigen. In jedem Fall wird die Tatsache berücksichtigt, dass natürliche Kommunikation nicht einfach eine Widerspiegelung der linguistischen Kompetenz ist (vgl. die Begriffe „Kompetenz" und „Performanz", §§ 1.1 und 3.1.1).

Eine erfolgreiche verbale Interaktion stellt jedenfalls an diejenigen, die sich in einer Fremdsprache ausdrücken wollen, sehr komplexe Anforderungen. Es geht darum,

– die bisherigen Sprachkenntnisse maximal zu mobilisieren und an die Oberfläche zu bringen;
– Konversationsstrategien anzuwenden, die den Kommunikationsfluss wunschgemäß steuern;
– auf eventuelle extralinguistische Signale ihrer Gesprächspartner Bezug zu nehmen;
– wenn man an die eigenen lexikalischen und strukturellen Grenzen stößt, Mut zum Experimentieren aufzubringen, z.B. durch Hereinnahme von Elementen der Muttersprache, anderer bereits erlernter Fremdsprachen oder auch von Wortschöpfungen.

10.2 Spontane Sprache und linguistische Wohlgeformtheit

Unter diesen komplexen Anforderungen versteht es sich von selbst, dass keine durchgehend vollkommenen Produkte im Sinne linguistischer Wohlgeformtheit entstehen können. Dazu kommen noch Beeinträchtigungen des Gedächtnisses und des Gedankenflusses durch situative und emotionale Faktoren, die ja selbst den hörbaren Output in der Muttersprache beeinflussen, wodurch unvollständige Sätze, Wiederholungen, Versprecher usw. produziert werden. Bei Lernenden einer Fremdsprache ist dies um so mehr zu erwarten: die für längere Zeit fortbestehenden sprachlichen Unkorrektheiten in der spontanen Rede mögen zwar auf den Stress der Lernsituation zurückzuführen sein, sind aber hauptsächlich Erscheinungen des Erwerbsprozesses selbst. Mehr oder weniger lang anhaltende, systematische Abweichungen von der Zielsprache sind in die Durchgangsstadien einzuordnen, die der Erwerb der Fremdsprachenkompetenz notwendigerweise durchläuft (s. dazu das Kapitel 6).

Fehlerhafte Äußerungen in der Zielsprache können zweierlei Art sein. Erstens können sie Aspekte der Sprache betreffen, die noch nicht oder nicht genügend innerlich rekonstruiert und stabilisiert wurden. Diese fehlerhaften Repräsentationen der Fremdsprache verteilen sich systematisch auf bestimmte Strukturen und verursachen z.B. Tilgungen von Funktionswörtern wie Präpositionen und Artikeln oder von grammatischen Morphemen wie Verbendungen. Sie können nicht durch Korrekturen, sondern vielmehr durch den weiteren kontinuierlichen Sprachkontakt (d.h. das Verstehen) zum größten Teil überwunden werden.

Die zweite Art von Fehlern wird dann begangen, wenn unter dem Anspruch der inhaltlichen Vollständigkeit und des Unmittelbar-Reagieren-Müssens einige Ungenauigkeiten entstehen, die die Lernenden im Nachhinein, wenn sie darauf angesprochen werden, sofort als Fehler erkennen. Auch in diesem Fall ist die Korrektur ein überflüssiger Schritt: sie verweist auf etwas, das Lernende nach kurzem Nachdenken entdecken, ohnehin zu kennen.

Jener sprachliche Bereich, der dem korrigierenden Einfluss von außen am ehesten zugänglich scheint, ist die Pragmatik. Doch auch hier ist die Rolle von expliziten Hinweisen nicht zu überschätzen. Der Großteil unserer pragmatischen Intuitionen entwickelt sich ebenfalls über positive Evidenz (s. dazu § 2.1.2). Wiederum ist die Hauptquelle für den Erwerb dieser Nuancen das Verstehen und unmittelbare Erleben von Interaktionen, mit all den sprachlichen Differenzierungen, die sie miteinbeziehen.

Es ist dies ein weiteres, starkes Argument für die Verwendung natürlich-komplexer, authentischer Texte.

In diesem Lichte ist die Frage der sprachlichen Korrektur in der Unterrichtssituation zu betrachten. Erfolgt die Fehlerkorrektur während der Wortmeldung, so kann man erwarten, dass sehr bald keine wie immer geartete Form der freien, spontanen Rede seitens der Lernenden zustandekommt. Aber auch eine nachträgliche Fehlerbesprechung leistet selten das, was man sich auf der Ebene der Sprachkompetenz von ihr erhofft.

Der eher gering zu veranschlagende Beitrag von Fehlerkorrekturen zum Spracherwerb wird durch ein damit verbundenes mögliches Risiko noch weiter gesenkt: das Wissen, dass dem Freien Sprechen eine Besprechung der formalen Mängel folgt, kann sich für die Einstellung der Lernenden zu dieser Aktivität hemmend auswirken. Bei Lernenden, die auf Korrekturen negativ reagieren, verzeichnen die Kreativität und der Mut zum sprachlichen Experiment eine deutliche Kurve nach unten.

10.3 Kreative Sprachanwendung und äußere Einflüsse

In Anbetracht der Vielschichtigkeit der Faktoren, die beim spontanen und natürlichen Gebrauch von Sprache intervenieren, können individuelle Unterschiede in der sprachlichen Produktion nicht linear und direkt auf einzelne Ursachen zurückgeführt werden (Lexikonmangel, Wunsch nach Anerkennung, innere Opposition, fehlender thematischer Bezug usw.). Die Komplexität menschlichen Handelns und Sprachgebrauchs lässt sich nicht durch die Aufspaltung in scharf getrennte Einzelkomponenten erklären.

Es ist hilfreich, die freie Produktion als den sicht- und hörbaren Aspekt des Wachstumsprozesses in der Fremdsprache zu betrachten: die linguistische Kompetenz spielt dabei sicherlich eine wichtige Rolle. Aber dieses formale System ist eingebettet in einem äußerst komplexen Geflecht verschiedener mentaler Tätigkeiten: pragmatische, kognitive, persönlichkeitsbezogene Komponenten bestimmen schließlich Inhalt und Auswirkungen der konkreten sprachlichen Äußerungen. Die Gesetze, die die Interaktion dieser Komponenten regeln, sind für die Kognitionsforschung nach wie vor weitgehend ungeklärt (vgl. §§ 3.2.4-3.4).

Für die Entfaltung der kreativen Ausdrucksformen in den menschlichen Tätigkeiten ist ein Höchstmaß an Freiheit der adäquateste Rahmen. So auch im Fremdsprachenunterricht, wenn die Palette der Möglichkeiten, spontane Kommunikation entstehen zu lassen, nicht beschränkt wird (außer durch die Tatsache, dass zum einen oder anderen Thema nichts oder sehr wenig zu sagen ist).

Insoferne sind direkte Kontakte mit MuttersprachlerInnen *per definitionem* optimale Voraussetzung für die Entwicklung der Fähigkeit, in der Fremdsprache zu kommunizieren. So weit es möglich ist, wird daher auch versucht, Konversationseinheiten mit SprecherInnen der Zielsprache im Rahmen des Unterrichts einzubauen. Damit wird der Spracherwerb auf verschiedenen Ebenen gefördert. In einer entspannten Atmosphäre wird neuer, inhaltsbezogener Input angeboten, das sprachliche Wissen der Lernenden mobilisiert, Konversationsstrategien werden in einem natürlichen Rahmen geübt und ein unmittelbares, nicht auf didaktischen Überlegungen, sondern auf rein kommunikativen Bedürfnissen basierendes *Feed-back* geliefert.

Deshalb werden im Folgenden anstatt der detaillierten Angabe von Ablaufschemata eher die *Rahmenbedingungen* definiert, innerhalb deren gute Chancen bestehen, dass sich sprachliche und inhaltliche Kreativität entfaltet.

Wie in der Einleitung dieses zweiten Buchteils angekündigt (vgl. Kap. 7), sollen die Beschreibungen der Unterrichtsaktivitäten nicht dazu dienen, die volle Palette der mit dem vorliegenden Konzept kompatiblen didaktischen Möglichkeiten abzudecken, sondern: a) jene Aktivitäten schildern, die wahrscheinlich eine Neuigkeit für die meisten LeserInnen darstellen (Authentische und Analytische Wahrnehmungsaktivitäten) und b) Aspekte von bekannteren Aktivitäten hervorheben, die für dieses didaktische Konzept von Belang sind. Zu den letzteren Aktivitäten gehören diejenigen, die Freie Produktion und Übungen betreffen.

In den nächsten Seiten, die der Freien Produktion gewidmet sind, werden die Beschreibungen daher auf zwei wesentliche Typen freien, improvisierenden Sprechens beschränkt: das „Themen- und problembezogene Gespräch" und das „Rollenspiel".

10.4 Das themenbezogene Gespräch

Aufgrund der schon erwähnten Komplexität des Bedingungsgefüges der verbalen Interaktion gibt es für das Gelingen einer Diskussion im Klassenrahmen keine Garantie, sei es auf der „technischen" Ebene der inhaltlichen Vorschläge (Themenwahl), sei es auf der Ebene der Durchführung der Aktivität.

Doch sollen hier einige Faktoren erwähnt werden, die bei dieser Unterrichtsaktivität eine Rolle spielen.

10.4.1 Themenwahl

Schon vor der konkreten Gestaltung eines Gruppengesprächs werfen die individuellen Unterschiede in Bezug auf Interessensphären die schwierige Frage auf, welche Themen die Mehrheit der Lernenden zu einer aktiven Teilnahme motivieren können. Hier kann die Priorität aktueller Problemstellungen sicherlich als grundsätzliche Orientierungslinie gelten: doch ist letztendlich entscheidend, dass Unterrichtende immer wieder mit Offenheit und Sensibilität an die Auswahl eines Themas herantreten, das die Lernenden interessieren könnte[1].

10.4.2 Nicht alle reden mit

Es ist sicher ein wünschenswertes Ziel einer Unterrichtseinheit, die das Freie Sprechen zum Inhalt hat, so viele Redebeiträge wie möglich anzuregen. Auch im realen Leben ist die lebhafte und zahlreiche Teilnahme ein wichtiges Merkmal einer gelungenen Diskussionsveranstaltung. Doch zeigt die Erfahrung, dass sich die DiskussionsteilnehmerInnen in der Regel sehr unterschiedlich zu Wort melden.

---

[1] Am Kursende bezeigte mir einmal ein Lernender mit einer gewissen Erfahrung in Fremdsprachenkursen spontan seine Zufriedenheit damit, dass er „klassisch" gewordene Themen wie Umweltverschmutzung, Rauschgiftverbreitung und dergleichen im Kurs nicht behandeln musste.

Selbstverständlich können Verfahren angewandt werden, die gewährleisten, dass all jene, die wollen, auch reden können (Diskussionsleitung, Rednerliste usw.). Aber es kann davon nicht abgeleitet werden, dass alle Anwesenden auch tatsächlich das Wort ergreifen.

Nun gibt es sicherlich Möglichkeiten, gegen allzugroße Passivität etwas zu unternehmen, etwa die namentliche Aufforderung. Damit ist zwar das Schweigen manchmal gebrochen, aber das Problem kann sich auch zuspitzen: auf das plötzliche Rampenlicht reagieren manche Aufgeforderten mit verlegenem Lächeln oder mit banalen Bemerkungen, nur um irgendetwas zu sagen.

Eine Möglichkeit, dem Rededruck zu entkommen und gleichzeitig dem verbreiteten Bedürfnis nach kurzfristigen Charakterverkleidungen Rechnung zu tragen, bietet die Einladung, für die Zeit der Diskussion eine fremde Identität anzunehmen. Ein Beispiel:

Thema „Maßnahmen für die öffentliche Sicherheit": es debattieren unter der Leitung einer Moderatorin/eines Moderators (die/der Unterrichtende oder eine(r) der Lernenden):
– ein Vater von zwei Kleinkindern
– ein ehemaliger Häftling
– eine Vertreterin des Ministeriums für Innere Angelegenheiten
– der Eigentümer einer Waffenhandlung
– der Vertreter einer Waffenproduktionsfirma
– eine Pensionistin
usw.

Die Durchführung der Debatte selbst kann auf mehrerlei Art gestaltet werden: die Lernenden können sich auf die verschiedenen Rollen aufteilen und Parteien bilden, die Debatte kann in Form einer Podiumsdiskussion mit Publikumsbeteiligung geführt werden usw.

10.4.3 Infantilisierung

Es liegt ein gewisses intrisisches Risiko im Faktum, dass erwachsene Personen in einer ihnen nicht sehr geläufigen Sprache über ein Thema diskutieren sollen, zu dem sie in ihrer Muttersprache bisweilen sehr differenzierte Gedanken und Erfahrungen mitzuteilen haben. Der enge Ausdrucksrahmen, der sich aus den mangelnden sprachlichen Möglichkeiten ergibt, zwingt oft fremdsprachige SprecherInnen zu Aussagen, die in Form und Inhalt weit unter dem liegen, was sie tatsächlich äußern möchten.

In einer natürlichen Situation, in der die Verwendung der Fremdsprache die einzige Möglichkeit zu kommunizieren darstellt, nimmt man diese Reduktion noch leichter auf sich – oder man zieht es vor, nichts zu sagen. Dieser Ausweg wird auch im Klassenraum offen gelassen.

10.5 Das Rollenspiel

Das Rollenspiel ist eine traditionsreiche Variante des freien, spontanen Sprechens, in der die situative Komponente und die „transaktionale" Funktion der sprachlichen Kommunikation stärker in den Vordergrund treten kann. Rollenspiele eignen sich deshalb sehr gut für die Übung der Fremdsprache, wie sie in den sogenannten Alltagssituationen gebraucht wird (z.B. „Am Postamt", „In der Wechselstube", „In einem Schuhgeschäft" usw.). In ihnen proben die Lernenden Situationen, die sie im Zielsprachenland mit großer Wahrscheinlichkeit werden meistern müssen.

Abgesehen von solchen in die Zukunft projizierten Vorteilen besteht ein positiver Aspekt dieser Aktivität darin, dass sie die Lernergruppe in angenehmer Weise animiert.

Zu dieser Unterrichtsaktivität findet man in der Literatur verschiedene Variationen. Dem Zweck dieses Buchteils entsprechend (vgl. Kap. 7) werden hier nur zwei grundlegende Typen von Rollenspiel beschrieben: in diesem Kontext werden sie als „Gesprächsauslöser" und „Verstecktes Drehbuch" bezeichnet.

10.5.1 Gesprächsauslöser

Diese Variante besteht darin, den Lernenden einige wenige Angaben zu einer Gesprächssituation bekanntzugeben. Auf der Basis dieser Elemente sollen die Lernenden frei improvisieren. Einige Beispiele:

– Es ist ein Uhr in der Nacht. Zwei Radfahrer treffen sich bei einer Ampel.
– Frau Pfleger kommt aus dem Urlaub. Als sie an ihre Wohnungstür kommt, öffnet ihr ein Wildfremder.
– Ein verzweifelter Tourist, der Pass, Geld und seine Familie nicht wiederfindet, wendet sich an einen Passanten.

Was Ideen für mögliche Auslöser betrifft, so sind den Unterrichtenden keine wie immer gearteten Grenzen gesetzt.

Es besteht die Möglichkeit, mehrere Situationen anzugeben, aus denen die Lernenden eine Wahl treffen.

10.5.2 Verstecktes Drehbuch

Diese Variante unterscheidet sich von den Gesprächsauslösern darin, dass a) die Gesprächssituation nicht mehr als drei SprecherInnen vorsieht, b) die Lernenden, die in derselben Dialogsituation spielen, je unterschiedliche schriftliche Angaben zu ihrer Rolle und zur Vorgeschichte erhalten. Ein Beispiel:

Lernende(r) „A" erhält folgende Informationen:
Du heißt Sandra, bist 34 Jahre alt, Postangestellte. Es ist ungefähr 18 Uhr, Winter. Eine Freundin, die sehr gerne redet, hat dich gerade angerufen. Du hast mit Mühe das lange Telefonat unterbrochen, in welchem sie dir unter anderem erzählt, dass in eurem Stadtviertel schon wieder ein Banküberfall verübt worden ist, da du vorhast, noch die zweite Nachmittagsvorstellung eines erfolgreichen Films zu sehen. Das Kino ist etwas weit von

deinem Haus entfernt und du musst das Auto nehmen. Du hast dich schnell fertig gemacht und bist die Treppen hinuntergestiegen. Nun machst du die innere Tür der Hausgarage auf.

Lernende(r) „B" erhält folgende Informationen (diese Rolle eignet sich auch für eine weibliche Interpretin):
Du heißt Rolf, bist 41 Jahre alt, Computerfachmann. Es ist ungefähr 18 Uhr, Winter. Heute hast du dir endlich zwei Stunden Tennisspielen gegönnt: du fühlst dich nach dieser Anstrengung großartig! Im Club wolltest du nicht duschen, du freust dich jetzt auf ein heißes Vollbad zu Hause. Du hast gerade in der Garage geparkt (mit deiner neuen Wohnung mit dem Garagenabstellplatz bist du sehr zufrieden!). Wie du gerade aus dem Auto aussteigst, fällt dir plötzlich ein Gegenstand, der ein paar Meter entfernt auf dem Boden liegt. Du sperrst das Auto zu und gehst die paar Schritte, um ihn aufzuheben: es ist eine Pistole! Du kennst dich dabei nicht gut aus, aber vom Gewicht her scheint sie dir, echt zu sein. In diesem Moment geht die innere Tür der Hausgarage auf.

1. Situationsanweisungen

In schriftlicher oder verbaler Form oder auch in Form von Bildern werden den Lernenden Informationen über die Dialogsituation gegeben. Die Lernenden setzen sich mit ihren Gesprächspartnern zusammen. Für Rollenspiele empfiehlt es sich, in erster Linie Situationen für zwei oder höchstens drei Personen zu schaffen, damit die Interaktion so intensiv wie möglich wird.

2. Freie Improvisation
Die Lernenden versuchen, innerhalb eines bestimmten Zeitlimits – etwa 15 Minuten – die Situation dramaturgisch zu realisieren.

3. Freiwillige Vorführung
Nach ca. 15 Minuten Improvisation im geschützten Raum *können die Lernenden, die den Wunsch nach einer Präsentation vor dem Plenum verspüren*, ihre Einfälle den anderen KollegInnen vorführen.

10.5.3 Aufschreiben?

In einer Aktivität, deren Hauptziel das *mündliche Improvisieren* ist, ist das schriftliche Fixieren des Dialogs nicht nur fremd, sonder auch kontraproduktiv, indem a) die Produktion mündlicher Sprache dadurch *quantitativ* eingeschränkt wird und b) die dabei unvermeidlich entstehenden Überlegungen über die formale Korrektheit die Spontaneität des Redeflusses beeinträchtigen. Die Lernenden, die begierig sind, in der Zielsprache schriftlich zu produzieren, werden daran erinnert, dass sie es in einer nur jenem spezifischen Zweck gewidmeten Aktivität tun können (vgl. § 10.1.7). Lernende, die sich tendenziell eher mit formalen Aspekten der Sprache beschäftigen, werden von der/vom Unterrichtenden die Information erhalten, die ihnen im Moment als tatsächlich „dringend" vorkommt. Sie werden aber auch erneut ermutigt, sich der verbalen Kommunikation zu „ergeben".

10.5.4 Warum die plenare Vorführung freiwillig ist

Die Entscheidung, die Präsentation von Rollenspielen vor der ganzen Gruppe ausschließlich auf freiwilliger Basis vorzusehen, beruht auf zwei Argumentationstypen.

1) Solange die Lernenden in einem geschützten Raum agieren, kann man noch weitgehend von realer Kommunikation sprechen. Die Präsentation vor dem Plenum, vor dem Publikum also, hat mit spontaner personen- und inhaltsbezogener Interaktion wenig zu tun. Nur Menschen mit hoher sprachlichen Kompetenz und darstellerischen Begabung schaffen so etwas wie ein Improvisieren vor Publikum. Unter den Lernenden befinden sich nun immer wieder solche, die unentdeckte Fähigkeiten und Wünsche in dieser Richtung in sich tragen. All dies kann durch die Möglichkeit zur Aufführung von Rollenspielen berücksichtigt werden, ohne dass das Vorspielen zur strikten Regel wird (sei es durch explizite Aufforderung oder durch sanften nonverbalen Druck).

2) Ein weiterer problematischer Aspekt der obligatorischen Vorführung hängt mit der Persönlichkeitsstruktur der Lernenden und den Kommunikationsregeln in Lerngruppen zusammen. Lernende, die genügend Selbstbewusstsein besitzen und klare Grenzen zwischen Innen- und Außenanforderungen ziehen können, werden bei Unwillen kaum Schwierigkeiten haben, ihre Wünsche durchzusetzen.
Der (sanfte oder offene) Druck der Unterrichtenden auf plenare Darstellung wird für psychologisch fragwürdig gehalten, wenn dies Personen betrifft, die sich nicht sehr sicher fühlen bzw. Außenanforderungen allzuschnell zu ihren eigenen machen. Sie werden dazu neigen, sich erwartungskonform zu verhalten (hier: konform den Erwartungen der/des Unterrichtenden), auch wenn ihnen das Vorspielen unangenehm ist.

Wenn Unterrichtende das Ziel verfolgen, den Lernenden Gelegenheit zum möglichst freien, ungezwungenen Improvisieren von Gesprächen zu geben, dann bleibt das Paar der beste Rahmen.

10.6 „Ab wann darf gesprochen werden?"

In der Unterrichtsgestaltung und in der Evaluation von Lernergebnissen hat der Output lange Zeit eine überbewertete Rolle zu Ungunsten der Darbietung sprachlicher Daten gespielt. Ab Mitte der 60er Jahre wurden als notwendige Korrektur dieser psycholinguistisch unbegründeten Haltung didaktische Überlegungen formuliert, die das Vorhandensein der erwerbsinhärenten, individuell unterschiedlich langen, stillen Periode adäquater berücksichtigen (vgl. die Methode der *Total Physical Response*, von J. Asher eingeführt).

Demnach werden Unterrichtsaktivitäten, die Sprachproduktion anstreben, anfänglich verschoben und finden seltener statt (z.B. zur zehnten Unterrichtsstunde und einmal alle zehn Einheiten), während im Allgemeinen überhaupt keine fixen quantitativen und qualitativen Erwartungen in Hinsicht auf die sprachliche Produktion der Lernenden genährt werden.

Um den größeren Ausdrucksschwierigkeiten der Lerner im Anfangsunterricht entgegenzukommen, werden darüber hinaus als Ausgangspunkt freier Sprachproduktionsaktivitäten thematische Sprechanlässe angeboten, die möglichst uneingeschränkt sind (wie z.B. ein „Gesprächsauslöser", der die Situation und die Persönlichkeiten der Gesprächspartner nicht genau angibt: statt dessen sind bloß die Uhrzeit und der Ort der Handlung bestimmt). Somit können freiere inhaltliche Bedingungen die vorhandenen sprachlichen Einschränkungen der Lernenden zum Teil ausgleichen. Ein fixes *canevas* wirkt zwingender auf die Anwendung bestimmter Strukturen oder Ausdrücke und mag leicht zu Misserfolgsgefühlen führen, wenn solche in der Aufgabe impliziten Erwartungen nicht erfüllt werden können.

10.7 Die freie schriftliche Produktion

Weitgehend nach den gleichen Grundsätzen wird die Aktivität gehandhabt, die auf den freien schriftlichen Ausdruck in der Fremdsprache zielt.

Auch beim Erwerb der schriftlichen Kompetenz passieren die entscheidenden Fortschritte in jenen Phasen, in denen Lesetexte wahrgenommen und verstanden wurden. In den Verständnisphasen vollziehen sich die Rekonstruktionsverfahren der schriftlichen Sprache auch in Bezug auf Aspekte der Textorganisation, der stilistischen Bearbeitung und nicht zuletzt der kognitiv-intellektuellen Ebene.

Je nach Interessenlagen der Lernenden kann man Tagebucheintragungen, Artikel, Essays, Briefe, Kurznotizen usw. als Produktionsbereiche vorschlagen. Was die Inhalte betrifft, gelten die gleichen Kriterien, die bereits für das Freie Sprechen ins Treffen geführt wurden, wobei die Hier-und-Jetzt-Relevanz in diesem Fall möglicherweise noch stärker ins Gewicht fällt: Man setzt sich schwerlich hin, um etwas zu Papier zu bringen, was einem dieser Anstrengung nicht wert erscheint.

Angesichts einer sehr langen pädagogischen Tradition mag es angebracht erscheinen, dass die notwendigerweise unvollkommenen schriftlichen Produkte der Lernenden einer sprachlichen Korrektur von seiten der Unterrichtenden unterzogen werden. Nun gelten dieselben Vorbehalte, die schon bei den Sprechaktivitäten geäußert wurden, auch für das Schreiben.
Freilich kann beim Verfassen gewisser Textsorten (Artikel, Essays usw.) eine redaktionelle Bearbeitung zweckmäßig sein. Von Bedeutung ist jedoch, dass diese Bearbeitung von der Phase des Verfassens getrennt wird. Dies gibt den Lernenden genug Zeit und Raum, ihre Gedanken überhaupt schriftliche Gestalt annehmen zu lassen, ohne sich allzusehr von sprachförmlichen Kriterien einschränken zu lassen.

Wie schon im mündlichen, so gilt auch im schriftlichen Bereich, dass die formorientierten Aktivitäten besser geeignet sind, dem Problem der Entwicklung sprachlicher Korrektheit und formaler Adäquatheit angemessen zu begegnen (s. dazu „Analytisches Lesen" im § 9.4.3 und „Formorientierte schriftliche Übungen", § 11.3).

Beispielen und Ideen zur freien schriftlichen Sprachproduktion ist eine reichliche Literatur gewidmet. Daher wird hier auf eine ausführliche Darstellung dieser didaktischen Aktivitäten verzichtet, die nicht erst mit dem vorliegenden Ansatz entstanden sind. Wie für die mündliche freie Produktion war auch hier das Hauptanliegen, die wesentlichen *Prinzipien*, denen die Organisation dieser Aktivitäten unterliegt, zu erläutern.

11 Formorientierte Aktivitäten zur Sprachanwendung

11.1 Die Gesprächsrekonstruktion

11.1.1 Beschreibung

Die „Gesprächsrekonstruktion" ist eine Lerntätigkeit, die mehrere sprachliche Fähigkeiten aktiviert: das unmittelbare Verstehen von Äußerungen, ein gewisser Anteil an mündlicher Sprachproduktion in Form überlegten Konstruierens und Produzierens von Äußerungen, (nachfolgende) Memorierung derselben.
Dabei werden der Einfallsreichtum und die sprachlich-kommunikative Kreativität der Lernenden gefördert. Vor allem bietet aber diese Aktivität ausgiebig Raum für die Konzentration auf grammatikalische Korrektheit, pragmalinguistische Adäquatheit und inhaltliche Kohärenz gesprochener Sprache, d.h., es handelt sich um Redaktionsarbeit auf der mündlichen Ebene.
In Krashens Termini ausgedrückt, ist sie – unter den hier dargestellten Unterrichtsaktivitäten – die „Monitor-Aktivität" schlechthin (vgl. Kap. 7).

Für die Gesprächsrekonstruktion gelten also jene Einschränkungen, denen Aktivitäten mit Monitorfunktion unterliegen. Um Sprachregeln bewusst zu verwenden, sind drei Bedingungen notwendig (aber nicht ausreichend): a) genügend Zeit zur Verfügung, b) psychologische Umstände, die ermöglichen, über die Sprachform nachzudenken, und c) Kenntnis der Sprachregeln (vgl. Krashen 1987, S.16ff.).
Die realen Umstände der Sprachproduktion bieten weder genügend Zeit noch die entsprechenden psychologischen Voraussetzungen für die Feinarbeit an der Sprachform. Diese Bedingungen sind im Rahmen der Gesprächsrekonstruktion optimal gegeben.

Wie alle anderen hier dargestellten Unterrichtstechniken, ist diese „Sprachproduktionsaktivität" nicht produkt-, sondern prozessorientiert: nicht die Quantität des sprachlichen Endproduktes, sondern der Grad der Konzentration der Lernenden bestimmt z.B. die der Aktivität gewidmete Zeit. Auch in den einzelnen Phasen, in denen linguistische Formen verarbeitet werden, wird den Lernenden die Zeit überlassen, die sie brauchen, um Vorschläge zu formulieren und Fragen zu klären. Damit wird die Bedingung a) über den Zeitfaktor erfüllt.

Die *Re*konstruktion eines Dialogs involviert kaum personenbezogene Inhalte oder sich direkt auswirkende affektive Faktoren, wie es hingegen üblicherweise in real erlebten Kommunikationssituationen der Fall ist. Unter solchen Umständen entwickeln die Lernenden einen affektfreien, eher spielerischen Bezug zum Dialog (Bedingung b)).

Ein Aspekt der Gesprächsrekonstruktion, der monitororientierte Lernende und Lehrende besonders anspricht, ist die Möglichkeit, auf Schritt und Tritt Sprachregeln zu entdecken. Daraus ergeben sich zuweilen jedoch für die/den Unterrichtende(n) konkrete Schwierigkeiten: Ein authentischer Sprachausschnitt, sei er auch noch so kurz, enthält eine potentiell große Menge von Regeln (vgl. unten, § 11.1.2). Davon können einige bereits linguistisch definiert und der/dem Unterrichtenden bekannt sein, andere können sich (noch) einer linguistischen Erklärung oder den aktuellen Kenntnissen der/des Unterrichtenden entziehen. Weitere Regeln mögen wohl LehrerInnen bekannt sein, die sich für Linguistik interessieren, sind aber so komplex, dass sie für Lernende nur schwer zugänglich und anwendbar sind. Das ist bei Regeln mit vielen „Ausnahmen" oder in linguistischen Bereichen, wie der Semantik, der Fall[1].

In den letzten beiden Fällen wäre die Bedingung c) von Krashen („Die Kenntnis der Sprachregeln muss vorhanden sein") nicht erfüllt. Dies kann sich tatsächlich ergeben, zu einem aufgrund der formalen Komplexität des authentischen Materials, zum anderen aufgrund der Unmöglichkeit, das Kompetenzniveau der einzelnen Lernenden genau und ausreichend zu definieren. Die Konsequenzen daraus sind allerdings nicht allzu schwerwiegend. Die zu komplexe Regel wird zwar kein optimales Material für Monitor-Benutzer (nach Krashen 1987, S.118) gewesen sein, die Äußerung aber, in der sie auftritt, stellt jedenfalls als „verständlicher Input" einen Beitrag zum Spracherwerbsprozess dar.

Die einzige negative Wirkung wird hier psychologischer Natur sein: ein kleiner „Lernschock", der aus dem plötzlichen Gefühl stammt, die Fremdsprache sei zu schwer[2].

Die Grundidee besteht darin, die Lernenden einen von der/vom Unterrichtenden ausgewählten *authentischen Dialog* rekonstruieren zu lassen.

Dieser Dialog ist einem unbekannten Text oder auch einem bereits über Authentisches Hören vertrauten Text entnommen.

Da der Ziel-Dialog aus einer authentischen Gesprächssituation stammt, enthält er auch sprachliche Aspekte, die von individuellen, soziologischen und situativen Komponenten beeinflusst sind.

Weiters treten im ausgewählten Dialogausschnitt Sprachformen auf, die der Ansicht der/des Unterrichtenden nach von den Lernenden noch nicht erworben worden sind bzw. für sie neuen Input darstellen. Ein mögliches Kriterium für die Auswahl „interessanter" Sprachformen ergibt sich aus deren fehlerhaften Anwendungen seitens der Lernenden, insbesondere a) aus der Häufigkeit dieser Fehler, b) aus ihrem negativen Einfluss auf die Kommunikation und c) aus der Irritation, die diese Fehler bei muttersprachigen Gesprächspartnern hervorrufen (Hendrickson 1978, zit. in Krashen 1987, S.117f.). Die Anwendung dieses Kriteriums muss jedoch nicht so erfolgen, dass alle diese Faktoren gleichzeitig vorhanden sind.

Der Dialog hat eine nachvollziehbare Handlung (die kommunikativen Absichten sind transparent) und klare Konturen (er enthält nicht allzuviele „Diskursausfransungen", wie Pausen, Satz-

---

[1] Vgl. Buttaroni 1996.
[2] Sind hingegen die dargebotenen Regeln eher zu leicht, wird die Aktivität einfach früher als geplant zu Ende kommen. Die nächste Lernaktivität wird ein weniger bescheidenes Ziel haben müssen.

unterbrechungen oder Wiederholungen). Die beiden letztgenannten Charakteristika sind jedoch ausschließlich mit der Dynamik der Aktivität verbunden (vgl. unten).

Aufgabe der/des Unterrichtenden ist es, nur durch eine genaue Situationsbeschreibung den Lernenden den Inhalt der jeweiligen Dialogäußerungen zu schildern. Die Aufgabe der Lernenden ist es, diese Äußerungen tatsächlich zu formulieren.
Die *Länge der* zu rekonstruierenden Gespräche bzw. *Gesprächsausschnitte* liegt je nach Länge der Äußerungen zwischen vier und acht Äußerungen.

11.1.2 Der Ablauf der Aktivität

Als Beispiel sei folgender Dialog aus dem Lehrbuch *Hörlandschaft*[3] angeführt.

> Soldat: Zuckmayer ... Der Zuckmayer?
> Zuckmayer: Was meinen Sie damit?
> Soldat: Ich meine der Berüchtigte!
> Zuckmayer: Hm! Ob ich berüchtigt bin, weiß ich nicht, aber es gibt wohl keinen anderen Schriftsteller meines Namens.
> Soldat: Kommen S' mit!
> Zuckmayer: Ich muß bei meinem Gepäck bleiben!
> Soldat: Das müssen Sie nicht.

Das Ablaufschema der Gesprächsrekonstruktion ist im Folgenden skizziert.

Vor dem Unterricht wählt die /der Unterrichtende den zu rekonstruierenden Dialogausschnitt und analysiert ihn vom linguistischen Gesichtspunkt. Die Kriterien der Auswahl können unterschiedlich sein: die Relevanz bestimmter Sprechabsichten, die ästhetische Qualität der Gesprächspassage, Emotionalität, Themenbereich usw.
Die linguistische Analyse betrifft vor allem die lexikalischen und strukturellen Elemente, die für die Lernenden neuen Input darstellen.

---

1. Beschreibung der Situation
Die/Der Unterrichtende beschreibt in groben Umrissen die Situation: den Ort, die Zeit, die Personen und ihr Verhältnis zueinander. Dies geschieht rein verbal (in der Zielsprache), durch Gestik und Mimik, mittels einer Skizze auf der Tafel oder auch durch eine Mischung mehrerer Mitteilungsformen.
Als Beispiel dient hier ein Dialog, der aus sechs Äußerungen besteht.

2. Beschreibung und Rekonstruktion des ersten Äußerungspaares
Nach der Situationsbeschreibung liefert die/der Unterrichtende Hinweise auf den Inhalt der ersten Äußerung, die in erster Linie die kommunikative Funktion der Äußerung betreffen.

---

[3] Buttaroni et al. 1993. Der Text erscheint im Lehrbuch als Hörspiel. Der Originaltext stammt aus dem Roman *Als wär's ein Stück von mir* von Carl Zuckmayer, 1966, Fischer Verlag, Frankfurt a.M.

Auch dies wird verbal oder mit der Unterstützung von Gestik und Mimik dargestellt, am besten durch eine Kombination beider Möglichkeiten.

Die Lernenden versuchen nun, eine Äußerung zu formulieren, die dem gestellten Ziel möglichst nahe kommt. Die jeweiligen Vorschläge werden gemeinsam unter der Leitung der/des Unterrichtenden korrigiert (zu den Modalitäten siehe unten). So werden die ersten zwei Äußerungen rekonstruiert.

3. Memorierung des ersten Äußerungspaares

Die Lernenden memorieren zu zweit das erste Äußerungspaar. Besteht die Lernergruppe aus einer ungeraden Zahl von TeilnehmerInnen, bildet die/der Unterrichtende ein Paar mit einer/-m Lernenden[4].

4. Beschreibung und Rekonstruktion des nächsten Äußerungspaares

Unterrichtende/r und Lernende rekonstruieren das nächste Äußerungspaar nach den Modalitäten unter Punkt 2.

5. Memorierung

Die Lernenden memorieren zu zweit (in geänderter Zusammensetzung) den bis dahin erarbeiteten Dialogteil. Dafür wird genug Zeit zur Verfügung gestellt, so dass die Paare das ganze Gespräch zumindest zweimal mit vertauschten Rollen durchspielen können.

6. Beschreibung und Rekonstruktion des letzten Äußerungspaares

Die Erarbeitung des letzten Äußerungspaares erfolgt nach den Modalitäten unter Punkt 2.

7. Memorierung

Zu zweit (in neuer personellen Zusammensetzung) wird der bis dahin konstruierte Dialog geübt.

8. Schriftliche Fixierung

Die Gruppe diktiert der/dem Unterrichtenden oder einer/-m Lernenden den Dialog, der auf die Tafel geschrieben wird. Schreibt ein(e) Lernende(r), ergeben sich durch mögliche Fehler weitere Gelegenheiten, orthographische oder sonstige grammatikalische Fragen im Plenum zu diskutieren. Die/Der Unterrichtende übernimmt in diesem Fall eine Beratungsfunktion. Die Lernenden notieren die endgültige Version des erarbeiteten Dialogs.

Die Erarbeitung eines Dialoges von 6-8 Äußerungen nimmt aufgrund sehr detaillierter Bearbeitungsphasen durchaus 45 Minuten in Anspruch.

---

[4] Ohne Unkenntnis der Sprache oder des Dialogs zu simulieren!

In den Phasen 2., 4. und 6. können sich verschiedene Situationen ergeben:

a) Ein(e) Lernende(r) trifft auf Anhieb die Formulierung, die auch im Zieldialog vorkommt („*Was meinen Sie damit?*").
Die/Der Unterrichtende stellt sicher, dass die jeweils vorgeschlagene Äußerung auch im Detail allen klar ist. Dies geschieht am besten dadurch, dass die/der Unterrichtende den Satz Wort-für-Wort segmentiert (was von der einfachen Frage eingeleitet werden kann: „*Aus wie vielen Wörtern besteht der Satz?*") und sich vergewissert, dass einzelne Wörter und Satzteile von allen verstanden wurden.
Grundsätzlich äußern sich die Lernenden bei jedem Vorschlag darüber, ob sie mit der jeweiligen Formulierung einverstanden sind (am Anfang werden sie von der/vom Unterrichtenden dazu aufgefordert, später tun sie das spontan). Kriterien der Beurteilung sind die *grammatische Korrektheit* sowie die *pragmatische Adäquatheit*, unter Berücksichtigung der spezifisch situativen Aspekte. In der Regel werden divergierende, meist auch fehlerhafte Lösungen vorgeschlagen. Zum Verfahren in diesen Fällen siehe Punkt d).
Die richtige Formulierung wird schließlich bestätigt und von den Lernenden reihum nachgesprochen.

b) Ein anderer Lernender formuliert einen grammatikalisch richtigen Satz, der jedoch pragmatisch nicht adäquat ist, z.B.: „*Was meinst du damit?*". Die Lernenden äußern sich darüber, ob sie mit dieser Formulierung einverstanden sind, oft mit divergierenden Einschätzungen. An den jeweiligen Vorschlägen wird so lange gefeilt (nach dem Verfahren wie unter Punkt d)), bis die im Enddialog zutreffende Äußerung entsteht.
Falls die richtige bzw. pragmatisch akzeptable Lösung von den Lernenden nicht kommt, gibt die Unterrichtende die entscheidende Auskunft: „*Die Du-Anrede ist in dieser Passage nicht adäquat, weil Zuckmayer dem Soldat gegenüber Respekt zeigen will*". Die Lernenden wiederholen die richtige Lösung mehrmals („*Was meinen Sie damit?*").

c) Ein(e) Lernende(r) schlägt eine grammatikalisch und pragmatisch richtige Äußerung vor, die aber im Dialog nicht enthalten ist: „*Was wollen Sie damit sagen?*".
Auch diese Äußerung kann von einigen Lernenden nachgesprochen werden, nachdem ihre Bedeutung und wortmäßige Zusammensetzung für alle klargestellt worden ist. Doch gibt die/der Unterrichtende danach einen Hinweis folgender Art: „*Das ist eine völlig richtige und kontextadäquate Möglichkeit, aber Zuckmayer hat es in diesem Dialog anders formuliert*". Die Lernenden machen erneut Vorschläge.

Kommt nur diese Art von Einfällen, wird ein Dialog wie der oben angeführte ziemlich schnell rekonstruiert und die Aktivität der Gesprächsrekonstruktion bewegt sich in erster Linie im Bereich der pragmatischen Nuancen. Dies ist bei sehr weit Fortgeschrittenen eher zu erwarten.
Auf Anfänger- und Mittelstufeniveau ergibt sich meistens eine vierte Variante:

d) Ein(e) Lernende(r) formuliert eine Äußerung, die auf mehreren sprachlichen Ebenen nicht adäquat oder formal unrichtig ist: sie kann also syntaktische, phonologische, lexikalische, morphologische und pragmatische Mängel enthalten, z.B. „*Warum du fragen?*", „*Was Probleme?*", „*Du nix wisse Suckmaya?*". Solche und ähnliche Vorschläge können gleichzeitig vorgeschlagen werden. In diesem Fall empfiehlt es sich, jenen Vorschlag als Ausgangspunkt aufzugreifen, der dem Zielsatz am nächsten liegt (hier: „*Warum du fragen?*"). Die/Der Unterrichtende bittet die/den betreffende(n) Lernende(n), ihre/seine Formulierung noch einmal deutlich zu wiederholen. An dieser Äußerung wird nun gearbeitet. Wenn niemand spontan eine weiterführende Version formuliert, kann die/der Unterrichtende weiterhelfen: „*Die Form des Verbs ‚fragen' ist nicht richtig*".

Wenn sich unter den folgenden Vorschlägen keine einzige richtige Lösung findet, liegt es an der/am Unterrichtenden, diese zu liefern: „*fragst*". Nun ergäbe sich folgende Äußerung: „*Warum du fragst?*".

Die nächste Etappe zielt auf die richtige Satzstellung der Frage in der Du-Anrede: „*Warum fragst du?*".

Danach käme der pragmatische Hinweis auf die Verwendung der Du-Anrede, was zur Formulierung „*Warum fragen Sie?*" führt.

Der nächste Schritt besteht in der Suche nach einem in diesem Kontext äquivalenten Ausdruck. Resultat: „*Was meinen Sie?*".

Schließlich käme der Hinweis auf jenes noch fehlende Wort („*damit*"), das einen Verweis auf die vorangehende Äußerung des Gesprächspartners darstellt. Besteht kein Wortstellungsproblem, ergibt sich nun die korrekte Frage des Originaldialogs: „*Was meinen Sie damit?*".

Die letzte Phase ist der phonologischen Bearbeitung der Äußerung gewidmet. Die Gruppierung der phonologischen Einheiten und die Intonation werden wie die anderen linguistischen Aspekte von den Lernenden analysiert.

Die in jeder Hinsicht korrekte Äußerung wird schließlich von allen Lernenden nachgesprochen.

Die *Memorierungsphasen* nach den jeweiligen Äußerungspaaren haben eine doppelt wichtige Funktion. Erstens schaffen sie kleine Atempausen in dieser sehr arbeitsintensiven Aktivität. Zweitens unterstützt das Wiederholen von Äußerungen, die man vollständig versteht, die Entwicklung der artikulatorischen Geläufigkeit.

11.1.3 Der Zeitfaktor

Wie oben erwähnt, kann die Erarbeitung eines Dialoges von 6-8 Äußerungen wegen der sehr detaillierten Bearbeitungsphasen 45 Minuten (und mehr) in Anspruch nehmen.

Der wesentliche und wertvollste Anteil sprachlicher Arbeit liegt in der Suche, in den zahlreichen Umformulierungen, Paraphrasen und Zwischenlösungen. Dadurch wird das Sprachlernen auch in Bezug auf die feinsten zwischensprachlichen Unterschiede aktiviert.

Wenn man bedenkt, wie viele sprachliche Parameter allein in der kurzen Äußerung „*Was meinen Sie damit?*" wirksam sind (in der Verbmorphologie, Auswahl des Personalpronomens, Stellung des Pronomens, Aussprache usw.), kann man sich vorstellen, dass allein die

Rekonstruktion einer Äußerung wie dieser einige Minuten dauern kann, je nach dem Stand der sprachlichen Kenntnisse, die die Lernenden liefern.

In einer weiteren Hinsicht verdient der Zeitfaktor Beachtung: die Heterogenität der Lerngruppen betrifft auch die Schnelligkeit, mit der die Lernenden linguistische Überlegungen durchführen. Weniger sprachkompetente oder langsamer überlegende Menschen werden mehr Zeit brauchen, um die einzelnen Formulierungen genau nachzuvollziehen und beurteilen zu können. Da es bei der Gesprächsrekonstruktion wesentlich darauf ankommt, dass die erarbeiteten Äußerungen bis ins letzte phonetische und intonative Detail stimmen und auch *von allen Lernenden verstanden* werden, stellen die so genannten „Langsameren" den entscheidenden Richtwert für das Arbeitstempo dieser Aktivität.

11.1.4 Beachtenswertes für die am Unterricht Beteiligten

11.1.4.1 Unterrichtende
In dieser Aktivität befindet sich die/der Unterrichtende oft in der Lage, den Lernenden linguistische Feinheiten in ihrer Relevanz für die sprachliche Interaktion nahe zu bringen. Wichtige Voraussetzungen dieser Aktivität sind daher eine hohe sprachliche Kompetenz der Unterrichtenden sowie deren differenziertes und bewusstes Verhältnis zur Zielsprache und den ihr zugrunde liegenden strukturellen Gesetzmäßigkeiten. Die Gesprächsrekonstruktion bedarf jedenfalls einer sehr aufmerksamen und flexiblen Haltung hinsichtlich der Gesamtheit sprachlicher Aspekte.

Was die Durchführung der Aktivität anlangt, ist es wichtig, ein gewisses Gleichgewicht zwischen direktiver und nichtdirektiver Haltung zu gewahren, damit einerseits die Rekonstruktionsarbeit aktiv betrieben wird, und andererseits die Lernenden jede Gelegenheit haben, etwas kühner bei ihren Formulierungsversuchen zu sein.
In Wirklichkeit sind es die Lernenden, die der/dem Unterrichtenden den Weg weisen. Von der Qualität ihrer Vorschläge hängt es ab, welche linguistischen Adjustierungen vorgenommen werden müssen: auf der syntaktischen, morphologischen, lexikalisch-semantischen, pragmatischen, phonetischen oder phonologischen Ebene.

Schließlich ist von seiten der/des Unterrichtenden ein gewisses mimisches, manchmal auch graphisches Talent gefragt – zumindest aber die Bereitschaft, sich auch durch diese Mittel verständlich machen zu wollen. Dies erweist sich dann als besondere Hilfe, wenn es darum geht, etwas zum Ausdruck zu bringen, was in der Zielsprache im Moment einen großen Aufwand verlangen würde (das ist bei vielen abstrakten Begriffen der Fall, etwa jenen, die Gefühle oder Charaktereigenschaften ausdrücken). Zudem lassen sich durch die Anwendung extralinguistischer kommunikativen Ressourcen auch positive Nebeneffekte erzielen: bestimmte sprachliche Konzepte verbinden sich in der Erinnerung der Lernenden mit einem Bild, einer Bewegung oder einer Geste.

11.1.4.2 Lernende

Bei der Gesprächsrekonstruktion ist es von besonders großer Bedeutung, dass die Lernenden *im Halbkreis sitzen*. Diese Sitzordnung erleichtert es für jeden einzelnen, die Vorschläge der anderen akustisch wahrzunehmen (was in einem Klassenraum mit parallelen Tischreihen oft schwer fällt).
Durch die Möglichkeit, Lippenbewegungen ablesen zu können, können sich außerdem einige phonetische Probleme reduzieren.

In dieser Aktivität werden Lernende eingeladen, vor der Gruppe eigene Formulierungsvorschläge zu machen und Äußerungen zu wiederholen. Weniger selbstsichere Lernende mögen dabei das Gefühl empfinden, *der Gruppe „ausgesetzt"* zu sein. Um diesen potentiell negativen Effekt zu reduzieren, sind auch hier Phasen vorgesehen, in denen die Lernenden in Paaren arbeiten. Die Wiederholung der Äußerungen im Chor zusammen mit der ganzen Gruppe oder einigen Mitlernenden hilft auch dem einzelnen, die Artikulation und die Intonation zu üben, ohne längere „Soloauftritte" vor dem Plenum.

Die Gesprächsrekonstruktion setzt *ein hohes Maß an Kooperation* zwischen den Lernenden voraus und fördert sie gleichzeitig.
Es ist durchaus möglich, dass einige Lernende es anfänglich als unangenehm empfinden, wenn ihre Äußerungen von anderen Lernenden ausgebaut, korrigiert und ersetzt werden. Die Fähigkeit, die höhere Kompetenz eines anderen als potentielle Bereicherung aufzufassen, ist ein Aspekt des gemeinsamen Lernens, der oft erst wiederentdeckt werden muss.

Die Gesprächsrekonstruktion ist *eine schlechthin mündliche Aktivität*. Äußerungen werden in einer intensiven Interaktion zwischen Unterrichtender/-m und Lernenden verändert – oft geht dies ziemlich rasch vor sich.
Nun neigen viele Lernende dazu, sich soviel wie möglich zu notieren, *„damit wenigstens etwas hängenbleibt"*. Dadurch fallen sie natürlich für eine aktive Teilnahme an der Dialogrekonstruktion selbst weitgehend aus.
Das Niederschreiben von Gehörtem ist gewiss eine wichtige Hilfe für die Speicherung im Gedächtnis: auch in der Muttersprache ist dies eine weitverbreitete Praxis. Doch beruht sie im letzteren Fall auf einem bereits installierten, gut funktionierenden akustischen Gedächtnis, das es ermöglicht, den Redefluss auch beim Aufschreiben gut zu verfolgen.
Dieses akustische Gedächtnis der Lernenden gilt es aber in der Fremdsprache erst aufzubauen und zu stabilisieren. Am besten und schnellsten wird dies erreicht, indem man genau diese Komponente der Sprachfähigkeit aktiviert – das Mitschreiben stellt insofern geradezu ein Hindernis dar.

Auf Grund dieser Betrachtungen werden die Lernenden eingeladen, während der Gesprächsrekonstruktion so intensiv wie möglich ihr akustisches und artikulatorisches System arbeiten zu lassen. Sie nehmen diesen Ratschlag in der Regel an, wenn sie auch die Versicherung erhalten, dass das Endprodukt schriftlich fixiert werden wird.

11.2 *Variatio delectat* – Sprechübungsgymnastik

Die Sprechübung ist eine *Lernaktivität*, die die Funktion hat, in der mündlichen Produktion die Feineinstellung auf spezifische Aspekte der Zielsprache zu unterstützen. Oft ist sie mit einer lexikalischen Bereicherung verbunden.

Die Übung besteht darin, in einem kurzen dialogischen Text, der bereits im Detail analysiert und memoriert wurde, eine oder mehrere Variationselemente, die eine bestimmte linguistische Ebene betreffen, einzusetzen.

Die Sprechübung nimmt im Unterricht *keinen zentralen Stellenwert* ein. Weder spiegelt die Geschicklichkeit in der Performanz, die mit einer Übung verbunden ist, das Niveau der Sprachkompetenz der Lernenden wider, noch kann sie den Spracherwerb entscheidend beeinflussen.

Einer Gymnastikübung vor einer Tanzaufführung oder Geläufigkeitsübungen auf einem Instrument vergleichbar, stellt die Sprechübung gegenüber der Ausbildung komplexer und kreativer Sprachfähigkeiten nichts als *eine Aufwärmphase* dar. Dank der Kürze des Textes können die Lernenden sich auf die Performanzkorrektheit und -geläufigkeit konzentrieren, die die „sprachliche Gymnastik" auf allen Ebenen (von den morphologischen Aspekten bis zur Intonation) begleiten soll.

In den gängigen Lehrbüchern der audiovisuellen und kommunikativen Generation finden sich diese Sprechübungen in großer Anzahl[5]. Daher wird dieser Typ von Unterrichtsaktivität im Folgenden nur kurz beschrieben.

Der Text eines Lingua-Puzzles oder einer Gesprächsrekonstruktion (oder auch eine daraus genommene Sequenz von Äußerungen) kann als Grundlage für systematische Variationen in verschiedenen Sprachkomponenten dienen.

Die Auswahl der sprachlichen Komponente, in der die Variationen durchgeführt werden, folgt den gleichen Prinzipien, wie sie bei den Analytischen Aktivitäten erläutert wurden.
Hier werden Beispiele für Sprechübungen angegeben, die die Lexik, die Pragmatik und die Morphologie betreffen.

a) Lexik
Alltagsdialoge bieten die reichste Quelle für Übungen dieses Typs. So kann z.B. ein Gespräch in einem Café Anlass für Variationen im lexikalischen Bereich „Kleine Speisen und Getränke" bieten:

    A: Bringen Sie mir ein *Soda-Zitron*, bitte.
    B: Ein *Soda-Zitron*, sofort.

---

[5] Im Unterschied zu dem hier vertretenen Spracherwerbskonzept schreiben solche Ansätze diesen Übungen allerdings eine fundamentale Rolle im Erwerbsprozess zu.

A: Haben Sie auch eine Kleinigkeit zu essen?
B: Ja, *Toasts, Würstchen, Gulasch* ...
A: Bringen Sie mir einen *Schinken-Käse-Toast*, bitte.

Variationselemente:
1) Bier, Coca-Cola, Limonade, Melange, Espresso, Whisky ...
2) Gulaschsuppe, Wurstsalat, Omelette, Spiegelei, Bauernsalat ...

b) Lexik und Pragmatik
Im folgenden Beispiel-Dialog sind die Beziehungen zwischen den SprecherInnen und den jeweiligen sprachlichen Realisierungen Gegenstand der Variationsübung.

(Gerda und Peter im Wohnzimmer. Peter sitzt am Computer, Gerda kommt gerade nach Hause)
G: Hallo. Na, wie geht's?
P: Du, seit einer halben Stunde hänge ich an dieser Seite!
G: Weißt du was? Gehen wir lieber gleich jetzt ins Kino, und dann kannst du am Abend immer noch weitermachen!
P: Meinst du?

Nun soll der gleiche Ablauf (Begrüßung, Fragen nach dem Befinden, Einladung zu einer gemeinsamen Aktivität, zögernde Reaktion) etwas frei variiert werden, je nach Dialogpartnern.

Variationselemente:
Abteilungsleiter und Sekretärin – Großvater und Enkel – Universitätsprofessorin und Assistent – zwei Arbeitskollegen ...

c) Morphologie
Im folgenden Dialog geht es darum, die richtige Form des jeweiligen Pronomens im Akkusativ bzw. Nominativ einzusetzen.

A: Hast du schon wieder *meine Zeitung* genommen?
B: Ich? Ich hab' *sie* gar nicht gesehen!
A: Und was ist das da in deiner Tasche?!
B: He, *die* lässt du schön in Ruhe. Das ist nämlich *meine*.

Variationselemente:
meine Autoschlüssel – meinen Pullover – meinen Krimi – mein Feuerzeug ...

1. Variationselemente sammeln
Die/Der Unterrichtende verteilt eine Liste mit den zu variierenden Elementen. Die Liste wird manchmal auch *ad hoc* gemeinsam mit den Lernenden erstellt.

2. Plenare Demonstrationen
Die/Der Unterrichtende führt zusammen mit einer/-m Lernenden ein bis zwei Demonstrationsbeispiele vor der Gruppe durch. Eine zweite Demonstration folgt, diesmal zwischen zwei Lernenden.

3. Üben zu zweit
Sobald klar ist, worum es in diesem Übungsdialog geht, setzen sich die Lernenden in Paaren zusammen und variieren den Gesprächsausschnitt mit abwechselnden Rollen.
Die/Der Unterrichtende bleibt im Hintergrund und steht für alle möglichen Anfragen zur Verfügung. Besteht die Gruppe aus einer ungeraden Zahl von TeilnehmerInnen, bildet die/der Unterrichtende mit einer/-m Lernenden ein zusätzliches Paar.

Die Aktivität kann je nach Komplexität der Variationen zwischen 10 und 20 Minuten in Anspruch nehmen.

Die Arbeit, die in Paaren stattfindet, erfordert eine optimale Performanz seitens des jeweiligen Sprechers und die Aufmerksamkeit und aktive Teilnahme seines Zuhörers: die Paarmitglieder korrigieren einander und fragen im Zweifelsfall Mitlernende oder die/den Unterrichtende(n).

11.3 Formorientierte schriftliche Übungen

Formorientierte schriftliche Übungen haben – wie Analytische Aktivitäten im Allgemeinen – die Funktion, bei der sprachlichen Wahrnehmung die Aufmerksamkeit auf bestimmte Phänomene zu konzentrieren und das dahinterliegende Strukturnetz besonders intensiv zu aktivieren. Indem diese Übungen eher die Mobilisierung der bisher erreichten Kompetenz in der Zielsprache verlangen, als dass sie neue Kenntnisse aufbauen, nähern sie sich bereits der sprachlichen Produktion.

In der Form der „Lückentexte" haben sie mittlerweile breiten Einsatz im Unterricht, vor allem aber für Prüfungszwecke, gefunden. Solange ihr Wert in Bezug auf den Erwerb der Fremdsprache nicht überschätzt und diese Aktivität nicht im Übermaß eingesetzt wird, stellen die Lückentexte sprachlich und kognitiv anspruchsvolle und manchmal auch durchaus unterhaltsame Tätigkeiten dar.

Die Anlage bzw. Vorbereitung der Lückentextübungen folgt ähnlichen Prinzipien wie jene der Analytischen Lesetätigkeiten. Ein bereits bekannter Text – er wurde zumindest einem Authentischen und einem Analytischen Lesen unterzogen – ist die Grundlage. Aus ihm werden nun Wörter bzw. Wortgruppen entfernt.

Die konkrete Auswahl der auszustreichenden Wörter bzw. Wortsequenzen richtet sich nach der Beschaffenheit des jeweiligen Textes.
Die schon angesprochenen wesentlichen Regelebenen der Sprache und Sprachverwendung dienen als Kriterium der Auswahl.

a) Lexik
Bei dieser Übung sollen Wörter wiedereingesetzt werden, die eine der wesentlichen lexikalischen Kategorien darstellen: Verb, Nomen, Adjektiv, Präposition, Determinant. Die Auswahl der Kategorien kann je nach konkretem Text mit semantischen Kriterien verbunden werden (z.B. Nomen, die Lebewesen, Pflanzen, Werkzeuge, Essbares, Gefühle usw. bezeichnen).
Beispiel für eine mögliche Anweisung:

> Setzt die Nomen der folgenden Liste in die passenden Stellen im Text wieder ein:
> Neid – Zuneigung – Gleichgültigkeit – Eifersucht – Sehnsucht – Bewunderung – Verächtlichkeit – Sympathie – Demut – Ängste – Freundlichkeit – Apathie.

b) Morphologie
Es werden jene Wörter bzw. Wortgruppen ausgestrichen, die bestimmte morphologische Markierungen aufweisen und dadurch syntaktische oder semantische Informationen tragen (z.B. Akkusativobjekte oder Präpositionalobjekte, Adjektive im Plural, Verben in einem bestimmten Tempus, Verben im Infinitiv usw.).
Beispiel für eine mögliche Anweisung:

> Setzt die Adjektive der folgenden Liste in der richtigen Form in die passenden Stellen im Text wieder ein:
>
> gesunde – passenden – abgefeimter – glatte – versteckten – verzweifelter – anmutiger – kognitiven – fröhlichen – stumpfe – störrische.

c) Syntax
Es sollen Vertreter von Wortkategorien wieder eingesetzt werden, die auf syntaktische „Bewegungen" (vgl. § 2.3.1.3.2) hinweisen (z.B. Frageadverbien („*wann*", „*warum*", „*wo*" usw.) oder Fragepronomen („*wer*", „*was*", „*welcher*" usw.), Relativpronomen („*deren*", „*denen*", „*dessen*" usw.).
Beispiel für eine mögliche Anweisung:

> Setzt die Relativpronomina in der richtigen Form an die passenden Stellen im Text wieder ein.

d) Pragmatik
Es sollen Wörter und Wortgruppen wieder eingesetzt werden, die eine bestimmte kommunikative Funktion ausdrücken: z.B. Bewunderung, Verächtlichkeit, Gleichgültigkeit, Wünschen und Begehren usw.

Beispiel für eine mögliche Anweisung:

> Setzt die folgenden Ausdrücke in die passenden Stellen im Text wieder ein:
> Wie reizend du heute wieder aussiehst! – Toll! – Das bewundere ich aber wirklich! – Fabelhaft! – Mein Gott, ist das schön! – Das finde ich sehr nachahmenswert. – Das ist Spitze! – So wie der möchte ich das können!

e) Kognitive Konzepte

Es sollen Wörter und Wortgruppen wieder eingesetzt werden, die bestimmte wichtige Begriffe menschlichen Denkens ausdrücken: z.B. Verweise auf Zeitpunkte oder kausale Beziehungen, Bezeichnungen von Lebewesen und ihren Organisationsformen usw.

Beispiel für eine mögliche Anweisung:

> Setzt die folgenden Ausdrücke in die passenden Stellen im Text wieder ein:
> weil – aus diesem Grund – Die Ursache ist darin zu suchen, dass – wodurch – deswegen – Das ist der Grund, weil – darum – dadurch verursacht – infolgedessen – deshalb.

f) Der Zufallsgenerator

Eine Form der selbstüberprüfenden Puzzletätigkeit, die einem intensiven Lesen folgen kann, besteht darin, Wörter nach dem Zufallsgenerator auszustreichen: jedes vierte, jedes fünfte oder jedes sechste Wort. Damit trifft der Zufall einmal ein Nomen, dann eine Präposition, dann ein Verb, dann vielleicht wieder eine Präposition und so fort. Die Rekonstruktionsarbeit wird damit vielfältiger und abwechslungsreicher.

g) Textkohäsion

In der schriftlichen Sprache spielt die textliche Komponente eine noch wichtigere Rolle als in der mündlichen Sprache. SenderIn und EmpfängerIn schriftlicher Texte sind normalerweise voneinander räumlich getrennt oder oft einander sogar unbekannt. Die/Der EmpfängerIn schriftlicher Texte verfügt also häufig nicht über all die extralinguistischen Informationen, die die persönliche Beziehung oder die physische Anwesenheit liefern, sei es Mimik oder Gestik, sei es die von Gesprächspartnern geteilten Kenntnisse bestimmter Sachverhalte, die in einem Text vorausgesetzt werden. Dieser Informationsmangel muss also durch eine strengere Organisation des schriftlichen Textes (Gliederung, logische Entwicklung, Verweise auf bereits erwähnte Elemente usw.) ausgeglichen werden.

Die Aspekte, die die Textorganisation betreffen, sind ein weiterer relevanter Gegenstand der Sprachanalyse, der bei schriftlichen Übungen Raum finden kann. In diesem Fall handelt es sich nicht um Lückentexte, sondern um die schriftliche Rekonstruktion eines Textes, der nach Absätzen, Dialogsequenzen, Satzgruppen oder Sätzen zerschnipselt wurde. Die Textteile können zerstreut auf einer Fotokopie erscheinen oder auch an die Lernenden auf verschiedenen Kärtchen verteilt werden.

Die schriftliche Reproduktion des neu zu gestaltenden Textes ist ein Mittel, um die Reflexion über die verschiedenen Formen der Realisierung von textlinguistischen Strategien zu fördern.

Wie bei den Aktivitäten freier Sprachproduktion und bei den mündlichen Übungen wird auch bezüglich der konkreten Gestaltung der Aktivität schriftlicher Produktion auf die zahlreichen Vorschläge aus der didaktischen Literatur verwiesen.

> Ein bereits bekannter und auch analytisch behandelter Text wird so vorbereitet, dass bestimmte Wörter oder Wortgruppen unsichtbar werden bzw. seine Bestandteile (Sätze, Satzgruppen oder Absätze) in einer falschen Reihenfolge erscheinen.
>
> 1. Individueller Lösungsversuch
> Der Lückentext (bzw. der zerschnipselte Text) wird den Lernenden verteilt. Es wird ein gewisser Zeitrahmen vorgeschlagen, innerhalb dessen sie versuchen sollen, den Text so vollständig wie möglich in individueller Arbeit zu rekonstruieren.
>
> 2. Informationsaustausch I
> Die Lernenden vergleichen die ersten Ergebnisse (möglichst) in Paaren.
>
> 3. Informationsaustausch II
> Es erfolgt ein neuerlicher Vergleich der Ergebnisse in neuen Paarzusammensetzungen oder in Dreier- bzw. Vierergruppen.
>
> 4. Klären von offenen Fragen
> Die Ergebnisse werden anhand des Originaltextes verglichen. Anschließend werden eventuelle offene Fragen von seiten der Lernenden geklärt.

BIBLIOGRAPHIE

Buttaroni, S. et al. 1993. *Hörlandschaften*. Wien/Budapest: TEMPUS-Projekt.

Buttaroni, S. 1996. „Grammatik und Linguistik im Fremdsprachenunterricht". In: Stegu, M. & de Cillia, R. (Hrsgg.). *Fremdsprachendidaktik und Übersetzungswissenschaft*. Frankfurt a.M. usw.: Peter Lang.

Krashen, S.D. 1987. *Principles and Practice in Second Language Acquisition*. Englewood Cliff, NJ: Prentice-Hall International.

12 Die Unterrichtsaktivitäten im Lehrplan

12.1 Reihenfolge der Aktivitäten im Lehrplan

Eine der Fragen, die sich LehrerInnen oft stellen, betrifft die optimale Reihenfolge der Unterrichtsaktivitäten, sei es auf die Stunde, das Semester oder das Schuljahr bezogen.

Nach dem hier vertretenen methodischen Konzept werden zweierlei Kriterien beachtet:
a) die Authentischen Verstehensaktivitäten finden vor den Analytischen Tätigkeiten,
b) Verstehensaktivitäten findet vor Produktionsaktivitäten
statt.

12.1.1 Authentische Verstehensaktivitäten vor Analytischen Aktivitäten

Die Ausführungen im Teil I des Buches lassen den Schluss zu, dass der entscheidende Anteil zum Spracherwerb von der komplexen und autonomen Sinnrekonstruktion zu erwarten ist, in didaktischen Termini ausgedrückt: von den inhaltlich orientierten Verstehensaktivitäten („Authentisches Hören" und „Authentisches Lesen"). Diese Aktivitäten werden daher auch am häufigsten im Unterricht eingesetzt. Ein Beispiel wäre: zwei Hörtexte und ein Lesetext alle drei Lektionen (à 100 Minuten), wobei einer Authentischen Aktivität im Durchschnitt jedes zweite Mal eine Analytische Aktivität folgt.

Diese Rangordnung in den Wahrnehmungsaktivitäten entspricht der Organisation des Sprachsystems, wie sie in der generativen Grammatiktheorie angenommen wird (vgl. § 2.3.1.2), nach der Sätze von lexikalischen Informationen ausgehend auf höhere Strukturebenen „projiziert" werden.

Andere Argumente betreffen Inhalt und Modalitäten der Induktionsverfahren, die bei sprachlichen Phänomenen angewandt werden. Zwei dieser Argumente werden im Folgenden dargestellt.

Das erste ist *sprachtheoretischer Natur*. Verstehen bedeutet, akustischen oder visuellen Gestalten eine Bedeutung zuzuschreiben. Wir haben etwas über einen bestimmten sprachlichen Kode gelernt, wenn sich uns die Funktion gewisser Formen erschließt, d.h. wenn sie an gewisse Inhalte systematisch gekoppelt werden: z.B. „-er" entspricht im Deutschen einer nominalen Endung, die häufig einen Agens oder eine Mehrzahl bezeichnet, der Endung einer Steigerungsform von Adjektiven und Adverbien, in einem bestimmten Kontext dem Nominativ Singular Maskulinum von Adjektiven usw.

Sind wir nicht nur an der *Existenz* bestimmter Formen interessiert (z.B. an Feststellungen wie „ ‚-er' ist eine mögliche deutsche Endung"), sondern an ihrer *Funktion*, müssen wir notwendigerweise ihre strukturellen und *inhaltlichen Beziehungen im Text* suchen.

Denken wir z.B. an die Funktion des Tragens, so schließen wir automatisch (und unbewusst) aus, dass sie den Gegenstand „Gas" betrifft, außer wenn sich das Gas in Behältern befindet. Im Deutschen kann etwas Festes bzw. Flüssiges oder auch Abstraktes „getragen" werden („Entscheidungsträger", „Projektträger" usw.), nicht aber etwas Gasförmiges. Obwohl niemand beim Hören oder Lesen des Worts „tragen" daran denkt, sind diese Informationen im lexikalischen Eintrag inkludiert[1] (vgl. § 2.2).

Eine Funktion impliziert also die Spezifizierung seiner Gegenstände, oder: die Form impliziert (mindestens) eine Funktion, die (mindestens) eine Bedeutung impliziert[2].

Das zweite Argument ist *empirisch*. In der Wahrnehmung von Sprache wird nicht von der Bedeutung abgesehen.

Dies wird bei zweideutigen (oder „multifunktionalen") Formen besonders klar ersichtlich. Funktionale Zweideutigkeiten kommen in den Sprachsystemen sehr häufig vor. Man denke z.B. an die verschiedenen Bedeutungen, die Präpositionen übernehmen können, an die Homophonien von Präpositionen und Präfixen (wie „vor", „nach", „zu", „mit" usw.) u.v.a.m. Bei Zweideutigkeiten *muss* der *syntaktische und semantische Kontext* herangezogen werden (vgl. § 3.2.3.4).

Im L1-Erwerb erfolgt die Bestimmung von Funktionen und Bedeutungen ausschließlich über die Inhalte, denn eine Art von kognitiver metasprachlicher Vermittlung, analog zu einer Analytischen Aktivität, als „Vorbereitung" zur inhaltsorientierten Wahrnehmung, wäre nicht vorstellbar.

Was den Erwerb der L2 anlangt, könnte ein Selbstlernexperiment als Feuerprobe dienen: Man könnte einen authentischen Text in einer Sprache, die einem völlig fremd ist, zur Hand nehmen und sich unmittelbar auf die Suche nach Verben begeben (das Verben würde als eine in allen Sprachen vertretene Kategorie ausgewählt)[3]. Die gestellte Aufgabe zu erfüllen ist – glaube ich – nicht möglich.

---

[1] In manchen Sprachen können auch die Modalitäten eines Begriffes spezifiziert werden: die slawischen Sprachen unterscheiden z.B. lexikalisch die Begriffe „mit den Händen oder selbst tragen" und „mit einem Fahrzeug tragen".
[2] Die Spezifizierung „mindestens" ist notwendig in Anbetracht von Elementen mit mehreren Funktionen. Ein Beispiel dafür sind homophone Morpheme, die unterschiedliche syntaktische Funktionen haben: so das Suffix „-er" im Deutschen und im Englischen. S. auch unten im Text.
[3] Für den Fall, dass die LeserInnen das Experiment gleich versuchen wollen, wird hier ein Text auf Finnisch reproduziert. Der Grund für diese Wahl ist rein pragmatisch: als nicht indoeuropäische und nicht sehr verbreitete Sprache ist Finnisch für viele potentielle LeserInnen dieses Buches nicht auf Anhieb zu dekodieren. Über einige wenige Vermutungen hinaus ignoriere ich, welche Aussagen der Text enthält. Der Text stammt aus: "Kommunikatiivisuus on valttia Saksan markkinoilla", von Pertti Widén, erschienen in *Eripainos Mark 10/83*:
... Kaikki nämä ohjeet – niin erilaisia ja eritasoisia kuin ne ovatkin – ovat varmasti huomionarvoisia. Suuri osa ohjeista koski ulkonaista olemusta ja käyttäytymistä. Tämän suhteen ollaan nykyisin heikon työllisyystilanteen vallitessa ehkä pienen välikauden jälkeen tultu uudelleen tarkoiksi. Nuoret menevät taas tanssikouluun tapoja oppimaan, ja monet haastateltavistani – sekä suomalaisia että saksalaisia – pitivät esiintymistä ja ulkonäköä varsin tärkeinä tekijöinä liikemaailmassa. ...
Persönlich konnte ich das mehrmalige Vorkommen einiger Elemente feststellen, aber keine funktionalen Regelmäßigkeiten definieren.

Auf der gleichen empirischen Ebene könnte hier eingewendet werden, dass ein solches Verfahren beim Vorhandensein einiger Sprachkenntnisse produktiv(er) ist. Im Folgenden soll auch diese Möglichkeit ausgeschlossen werden.

In einem mündlichen oder schriftlichen Text ist es wohl möglich, das Vorhandensein bestimmter Formen wahrzunehmen, ohne deren Inhalt zu erkennen. In einem Hörtext mag uns z.B. das häufige Vorkommen von Worten, die mit „ge-" beginnen, rein akustisch auffallen. Aus dieser Datenauswahl, die auf einer oberflächlichen Analyse (der akustischen eben) basiert, ergibt sich jedoch keine Interpretation des Textes. Die Kenntnis, dass in der Zielsprache Wörter wie „geäder", „gealtert", „gebärden", „gebaren" und „gebärerin", „geber" und „gebet", „gebiet" und „gebilde", „gebote" und „gebracht" usw. möglich sind, ist nur aus phonologischer Sicht relevant[4].

Versetzen wir uns nun in die Lage einer/-s Lernenden mit Deutsch-Vorkenntnissen, die/der mit der morphologischen Regel der Partizipbildung vertraut ist und einen weiteren „analytischen" Schritt in dieser Richtung machen will, nämlich einige weitere Partizipformen kennen zu lernen. Wir wollen feststellen, welche „ge-"-Wörter in einem unbekannten Hörtext ein „-(e)t" oder „-en" am Ende haben. Anhand dieses Kriteriums haben wir auch Wörter wie die folgenden als Partizipien interpretiert:

1) geäst, gebaren, gebiert, geburt, gedicht, geduld, gedunsen, gefahren, gefährt, gefallsucht, gefecht, geflecht usw.

Die Mehrheit dieser „vermutlichen" Partizipformen stammt aus den folgenden, fast ausschließlich imaginären Verben (hier mit Sternchen gekennzeichnet):

2) essen/*ässen, *baren, *bieren, *buren, *dichen, *dulen, *dunsen, fahren, fähren, *fallsuchen, *fechen, *flechen usw.

Falls der Lernende Partizipformen wie „erschienen", „gelesen", „vergessen" kennt und sie in seiner morphologisch orientierten Suche bedenkt, wird die Liste der potentiell zu missinterpretierenden Partizipien noch länger, z.B. durch:

3) Verfahren, Erdenleben, missfarben, Missgunst (aus *missgunsen), Verband (aus „verbannen"), Verdacht (aus *verdachen) usw.

Im mündlichen Kode sieht man keine großen Anfangsbuchstaben, daher können Nomina aus der oberen Liste nicht ausgeschlossen werden[5]. Ein Mittel, diese zweideutigen Formen zu inter-

---

[4] So auch bei den Endungen "-aisia/-oisia", "-ista/-istä/-usta", "-aan/-een/-uun" im finnischen Text in der vorigen Fußnote.
Zu den deutschen Beispielen im Text muss hinzugefügt werden, dass die Information, dass „ge-" in dieser Sprache eine mögliche Anfangssilbe darstellt, nicht wirklich aufschlussreich ist, da die Kombination „Konsonant + Vokal" („offene Silbe") in den Sprachen der Welt ohnehin am häufigsten vorkommt.

[5] Andere Sprachen, die dem Deutschen strukturell und lexikalisch sehr ähnlich sind, wie das Niederländische, weisen ähnliche Zweideutigkeiten auch im schriftlichen Kode auf, da Nomina keine Großbuchstaben am Wortanfang haben.

pretieren, ist *der syntaktische Kontext*: die Satzstellung liefert eine wichtige Information. Nehmen wir an, der Satz im Hörtext lautet:

4) Sie hat nach Pauls Geburt noch drei Monate Ferien in den Hügeln vor sich.

Selbst wenn *nichts* außer „Geburt" verstanden würde, müsste die Interpretation von „Geburt" als Partizipform ausgeschlossen werden, weil „so viel Sprachmaterial" folgt [6]. Ist die/der hypothetische Lernende nicht nur mit morphologischen Regeln, sondern auch mit Elementen der Syntax vertraut, wird sie/er kaum Partizipformen im „Mittelfeld" (nach der traditionellen Definition) erwarten. Wenn nicht am Satzanfang, wie in den Beispielen 5)-6), ist eine Partizipform eher am Satzende zu finden, wie im Beispiel 7):

5) Gegessen haben die Gäste gestern abend überhaupt nichts, nur schrecklich viel getrunken.
6) Laut gesprochen hat er wohl, aber keine seiner Versprechungen eingelöst.
7) Gestern abend haben die Gäste überhaupt nichts gegessen, nur schrecklich viel getrunken.

Entscheidend ist aber die lexikalische Interpretation: in einem Satz wie 4) wäre die Identifikation von „Paul" als Eigenname im Genitivfall ausreichend, um „Geburt" als Nomen zu identifizieren[7].

In anderen Fällen, in denen die syntaktische Natur eines Wortes möglicherweise kontextuell leicht zu erschließen ist, bestehen trotzdem potenzielle lexikalische Zweideutigkeiten: z.B. „Hat das Wort ‚Gefahren' in: ‚Die Gefahren in der Savanne machten ihm keine Angst' etwas mit ‚fahren' zu tun?".

Die/Der hypothetische Lernende könnte also in verschiedenen Fällen nicht umhin, zum Zweck der Identifikation der Partizipformen im Deutschen auf den Satzkontext zurückzugreifen.

Umso weniger kann auf den *außersprachlichen Kontext* verzichtet werden, wenn die analytische Aufgabe semantische Eigenschaften einbezieht.
Ein typisches Beispiel dafür sind aspektuelle Merkmale, die in verschiedenen Sprachen durch unterschiedliche morphologische Kategorien realisiert werden. Eine einzige Vergangenheitsform wie „ging" im Deutschen könnte z.B. ins Italienische durch das Imperfekt (*"andavo"*), das *passato prossimo* (dt. „nahe Vergangenheit", wie in *"sono andato"*) oder *passato remoto* (dt.

---

[6] Adjungiertes Material könnte auch einem Partizip folgen, wäre aber durch Intonation oder Orthographie erkennbar. Vgl.:
   i) Sie hat gerne darüber gesprochen, an dem langen, schönen Abend mit den Freunden aus Salzburg.
Diesbezüglich sei daran erinnert, dass ein lexikalischer Eintrag aus einem Bündel an phonologischen, orthographischen, semantischen, syntaktischen usw. *Eigenschaften* besteht, die als *Ebenen der sprachlichen Analyse*, nicht als „Teile" eines Lexems, zu betrachten sind: vgl. § 2.2. Bei der Analyse von einem syntaktischen Aspekt eines Lexems kann nicht von anderen Aspekten abgesehen werden. Obwohl wir beabsichtigten, über die Form zu arbeiten, haben wir daher implizit auch über die Bedeutungen gearbeitet.
[7] Eine Zweideutigkeit könnte sich auch in diesem Fall ergeben: vgl.:
   i) Sie hat mit Paul Geduld.
   ii) Sie hat mit Paul geredet.

„weite Vergangeheit", wie in "*andai*") übersetzt werden: es sind dies drei Vergangenheitsformen, die einen Prozess aus verschiedenen Perspektiven (aspektuellen Interpretationen) betrachten. Sehr oft kann nur der (außersprachliche) Diskurskontext über die richtige Interpretation Auskunft geben.

Bei einer analytischen Aufgabe bezüglich perfektivischer bzw. imperfektivischer Verbformen mögen die Lernenden nach Regeln über die Distribution dieser Formen fragen.

Nun, die Komplexität der Definition von „Aspekt" sowie die Multifunktionalität einer Verbflexion, die gleichzeitig zeit- und aspektbezogene Informationen trägt, erlauben keine vereinfachte, den Lernenden zugängliche Formulierung (vgl. § 11.1.2). Die verbreiteten Schwierigkeiten der Lernenden dabei, aspektuelle Differenzierungen in der Fremdsprache zu verstehen und vor allem korrekt anzuwenden, zeigen besonders deutlich, wie der Weg der bewussten Analyse der Grammatik auf der Erwerbsebene keine Früchte trägt.

In solchen Fällen ist der Kontext unentbehrlich, nicht nur um eventuelle, einzelne Zweideutigkeiten zu klären, sondern um die aspektuelle Funktion bestimmter Formen überhaupt *wahrnehmen* zu können.

Die Kenntnis der Textinhalte bereits vor der analytischen Aktivität bildet den semantischen Hintergrund, der zur Identifikation der sprachlichen Funktionen erforderlich ist.

12.1.2 Von den Verstehensaktivitäten zu den Produktionsaktivitäten

Die bisherigen Ausführungen im theoretischen und im didaktischen Teil sollten keinen Anlass geben, den obigen Titel im behaviouristischen Sinne zu missinterpretieren. Um jeglichem Zweifel zu begegnen, sei trotzdem explizit gesagt: Die Grundeinsicht, dass unter den didaktischen Aktivitäten das Verstehen vor dem Produzieren kommt, hat *nichts mit der Ansicht zu tun*, dass „Spracherwerb aus Stimulus-Antwort-Reaktionen erfolgt und daher Texte im Unterricht mit dem Ziel gehört werden, später entweder originalgetreu nachgesprochen oder situativ eingebettet geübt zu werden".

Genauso wenig ist damit die Ansicht „Über kein Thema soll gesprochen werden, über das vorher nicht gehört oder gelesen wurde" angesprochen.

Der Sinn der Abfolge vom Verstehen zum Sprechen findet sich eher darin, dass in den ersten 400 Unterrichtsstunden die Kluft zwischen der Fähigkeit, natürlich-komplexe Texte zu verstehen und selbst eine Konversation mit einer gewissen Behändigkeit führen zu können um vieles größer ist als im weiteren Verlauf der Lernsemester bzw. -jahre.

Dementsprechend ist der Anteil an Verstehensaktivitäten in den ersten 400 Stunden im Allgemeinen bedeutend höher als jener des Sprechens und Schreibens.

Diese allgemeine Orientierung sagt nichts über die spezifische Frage aus, wann und wie die ersten Produktionsaktivitäten durchzuführen sind: eine Entscheidung diesbezüglich variiert stark von Gruppe zu Gruppe. Der Unterricht mag mit einer Gesprächsrekonstruktion beginnen (geleitete Sprachproduktion) oder gar einem Rollenspiel („freie" Sprachproduktion). Es muss nur beachtet werden, dass ein Rollenspiel oder eine Gesprächsrekonstruktion für jene Lernenden fruchtbarer ist, die bereits in der einen oder anderen Form Elemente der Zielsprache erworben haben.

12.2 Linguistische und inhaltliche Aspekte der Stundenplanung

Wie im theoretischen Teil angedeutet, wurden beim Zweit- und Fremdspracherwerb Entwicklungsetappen festgestellt (Kap. 6).
Über die natürlichen Erwerbssequenzen in diesen Etappen gibt es allerdings *sehr geringe Daten*, die außerdem wegen der Vielfalt der Lernfaktoren bei (erwachsenen) Lernenden *alles andere als eindeutig* interpretierbar sind. Dazu kommt die für Sprachenunterrichtende entscheidende Feststellung, dass *Maßnahmen zum bewussten Lernen* nur einen *geringfügigen Einfluss auf den Erwerbsprozess* haben (vgl. § 6.2 und insbesondere die dort zitierte Studie von Felix & Hahn 1985).
All dies kann leicht in eine implizite, aber herzliche Aufforderung an diejenigen, die Sprachkursprogramme mitbestimmen, übersetzt werden, damit auf *eine strenge „grammatikalische Progression"* sowie auf eine „Ab-"prüfung mittels Tests *weitgehend verzichtet wird* (s. § 12.4). Die Stundenplanung erfolgt in diesem Kontext vielmehr nach den Kriterien inhaltlicher und pragmatischer Themenrelevanz für die Lernenden.

Die/Der Unterrichtende überlegt also am Kursanfang, welche thematischen und situativen Schwerpunkte sie/er während der Kursdauer abdecken will oder soll.
Dies muss jedoch nicht unbedingt dazu führen, dass der Stundenplan aus thematisch organisierten Aktivitätenpaketen besteht (d.h., einem Restaurantdialog folgt nicht unbedingt das Lesen eines Rezepts oder einer Speisekarte, dann ein lexikalisches Spiel mit Nahrungsmitteln, dann ein Rollenspiel im Speisewagen usw.). Dafür gibt es zwei didaktisch-pragmatische Gründe:
a) Ein allzulanges Verharren in einem Themenbereich, quer durch verschiedene Textsorten, schaltet die beste Ressource der DidaktikerInnen aus, nämlich den Überraschungseffekt, wodurch immer für frische intellektuelle Energien und Neugierdewellen gesorgt und der Kontakt mit der Fremdsprache über die Unterrichtsbedingungen hinaus natürlich und intensiv wird.
b) Die Lernenden können in Folge solcher thematischen „Recyclingoperationen" den Eindruck gewinnen, dass die Arbeit mit den Texten nicht wirklich wertvoll an sich, sondern eher Vorwand für etwas Anderes ist: nämlich Vor- oder Nachbereitung zu anderen Texten, die wiederum auf ähnliche Weise instrumentalisiert empfunden werden.

Periodische Absprachen mit den Lernenden – auch in Form von kurzer Umfrage – helfen der/dem Unterrichtenden dabei, Themen und Materialien auszuwählen, die die Gruppe tatsächlich interessieren können.
Für die meisten Lernenden reflektieren kommunikative Handlungen in „Alltagssituationen" den Rahmen, in dem sie die Fremdsprache anwenden werden.

12.3 Abwechslung

12.3.1 Abwechslung in der personellen Zusammensetzung

In der Beschreibung der Aktivitäten wurde auf die Änderung der personellen Zusammensetzung der Paare in den Phasen des Informationsaustauschs hingewiesen. Diese sehr einfache organisatorische Maßnahme ermöglicht es, den Informationsfluss zwischen den Lernenden zu bereichern. Es sei noch hinzugefügt, dass nicht nur Antworten, sondern auch das Aufwerfen von Fragen aus den verschiedensten Perspektiven zum Informationswachstum beitragen.

Die Entscheidung darüber, wie die Paare immer wieder neu zusammengesetzt werden, wird dem Zufall überlassen (durch Verteilung von Karten, Abzählen, spielerische Formen usw.) oder dem Willen der Lernenden.

12.3.2 Abwechslung im Wahrnehmungsmodus

Die diversen Aktivitäten, die in diesem Buchteil präsentiert wurden, sprechen in unterschiedlichem Ausmaß unterschiedliche Wahrnehmungsbereiche an: den akustischen, den visuellen und den kinästhetischen:

Akustischer Wahrnehmungsbereich:	– Authentisches Hören
	– Analytisches Hören
	– Lingua-Puzzle
	– mündliche Übung.
Visueller Wahrnehmungsbereich:	– Authentisches Lesen
	– Analytisches Lesen
	– schriftliche Übung.
Kinästhetischer Wahrnehmungsbereich:	– Rollenspiele
	– mündliche Übung.

Auch bezüglich des bevorzugten Wahrnehmungs- und Aktivitätsmodus herrscht in den Kursen bzw. Klassen eine heterogene Zusammensetzung. Die Fähigkeit und Ausdauer, über einen längeren Zeitraum nur einen dieser Modi zu aktivieren, ist von Individuum zu Individuum sehr unterschiedlich. Die durchschnittliche Dauer von etwa 30 Minuten pro Unterrichtsaktivität, die hier öfters angegeben wurde, ist ein aus der Praxis gewonnener Wert.

Durch den Wechsel der personellen Zusammensetzung in den Informationsaustauschphasen kommt zusätzlich Bewegung in eine vornehmlich visuelle bzw. akustische Tätigkeit, so dass stark motorisch ausgerichtete Lernende auch hier zumindest teilweise ihren Neigungen entsprechend arbeiten. Diesem Bedürfnis genügen auch verschiedene Sprachspiele.

12.4 Evaluation

Im Lichte der Daten der Spracherwerbsforschung und insbesondere der diesbezüglichen Heterogenität der (erwachsenen) Lernenden, ist die Evaluation dem vorliegenden Konzept gemäß kein notwendiger Bestandteil des Unterrichts.
Dies schließt aber nicht aus, dass Evaluationsphasen für spezifische Zwecke während des Unterrichts stattfinden. Insbesondere, kann der Nachvollzug der *Leistungsentwicklung* („Leistungsprofil") für die Unterrichtsgestaltung relevant sein[8].

Eine ähnliche Auffassung vertrat bereits vor zirka 15 Jahren Richard Göbel (1981, S.27f. und 70), der vor allzu schnellen Schlüssen aus der „Beurteilung der Leistungsniveaus" warnte, selbst wenn die Evaluation nur den Zweck der angemessenen Unterrichtsgestaltung hätte (durch sogenannte „diagnostische Tests"):

> *... Nur führt dabei jede Objektivierungs- und Operationalisierungstendenz in die Irre, denn Lernprozesse sind nun einmal so komplex, so reich an Überraschungen, dass ein soeben festgestellter Meßwert x in kurzer Zeit schon total überholt sein kann, oder auch in bezug auf die Gesamtstruktur des Lernprozesses von geringer Bedeutung ist. ...*

Unterrichtende, die einen Einblick in die Sprachkompetenz der Lernenden gewinnen möchten, können dies z.T. über den im Rahmen der üblichen Unterrichtsaktivitäten feststellbaren Output tun. Wichtig dabei ist jedoch das Bewusstsein, dass ein solches Evaluationsmittel *für die Beurteilung sprachlicher Fähigkeiten in ihrer Gesamtheit weder ausreichend noch verlässlich* genug ist. Dies gilt vor allem für die mündliche Kommunikation (vgl. Knapp-Potthoff & Knapp 1982, S.208ff.).

Die an die Feststellung der Sprachkompetenz angeschlossene Fehleranalyse basiert daher nicht ausschließlich auf den Output-Ergebnissen, nicht zuletzt auch wegen des Einsatzes von Vermeidungsstrategien durch die Lernenden (vgl. Kleinmann 1978).

Im Allgemeinen ist die Verlässlichkeit der gängigen Testmethoden zweifelhaft, da sie keine „objektiven" Bewertungen liefern[9].

---

[8] So z.B. wird die anscheinende „Stagnation" in der Entwicklung der Fremdsprachenkompetenz, die nach dem anfänglichen Schwung normalerweise im zweiten-dritten Lernjahr erfolgt, keine Überraschung bzw. Enttäuschungsquelle für die Unterrichtenden sein und auch zu keinem unangebrachten Verdacht auf „Faulheit seitens der Lernenden" Anlass geben.
[9] Zu kommunikativ orientierten Test-Verfahren vgl. unter anderen Carroll & Hall 1985.

12.5 Erklärung der Aktivitätsziele und -modalitäten

Die in diesem Buch beschriebenen Aktivitäten und die ihnen zugrundeliegenden Prinzipien stellen noch eine Neuigkeit für einen Großteil der Lernenden dar [10]. Am Anfang eines Sprachkurses werden daher die Prinzipien, die Modalitäten und Zielsetzungen des didaktischen Konzeptes sowie der einzelnen Aktivitäten beschrieben und erklärt. Dies hat nicht nur die Funktion, dass die Lernenden wissen, was die Unterrichtende konkret von ihnen erwartet und damit aktiv und effizient am Kurs teilnehmen, sondern soll auch Respekt für diejenigen bezeugen, die – seien sie SchülerInnen, StudentInnen oder KundInnen – Zeit, Energie und oft Geld in das Projekt „Eine Sprache lernen" investieren, und sich der Kompetenz der Unterrichtenden anvertrauen.

Auch nach Beginn des Kurses ist daher die/der *Unterrichtende bereit,* den Lernenden *zu erklären* (in einer beliebigen Sprache oder in einem anderen kommunikativen Kode, Hauptsache, sie verstehen), was von ihnen in diesen 45 Unterrichtsminuten verlangt wird, wie sie dabei eine maximale Effizienz erreichen können und vor allem das kurz- und mittelfristige Ergebnis, das man von einer gegebenen didaktischen Aktivität erwarten kann.

Möglichst vermeidet die/der Unterrichtende, diese Erklärungen mitten in der Stunde zu liefern, um nicht zu riskieren, andere Lernende zu langweilen; manchmal hingegen, wenn die Gruppe aus nicht gerade AnfängerInnen besteht, ergibt sich dadurch eine optimale (und authentische!) Gelegenheit, in der Zielsprache auch über Fragen der Methode zu diskutieren. Dabei kann sich die/der Unterrichtende vorbehalten, sich erst am Ende der Stunde daran zu beteiligen: dann gibt es kein Risiko, dass sie/er mit der Autorität ihrer/seiner Funktion und sprachlichen Überlegenheit, den Fluss der Diskussion abrupt abschneidet.

Über den Dienst informiert zu werden, den man in Anspruch nimmt, ist ein Wunsch, den viele teilen, wenn es z.B. darum geht, sich einem Mechaniker, einem Arzt oder einem Restaurantkellner anzuvertrauen. Natürlich gibt es Kunden und Patienten mit höheren Ansprüchen in diesem Sinne, wie es Spezialisten gibt, die unterschiedlich verfügbar sind. Es liegt am Individuum, das Ausmaß davon festzustellen.

Die Verfasserin ist nun der Meinung, dass das Vertrauen, das Unterrichtende als Fachpersonen für die eigenen Fähigkeiten und Engagement verdienen, sie nicht von der Aufgabe befreit, den Lernenden, die um Informationen bitten, auch auf der methodischen Ebene Antworten (nicht notwendigerweise Konzessionen!) anzubieten.

---

[10] Es ist zwar wahr, dass die Termini, die solche Prinzipien definieren, seit Jahren in der didaktischen Literatur verwendet werden (man denke an „kommunikativ", „authentisch", „lernerzentriert", „Autonomie" usw.) und deshalb auch den Lernenden vertraut sein mögen. Es ist aber auch wahr, dass diese Definitionen oft mit einer gewissen Leichtfertigkeit den verschiedensten Methoden zugeschrieben werden, die z.T. sogar einander widersprechen: dies hat das methodologische Bild beachtlich verwischt.
Umso wichtiger ist somit eine *konkrete* Beschreibung des didaktischen Konzeptes und seiner Zielsetzungen.

BIBLIOGRAPHIE

Carroll, B.J. & Hall, P.J. 1985. *Make Your Own Language Tests*. Oxford usw.: Pergamon Institute of English.

Felix, S.W. & Hahn, A. 1985. "Natural processes in classroom second-language learning". *Applied Linguistics Vol. 6, No.3*. [223-238]

Göbel, R. 1981. *Verschiedenheit und gemeinsames Lernen. Kooperative Binnendifferenzierung im Fremdsprachenunterricht*. Königstein/Ts.: Scriptor.

Kleinmann, H.H. 1978. "The strategy of avoidance in adult second language acquisition". In: Ritchie, W. (Hrsg.). *Second Language Acquisition Research: Issues and Implications*. New York: Academic Press. [157-173]

Knapp-Potthoff, A. & Knapp, K. 1982. *Fremdsprachenlernen und -lehren. Eine Einführung in die Didaktik der Fremdsprachen vom Standpunkt der Zweitsprachenerwerbsforschung*. Stuttgart usw.: Kohlhammer.